普通高等教育"十一五"国家级规划教材

21世纪法学系列教材

刑事法系列

外国刑法学概论

主　编　李春雷　张鸿巍
副主编　聂立泽　房绪兴
撰稿人　（按撰写章节为序）
　　　　张　璇　房绪兴　聂立泽　苑立志
　　　　许志强　胡　隽　张忠国　陈　琴
　　　　翁凯一　安　军　马红平　张　淼
　　　　王雪莲　赵　亮　王昭振　刘春花
　　　　叶希善　李春雷　张鸿巍

图书在版编目(CIP)数据

外国刑法学概论/李春雷,张鸿巍主编. —北京:北京大学出版社,2011.6
(21世纪法学系列教材)
ISBN 978-7-301-16677-2

Ⅰ.①外… Ⅱ.①李… ②张… Ⅲ.①刑法-法的理论-外国-高等学校-教材 Ⅳ.①D914.01

中国版本图书馆 CIP 数据核字(2011)第 119868 号

书　　　名：外国刑法学概论
著作责任者：李春雷　张鸿巍　主编
责 任 编 辑：王　晶
标 准 书 号：ISBN 978-7-301-16677-2/D·2873
出 版 发 行：北京大学出版社
地　　　址：北京市海淀区成府路 205 号　100871
网　　　址：http://www.pup.cn　电子邮箱：law@pup.pku.edu.cn
电　　　话：邮购部 62752015　发行部 62750672　编辑部 62752027
　　　　　　出版部 62754962
印 刷 者：北京圣夫亚美印刷有限公司
经 销 者：新华书店
　　　　　730 毫米×980 毫米　16 开本　24 印张　456 千字
　　　　　2011 年 6 月第 1 版　2021 年 6 月第 4 次印刷
定　　　价：40.00 元

未经许可,不得以任何方式复制或抄袭本书之部分或全部内容。
版权所有,侵权必究
举报电话：010-62752024　电子邮箱：fd@pup.pku.edu.cn

异花四季当窗放,出入分明在屏障(代序)

北宋词人潘阆在《酒泉子》一词中道:"长忆钱塘,不是人寰是天上。万家掩映翠微间。处处水潺潺。异花四季当窗放。出入分明在屏障。别来隋柳几经秋。何日得重游。"三两句间,已将昔日钱塘之美勾勒出来。钱塘之美,固然源自江水潮起潮落,但两岸花儿朵朵竞相绽放、繁花似锦,更将自然美景渲染酣畅、意境尽出。花丛之中,流水之间,倘若仅根植单一花品,不免显得过于单调,顿然游兴索然无味。

自清末沈家本变法维新以降,西学东渐日盛。百余年来,通过比较、吸收及借鉴国外刑法,本土刑法学追求司法公正、探寻刑法真意之路从未止息。无论是大陆法系、普通法系还是社会主义法系,均不难在历次刑法条文中寻觅到蛛丝马迹。

随着我国社会主义刑事法治建设的不断深入和健全,社会各界对刑法适用之现代化重视程度亦不断攀升。衡量刑法现代化标准甚多,国际化即为其中重要考量之一。在日益开放的21世纪,经济全球化、科技全球化及政治全球化席卷而来,进一步加强对外国刑法的深入研究,对推动我国刑法理论之完善起着不可或缺的积极作用。在深入探析大陆刑法理论最新进展的同时,近年来国内刑法学界对英美刑法特别是美国刑法的探讨更日趋重视,相关成果逐渐刊行于世。为此欢欣鼓舞的同时,我们亦希冀可以为比较刑法研究倾一份心、尽一分力,于是便有了编写这本教材的初衷。

聚沙成塔,幸得国内多位从事比较刑法研究之专家学者惠允,结合各自研究所长,分别阐释其对大陆刑法及英美刑法之理解与主张。本书共分大陆刑法及英美刑法两编,分梳为二十三章。所涉内容涵盖甚广,从犯罪之基本概念、分类、特征到犯罪构成要件,从保安处分到刑罚执行,从有责性、违法性到抗辩事由,从共犯到共谋,不一而足。主编及各章节撰写者均较长时间从事比较刑法之教学与研究工作,对其中热点、难点问题及最新进展了然于心,力图以扼要、清晰的文字阐释之。需要说明的是,外国刑法学涵盖甚广、体系博大精深,限于研究水平和时间,本教材所探讨之外国刑法集中在刑法总论部分。

"异花四季当窗放"。所谓"异花",暗含万花间争奇斗艳之意。缺乏比较法视野的外国刑法研究,注定缺乏重点,容易迷失方向,既把握不了别人,也易迷失了自我。主编及各章节撰写者以比较法贯穿写作始终,除比较大陆法系与英美法系各自刑法之特征外,还有意识地适当比较了两大法系在相近概念上的差异,以及传统大陆刑法与英美刑法对我国刑法理论的借鉴。"出入分明在屏障"。所谓"出入分明",亦暗含比较并非目的、借鉴才是方向之意。受限于不同政治、经济及文化差异,大陆刑法及英美刑法在许多内容上均表现出较大差异性。拨开云雾见青天,更为重要的是,尽管两大法系在刑法重要术语及基本概念上千差万别,但其后隐约可见的理念、精神仍有许多共同之处,即均致力于促进刑事法治之实现,推动刑法框架与所在司法区或法域(jurisdiction)现实情况大体相适应。

希望此书对于推动比较刑法研究之深入有点滴借鉴作用,为我国刑法理论之完善尽一己之绵薄。对我们而言,编写这样一部外国刑法教材是首次尝试,限于水平及时间,书中势必有诸多疏漏之处。尚祈海内外贤达不吝教正,以便再版时修订。

李春雷　张鸿巍　谨识
2011年4月

目　录

上编　大陆法系刑法学概论

第一章　刑法与刑法学概述 …………………………………………（1）
　　第一节　大陆法系刑法的概念 ………………………………（1）
　　第二节　刑法的渊源与机能 …………………………………（2）
　　第三节　刑法规范与刑法解释 ………………………………（8）
　　第四节　刑法学概述 …………………………………………（13）

第二章　近代刑法理论的发展 ………………………………………（18）
　　第一节　刑事古典学派与刑事实证学派 ……………………（18）
　　第二节　学派之争与现代刑法理论的形成 …………………（23）

第三章　刑法的基本原则 ……………………………………………（32）
　　第一节　刑法基本原则概说 …………………………………（32）
　　第二节　罪刑法定原则 ………………………………………（33）
　　第三节　法益保护原则 ………………………………………（43）
　　第四节　罪刑均衡原则 ………………………………………（46）

第四章　刑法的适用范围 ……………………………………………（51）
　　第一节　刑法的时间效力 ……………………………………（51）
　　第二节　刑法的空间效力 ……………………………………（52）

第五章　犯罪论概述 …………………………………………………（56）
　　第一节　犯罪的概念和本质 …………………………………（56）
　　第二节　犯罪的成立要件和分类 ……………………………（59）
　　第三节　犯罪论的体系 ………………………………………（61）

第六章　构成要件符合性 ……………………………………………（65）
　　第一节　构成要件概述 ………………………………………（65）
　　第二节　实行行为 ……………………………………………（73）
　　第三节　结果与危险 …………………………………………（83）
　　第四节　因果关系 ……………………………………………（88）
　　第五节　构成要件的故意与过失 ……………………………（94）

第七章　违法性 …… (95)
　　第一节　违法性概述 …… (95)
　　第二节　违法阻却事由概说 …… (98)
　　第三节　正当防卫 …… (101)
　　第四节　紧急避险 …… (108)
　　第五节　其他阻却违法事由 …… (113)
　　第六节　可罚的违法性 …… (122)

第八章　有责性 …… (125)
　　第一节　责任概述 …… (125)
　　第二节　责任能力 …… (129)
　　第三节　责任故意 …… (135)
　　第四节　责任过失 …… (142)
　　第五节　期待可能性 …… (146)

第九章　未遂犯 …… (151)
　　第一节　未遂犯概述 …… (151)
　　第二节　障碍未遂 …… (154)
　　第三节　不能犯 …… (158)
　　第四节　中止未遂 …… (162)
　　第五节　预备犯 …… (167)

第十章　共犯 …… (169)
　　第一节　共犯理论概述 …… (169)
　　第二节　共犯的分工分类法 …… (175)
　　第三节　共犯的处罚原则 …… (177)

第十一章　罪数论 …… (179)
　　第一节　罪数论概述 …… (179)
　　第二节　实质一罪 …… (186)
　　第三节　处断一罪与并合罪 …… (190)

第十二章　刑罚概述 …… (194)
　　第一节　刑罚的概念 …… (194)
　　第二节　刑罚的本质 …… (196)
　　第三节　刑罚权 …… (200)

第十三章　刑罚的种类 …… (202)
　　第一节　刑罚种类概说 …… (202)
　　第二节　生命刑 …… (203)
　　第三节　自由刑 …… (206)

第四节　财产刑 …………………………………………（210）
　　第五节　资格刑 …………………………………………（214）
第十四章　刑罚的适用 ………………………………………（216）
　　第一节　法定刑及其修正 ………………………………（216）
　　第二节　刑罚的裁量、宣告、免除 ……………………（225）
第十五章　刑罚的执行 ………………………………………（231）
　　第一节　各种刑罚的执行 ………………………………（231）
　　第二节　缓刑 ……………………………………………（236）
　　第三节　假释 ……………………………………………（243）
第十六章　刑罚的消灭 ………………………………………（247）
　　第一节　刑罚消灭概述 …………………………………（247）
　　第二节　刑罚消灭的一般事由 …………………………（248）
　　第三节　复权 ……………………………………………（253）
第十七章　保安处分 …………………………………………（255）
　　第一节　保安处分概述 …………………………………（255）
　　第二节　保安处分的沿革 ………………………………（257）
　　第三节　保安处分的种类 ………………………………（260）
　　第四节　保安处分的理论基础和模式争议 ……………（267）
　　第五节　保安处分适用的实体规定 ……………………（275）
　　第六节　保安处分的适用程序 …………………………（280）

下编　英美法系刑法学概论

第十八章　英美刑法概说 ……………………………………（284）
　　第一节　英美刑法的渊源 ………………………………（284）
　　第二节　英美刑事立法的发展 …………………………（287）
第十九章　犯罪的概念与分类 ………………………………（289）
　　第一节　犯罪概念 ………………………………………（289）
　　第二节　犯罪分类 ………………………………………（293）
第二十章　犯罪的本体要件 …………………………………（299）
　　第一节　犯罪行为 ………………………………………（299）
　　第二节　因果关系 ………………………………………（304）
　　第三节　犯罪心态 ………………………………………（308）
第二十一章　抗辩事由 ………………………………………（315）
　　第一节　抗辩事由概论 …………………………………（315）

第二节　年幼抗辩 ………………………………………………（316）
　　第三节　精神病抗辩 ……………………………………………（318）
　　第四节　错误抗辩 ………………………………………………（324）
　　第五节　醉态抗辩 ………………………………………………（325）
　　第六节　胁迫抗辩 ………………………………………………（327）
　　第七节　正当防卫抗辩 …………………………………………（328）
　　第八节　紧急避险抗辩 …………………………………………（332）
第二十二章　未完成罪 ……………………………………………（334）
　　第一节　未完成罪概述 …………………………………………（334）
　　第二节　犯罪教唆 ………………………………………………（335）
　　第三节　犯罪共谋 ………………………………………………（339）
　　第四节　犯罪未遂 ………………………………………………（344）
第二十三章　刑罚及替代刑措施 …………………………………（350）
　　第一节　刑罚种类 ………………………………………………（350）
　　第二节　刑罚制度与执行 ………………………………………（355）
　　第三节　社区矫正制度 …………………………………………（357）
　　第四节　中间惩处措施 …………………………………………（363）

后记 ……………………………………………………………………（368）

上编　大陆法系刑法学概论

第一章　刑法与刑法学概述

大陆法系与英美法系是相对应的一个有着悠久历史的法系。大陆法系（civil law system），又叫做民法法系、罗马—日耳曼法系、成文法系、罗马法系，欧洲大陆的国家多属于大陆法系，例如德国、法国、意大利等，日本等国家亦受到了大陆法系的影响。大陆法系起源于罗马法，在罗马法的基础上融入其他法律的成分。大陆法系内部有两个典型的具有代表性的分支——拉丁分支和日耳曼分支。其中拉丁分支的代表国家是法国，日耳曼分支的代表国家是德国。

第一节　大陆法系刑法的概念

现代意义上的"刑法"的概念（与"刑罚"相对应的刑法概念）出现在19世纪之后，19世纪之前，先后出现过"处罚"（poine）、"刑事的"（peinliches）、"刑事法律"（Kriminalrecht）几种表述方法，例如1952年德意志帝国的《查理五世刑事法院条例》（Gerichtsordnung Kaise Karls V）即使用了"刑事"法律这一表述。现代各国的刑法的表述大体可以分为几种：一种是使用"犯罪法"的表述的，例如"criminal Law"，直译过来便是"犯罪法"；另外一种是同中文，直接使用"刑法"一词，例如《德国刑法典》为"Deutsch Strafrecht"，直译过来就是"德国刑法"；还有一种是取两方含义，既有"犯罪法"的意义，也包含"刑法"的意思，例如法国的"La loi pénale française"，既可以译为"刑法"，也有"犯罪法"的意思；再有一种就是在斯拉夫语系中适用的"刑事法律"的表述，例如俄国的刑法表述为"уголовное право"。无论是使用哪种名称，所指的意义都是相似的，正如日本学者大塚仁所说："'刑法'也好，'犯罪法'也好，都主要是基于惯例的用于例，很难说具有实质的不同。"[①]

德国的通说理论认为，刑法是基于国家的刑罚权而存在的，规定什么样的违

[①]〔日〕大塚仁：《刑法概说》，中国人民大学出版社2003年版，第20页。

反社会秩序的行为是犯罪，以及作为犯罪的法律后果（刑罚）、规定矫治与保安处分和其他处分（充公、没收等）的法律。它是国家实施法治的重要保障手段。而在法国，刑法被认为是法律科学、制定法的一个分支，规定了犯罪的一般条件以及确定刑罚的一般规则，并在规定这些规则如何适用于各种犯罪，如何对各种犯罪予以处罚的法律。法国的刑法理论认为刑法不仅要规定犯罪存在的具体条件，还要规定相应的刑罚的性质与尺度。具体说来，刑法是：

（1）刑法是对犯罪行为的规定，确定什么是犯罪以及犯罪的轻重程度；

（2）刑法是规定同犯罪行为斗争的形式，为形势政策提供各种措施；

（3）刑法规定各种制裁措施，以惩治犯罪为目的。

这种具体的规定的目的是为了防止法律的专断，保证刑法社会防卫功能的实现。

刑法是法律体系的重要组成部分，为公法、实体法，它既是裁判规范又是强制规范，是由国家强制力保障实施的法律。从刑法规定的内容上来定义刑法的概念，毫无疑问，刑法是关于犯罪与刑罚的法律。之所以会出现上述刑法概念的分歧，是因为对"刑"字理解的不同。从广义上来理解"刑"字，因为对犯罪后的法律效果理解不同，造成了对刑法概念认识的不同。如果把法律效果理解为犯罪后的刑罚，那么刑法就是规定犯罪和刑罚的法；如果把法律效果理解为刑事责任，暂且不论这种责任是刑罚还是其他的处分（例如保安处分），则刑法就是规定犯罪及其刑事责任的法。在国外的刑法中，很多情况下"刑"包含的内容不仅是我们通常所讲的刑罚，而且包括保安处分。

第二节　刑法的渊源与机能

一、刑法的渊源

法律渊源（简称法源），最早来自罗马法的"fontes juris"（法的源泉），是指法的存在形式，是法官审理案件时必须遵守的准则。法律渊源具有多种意义：如历史渊源、本质渊源、效力渊源、形式渊源等。现在我们所说的法律渊源，通常是指法律的形式渊源或效力渊源，即由特定国家机关制定或者认可，通过不同方式创立的，具有不同法律效力或法律地位的法律形式，可以作为法官审理案件依据的规范或者准则来源。[①] 我国法理学对法律渊源的通常定义是：法的创制方式和外部表现形式，是根据法的效力来源不同对法所进行的一种基本分类，也称作法

---

① 参见法学百科全书：http://www.yadian.cc/wiki_list.asp? n=%B7%A8%B5%C4%D4%A8%D4%B4。

的形式。

厘清刑法的渊源,才可知刑法的效力来源。在大陆法系的各国中,其法律渊源也不尽相同,在这里我们着重介绍大陆法系的两个代表性国家——法国与德国的刑法渊源。

在法国,概括起来有以下几个刑法的渊源:

1. 国际条约与协定

在法国,国际条约与协定可以视为国内法律,当国际条约与协定与国内法冲突时,无论国际条约与协定先于或后于国内法律公布,国际条约与协定都具有优先适用的效力。《法国宪法》第 55 条规定:"依法批准或者认可的条约或者协定,自其公布起具有高于各种法律的权威。"

2. 本义上的法律

本义上的法律即成文法,是由立法机关(国民议会和参议院)表决通过的,这些法律是刑法的主要渊源。成文法以《刑法典》为主,法国现行刑法典是 1992 年刑法典,这部刑法典同时收录了一部分 1810 年以来法国的刑事立法。

3. 执行权力机关的法规

执行权力机关的法规,即行政法令与条例(类似于我国的行政法规),是《法国刑法典》的另一渊源。这一刑法渊源的情况可以以法国 1958 年宪法为分界,分为前后两个时期。

1958 年之前,法国行政法令作为刑法的渊源可以追溯到立法机关与执行机关一体的"混乱时期",此时的法令、政令可以对刑罚作出规定,并可以规定犯罪条款。例如七月王朝、1945 年共和国政府都发布过类似具有法律性质的法令。这种法律性质的行政法令与法律有一点不同,即在对法令有异议时可以向最高行政法院申诉,当行政法令不合法时,刑事法官也可以拒绝适用,特别是法官认为其是超过立法授权的权限所作出的法令、抑或是不合法的行政法令属于一般性条例时。行政性条例也是《法国刑法典》的渊源,在法国,行政性条例是违警罪的主要法律渊源,行政条例主要包括:

(1)公共行政机关依法颁布的行政法令、条例;

(2)各部部长、省长、市长的条令;

(3)在围困时期的军事当局的条令;

(4)巴黎警察局局长的命令。

行政条例可以对犯罪作出规定,但无权规定刑罚;在规定如何适用法律的情况下,条例可以规定制裁性的事项,但是只有在《刑法典》和法律中已有一般性的规定的情况下,条例才可以作出适用的具体规定。条例对于法官没有绝对的强制力,法官可以因为认为行政条例不合法而作出不适用该条例的决定。

1958 年《法国宪法》颁布以后,依据执行权力机关的级别不同,作为刑法渊源的执行机关发布的法规可以分为以下几种：

(1) 总统依据《宪法》第 16 条的规定发布的决定、法令；

《法国宪法》第 16 条规定："当共和国体制、民族独立、领土完整或国际义务的执行受到严重和直接的威胁，并当宪法所规定的国家权力的行使受到严重阻碍时，共和国总统在同总理、议会两院议长和宪法委员会主席正式磋商后，应根据形势采取必要的措施。"①总统依据此条规定所作出的决定、法令，他人不得向任何法院提出任何申诉。另外，1958 年《法国宪法》第 92 条②的规定："为筹设新机构，或新机构尚未设置前，为行使公权所需之立法措施，由部长会议于咨询中央行政法院意见后，以具有法律效力之条例规范之。在本宪法第九十一条第一款所定限期内，政府得依同样方式以具有法律效力之条例，规定本宪法国会两院之选举制度。在同一期间及同一情况下，政府得就所有事项，采取必要措施，以维护国家生存，保护国民及保障自由。"政府根据该规定于 1958 年 10 月 4 日至 1959 年 2 月 4 日期间行使执行权时发布的法令具有与议会通过的法律相等的效力。

(2) 经最高行政法院提出资政意见后发布的法令；

1958 年《宪法》第 37 条规定："凡法律范畴以外之一切其他事项均属行政法规性质。法案具有行政法规性质者，得于征询中央行政法院意见后，以命令修改之。本宪法施行后所制定之法案，则须经宪法委员会确认其具有前述行政法规性质，始得以行政命令修改之"，依据此条规定，由政府指定的经最高法院提出资政意见后发布的法令，属于《法国刑法典》的渊源。

(3) 其他行政性规章；

这些规章具体包括：其他法令；部颁条例；省府条例和市府条例。

值得注意的是，这些规章虽然是刑法的渊源，但是只能根据它们所依据的法律来规定刑罚，不得超越该权限。若无相应的法律规定，这些规章只能规定罚金刑罚（最高 250 法郎）。同时，刑事法院可以以法规不合法为由来拒绝适用。

《德国刑法典》的渊源以刑法典为主，在刑法典之外，还有其他的刑法渊源：

(1) 未编纂的联邦刑法

这些为编纂的刑法主要是针对特定的行为人或特定的行为领域，规定在这

---

① 此条已于 2008 年作出修正，法国现行宪法第十六条规定："如果共和国的制度、国家独立、领土完整或者国际义务的履行受到严重的、直接的威胁时，以及宪法上规定的公共权力机构的正常活动受到阻碍时，共和国总统在正式咨询总理、议会两院议长和宪法委员会后，根据形势采取必要的措施。共和国总统应以咨文将此事告知全国。这些措施的宗旨必须是为了保证宪法上规定的公共权力机构在最短期间内获得完成其他使命的手段。关于此项措施，应征询宪法委员会的意见。议会自行召开会议。在[共和国总统]行使非常权力期间，不得解散国民议会。"

② 该条已于 2008 年作出修正，法国现行《宪法》第 92 条规定："为建立机构以及在机构建立前为行使公共权力所必需的各种立法措施，由内阁会议在征询行政法院意见后，以具有法律效力的法令制定。"

些特定的人或情境下行为的方式。例如针对外国人的规定、针对经济领域的规定等。

（2）刑法典以外的刑法法规

这些法规没有编纂入《德国刑法典》，包括主要的刑法法规和附属刑法法规。主要的刑法法规主要包括：

A．1974 年的《少年法院法》

规定了未成年人犯罪及其法律后果。

B．1974 年的《军事刑法》

规定了联邦国防军士兵实施的所有犯罪行为以及联邦国防军非士兵的军官实施的特定犯罪。

C．1975 年的《经济刑法》

主要规定保障供给领域的刑罚、罚金以及违反价格秩序的行为。

D．1976 年的《税收条例》

其中规定了违反税收秩序的刑事处罚措施。

E．1952 年的《道路交通法》、《道路交通条例》、《道路交通准许法》

规定了违反道路交通秩序行为的犯罪构成要件、原则，以及具体的违反道路交通秩序的行为。是规范道路交通秩序的主要刑法法规。

F．1994 年《麻醉品法》

违反麻醉品秩序的行为，并包含了严重麻醉品犯罪的刑法性的规定，是规范麻醉品行为的主要刑法法规。

附属的刑法法规通常的做法是只规定刑罚，具体的禁止性的行为往往留为空白，因此常被称为"空白刑法。"这些留为空白的禁止性的内容会由适用其他部门颁布的法律法规，或者适用今后独立颁布的法律法规。

（3）习惯法

习惯法不是由国家正式的立法机关制定颁布的，是得到普遍的承认以及具有社会法效力意志的规范，这些规范由于被法院的使用而具有类似法律的地位，经过 19 世纪的法典编纂运动后，一些习惯法被收入法典，成为成文法的一部分。例如《德国刑法典》中的"不纯正的不作为犯"，即属于由习惯法而来的成文法。即使是这样，习惯法仍然显现出其在《德国刑法典》中的重要意义，但是由于德国的学者主张立法者应当尽快将习惯法转化为成文的法律条文，因此笔者认为习惯法并非《德国刑法典》的正式渊源。

（4）国际刑法

《德国基本法》第 25 条规定："国际法的一般准则是联邦法律的重要组成部分。它们的法律地位高于其他法律，并且直接产生联邦境内公民的权利和义务"，基于本条的规定，国际刑法中一般性的准则是《德国刑法典》的渊源。1949

年《德国基本法》第 25 条第 2 款规定了国际条约经过转换可以在德国适用,但在 1994 年对《德国基本法》修订时删除了这一款的规定。

基于以上对德国、法国刑法渊源的介绍,我们可以归纳出在德法两国均承认的刑法渊源:

(1)刑法典。刑法典是指立法机关以刑法或刑法典名称颁布的、系统规定犯罪、刑事责任、刑罚以及刑法适用的一般原则、规则及各种具体犯罪与刑罚的法律。①

(2)单行刑法。单行刑法是国家最高权力机关以决定、规定、补充规定以及条例等名称颁布的,规定某种或某类犯罪及其后果或刑法的某一事项的法律。

(3)附属刑法。附属刑法是指国家最高权力机关制定的经济、行政等非刑事法律中附加的,对特定社会关系加以特别调整的罪行规范。

(4)国际刑法。现在所说的国际刑法通常是指规定违反国际公法原则的犯罪及其制裁的法律,这些法律常常以国际条约形式表现出来,并被各国直接适用于本国或者转化为国内法适用。法国规定国际条约可以作为刑法的渊源,而德国最新修订的《德国基本法》删除了国际条约可以转化适用的规定,但没有对国际条约的适用作出新的规定。

此外,在解释刑法规定的犯罪构成要件时,可能根据条理来确定,但是条理并非刑法的直接渊源,因此不能够作为刑罚的正式渊源。习惯法也不能作为刑法的渊源,习惯法由习惯演变而来,属于不成文法,根据罪刑法定主义原则的要求,刑法需排斥习惯法,因此它也不是刑法的正式渊源,但是在有些情况下,如果刑法以立法的方式确定了习惯法的作用,则可以适用。

判例能否作为刑法的渊源,英美法系与大陆法系有着不同的做法。判例是英美法系国家的刑法渊源,由于其"遵循先例"、"法官造法"的传统,判例在英美法系国家刑事司法实践中具有非常重要的作用。而大陆法系国家一般不认可超出成文法范围而作出的判例为刑法的渊源,由于大陆法系国家是成文法国家,虽然也存在许多刑事案件判例,但固有的逻辑思维模式致使大陆法系的法官们不承认判例的法源地位,而更偏向于从成文法中寻找依据。但是随着社会的发展,判例在刑事司法中的地位越来越重要,也更加受到人们的重视,"从市值来看,判例如同法源一般地约束着法院的判决。"②

---

① 曲新久、陈兴良、张明楷、王平、张凌、李芳晓撰稿:《刑法学》,中国政法大学出版社 2006 年版,第四页。

② 陈光中主编:《外国刑法学概论》,中国民主法制出版社 2004 年版,第 8 页,转引自著作:〔日〕西原春夫著:《日本刑事法的形成与特色》,法律出版社 1999 年版。

二、刑法的机能

"机能"一词来自西方，英语中为"function"，翻译为"机能"有些抽象，不容易理解。如果换一个汉语中大家比较熟悉的说法，就是"功能"或者"作用"，刑法的机能，就是刑法的功能或刑法的作用。关于刑法的机能有很多不同的总结和分类，国内有学者将其从总体上分为两大部分：一是规范机能，具体包括规范机能、评价机能、裁判机能；一个是社会机能，具体包括保障机能和保护机能。也有学者将其分为三个部分：规制功能、保护功能、保障功能；还有学者认为刑法具有以下机能：社会保护机能、报复的机能、预防的机能、法益保护机能、社会伦理机能、规制的机能、保障的机能；大陆法系中德国、日本的通说认为刑法具有三个机能：行为规制机能、法益保护机能、自由保障机能。从以上的各种说法来看，大都是基于总结与概括的方法不同而导致的区别，不存在大的观点分歧，对刑法机能的认定也都集中在规范、保护、保障这三个方面。下面举例说明德国、日本刑法通说的三个机能：

（一）行为规制机能

行为规制机能，简单说就是规定和约束公民行为的功能，即在对犯罪行为作出明确的评价后，实现对公民行为的规范和约束。有学者将这种机能分解成评价机能和裁判机能，认为刑法首先是一种行为规范，表现为对触犯刑律构成犯罪的行为的一种否定的法律评价。因此，刑法的规范机能首先表现为评价机能。同时刑法不仅是一种行为规范，而且是一种裁判规范，通过刑法的裁判机能，约束司法者的司法活动，保证刑罚权的合法行使。[①] 可以说，刑法的行为规制机能不仅仅是规制普通公民，也包含了对法律适用者的一种约束。社会里的每个人都生活在一个需要与他人交往的环境中，而这个环境需要有一种秩序来规范，而这种秩序首先规范的就是个人的行为。人的行为不仅仅是由刑法来规范，还需依靠传统、习惯、道德等多方面的规范机制，刑法是这些规范机制中的"最后一道屏障。"有了刑法，一个社会的控制体系就完整地形成了。

（二）法益保护机能

法益就是法律所保护的利益，但是这种利益具体是否包括社会伦理秩序还存在着争议。有人认为刑法保护的法益是刑法上的利益，而刑法利益与社会伦理秩序存在严格的区别，因此不能将社会伦理秩序归入法益的范畴内；但是也有人认为在最宏观上刑法保护的是社会公共秩序，而社会伦理秩序存在于社会公共秩序之中，因此法益应当包括社会伦理秩序。这两种说法均有可取之处，却不能互相说服，关于法益的争议还要继续下去。

---

① 陈兴良：《本体刑法学》，商务印书馆2003年版，第38—39页。

刑法并不是保护法益的唯一手段,但确实是最后的、最严厉的手段。当其他方法不能够充分保护法益时,刑法是最后一道防线。

(三) 自由保障机能

刑法通过规定犯罪及其法律效果对犯罪行为施以惩罚,一方面规定了国家刑罚权的使用范围、使用程度以及方式,保护犯罪人即普通公民的权利;另一方面保护了普通公民的合法权益不受非法的侵害,或者在公民的合法权益受到侵害之后能够最大程度地恢复,总体来说,刑法的自由保障机能就是保证所有公民的自由及其他合法利益。同理,按照罪刑法定主义的要求,当公民的行为不构成刑法所规定的犯罪时,就不受到国家刑罚的干预,他就是自由的,因而能保障善良国民的自由;对犯罪人只能根据刑法的规定进行处罚,不得超出刑法规定的范围科刑,这便保障犯罪人免受不恰当的处罚。[①] 因此刑法的自由保障机能被称为"大宪章",因为它既是保护善良人的"善良人的宪章",又是保护犯罪人的"犯罪人的宪章。"

第三节 刑法规范与刑法解释

一、刑法规范

刑法规范是以处罚犯罪行为为内容的,由国家制定和认可,并由国家强制力保障实施的,约束人们履行其义务、禁止人们实施犯罪行为,并规范法律适用者适用刑法的行为的法律规范。

刑法条文是刑法规范的载体,刑法规范都是以刑法条文的形式表现出来的;刑法规范是刑法条文的内容,但并不是刑法条文的全部内容,刑法条文中还包括原则与规则,这些不属于刑法规范。刑法规范与刑法条文也不是一一对应的关系,有的刑法条文中并不包含刑法规范,也有的刑法条文中包含几个刑法规范。概括来说,刑法规范有以下几个特点:

(1) 刑法规范是裁判的规范。刑法规范规定法律的适用者如何适用刑法来对犯罪行为作出裁定、判断,如何追究犯罪行为的刑事责任。这种规定的意义在于限制法律适用者的权利,即限制国家的刑罚权,在保证犯罪行为受到刑罚处罚的同时,保障犯罪人的合法权利,保障公民的合法权益。如果司法工作人员违反了刑法规范的规定,则要承担相应的责任。

(2) 刑法规范是禁止一般人实施犯罪行为的行为规范。刑法规范的行为规范含义是指刑法通过对犯罪行为的评价,给一般人以某种行为是可为或不可为

---

① 张明楷:《外国刑法概要》,清华大学出版社2005年版,第6页。

的信息,来禁止一般人的犯罪行为。简单说,就是通过对犯罪行为规定刑罚或其他处罚,来告诉人们如果作出了这种行为就会受到刑事制裁,督促人们作出不实施犯罪行为的选择。

(3)刑法规范是法益保护规范。这是刑法规范最实质的意义,在刑法的机能中我们曾说过,保护法益是刑法的机能之一,而刑法保护法益的方式就是把侵犯法益的行为规定为犯罪的构成要件,并规定了实行该种行为后的法律后果,即刑法规范。一旦实施了侵犯法益的行为,符合犯罪的构成要件,就要承担法律责任。

二、刑法解释

法律解释是指一定的人或组织对法律规定的含义进行的说明,刑法的解释即对刑法规定的含义的说明。无论是从历史上还是现实的发展来看,"刑法不需要被解释"这种论断无疑是错误的,而切萨雷·贝卡利亚(Cesare Beccaria,1738—1793年)所追求的那种"要求刑法规定明确到不允许解释的程度"[1]是不现实的。原因有三:

(1)刑法条文的抽象性决定了刑法需要被解释。刑法条文具有抽象性,而现实的生活并非固定不变的,而是丰富多彩、瞬息万变的,以抽象的法律应用于变化的生活,必须对刑法进行解释。

(2)刑法条文的稳定性决定了刑法需要被解释。刑法条文不可能随时变动,法律的修订速度永远追不上现实变化的速度,因此为了调和法律的权威性、稳定性与不断出现的新情况、新问题之间的矛盾,必须对刑法进行解释。

(3)语言文字不可避免的表述缺陷决定了刑法需要被解释。刑法以语言文字来表述。首先,语言会随着时间的变化产生新的含义,并且语言本身会有多重意义,因此明确刑法语言的含义需要解释;其次,文字本身也会产生表述的缺陷,这些缺陷会造成法律文件形式上的缺点。通过解释,可以消除对法律技术手段和方法使用错误或不当的情况,消除法律文件文体的缺点。[2]

刑法的解释可以帮助人们更好地理解刑法、适用刑法,保证刑法的正确实施,对刑法中的某些缺点和不足具有补正作用,因此刑法的解释是必要的。

(一)刑法解释的原理

关于刑法的解释,从来都存在这争论。以贝卡利亚为代表的学者们主张应当严格限制刑法的解释,贝卡利亚甚至认为法官不能拥有法律的解释权,其工作就是严格适用法律,他认为:"刑事法官根本没有解释刑事法律的权利,因为他

---

[1] 〔意〕贝卡利亚:《论犯罪与刑罚》,黄风译,中国大百科全书出版社1993年版,第12—13页。
[2] 张明楷:《刑法学》,法律出版社2003年版,第40页。

们不是立法者。"①这种观点建立在立法者都是"理性的"这一假设之上,认为立法者所创设的法律都是理性的、完美的,而不允许法官通过解释来修改。后来兴起的实证学派认为案件的事实是各不相同的,即便是真的有完美的成文法也不能与每一起案件完全吻合,何况人的思维是具有局限性的,即使是立法者也不可能制定出完全完美、理性的成文法,因此法官对法律的解释是必要的。

这两种观点的分歧,就是通常说的主观解释论和客观解释论的争议。主观解释论认为立法者为社会制订了法律这种一般性的行为规范,规定了人们可为、不可为的行为,是确定的、有强制力的和稳定的;具体到刑法上,制定者明确了什么行为是犯罪及需要承担的刑事责任,人们可以根据刑法的规定来预测自己的行为及其法律后果,来作出为或不为的选择,因此这种明确性就要求法官在办理案件的时候必须严格遵照法律的规定,不可以对法律进行任意的解释;客观解释论则认为,法律不是立法人主观意志的产物,是立法者根据客观现实来作出的一般性规定,因此,法律必须能够满足社会的客观需要,它不是一成不变的,是具有生命的法律,应当随着时间、地点、事件的不同而变化。更为激进的客观解释论者进一步认为:"所谓立法意图只是一个纯虚构的概念。"②这种极端的观点容易造成一种局面,即"法官造法",法官变成了立法人的替代者,代替了立法者的地位,司法者变成了立法者,立法与司法混淆。立法是立法者创立法律的过程,是"从无到有"的过程;而司法则从一开始就受限于立法者已经制定好的法律,无论司法人员怎样解释法律,都不能超越原本法律的范围,他们只是把原本包含在法律本身中的隐含的意义表述出来。因此,激进的客观解释论从本质上说已经违背了罪刑法定的原则,僭越了刑事立法权。刑法的解释应当严格,但又不能像贝卡利亚所说的那样完全"逐字适用法律",要在法律蕴含的隐意范围内,在法律允许的范围内,阐明刑法的立法精神、补足刑法的缺陷。

(二)刑法解释的原则

刑法解释需要遵循的主要原则包括:

1. 罪刑法定原则。即刑法解释需要符合法律、宪法的规定,司法机关在进行刑法解释的时候必须严格谨慎,不可超出法律的要求及一般国民的预测的范围进行解释。

2. 罪责刑相适应原则。即罪刑均衡、罪刑相适应原则,如果刑法已经规定了犯罪的轻重,就必须在法定刑的范围内解释犯罪构成,以体现公平、正义的原则。

3. 体系性与协调性的原则。即要求解释要使法律之间相互协调,对于性质

---

① 〔意〕贝卡利亚:《论犯罪与刑罚》,黄风译,中国大百科全书出版社1993年版,第12页。
② 陈兴良:《本体刑法学》,商务印书馆2003年版,第24页。

相同的危害,可以通过比较协调来体现公平正义的理念。

4. 文理解释优于伦理解释的原则。文理解释有"黄金规则"之称,即根据罪刑法定的要求,法律条文应当按照其字面的、文字的最管用的含义。文理解释具有优先性的特质,当其他的解释与文理解释的结论不一致时,应以文理解释为准,否则,该解释可能会超出国民的预测可能性。

（三）刑法解释的种类

一般情况下,我们把刑法的解释分为立法解释、司法解释、学理解释等三种。

1. 立法解释

立法解释是指立法机关对刑法的含义所作的解释。立法机关是刑法的制定机关,自然有权对刑法作出解释,而且其解释的效力也是较高的,和刑法具有同等的效力,这个意义上,立法解释相当于立法。也是基于此,我国的法学界对立法机关是否可以成为解释的主体存在争议,有的学者认为解释仅针对法律制定好之后的适用过程,只存在于执法环节,立法环节不存在解释,立法机关对法律作出说明从本质上说就是制定法律。

立法解释的主体当然是拥有刑事立法权的机关,即拥有最高立法权的机关。例如我国的立法解释主体是全国人大及其常委会,虽然我国法律规定地方的民族自治地区在刑法不能全部适用的情况下,可以制定变通或者补充规定,但是这种补充规定仅仅是一种补充规定,非立法解释。

2. 司法解释

司法解释是指司法机关在刑罚适用过程中,由于出现了疑难问题而对刑法的含义作出的解释。司法解释的主体从广义上来讲应该是法官（司法人员）,但是在我国司法人员并没有单独的司法解释权,司法解释权属于司法机关。这点在理论上仍然存在争议。

3. 学理解释

学理解释是学者们对刑法的适用中出现的问题进行的解释,这种解释不具有法律效力,没有法律上的拘束力,但是并不是说不具有任何的意义,它在刑法的适用上具有理论上的参考价值。

（四）刑法解释的方法

刑法解释的方法从大的方面分可以划分为两类：文理解释和论理解释。其中对论理解释又可以分为九种,分别是扩大解释、缩小解释、当然解释、反对解释、补正解释、体系解释、历史解释、比较解释、目的解释。

1. 文理解释

文理解释又称为文义解释、文意解释,是对法律规范进行字面的解释,包括单词、概念、术语及其标点符号。文理解释体现了严格解释刑法的要求,即必须严格参照法律文本、按照法律条文用语的通常使用方式对法律文本的本身含义作出进一步的说明,在一般情况下,首选的解释方法就是文理解释,如果通过文理解释已经可以正确的理解刑法条文,就不应再采用其他的解释方法;由于法律中所使用的语言并非全部是"法律语言"(例如"近亲属"),因而可能会产生混淆的意思,例如盗窃财物中的"物",语义范围广且不明确,就需要进行文理解释。如果文理解释后,仍然存在着刑法条文不明确的情况,就要借助于其他的解释方法。

2. 论理解释

论理解释是指不考虑刑法的字词标点及语义,从刑法的历史沿革、逻辑、立法精神、刑法产生的缘由等方面着手,对刑法条文进行的解释。根据解释的参酌标准不同,可以把论理解释再分为9种解释。

(1) 扩大解释

扩大解释也叫扩张解释、扩充解释,是指在被解释的对象字面含义或日常含义之外进行的扩展,使用其较为生僻的含义。扩张解释虽然是超出对象的最一般的含义解释,但是却不超过该对象的最大的含义范围,因此也不会超过国民的一般预测范围。作出扩大解释还必须结合立法的精神、现实的需要,且应当以有利于被告为前提,在作出不利于被告的扩大解释时要更加的慎重。

(2) 缩小解释

缩小解释也叫限制解释、限缩解释,是指对在刑法条文的字面含义超出了立法原意时而作出的比字面含义较窄的解释,由此可见,作出缩小解释也必须考虑到立法的精神、立法的本意,且要基于对缩小解释的合理性进行充分考虑。

(3) 当然解释

当然解释也叫自然解释,是指虽然刑法规范没有明确的表示出一种意图,但是根据逻辑推理、刑法的目的,以及一般国民可以理解的道理,可以将该意图理解在刑法规范之内。作出当然解释的必要前提是逻辑上的必然,如果不存在逻辑上的必然,仅仅有一般国民可以理解的道理上的必然,则不可作出当然解释。

(4) 反对解释

反对解释是指刑法规定了正面的含义,但并未规定反面的含义,依照刑法明确规定的正面含义推导出其反面意思的解释。

(5) 补正解释

补正解释是指当刑法条文出现文字上或者表述上的纰漏之时,为了明确刑法的含义而作出的补充性解释。

(6) 体系解释

体系解释也叫语境解释、系统解释,即把被解释的刑法条文或用语放在整个刑法规范的环境中,联系相关条文的含义来阐明其含义的解释方法。

(7) 历史解释

历史是指结合刑法制定时的历史背景及刑法的历史渊源而对刑法条文含义的阐释。历史解释并不是必须按照刑法制定是的历史情况来解释法律,而是应当结合刑法变化的历史原因等情况,对刑法条文含义作出解释。

(8) 比较解释

比较解释是指结合不同国家的刑事立法与判例,对刑法规定的真实含义进行说明。由于不同国家刑事立法与判例存在着体例、内容、文字与表述的不同,因此在比较的时候应当更多的考虑被解释的刑法条文或用语在该国刑罚体系中的地位。

(9) 目的解释

目的解释是指按照社会的需要来确定刑法规范的合理目的和宗旨,并以该目的和宗旨为指导,确定法律规范的含义。目的解释是以前瞻性的方式来解释刑法的一种刑法解释方法,是解决法律的滞后性与社会发展的快速多变性之间矛盾的解释。

刑法解释的方法有很多种,但是并不是在解释的时候只能使用一种解释方法,可能存在几种解释方法共用的情况。总的来说,在进行刑法解释时所使用的各种方法必须符合罪刑法定的原则,作出的解释不能违背立法的原意与目的。

第四节 刑法学概述

一、刑法学的概念

刑法学是一门古老的学科,关于它的概念有最广义、广义和狭义三种定义方式。在19世纪之前,刑法学是指刑事法学,这个时间里刑法学的含义最广,它是指研究有关犯罪与刑事责任的一切问题的学科,研究对象包括实体的刑法规范、犯罪原因与对策、刑事诉讼程序、刑罚的执行内容等,包含的学科有犯罪学、监狱学、刑事诉讼法学、刑事侦查学、比较刑法学、刑法史学等学科,这就是最广义的刑法学。随着法学的发展,这些学科纷纷独立成为单独的学科,从刑法学的范畴中分离出来,它们各自独立但是却又与刑法学有着千丝万缕的联系,与刑法学相辅相成互相促进共同发展。

广义的刑法学是指解释现行刑法、阐述刑法规范的哲学基础、研究刑法历史、比较不同刑法的学科,具体包括刑法解释学、刑法哲学(理论刑法学)、刑法史学。

最狭义的刑法学就是指刑法解释学。现代国家的刑法学的研究,大多都以刑法解释学为中心。

二、刑法学的历史

(一) 刑法学的起源

刑法学的产生晚于刑法的产生。刑法的产生可以追溯到原始社会,而刑法学是直至16世纪以后,随着自然科学的发展以及人们摆脱教会束缚、追求个人独立思潮的产生而发展起来的。这场运动在历史上称为启蒙运动。到了17、18世纪,启蒙思潮进一步的普及,人道主义、自由主义的思想在人们心中逐渐扎根,也出现了许多著名的启蒙思想家,如荷兰的胡果·格劳秀斯(Hugo Grotius,1583—1645年)、英国的托马斯·霍布斯(Thomas Hobbes,1588—1679年)、约翰·洛克(John Locke,1632—1704年)、法国的查理·路易·孟德斯鸠(Charles de Secondat, Baron de Montesquieu,1689—1755年)、伏尔泰(Voltaire,原名François-Marie Arouet,1694—1778年)、让·雅克·卢梭(Jean-Jacques Rousseau,1712—1778年),德国的莱布尼兹、沃尔夫、托马修斯、普芬道夫等。他们在宣传启蒙思想的同时,也关注了刑法思想。格劳秀斯认为刑法应当摆脱教会束缚,以人的理性为基础;霍布斯提出刑法应以社会契约论为基础,刑罚的目的不是报应,而是对其他人的威吓,并且要对犯人进行改造;洛克认为刑罚的目的应该在于自我保存和保安,要重视对犯人的改善和无害化;莱布尼兹、托马修斯提出要对法与道德进行区分;孟德斯鸠主张三权分立学说,法院应当严格的、一字不差的适用立法机关制定的法律,奠定了罪刑法定主义的理论基础;伏尔泰强调了犯罪预防的重要性,并提出刑罚之所以合理是因为其有用性;卢梭以社会契约论为基础,提出如果有人破坏了这种共同的契约,就必须受到刑罚的处罚,而对于犯罪预防,卢梭认为应当以教育为主。刑法学的产生,就是建立在这些启蒙思想家的观点之上。在此之后,贝卡利亚撰写的《论犯罪与刑罚》,在当时引起了极大的轰动,在书中他提出了关于犯罪与刑罚的主张,并认为刑罚的本质不是对犯罪人的报应,而是对一般人的威慑,对犯罪应当结合一般预防和特别预防,他也因此被称为"近代刑法学之父。"

(二) 古典学派与实证学派

古典学派是随着启蒙思想的发展建立起来的。古典学派分为早期古典学派和新古典学派。早期的古典学派也叫做旧派,以社会契约论、自然法理论为思想基础,否定了封建法的残忍、严酷、恣意,代表人物为贝卡利亚、费尔巴哈(Anselm von Feuerbach,1775—1833)、杰里米·边沁(Jeremy Benthan,1748—1832年)等。他们从社会契约论出发,主张国家的权力应当在最小的范围内干涉个人的自由,应当对国家的权利进行限制,费尔巴哈提出了更加明确的限制方法:(1) 通过法律的限制,即法无明文规定不为罪、法无明文规定不处罚;(2) 通过行为进行限制,刑法应以行为为标准而不能以行为人为标准;(3) 通过法律与伦理的区别进行限制,犯罪不是违反伦理而是违反法律的行为,立法者应当尊重良心的自由,法律不是伦理的审判者。① 新古典学派建立在批判早期古典学派理论的基础上。

19世纪中期开始,随着科学与技术的进一步发展,各国从农业国家向工业国家的转化,资本主义从自有资本主义进入了垄断资本主义时期,工业的发展导致了大量社会矛盾的产生,失业、贫困人数增多,犯罪率也不断上升,特别是青少年犯罪数量猛增,古典学派的理论在这些现实面前已经无能为力,这个时候,新古典学派,在批判早期古典学派的斗争中产生了。新古典学派也叫做近代学派、新派,他们呼吁社会防卫,主张决定论、行为人主义、社会责任、改善刑、特殊预防。新派有以下的主要观点:第一,主张自由意志论,即人是有理性的,可以自由的产生各种动机,犯罪是人在权衡利弊后自由意志的选择。第二,主张社会本位,国家要保护国民利益和社会利益,只有当社会的利益受到保护后,身为社会人的个人利益才能受到更好的保护。第三,新派主张特殊预防,实现社会防卫的目的。新派认为刑事责任的基础是犯罪人的危险性格,刑罚的目的就是为了消除犯罪人的危险性,避免再犯。第四,新派认为对于犯罪构成要件要尽可能的简约化,主张只设立抽象性或概括性的规定。第五,新派主张社会责任论,社会责任论以社会防卫为中心,犯罪人在实施了犯罪行为,具有故意、过失等心理状态时,则需承担责任。第六,新派主张刑罚的正当化应当根据其目的是否正当来判断,他们认为刑罚的目的是特殊预防,为了有效地实施特殊预防,刑法必须具有灵活性、可变化性和保安性。

古典学派和新派的理论争斗非常激烈,但是,无论是古典学派还是新派,都是在特定的历史环境、社会条件下发展起来的,古典学派以启蒙思想为背景,把犯罪人理解为具有自由意志的理性人,并以此为基础论述了犯罪人责任的核心,提出了刑罚是施予犯罪人的报应,通过对犯罪人的惩罚来达到一般预防的目的;新派以实证科学为理论基础,否定了人的自由意志,提出人之所以会犯罪是综合因素影响的结果,因此社会必须要防卫自己,要对犯罪人进行有针对性的个别防卫才能达到犯罪预防的目的。理论是社会需要的最直接的反映,可以说,社会需要是学科产生的动力。②

20世纪20年代之后,两派代表人物的相继离世,两派的争论也随之降温,两派更多地表现出相互融合,相互借鉴的趋势。各国的刑法典也逐渐在古典主义的理论基础之上,更多地融入新派的观点。例如假释制度、对青少年的区别待遇制度。

---

① 张明楷:《刑法学》,法律出版社2003年版,第5页。
② 王牧主编:《新犯罪学》,高等教育出版社2005年版,第5页。

三、刑法学解释学

刑法解释学是目前很多国家刑法学研究的核心内容,是指用解释的方法对刑法规范的含义进行系统的阐述与说明的学问。① 刑法解释学是严格以刑法的条文作为解释的基础,将刑法条文与司法实践联结起来,是法律与司法实践的纽带。刑法解释学通过对现行刑法的解释,为司法工作人员适用法律提供有价值的参考。

刑法解释学的结构一般以刑法的结构为模板,也分为总论和分论,总论以刑法总则的内容为主,研究犯罪及其法律效果的一般原理和原则;而分论则以刑法各论的内容为中心,探讨各罪名的构成要件、刑罚以及各罪之间的关系。

在日本,有的刑法学者认为把刑法解释学作为一门学科似乎有些名不副实,刑法解释只是一种技术。也有学者对这种观点提出了批评,他们认为刑法解释学虽然是一门技术,但是它也是对法律的系统化的认识,而学科本身就是对研究对象的一种系统性认识,因此刑法解释学就是一门科学。

刑法解释学最初来源于古希腊的阐释学(诠释学、解释学),后由德国、法国的学者将其引入了哲学领域。德国19世纪末20世纪初的哲学家狄尔泰曾试图将解释学的问题纳入精神科学和人文科学领域,他认为,解释学的根本作用在于:反对浪漫主义的任意性与怀疑主义主观性的不断骚扰,从理论上建立解释学的普遍有效性,历史中的一切确定性正建立在这种有效性的基础上。② 从解释学的发展来看,刑法解释并非像有些日本学者所主张的那样仅仅是一门纯粹的技术,它是一门真正的学问,而且不是一门低层次的学问,其蕴含着深层次的哲理。

四、刑法学的研究对象和研究方法

(一) 刑法学的研究对象

刑法学的研究对象决定了刑法学的概念,"定义学科的概念就是某种意义上明确了学科的研究对象"③正确的确定刑法学的犯罪对象,对明确刑法学的研究方法起着导向的作用。那么如何确定刑法学的研究对象呢?我们认为,决定学科对象的是学科任务。"学科任务是学科研究对象的上位概念,决定着学科的概念、对象、方法这种最基础的东西"④就像我们在前面说的那样,决定学科任

---

① 陈光中主编:《外国刑法学概论》,中国民主法制出版社2004年版,第14页。
② 张明楷:《刑法学》,法律出版社2003年版,第3页。
③ 王牧主编:《新犯罪学》,高等教育出版社2005年版,第3页。
④ 同上书,第5页。

务的是社会需要,"学科任务就是社会赋予学科的社会历史使命"[1]因此,在确定刑法学的研究对象之前,要明确刑法学的学科任务,而在明确刑法学的学科任务之前,要搞清促使刑法学学科产生的社会需要是什么,这种社会需要是否随着历史的发展而产生了改变。

从前面所讲的刑法学发展历史中我们可以看出,刑法学产生的直接动力就是反对封建刑罚的需要;随着犯罪的不断增加,社会预防与减少犯罪的社会需要促使了另一门学科——犯罪学的产生,因此犯罪学的学科任务就是有效地预防和减少犯罪,从刑法学中分离出来独立成为一门学科。现在我们所说的刑法学,以刑法解释学为核心,因此,其主要的任务就是解释刑法规范,它的研究对象自然就是一国的刑事法律规范。

德国的理论认为刑法学属于刑事科学,刑事科学包含了刑法学、实体法、诉讼法、行政法、犯罪学。德国的刑法学包含了两部分的内容——刑法教义学和刑事政策学。其中刑法学的核心是刑法教义学,其研究对象是刑法法规。针对刑法法规进行研究的同时,对司法实践提出建设性的意见和批判性的经验,解释现行的法律,最终的目的是达到刑法的安全和公正。德国的刑法学除占有核心地位的刑法教义学外,还包括刑事政策学。刑事政策学以现行法律为基础,吸收刑法教义学的研究成果,根据犯罪学的研究经验,对在将来修订法律提供理由,是刑法教义学与犯罪学之间的一个重要的桥梁。[2]

法国的理论认为刑法学是法律科学的一个分支,它与非法律科学中的其他人文科学既有区别又有联系。学科的任务决定了学科与学科之间的区别,各种人文科学因为其任务的不同存在差别而使其之间相互区分。

---

[1] 王牧主编:《新犯罪学》,高等教育出版社2005年版,第5页。
[2] 〔德〕汉斯·海因里斯·耶塞克:《德国刑法学教科书》,中国法制出版社2001年版。

第二章　近代刑法理论的发展

第一节　刑事古典学派与刑事实证学派

一、刑事古典学派

作为一门研究如何用刑罚惩罚犯罪的科学,刑法学的产生是以刑事古典学派(又称刑法学旧派)的形成为标志的,刑事古典学派是刑法学历史上产生的第一个理论学派。

(一) 产生背景

在罪刑擅断的年代没有犯罪与刑罚的科学理论,"旧的刑事制度是何等可憎和可悲:它们挖空心思地设计出无数酷刑,而用此去惩罚什么,这个问题连它们自己也没有搞清楚;多少世纪以来,它们就是凭着一些虚伪无聊的神学教义、飘忽不定的道德信条和喜怒无常的个人意志,把无数过着正常生活的无辜者送上绞刑架、绑上火刑柱,它们用人类自己设计和制造的刑具,为人类的进步、经济的发展和文化的昌明设置屏障。"①造成这些悲剧的却是规定犯罪与刑罚的刑法。贝卡利亚对当时普遍实行的刑讯制度进行了辛辣的批驳:"纵观历史,目睹由那些自命不凡、冷酷无情的智者所设计和实施的野蛮而无益的酷刑,谁能不触目惊心呢?目睹帮助少数人、欺压多数人的法律有意使或容忍成千上万的人陷于不幸,从而使他们绝望地返回原始的自然状态,谁能不毛骨悚然呢?目睹某些具有同样感官、因而也具有同样欲望的人在戏弄狂热的群众,他们采用刻意设置的手续和漫长残酷的刑讯,指控不幸的人们犯有不可能的或可怕的愚昧所罗织的犯罪,或者仅仅因为人们忠实于自己的原则,就把他们指为罪犯,谁能不浑身发抖呢?"②时代呼唤刑法科学思想的产生,正是为了结束残酷的罪刑擅断现象、实现刑罚的公平、正义与保障人权,在此背景下刑事古典学派应运而生。

(二) 主要内容

在刑事古典学派理论的倡导下,罪刑法定、罪刑均衡、法律面前人人平等作为刑法的基本原则逐渐得到了确立,刑罚人道思想也使残酷的刑罚逐渐趋于缓和。

---

① 黄风:《贝卡利亚及其刑法思想》,中国政法大学出版社1987版,第21页。
② 〔意〕贝卡利亚:《论犯罪与刑罚》,黄风译,中国大百科全书出版社1993年版,第42—43页。

1. 罪刑法定

作为刑法基本原则的罪刑法定,它的确立归功于17、18世纪的启蒙运动。贝卡利亚提出了罪刑法定思想:"为了不使刑罚成为某人或某些人对其他公民施加的暴行,从本质上说,刑罚应该是公开的、及时的、必需的,在既定条件下尽量轻微的、同犯罪相对称的并由法律规定的。"①只有代表根据社会契约而联合起来的整个社会的立法者才拥有这样的权威。而其他人,包括司法官员,无论自命公正也好,以热忱或公共福利的借口也好,都无权超越法律的限度来对社会成员科处刑罚。只有法律才能规定犯罪及其刑罚。贝卡利亚认为当法律不明确时法官也不能根据所谓"法律的精神需要探询"而解释法律,"再没有比这更危险的公理了。采纳这一公理,等于放弃了堤坝,让位给汹涌的歧见"。② 刑事法官没有解释法律的权利,否则就会陷入罪刑擅断的泥潭。他满怀深情地写道:"当一部法典业已厘定,就应逐字遵守,法官唯一的使命就是判定公民的行为是否符合成文法律。""法官对任何案件都应进行三段论式的逻辑推理。大前提是一般法律,小前提是行为符合法律,结论是自由或者刑罚。"③费尔巴哈明确提出罪刑法定原则,并赋予它明确的含义。他在1801年出版的刑法教科书中第一次用拉丁文对罪刑法定原则做了如下经典性的表述:法无明文规定不为罪,法无明文规定不处罚。

经过17、18世纪资产阶级革命的洗礼,罪刑法定先后为美国和法国等资产阶级国家的宪法文件所吸收。许多国家在资产阶级革命以后,都把罪刑法定作为保障人权的一个基本原则,在宪法或刑法上加以肯定。1791年,美国国会批准的《宪法修正案》第5条以明确、简明的语言规定:"未经正当法律程序不得剥夺任何人的生命、自由或财产。"1789年法国资产阶级革命后制宪会议上通过的宪法文件《人和公民权利宣言》(简称《人权宣言》)第8条,以法国革命明快、彻底的风格,对罪刑法定原则做了如下表述:"法律只应规定确实需要和显然不可少的刑罚,而且除非根据犯罪行为前已制定、公布和合法施行的法律,不得处罚任何人。"1810年的《法国刑法典》第4条,又以更简明的方式,将罪刑法定原则规定为:"不论违警、轻罪或重罪,不得判处犯罪前法律未规定的刑罚。"

2. 罪刑均衡

为了反对中世纪刑罚的专断和严厉,实现刑罚的公平和正义,刑事古典学家们都纷纷提倡罪刑均衡思想。孟德斯鸠指出:"无论政府温和或酷虐,惩罚总应当有程度之分;按罪行大小,定惩罚轻重。"④同时他还明确提出刑罚轻重要与犯

---

① 〔意〕贝卡利亚:《论犯罪与刑罚》,黄风译,中国大百科全书出版社1993年版,第109页。
② 同上书,第12页。
③ 同上书,第13页。
④ 〔法〕孟德斯鸠:《波斯人信札》,罗大冈译,商务印书馆1962年版,第141页。

罪相适应:"刑罚的轻重要有协调,这是很重要的,因为我们防大罪应该多于防小罪,防止破坏社会的罪应该多于防止对社会危害较小的犯罪。"①并且,要根据犯罪的性质决定刑罚的轻重。"依犯罪的性质量刑有利于自由,如果刑法的每一种刑罚都是依据犯罪的特殊性质去规定的话,便是自由的胜利。"②洛克指出:"处罚每一犯罪的程度和轻重,以是否足以使罪犯觉得不值得犯罪,使他知道悔悟,并且儆戒别人不犯同样的罪行而定。"③

启蒙思想家所倡导的罪刑均衡思想在许多国家的刑事立法中得到充分体现。例如法国 1789 年的《人权宣言》第 8 条指出:"法律只应当制定严格的、明显的、必需的刑罚。"1793 年法国宪法所附的《人权宣言》第 15 条规定:"刑罚应与犯法行为相适应,并应有益于社会。"1791 年和 1810 年的《法国刑法典》关于重罪、轻罪和违警罪的划分,以及刑法分则条文上各种犯罪的罪刑关系,都体现了罪刑均衡的原则。这个原则,成为 18 世纪末 19 世纪初所有新刑法典规定罪刑关系的重要准则。

3. 人人平等

虽然关于平等的愿望和要求与人类不平等的社会现实一样古老。但是,把平等作为社会的准则和理想,作为反对封建特权和专制的一种原则,则是由资产阶级革命的代表人物提出的,洛克说:"人类天生都是自由、平等和独立的。"④卢梭说:"每个人都生而自由平等。"⑤

资产阶级革命胜利后,平等作为天赋人权在自己的宪法性文件中加以确认。1778 年美国《独立宣言》庄严宣布"人人生而平等"。1789 年法国《人权宣言》第 1 条规定:"在权利方面,人们生来是而且始终是自由平等的。"第 6 条又规定:"法律是公共意志的表现。全国公民都有权亲身或经由其代表去参与法律的制定。法律对于所有的人,无论是施行保护或处罚都是一样。在法律面前,所有的公民都是平等的,故他们都能平等地按其能力担任一切官职、公共职务和地位,除德行和才能上的差别外不得有其他差别。"这是资产阶级第一次在宪法上明确规定公民在法律面前一律平等的原则。此后,许多西方国家的宪法,都明文规定了法律面前人人平等的原则。

4. 刑罚人道

在人道主义思想的影响下,刑事古典学派继承了启蒙思想家的观点,针对中世纪的残暴刑罚,提出刑罚人道主义,主张将国家刑罚权纳入法治的轨道。贝卡

---

① 〔法〕孟德斯鸠:《论法的精神》(上册),张雁深译,商务印书馆 1961 年版,第 91 页。
② 同上书,第 189 页。
③ 〔英〕洛克:《政府论》(下篇),叶启芳、翟菊农译,商务印书馆 1964 年版,第 9—10 页。
④ 〔英〕洛克:《政府论》(下),叶启芳、翟菊农译,商务印书馆 1980 年版,第 59 页。
⑤ 〔法〕卢梭:《社会契约论》,何兆武译,商务印书馆 1980 年版,第 9 页。

利亚从社会契约论出发,认为罪犯之所以受到刑罚处罚,仅仅是因为他违背了社会契约,刑罚权来自公民自愿转让的自然权利,其限度应该是维护公共福利所需,同时也应保障个人的尊严和权利。如果刑罚权超越了这种限度,便是对自由的侵犯,这就违背了社会契约。"一旦法律允许在某些情况下,人不再是人,而变成了物,那么自由就不存在了。"① 贝卡利亚认为刑罚的目的仅仅在于预防犯罪,它只能是"必须的"和"尽量轻的",刑罚的强度只要能使"犯罪的既得利益"丧失就够了。黑格尔坚决反对对罪犯使用酷刑,他对古代东方的中国、印度、中世纪的欧洲等专制国家中广泛存在的对罪犯使用身体刑、肉刑等折磨、摧残人身的酷刑现象表现出极大的愤慨,他指出:最令人憎恶和可恨的莫过于欣赏残酷。并申明他以尊敬犯人自由意志、人格为前提的报复性理论与残酷的刑罚是不相两立的。②

被视为近代刑法之缘起的 1791 年《法国刑法典》草案,率先彻底废除了肢体刑与肉刑,至 1810 年制定的拿破仑刑法典,更将此类酷刑拒之于刑罚体系之外。此后,比利时、荷兰、西班牙、葡萄牙等国也相继废除了肉刑。在德国,体刑与肉刑在 1871 年的刑法典中不复存在。在英国,经过 19 世纪中期的刑法改革后,除鞭笞外,其他肉体刑与死刑也成了历史陈迹。③

二、刑事实证学派

刑事古典学派促进了刑法学理论的巨大发展,但并没有实现社会解决犯罪问题的要求。伴随着时代的发展,面对高涨的犯罪现象,刑事实证学派逐渐走上了历史的舞台。

(一)产生背景

进入 19 世纪下半叶,西欧各国陆续完成了产业革命,资本主义逐渐发展到垄断阶段。在资本主义自由竞争阶段,为了推动自由竞争的需要,社会注重保障个人的权利和自由,推崇人的个人价值。根据这种个人本位思想,在个人与社会利益发生冲突时,法律更偏重于注重保护个人利益。到了资本主义的垄断阶段,西方世界逐渐转入社会本位思想,法律由注重保护个人利益转向注重保护社会整体利益,当个人利益与社会整体利益发生冲突时,国家偏重于限制个人利益以保护社会整体利益。显然,刑事古典学派的理论已经不能适应时代的需要了。19 世纪后半期,资本主义经济由自由竞争转入垄断时期,社会矛盾加剧,失业、贫困、卖淫、酗酒、颓废等社会问题异常突出,犯罪急剧上升,累犯、常习犯显著增

---

① 〔意〕贝卡利亚:《论犯罪与刑罚》,黄风译,中国大百科全书出版社 1993 年版,第 72 页。
② 马克昌主编:《近代西方刑法学说史略》,中国检察出版社 2004 年版,第 152 页。
③ 邱兴隆:《刑罚理性评论——刑罚的正当性反思》,中国政法大学出版社 1999 年版,第 43 页。

多,少年犯或青少年犯也呈激增趋势。而古典学派的思辨型且注重犯罪行为的刑法理论对激增的犯罪现象表现出的无能为力导致人们对其有效性进行了重新检讨和批判。面对高涨的犯罪现象,刑事实证学派应运而生。

(二) 基本内容

刑事实证学派从预防犯罪的角度对犯罪与刑罚展开了科学研究,对犯罪与刑罚产生了新的科学认识,从而确立了一系列崭新的刑法原则。

1. 提倡刑罚个别化

刑事实证学派认为,"应受处罚的不是行为,而是行为人",施用刑罚的根本目的在于防卫社会免受犯罪的侵害。为了有效地预防犯罪,实现防卫社会的目的,刑事实证学家们从犯罪原因的角度对犯罪展开了具体研究,并将研究的重点由犯罪行为转到了犯罪人。犯罪人类学派的创始人西萨尔·龙勃罗梭(Cesare Lombroso,1836—1909 年)主张在对犯罪人分类的基础上,根据不同的情形,分别采取相应的救治措施①:(1) 对尚未犯罪但有犯罪倾向的人实行保安处分,即使之预先与社会相隔离。(2) 对于具有犯罪生理特征者予以生理矫治,即通过医疗措施如切除前额、剥夺生殖机能等来消除犯罪的动因。(3) 将危险性很大的人流放荒岛、终身监禁乃至处死。为了有效地预防犯罪,恩里科·菲利(Enrico Ferri,1856—1929 年)提出了"刑罚的替代措施"理念,"经济领域的研究已经发现,当某种日常用品缺乏的时候,为了满足人们的自然需求,必须求助于比较低价的替代物品。因此,在犯罪领域,因为经验使我们确信刑罚几乎完全失去了威慑作用,所以为了社会防卫的目的,我们必须求助于最有效的替代手段"。②

伴随着这一研究的逐渐深入以及犯罪人人身危险性概念的形成,刑罚应当与犯罪人的具体情况(人身危险性)相适应的理论——刑罚个别化渐趋成熟。刑事实证学派认为刑罚不是对犯罪行为的事后报复,也不是对其他人的恐吓,而是对那些"危险状态的体现者"采取的预防措施。裁量刑罚的根据不是行为人对已经实施的犯罪所负的责任,而是他的整体品性所揭示出的他对社会未来所具有的危险状态。作为一种预防犯罪的措施,刑罚必须适合于罪犯的个性。所以,针对任何特定的人所采取的任何具强制性或不具强制性的措施都必须考虑:根据该人的个人特征,是否能最大限度地预防其犯罪或重新犯罪。刑罚不应当与行为人实施犯罪行为的社会危害性相适应,而应当与实施犯罪行为的行为人的人身危险性相适应。

2. 创设保安处分

19 世纪后半期,部分欧洲国家的刑事立法上出现了关于保安处分的分散规

---

① 转引自陈兴良:《刑法的启蒙》,法律出版社 2003 年版,第 185 页。
② 〔意〕菲利:《犯罪社会学》,郭建安译,中国人民公安大学出版社 1990 年版,第 80 页。

定,如 1885 年《法国刑法典》修正案中有关于累犯、少年犯处置的特别规定,英国于 1860 年制定了《犯罪精神病人监置法》,这些都是近代保安处分立法的早期形式。1893 年的《瑞士刑法第一预备草案》(即斯托斯草案),是历史上第一次将刑罚与保安处分立,在刑法典中采取二元论的立场,将保安处分规定为代替或补充刑罚的一种制度。所规定的保安处分种类有:① 对累犯的保护管束;② 劳役场;③ 酒店禁例;④ 酗酒者治疗所;⑤ 善行保证。斯托斯草案的出台,震撼了世界刑法学界。20 世纪初在欧陆各国,斯托斯草案的影响以德奥为中心,向捷克、匈牙利、南斯拉夫、丹麦、西班牙等国扩展,波及全欧。后来影响到英美和日本。从斯托斯草案的成立到二战前,是保安处分立法的成熟期。继斯托斯草案之后,英国于 1907 年制定的《保护观察法》和《少年法》,1908 年制定的《犯罪预防法》,1913 年制定的《精神病法》,都规定了保安处分。1908 年的《瑞士刑法典》对保安处分作了补充规定。1902 年的《挪威刑法典》设置了接近一元主义的保安刑。1909 年的《德国刑法改进草案》将保安处分作为刑外刑予以规定,其种类有:① 劳作所收容;② 酒癖矫正所收容;③ 对一般限制责任能力者的保安监督;④ 对常习犯人的保安处分;等等。20 世纪初期,保安处分制度长足进展,在立法上可谓风行一时。菲利于 1921 年起草的《意大利刑法预备草案》(即《菲利草案》)树立了刑罚与保安处分一元论立法的典范,在保安处分发展史上写下了辉煌的一页:《菲利草案》的核心精神是否定了将刑罚与保安处分融为一体的传统概念,构成新型的、社会性的"制裁"体系。①

第二节 学派之争与现代刑法理论的形成

刑事古典学派与刑事实证学派产生于不同的历史背景下,为了完成肩负的历史使命而对犯罪与刑罚进行科学研究,得出了不同的刑法学理论。两大学派对于刑法学的基本理论上是存有巨大争议的,而正是这种对立性的研究促进了刑法学理论的繁荣和发展。

一、报应刑论与目的刑论

(一) 刑事古典学派主张报应刑论

报应主义学说以德国古典哲学家康德(Immnauel Kant,1724—1804)和黑格尔(Georg Wilhelm Friedrich Hegel,1770—1831 年)为代表,认为刑罚是对犯罪的报应,因此刑罚的质和量应与犯罪相适应,刑罚的轻重应当以犯罪对社会造成的损害为尺度。在刑罚理论上,存在相对主义与绝对主义之争。康德坚持一种绝

---

① 苗有水:《保安处分与中国刑法发展》,中国方正出版社 2001 年版,第 50—51 页。

对主义的报应刑论,康德指出:"公共的正义可以作为它的原则和标准的惩罚方式与尺度是什么?这只能是平等的原则。根据这个原则,在公正的天平上,指针就不会偏向一边的,换句话说,任何一个人对人民当中的某个个别人所作的恶行,可以看做是他对自己作恶。因此,也可以这样说:'如果你诽谤别人,你就是诽谤了你自己;如果你偷了别人的东西,你就是偷了你自己的东西;如果你打了别人,你就是打了你自己;如果你杀了别人,你就杀了你自己。'这是报复的权利。不过,还要清楚地了解,这有别于单纯个人的判断,它是支配公共法庭的唯一原则。根据此原则可以明确地决定在质和量两方面都公正的刑罚。所有其他标准都是摇摆不定的,出于其他方面考虑的标准,都不包含任何与'纯粹而又严格的公正判决'一致的原则。"①康德的主张是一种以牙还牙的等量报应。康德主张的等量报应,主要是对平等性的一种强调。

黑格尔则认为,刑罚是犯人自己犯罪意志的表现,处罚犯罪人正是尊敬他是理性的存在。而要尊敬他是理性的存在,就必须从犯人的行为中去寻求刑罚的概念和尺度。"犯罪的扬弃是报复,因为从概念说,报复是对侵害的侵害,又按定在说,犯罪具有在质和量上的一定范围,从而犯罪的否定,作为定在,也是同样具有在质和量上的定范围。但是这一基于概念的同一性,不是侵害行为特种性状的等同,而是侵害行为自在地存在的性状的等同,即价值的等同。"②在黑格尔看来,犯罪是对法的否定,但作为法的法是不可能被否定的,所以犯罪必须被扬弃,但否定犯罪的刑罚与犯罪之间并不是量的等同,而是价值的等同。因为事实上犯罪的外在表现形式是多种多样、千奇百怪的,但现实中的刑罚却是有限的,二者不可能一一对应。有限的刑罚对应无限的犯罪现象之间只能是价值的等同。黑格尔指出:"犯罪的基本规定在于行为的无限性,所以单纯外在的种的性状消失得更为明显,而等同性则依然是唯一的根本规则,以调整本质的东西,即罪犯应该受到什么刑罚,但并不规定这种刑罚的外在的种的形态。单从这种外在的种形态看来,一方面窃盗和强盗,他方面罚金和徒刑等等之间存在着显著的不等同,可是从它们的价值即侵害这种它们普遍的性质看来,彼此之间是可以比较的。寻求刑罚和犯罪接近于这种价值上的等同,是属于理智范围内的事,业如上述。"③表现各异的犯罪现象却具有本质的特征,这种本质的东西是具有等同性的。正是这种犯罪的质的同一性决定了罪犯应该受到什么刑罚。因此,犯罪与刑罚的等同不是外在特征的等同,而是质的等同,即刑罚与犯罪之间内在价值上是等同的。

---

① 〔德〕康德:《法的形而上学原理——权利的科学》,沈叔平译,商务印书馆1991年版,第165页。
② 〔德〕黑格尔:《法哲学原理》,范扬等译,商务印书馆1961年版,第104页。
③ 同上书,第106页。

（二）刑事实证学派主张目的刑论

刑事实证学派认为刑罚的目的不是对犯罪的报复，而是防卫社会，即预防犯罪以保卫社会。对目的刑思想作出明确论述的是刑事实证学派的集大成者弗朗茨·冯·李斯特（Franz Von Liszt,1851—1919年）。他"重新将刑法与以自由观为基础建立的法政策联系在一起，在该法政策中，'目的思想'应当成为法进步的支柱。他从犯罪现实问题出发，以在当时刚刚进入法学领域的现代自然科学的结果—经验研究方法为先导，指出现行刑法缺少犯罪统计结果，并视刑事政策为社会政策的一部分（实证主义）。冯·李斯特刑事政策的基本思想，于1882年反映在其著名的马堡计划'刑法的目的思想'中"。① 1882年，李斯特在马尔布赫大学以题为《刑法的目的思想》的就任演说中提出了目的刑主义，"在我们能够认识的最早的人类文化史时期的原始形态下，刑罚是对于从外部实施侵犯个人及个人的集团生活条件行为的盲目的、本能的、冲动的一种反动行为。它没有规定任何目的象征，而它的性质是逐渐演变的。即这种反动行为从当初的当事人集体转移至作为第三者的冷静的审判机关，客观地演化成刑罚，有了刑罚的机能才可能有公正的考察，有了经验才可能认识刑罚合乎目的性，通过观念目的理解了刑罚的分量和目的，使犯罪成为刑罚的前提和刑罚体系成为刑罚的内容，刑罚权力在这种观念目的下形成了刑法。那么以后的任务是把已经发展起来的进化在同一意义上向前发展，把盲目反动向完全有意识地保护法益方向改进。"② 在李斯特看来，刑罚的性质是伴随着人类文化的发展而逐渐演变的。原始形态的刑罚仅是一种盲目的、本能的、冲动的反动行为，它不带有任何目的。只有当刑罚权由当初的当事人转移至作为冷静第三者的审判机关时，才得以实现刑罚的正义，才能逐渐理解刑罚的分量和目的，在这种目的下的刑罚权力形成了刑法，刑法也由对犯罪的盲目反动发展到保护法益。

二、道义责任论与社会责任论

（一）刑事古典学派主张道义责任论

行为人基于意志自由实施犯罪，自己应当承担责任，这是人类当然的伦理要求。古典学派主张道义责任论，认为每个人都是具有自由意志的人，完全能够掌握自己的行为，犯罪是行为人基于自由选择的结果，自己应当承担责任，这是人类当然的伦理要求。刑罚只能用来反对这种自由的行为。

道义责任论认为，犯罪人承担刑事责任的本质是道义的非难。刑罚作为对

---

① 〔德〕汉斯·海因里希·耶塞克、托马斯·魏根特：《德国刑法教科书》（总论），徐久生译，中国法制出版社2001年版，第92页。
② 〔日〕木村龟二主编：《刑法学词典》，顾肖荣等译，上海翻译出版公司1991年版，第407页。

犯罪人所加的恶害,自然具有道义基础。"依余所见,法即'伦理',而伦理系人伦之事理,亦系在人之存在上所成立之道理、理念及规范。其内容系规定人之存在关系及人伦应有之状态,此乃包含人在生存上之行为与全体人之关系的秩序……无论构成要件或违法性以及道义的责任,皆系伦理的、道义的秩序之现象形态。而所谓'责任',其根据即在于此伦理的及道义的秩序之深层;余所以将'责任'称为'道义的责任'者,即欲明示其本来之道义的意义故也。""所谓道义的责任,乃行为者就其所为之违法行为基于道义的非难。此系'行为者在主观上虽可依道义的规范之意识而行动或应行动,然竟为违反其义务之行为所加之非难'的意义之消极的价值判断。"①道义责任论认为刑事责任评价的根据是行为人实施的犯罪行为以及行为人违反道义的恶意。道义责任论注重的是行为人实施的犯罪行为,而不是行为人。可以成为非难对象的是各个具体的符合构成要件的犯罪行为,应当依据各个具体的犯罪行为确定责任。同时,任何犯罪行为都并非是纯客观的,而是基于行为人的自由意志而实施的。所以对行为人确定刑事责任时必须要考虑行为人的主观意思,即行为人的"恶意"。行为人在认识到其行为违反道义的情况下,仍然故意实施犯罪行为或他虽然可能认识其行为的反道义性,但却没有认识而实施了该犯罪行为。必须要对自己的犯罪行为承担刑事责任。

(二)刑事实证学派主张社会责任论

古典学派主张道义责任论,认为每个人都是具有自由意志的人,完全能够掌握自己的行为,犯罪是行为人基于自由选择的结果,自己就应当承担责任,这是人类当然的伦理要求。刑罚只能用来反对这种自由的行为。刑事实证学派则反对道义责任论,提倡社会责任论。

刑事实证学派是从根本上反对责任观念的,无论是根据龙勃罗梭的观点还是根据菲利的观点,犯罪都是被决定的。刑罚只是公共防卫和安全的一个手段,类似于那些对危险动物或精神病人所采取的预防措施。它不是报应手段,只是制止犯罪循环重复和传播的预防措施。在刑事实证学派的理论中,没有责任概念。一切针对特定人的社会防卫措施(包括刑罚),其正当性不是源于个人所负的道义责任,而是源于社会需要,也就是防卫社会的需要。"犯罪非生而自来,乃法律上之名词,加之与不可免之动作者。犯罪原因至多,皆与吾人意念不相涉,犹瘴气之与热病。凡道德上之缺陷,皆生于体制上之缺陷。除非扰及社会生活之正轨,罚之根于何理,社会与政府之为此。应如田主筑堤以捍水,犯罪有损及自由者,然后用刑罚以医治之,医之不效,则行隔离之法。"②"野兽食人,不必

---

① 转引自洪福增:《刑事责任之理论》,台湾三民书局1988年版,第9—10页。
② 〔意〕龙勃罗梭:《朗伯罗梭氏犯罪学》,刘麟生译,商务印书馆1928年版,第366页。

问其是否生性使然,抑故而作恶,吾人遇之,必毙之而后已。禁锢疯犯,亦同此自卫原理。近人为兵,驱之至死地,安岂有他理由可言耶?刑罚必从自己立论,方可无反对之地。"①刑罚的轻重也是由社会防卫的需要来决定。受刑人之所以受刑不是因为他实施的犯罪行为,而是因为他自己的犯罪性,因为基于防卫社会的需要他被社会认为是一个危险成员。人们把这种如何以防卫社会的需要来适用包括刑罚在内的社会防卫措施的理论称为社会责任论。在日本学者木村龟二看来,"实证学派根据刑事人类学以及刑事统计学的研究成果,对刑事责任设定问题提出了新的解决方法"。"人为什么要对犯罪负责的唯一实证解答,即由于人生活在社会之中,在此范围内,他对所做的一切违反法律的行为总是有责任的,这是社会责任代替道义责任的根本原则。"②这样,构成刑事责任之根据的不是各个具体的行为,而是对社会造成危险的行为者的危险性格,应受社会防卫处分的不是行为,而是行为人。

三、意志自由论与行为决定论

(一) 刑事古典学派主张意志自由论

意志自由(或自由意志)是古典学派理论的核心概念。刑事古典学派认为人在达到一定年龄时,除精神上有异状者与精神未充分发达者外,任何人都有为善避恶的意思自由。有自由意思的行为人能够避免实施犯罪而竟敢实施之,也是出于自由意志的选择。

古典刑法学家代表人物康德认为,人作为理性动物有意志自由,人之所以为人,就在于人的理性使意志自由。康德把犯罪看做是一个有理性的人之所为,"一个受责任法则管辖的行为称为责任行为。在责任行为当中,行为主体是依照择别意志的自由而行事的,行为者据此而被视为行为结果的'作者'主宰。这一性质以及该行为本身,都可归因于他事先对某法则已有所了解,正是法则使得他负有某种责任。人是有责任能力的行为主体,道德人格不外乎是理性存在物在道德法则之下的自由(而心理人格则只是在各种不同的环境中认识到自身存在的同一性的能力)。由此可见,人只遵从他自己(单独或同他人一起)替自己设立的法则,而不遵从其他任何法则。"③另一古典刑法学家代表人物黑格尔认为,人是理性的动物,犯罪人也是基于意志自由而实施犯罪行为的。黑格尔还认为人的行为是自由意志的体现。"主观或道德的意志的内容含有一个特有的规定,这就是说,即使内容已获得了客观性的形式,它仍应包含着我的主观性,而且

---

① 〔意〕龙勃罗梭:《朗伯罗梭氏犯罪学》,刘麟生译,商务印书馆1928年版,第367页。
② 转引自马克昌主编:《近代西方刑法学说史略》,中国检察出版社1996年版,第176页。
③ 〔德〕康德:《康德文集》,刘克苏等译,改革出版社1997年版,第334—335页。

我的行为仅以其内部为我所规定而是我的故意或我的意图者为限,才算是我的行为。凡是我的主观意志中所不存在的东西,我不承认其表示是我的东西,我只望在我的行为中重新看到我的主观意识。"①黑格尔强调在我的主观意志定在中有我的主观意志,只有我的主观意志定在的才是我的行为,我只对我的主观意志及其定在负责。"一种行为,作为出现于外在客观性中的目的,按照主观意志是否知道其行为在这种客观性中所具有的价值,分别作为合法或不合法、善或恶、合乎法律或不合乎法律,而归责于主观意志。"②黑格尔说:"意志一般说来对其行动是有责任的。""行动只有作为意志的过错才能归责于我。"③在黑格尔看来,正是因为犯罪行为是人基于意志的过错自由而实施的,所以必须对其行为进行归责。

(二) 刑事实证学派主张行为决定论

刑事古典学派认为犯罪人的意志是自由的,但在刑事实证学派的学者们看来,刑事古典理论的意志自由观念完全是一种毫无根据的臆想,建立在这个核心概念上的一切理论都将因此而成问题。刑事古典学派把犯罪看成法律的行为加以研究,没有看到实施这一犯罪行为的主体——人及其社会环境。否定了古典学派的意志自由论,刑事实证学派建立了行为决定论。刑事实证学派认为,人的行为并不是意志自由选择的结果,而是由社会的各种因素决定的。龙勃罗梭通过自己对犯罪原因的实证研究,认为意志自由只是哲学家虚构的。在现实生活中,一个人根本没有意志自由可言,人的行为是受气候、种族、文化、饮食、遗传、年龄等因素的制约。龙氏认为犯罪是由人的遗传因素造成的,提出了著名的天生犯罪人论。菲利认为,各种物质现象都是事前存在的决定该现象的原因的必然结果。菲利指出:"人之所以成为罪犯,并不是因为他要犯罪,而是由于他处于一定的物质和社会条件之下,罪恶的种子得以在这种条件下发芽、生长。因此,我们知道人类的不幸产生于上述因素的相互作用,一个变态人是一个不能适应其出生于其中的社会环境的人。变态人缺乏社会生活的能力,生理上呈现出退化特征,发展成被动性或主动性变态人,最后成为罪犯。"④可见,在菲利看来,犯罪完全是由社会环境造成的。

---

① 〔德〕黑格尔:《法哲学原理》,范扬、张企泰译,商务印书馆1982年版,第114页。
② 〔德〕康德:《实践理性批判》,关文运译,商务印书馆1960年版,第133页。
③ 〔德〕黑格尔:《法哲学原理》,范扬、张企泰译,商务印书馆1982年版,第118、119页。
④ 〔意〕菲利:《实证派犯罪学》,郭建安译,中国政法大学出版社1987年版,第35页。

四、社会危害性与人身危险性

（一）刑事古典学派认为犯罪的本质特征是社会危害性

为了实现刑罚的正义，刑事古典学家们开始对犯罪进行了科学研究。孟德斯鸠认为，只有行为才能成为罪体，"言语并不构成'罪体'。它们仅仅栖息在思想里。"① "人们处罚的不是言语，而是所犯的行为，在这种行为里人们使用了这些言语。言语只有在准备犯罪行为、伴随犯罪行为或追从犯罪行为时，才构成犯罪。"②贝卡利亚认为不能以犯罪时所怀有的意图作为衡量犯罪的标准，对犯罪完全采取了一种客观的标准来衡量，"我们已经看到，什么是衡量犯罪的真正标尺，即犯罪对社会的危害。这是一条显而易见的真理，尽管认识这类明了的真理并不需要借助于象限仪和放大镜，而且它们的深浅程度都不超过任何中等智力水平的认识范围，但是，由于环境惊人地复杂，能够有把握认识这些真理的人，仅仅是各国和各世纪的少数思想家。"这就是对社会造成的危害，而这种危害是可以采用外部标准来衡量的，一个人内心的邪恶也只能由表现为外部行为及其所造成的危害来测定。除此以外，离开人的外部行为的主观意图与罪孽是不可度量的，不能作为衡量犯罪的标准。贝卡利亚认为衡量犯罪的真正标尺是犯罪对社会的危害，而不是犯罪时所具有的意图。即犯罪是危害社会的行为，犯罪的本质在其社会危害性。边沁根据他的功利原则认为犯罪是指一切基于可以产生或可能产生某种罪恶的理由而人们认为应当禁止的行为。边沁指出："根据讨论的题目不同，这个词的意义也有所区别。如果这个概念指的是已经建立的法律制度，那么，不论基于何种理由，犯罪都是被立法者所禁止的行为。如果这个概念指的是为创建一部尽可能好的法典而进行的理论研究，根据功利主义原则，犯罪是指一切基于可以产生或者可能产生各种罪恶的理由而人们认为应当禁止的行为。"③边沁认为从规范意义上讲，基于罪刑法定主义原则，犯罪是指法律所禁止的行为。从实质上讲犯罪是指一切基于可以产生或者可能产生各种罪恶的理由而人们认为应当禁止的行为。在费尔巴哈看来，犯罪不是违反道德，而是违反法律，犯罪是法律保护的权利的行为，犯罪的本质是对权利的侵害。

刑事古典学家们虽然在犯罪社会危害性的判断上提出了各自不同的标准，但正是在上述刑事古典学家们的科学研究下，终于认识到犯罪的本质是其具有的社会危害性，刑事古典学派的理论以及刑罚制度才由此而形成。

（二）刑事实证学派认为犯罪的本质是人身危险性

早期刑事实证学派则将研究的重点放在犯罪人身上，研究犯罪发生的原因

---

① 〔法〕孟德斯鸠：《论法的精神》（上册），张雁深译，商务印书馆1961年版，第198页。
② 〔意〕贝卡利亚：《论犯罪与刑罚》，黄风译，中国大百科全书出版社1993年版，第67页。
③ 〔英〕边沁：《立法理论——刑法典原理》，孙力译，中国人民公安大学出版社1993年版，第1页。

以及犯罪人的个人情况。随着刑事实证学派对犯罪人的人身特征的研究,人身危险性是犯罪的本质特征的性质渐渐被揭示。龙勃罗梭提出了著名的天生犯罪人思想,认为犯罪是由基因决定的,犯罪人通过遗传而获得这些基因,犯罪就是由这些基因决定的,而不是行为人自由意志选择的结果。龙勃罗梭通过对成千上万个罪犯进行观察得到了大量第一手资料,建立了他的天生犯罪人理论。龙勃罗梭根据犯罪人的特征,主要是犯罪人的生物特征,将犯罪人分为四种:生而有犯罪性的人、疯狂的犯罪人、情欲的犯罪人、偶然的犯罪人。加罗法洛根据犯罪人道德低劣的程度和性质,将真正的犯罪人分为四种类型:谋杀犯罪人或典型的犯罪人、暴力犯罪人、缺乏正直的犯罪人或不尊重别人财产的犯罪人、色情犯罪人。菲利根据犯罪人的人身危险性程度,把犯罪人分为以下五类:天生犯罪人、精神病犯罪人、习惯性犯罪人、机会犯、激情犯。

正是在刑事实证学家们的不断努力下,刑事实证学派对犯罪的认识超越了刑事古典学派,将对犯罪的研究重点由犯罪行为转到了犯罪人身上。自龙勃罗梭提出犯罪人的生理特征开始,历经加罗法洛、菲利等对犯罪人的划分,到菲利提出的犯罪人的危险性格,直至李斯特提出由行为到行为人的著名论断,人身危险性作为刑事实证学派的代表性观念终于登上了历史舞台。1910年,国际刑法学联合会的创始人之一,刑事社会学派的拥护者普林斯指出:"这样一来,我们便把以前没有弄清楚的一个概念,即犯罪人的社会危险状态的概念,提到了首要的地位,用危险状态代替了被禁止的一定行为的专有概念。换句话说,孤立地看,所犯的罪行可能比犯这种罪的主体的危险性小。如果不注意主体固有的特性,而对犯这种违法行为的人加以惩罚,就可能是完全虚妄的方法。"①

刑事古典学派与刑事实证学派是刑法学发展历史上形成的两大学派,二者产生于不同的历史背景下,为了解决当时面临的历史任务:解决刑罚滥用和犯罪高涨,刑法学家们从各自的角度对犯罪与刑罚展开了科学研究,使人类对犯罪与刑罚的科学认识水平不断得到深化。二者既有自己的优点,也都具有一定的局限性。刑事古典学派的价值追求是正义,但却无法与复杂的犯罪现象相适应,不能有效的预防、减少犯罪;刑事实证学派的价值追求是效益,所以主张刑罚个别化,虽然有利于预防、减少犯罪现象,但却容易冲击刑事法治。现代社会不但追求刑事法治,同时预防、减少犯罪现象也是时代的要求。实际上,现今刑法学的理论并没有超出两大学派的范围,不过是对两大学派理论的综合与折中。"现代刑法理论,无不以一种折中与调和的形式出现:吸取古典学派和实证学派之所

---

① 〔苏〕A.H.特拉伊宁:《犯罪构成的一般学说》,王作富等译,中国人民大学出版社1958年版,第22—23页。

长,形成所谓综合理论。"①中国刑法学理论也是如此,我国刑法的三大基本原则罪刑法定、罪责刑相适应、刑法面前人人平等,其中罪刑法定与刑法面前人人平等是由刑事古典学派确立的,罪责刑相适应则是融合刑事古典学派的罪刑均衡原则与刑事实证学派的刑罚个别化原则而成。刑法分则中对各个罪名所确立的法定刑,是依据刑事古典学派的罪刑均衡原则中犯罪行为的社会危害性大小而确立。刑法总论中的缓刑、假释、立功、自首、累犯等一系列制度则是建立在刑事实证学派的刑罚个别化理论基础上,依据犯罪人的人身危险性不同而确立的刑罚制度。正是由于刑事古典学派与刑事实证学派的理论贡献,世界各国的刑法学理论才能发展到今天的现状。

---

① 陈兴良:《刑法的启蒙》,法律出版社2003版,第268页。

第三章 刑法的基本原则

第一节 刑法基本原则概说

一、刑法基本原则的概念

刑法的基本原则,是指贯穿于刑法始终,对全部刑事立法与刑事司法具有根本性、指导性意义,并体现刑法基本精神的准则。刑法的基本原则是法治基本原则在刑法中的体现。与各部门法都必须遵循的共同准则有着明显的区别,其主要具有以下特征:

首先,刑法基本原则必须是贯穿于刑法始终的原则。刑法原则有基本原则和具体原则之分:基本原则负载着刑法的根本价值,体现着刑法的性质和基本精神,是刑事司法和立法的准则;而具体原则是基本原则在刑法制定、解释或适用中的具体化,是指导刑法某一领域或某类活动的准则。因此,只有那些贯穿于刑法始终,对刑法的制定、解释和适用具有全局意义,且在全部刑法规范中具有根本性指导意义的准则,才能成为刑法的基本原则。而那些仅适用于刑法中某些问题或某些案件的原则,例如,大陆法系刑法通常规定的未成年人犯罪从宽处罚原则,只是局部性的原则,并未贯穿刑法始终,不能作为刑法的基本原则。

其次,刑法基本原则对刑事立法和刑事司法具有指导意义。"指导意义",即意味着刑法的制定、解释和适用等一系列刑事活动都应当遵循刑法的基本原则,这主要体现在以下两个方面:一方面,在刑事立法上,刑法的制定、解释、修改和补充都应当遵循刑法的基本原则,其对刑事立法活动具有直接的指导意义。另一方面,在刑事司法上,也应当是必须严格遵守的准则,其对刑事司法活动的全过程具有直接的指导意义。因此,只有对刑事立法和刑事司法具有根本性、指导性意义的原则,才是刑法的基本原则。

再次,刑法的基本原则是体现刑法基本精神的准则。刑法的基本原则是刑法制定、解释和适用中必须遵循的准则,即使在刑法典尚未颁布前,立法者在制定刑法时也应当遵循刑法的基本原则,这是因为刑法基本原则是刑法精神的体现,其指导着刑法典的制定及刑法规范的适用。因此,刑法的基本原则是体现刑法基本精神的准则。

二、刑法基本原则的确定

刑法基本原则的确定,即将哪些具体的原则归为刑法的基本原则。对于该问题,各国刑事立法的规定和理论界学者的见解各有不同。例如,《德国刑法典》只规定了法治原则(即罪刑法定原则),而以此衍生出禁止类推原则、禁止习惯法原则、禁止溯及既往原则和禁止不确定原则等。① 《日本刑法典》的基本原则具体有保护法益原则(即只有侵犯法益的行为才是处罚对象)、责任原则(没有责任就没有刑罚)和罪刑法定原则。② 《俄罗斯联邦刑法典》具体规定了法制原则(即罪刑法定原则)、公民在法律面前一律平等的原则、公正原则(近似我国的罪责刑相适应原则)、罪过原则、人道原则等,作为刑法的基本原则。③ 我国台湾地区刑法的基本原则具体包括罪刑法定原则、法治国原则、罪责原则与比例原则、慎行原则与人道原则等。④

综上所述,各国和地区刑法都将罪刑法定原则作为其基本原则,这不仅因为刑事立法中都规定了罪刑法定原则,而且也是由刑法本身的性质和特征所决定的。除罪刑法定原则外,有的学者还将法益保护原则和罪刑均衡原则概括为刑法的基本原则;有的认为除罪刑法定原则外,还有法益保护和责任主义原则;还有的认为罪刑法定原则、法益保护原则、客观违法论、行为主义是刑法的基本原则等。综合学者们的观点,笔者主要介绍三个基本原则:罪刑法定原则、法益保护原则和罪刑均衡原则。事实上,理论上将刑法的基本原则概括为这三个原则也具有法律上的根据:罪刑法定是刑法明文规定的原则,法益保护是分则条文共同体现的原则,而罪刑均衡则是刑法定罪量刑的依据。

第二节　罪刑法定原则

一、罪刑法定原则的概说

(一) 罪刑法定原则的含义

罪刑法定原则又称罪刑法定主义,指犯罪和刑罚必须由法律明文规定。该原则是 18 世纪以后资本主义法治精神的集中体现,是支配现代刑法法制的基本理论。因此,罪刑法定原则被称为是近代刑法的主要标志和基本原则。该原则

---

① 〔德〕克劳斯·罗克辛:《德国刑法学总论》,王世洲译,法律出版社 2005 年版,第 74—79 页。
② 黎宏:《日本刑法精义》,中国检察出版社 2004 年版,第 23 页。
③ 俄罗斯联邦检察院:《俄罗斯联邦刑法典释义(上册)》,黄道秀译,中国政法大学出版社 2000 年版,第 5—6 页。
④ 林山田:《刑法通论》,台湾元照出版有限公司 2008 年版,第 67—95 页。

通常以费尔巴哈所提出的"法无明文规定不为罪"(Nulla poena sine lege)和"法无明文规定不处罚"(Nullem crimen sine lege)为其经典表述。

罪刑法定主义是为反对封建时期罪刑擅断主义而确立的一项刑法基本原则。所谓罪刑擅断,通常是指在法国大革命时代前的威吓刑时代里,犯罪和刑罚不是预先由法律加以规定,即或法律上已有规定,国王和裁判官亦不受其约束和限制,而是可以恣意、自由的斟酌决定。与此相对应,所谓罪刑法定原则,是指哪些行为构成刑法上的犯罪,以及对于这些犯罪应当处以何种刑罚或保安处分,均应在行为之前预先通过法律加以明确规定。具体而言,法律不仅对犯罪构成要件的要素作出明确的规定,还应对处罚的种类和程度加以明文规定;法律未明文规定为犯罪的行为,不得判处任何刑事处罚或保安处分。

(二) 罪刑法定原则的演进

在封建社会里,刑法是君主统治人民的工具,无论是罪或刑往往并无法律明文规定,或者虽有法律的明确规定,但君主拥有凌驾于法律之上的任意生杀大权而不受法律的约束,这也只能称为罪刑钦定,而不可能是罪刑法定。随着时代的进步,罪刑法定思想逐渐产生,在启蒙思想家的推动下演变为罪刑法定主义,并最终确立为近代刑法最基本的原则,具有划时代的法治意义。

罪刑法定原则的早期思想渊源,一般认为始于1215年签署之《自由大宪章》(Magna Charta),该宪章第39条确定了"正当法律程序"(due process of law)的基本思想。该条规定:"凡是自由民除经其贵族依法判决或国内法律之规定外,不得加以扣留、监禁、没收财产、剥夺其法律保护权,或加以放逐、伤害、搜索、或逮捕。"这一规定体现了运用"正当程序"限制王权、保障人权的思想,其中涵盖有罪刑法定主义的涵义。不过,直到17、18世界资产阶级启蒙运动的兴起,才真正促进了罪刑法定主义的确立。启蒙运动提出了"主权在民"、"天赋人权"等思想,激起了刑法学界探讨理性的刑事政策、人道化的自由刑以及刑罚权应受国家契约说的限制等问题的热潮,并最终推动了罪刑法定主义的确立。在这一时期里,英国的洛克、法国的卢梭、孟德斯鸠分别在其著作《政府论》、《社会契约论》和《论法的精神》中对罪刑法定主义做了比较全面的论述。而首次明确将罪刑法定作为刑法原则提出的是贝卡利亚,他在《论犯罪与刑罚》中提出,必须在政府的权力和公民的自由之间划出一个明确的界限,而罪刑法定就是这一界限的界标,是刑法的第一要义。后来,费尔巴哈对贝卡利亚的罪刑法定思想作了进一步的补充和完善,他在《对实证主义刑法的原则和基本原理的修正》一书中指出"每一应判刑的行为都应依据法律处刑",并在1801年他的刑法教科书中用拉丁语表述了罪刑法定原则,即"法无明文规定不为罪"、"法无明文规定不处罚",成为罪刑法定原则的经典表述。费尔巴哈的这一贡献促使罪刑法定由思想转化为基本原则,大大发展了近代刑法,因而,他被誉为现代意义上的罪刑法定原则的缔造者。①

罪刑法定在大陆法系的确认,始于 1789 年法国《人和公民的权利宣言》(即《人权宣言》),该宣言第 5 条规定:"法律仅有权禁止有害于社会的行为。凡未经法律禁止的行为既不得受到妨碍,而且任何人都不得被迫从事法律所未规定的行为。"其第 8 条还规定:"法律只应规定确实需要和显然不可少的刑罚,而且除非根据在犯法前已经制定和公布的且系依法施行的法律以外,不得处罚任何人。"《宣言》为罪刑法定在刑法上的确立提供了宪法保障,具有实体法上的意义。在此指导下,1791 年《法国刑法典》重申了其旨意,并在 1810 年《拿破仑刑法典》第 4 条明确规定:"没有在犯罪行为时以明文规定刑罚的法律,对任何人不得处以违警罪、轻罪和重罪。"这部刑法典的颁布在大陆法系国家产生了深远的影响,许多国家以此为蓝本制定了自己的刑法典,遂使罪刑法定原则成为刑法基本原则之一。例如,1871 年的《德国刑法典》、1882 年《日本刑法典》和 1889 年《意大利刑法典》中均以法律条文明确规定了罪刑法定原则。

与大陆法系不同,英美法系不实行成文法,而实行判例法,故罪刑法定原则在英美法系的具体表现也不同于大陆法系国家。由于英美法系国家不存在成文的刑法典,因此,罪刑法定原则主要是在宪法中从程序法方面加以规定。如前所述,英国 1215 年大宪章体现了"正当程序"的重要思想。大宪章制定之后,罪刑法定思想又在英国 1628 年的《权利请愿书》(Petition of Rights)、1689 年的《权利法案》(Bill of Rights)中被确认。后来,该思想不仅在英国本土扎根,而且传播到了北美。1774 年在费城召开的殖民地代表会议的宣言书和 1776 年殖民地代表会议上制定的《弗吉尼亚权利宣言》(Virginia Declaration of Rights)均体现了这一思想;1787 年颁布的《美利坚合众国宪法》明确规定了"不准制定任何事后法";1791 年《联邦宪法修正案》第 5 条规定:"对于任何人非经依据国家法律的裁判,不得剥夺其生命、自由和财产。"宪法修正案第 14 条第 1 项还规定:"任何州,非经依据正当程序,不得剥夺任何人的生命、自由和财产。"这些规定使得罪刑法定原则在英美法系得到了进一步的确认。

罪刑法定原则的确立对于刑法法制具有重大的意义。罪刑法定原则意味着市民社会确立法律的统治,其限制国家刑罚权的扩张,保障公民的权利和自由,是法治国思想的集中体现。也正因为如此,罪刑法定原则在近代刑法中占有绝对的重要地位,至今仍然是各国刑法的基本原则之一。

二、罪刑法定原则的理论基础

罪刑法定原则的确立不仅有着悠久的历史渊源,而且有着深厚的理论基础。

---

① 参见陈立、陈晓明:《外国刑法专论》,厦门大学出版社 2004 年版,第 4—5 页。

关于罪刑法定原则的理论基础,学术界迄今存在着争论。不过,大多数学者认为,传统的罪刑法定原则的理论基础有三权分立说和心理强制说,而近代意义上的罪刑法定原则的理论基础是民主主义与保障人权。

(一)传统意义罪刑法定原则的理论基础

1. 三权分立说

作为罪刑法定原则理论基础的三权分立思想,是孟德斯鸠对洛克的制衡理论加以发展而提出的。孟德斯鸠认为国家的权利不能集中于国王或政府之手,否则会导致权力的滥用,为了防止封建贵族实行专制统治,他提出以权力制约权力,以防止权力的滥用,保护人民的权利和自由。他认为应当将国家权力分为立法权、司法权和行政权,且这三种权力分别由三个不同的国家机关行使,并相互制衡。根据三权分立的学说,为了防止审判的擅断,必须将立法与司法分立,"如司法同立法权合二为一,公民的生命和自由将被置于专断的控制之下,因为法官就是立法者"。① 因此,立法机关应当依据正当的立法程序制定具有最高权威的法律,该法律明确对犯罪和刑罚加以规定;而司法机关只受立法机关制定的法律约束,只能机械的适用法律,法官无非是"叙述法律之口",严格控制法官的自由裁量权,以此来反对法官的专断。也就是说,立法机关应当事前制定明确、具体的法律对犯罪与刑罚加以规定,司法机关只能据此对违反法律的行为判处刑罚,这正是罪刑法定主义思想的核心。因此,三权分立说是罪刑法定主义的理论基础之一。

2. 心理强制说

如果说三权分立说是从国家权力制衡的角度为罪刑法定原则奠定基础,那么心理强制说就是从"人是理性动物"的出发点得出罪刑法定主义结论的。心理强制说源于形式古典学派的基本假设,他们把人类视为趋利避害的动物,认为具有理性的人都有就愉快避痛苦、计较利害轻重的本性,人在实施犯罪行为前会考虑该行为将会获得多大的快乐(收益),同时也会考虑因实施该行为会受到多大的痛苦(刑事处罚),因而理性的人会对自己行为可能带来的痛苦与快乐进行权衡并作出行为的抉择。基于这种假设,费尔巴哈创立了心理强制说(德国刑法学家宾丁将其称为"平衡论")。所谓心理强制说,是指通过法律规定犯罪及刑罚来实现对犯罪人和社会公众的"威慑"心理状态,从而达到预防犯罪的效果。根据该学说,法律必须在事先预先规定何种行为构成犯罪及其应当承担的刑事责任,使行为人知道犯罪后受刑的痛苦大于因犯罪获得的快乐,才能抑制其感性冲动而不犯罪。由此就需要对什么行为是犯罪以及对犯罪处以什么样的刑罚,事先由法律明文加以规定,这就是罪刑法定主义。以心理强制说为基础的罪

---

① 〔法〕孟德斯鸠:《论法的精神(上册)》,张雁深译,商务印书馆1961年版,第152页。

刑法定主义，正是建立在"预示"与"威慑"的意义中，正如费尔巴哈所说："因为人是在避免不快、追求快乐、权衡利害之下进行活动的动物，如果把刑罚作为犯罪的后果预先予以规定，实施犯罪时立即执行法律上规定的刑罚，那么人们就会把不犯罪而产生的小的不快和因受刑罚而产生的大的不快，合理地加以权衡，因为为了避免大的不快抑制小的不快而不去犯罪，就有必要在法律上预先规定犯罪与刑罚的关系。"①费尔巴哈正是在心理强制说的基础上提出了"法无明文规定不为罪，法无明文规定不处罚"的著名命题，因此，罪刑法定原则是心理强制说的必然结论。

（二）现代意义罪刑法定原则的理论基础

实际上，三权分立论与心理强制说都只是具有沿革上的意义，都不足以支撑罪刑法定主义这座理论大厦。近代西方学者认为，作为罪刑法定主义的新的理论支撑，主要是民主主义和保障人权。

1. 民主主义

纯粹法学的创始人凯尔森认为，民主意味着国家的法律秩序中所代表的意志符合国民的意志。民主主义要求"所有的决议规则中，多数裁定规则是最普遍和最重要的"，也就是说，国会通过的决议规则是国民意志的集中体现，应当具体地实现成员的意愿。在刑事法领域中，民主主义的实现体现为：由国民自身通过其代表——国会，来决定什么行为是犯罪、对犯罪给予何种处罚，这也正是罪刑法定原则的体现。刑法是法律中最严密也最为关涉国民重要利益的规则，这是由刑法的制裁措施即刑罚所决定的。这种关涉人生杀予夺的法律中，如果不以民主主义为理论支撑，或者刑法的制定与实施不能反映国民的意志，这将是国民的权利无法得到行使，国民的意愿无法得到体现，更无法达到保护国民权利和自由的效果，这将使罪刑法定的意义化为乌有。如果将立法和司法的权利交由并未代表国民意志的少数统治者行使，即使立法遵循正当的程序并在司法中得到准确的实施，在形式上似乎实现了罪刑法定，但在实质上，立法并未体现国民的利益，形式上的罪刑法定也不能保护国民的利益。正如马克思所说：如果立法是偏私的，公正的司法又有什么意义呢？因此，罪刑法定原则作为现代刑法法治精神的集中体现，其理论支撑就必须反映民主主义的思想。

2. 保障人权

从保障人权的角度来说，罪刑法定原则的基本价值目标，就是要求国家履行其保障人权的义务。刑法是一把双刃剑，作为最严厉的制裁措施——刑罚可以达到惩罚犯罪、保护人权的效果，同时，如果国家权力无限扩张、刑罚权不当行

---

① 〔日〕山口邦夫：《19世纪德国刑法学研究》，日本八千代出版股份公司1979年版。转引自马克昌：《近代西方刑法学说史略》，中国人民公安大学出版社2008年版，第97页。

使,犯罪人的权益就无法得到保障,另外,也会威胁到普通公民的生命和财产安全。因此,刑法中罪刑法定原则的确立一方面为了惩治犯罪,另一方面是为了限制国家的权力,保障基本人权。对于犯罪人来说,罪刑法定使其只受刑法明确规定的刑罚处罚,国家只能强制其承担刑法规定的责任,而无需承担法律以外的刑罚,故李斯特将其称之为"犯罪人的大宪章"。对于善良公民而言,罪刑法定原则限制了国家刑罚权的发动和滥用,使善良公民的自由和权利得到了保障,因而,其又被视为善良公民的大宪章。而且,对于受刑人来说,国家只能强制其承担刑法明文规定的责任,对其他权利仍应予以保护,因此它也是受刑人的大宪章。正是基于人权保障的要求,罪刑法定成为刑法基本的原则,因此,保障人权也是该原则的理论基础之一。

三、罪刑法定原则的派生原则

罪刑法定原则,就是指犯罪与刑罚必须预先由法律加以明确规定。以往,刑法理论认为,罪刑法定原则的派生原则是法律主义或成文法主义原则、禁止事后法原则、禁止类推解释原则、禁止绝对不定期刑原则,这被称为形式的侧面。后来又要求刑法的内容适当、正当,又派生出刑罚法规的明确性原则以及刑罚法规的内容适正的原则,这被称为实质的侧面。下面对这些原则略做分析。

(一)法律主义原则

根据大陆法系国家刑法理论的主张,罪刑法定原则中的法律主义,是指规定犯罪与刑罚的法律必须是成文的,法官只能根据成文法律定罪量刑,即实行成文法主义。法律主义是罪刑法定原则的必然要求,它决定了刑法的渊源只能是代表国民意愿的立法机关通过正当程序制定出来的成文法,只有成文法规定的犯罪与刑罚,才能作为刑法中定罪量刑的依据。其具体要求有两方面:规定犯罪与刑罚的法律渊源只能是立法机关制定的法律,而不能是其他机关制定的政令或命令;习惯法不得规定犯罪与刑罚。

法律主义意味着,成文的刑法法规应当由立法机关制定,而其他机关的政令或其他命令不能制定刑罚罚则。根据民主主义思想,能够规定犯罪和刑罚的只能是代表国民意志的立法机关,而其他机关并非人民选举产生,不能代表国民的意愿,故除立法机关之外的其他机关不得制定关于犯罪和刑罚的法规。但是,有的国家宪法规定,当法律委任政令规定犯罪与刑罚时,政令可以在委任的范围内规定犯罪与刑罚。如《日本宪法》第73条规定:"除有法律特别委任的场合以外,政令不得设立罚则。"而西方刑法理论认为这种做法没有违反罪刑法定原则。由于有国会制定法律的特别委任,该罚则的内容已受到了国会的控制,故政令所指定的罚则实际上是国会意志的体现,因而也被认为是国民意志的体现。但是,即便如此,我们仍认为这种做法也是不合适的,有违罪刑法定原则之嫌。

法律主义排斥习惯法。从法律的形式上看,法律分为制定法和习惯法,习惯法是指未经立法机关制定的程序,在人们长期生活中所形成、并得到社会权威确认的,具有强制性的法律规范。罪刑法定原则所称的法应当是制定法、成文法,根据保障国民对处罚预测可能性的原理,必须排斥习惯法。尽管习惯法与制定法一样,都源于国民的法律确信,属于法律社会的规范,但习惯法不得作为定罪量刑的依据,这是因为:首先,习惯法未经立法程序加以条文化,内容不够规范和严谨,司法机关容易随意地对其进行解释,难以起到限制司法权力的作用。其次,习惯法缺乏明确的表达,无法保障社会成员对处罚的预测可能性,无法发挥刑法一般预防的作用。再次,刑法是最为严厉的行为规范,对公民的利益有着重大的影响,故必须保持刑法的稳定性。习惯法不得作为定罪量刑的法律依据,但是,这并意味着排除刑法(条文)内存在习惯法的可能性。习惯法在事实上可以起到决定刑法规范能否适用、如何适用的作用。即在确定犯罪行为时,可以援用习惯法作为对构成要件的理解和违法性判断的依据;另外,对刑罚的量定和超法规的违法阻却事由的认定也可以依据习惯法来确认。例如,《日本刑法典》第123条妨害水利罪中的水利权和第218条遗弃罪中的保护责任等均是根据习惯来确认的。

（二）禁止事后法原则

禁止事后法,也称禁止溯及既往的法律,是指刑法只适用于其施行以后的犯罪,而不追溯适用于其施行之前的行为;也就是说,认定某一行为是否构成犯罪并加以何种刑罚处罚,必须根据行为实施之前的法律,而不能根据行为之后的法律。禁止事后法的原则既是用来限制立法者的,又是用来限制司法者的。一方面,立法者只能针对未来的一般事项进行立法,而不能针对过去的某一具体事件或案件,即立法者不得制定溯及既往的刑法;另一方面,司法者审判刑事案件时,只能依据被告行为当时的法律,而不能根据行为后生效的法律作出有罪或罪重的判决。

禁止事后法是国民预测可能性的客观要求。国家行使刑罚权时应当符合法律后果可预见性和可预测性的要求,即行为人可以根据已公布施行的法律来预测自己的行为后果,并以此来规范自己的行为。国民相信法律规范的真实性,并将行动置于已颁布的刑法规范之中,实施法律所允许的行为,不实施法律所禁止的行为。显然,法律规范的可测可能性对国民的行为起着指引的作用。如果刑法规范溯及既往,会使公民的权利受到不当的损害,同时影响法律的安定性。从一定意义上说,允许事后法就是在惩罚无辜,因此,不溯及既往原则是对个人权利和自由的保护,也是罪刑法定原则的派生原则之一。也正因如此,它被写进了1789年的《人权宣言》中。此外,1950年的《欧洲人权条约》和1966年的《政治权利与公民权利国际公约》都强调了不溯及既往原则的重要性。

值得注意的是,出于保障公民自由的考虑,不溯及既往原则只能适用于犯罪化规范或不利于罪犯的规范。然而,如果行为时刑法虽认为其违法,但行为后的法律认为该行为不构成犯罪,或者虽认为是犯罪但其应当承担的刑事责任较行为时法律规定得轻,此时,应当适用新法。这就是例外的"从轻"溯及力原则。适用该原则的原因在于:一方面,根据禁止事后法原则应当适用旧法;另一方面,西方刑法一贯主张有利于被告的原则,即当适用新法有利于被告时,应当适用新法。例如,1871年《德国刑法典》第2条第2款规定:"从所犯之时到判决之间,有法律之变更时,适用最轻之法律。"1907年《日本刑法典》第6条也重申了该原则。此后,"从轻原则"陆续得到各国的广泛认可。

(三) 禁止类推解释原则

类推是指对于法律没有明文规定的事项,可以援引最为相近或相似的法律进行比附适用。法律的制定滞后于现实生活,其不可能没有漏洞,而类推对法条没有明确规定的行为比附援引相类似的法条进行处理,解决了法律中存在漏洞的问题,因此,类推在法律适用领域是很有必要的。但是,类推对法律的适用超出了法律规定的范围,在刑事法领域有违罪刑法定原则。根据罪刑法定原则的要求,刑法中禁止不利于被告的类推适用,即行为是否构成犯罪和承担刑罚的程度,只有法律明文规定的才可以定罪处罚,同时也禁止任何不利于犯罪嫌疑人的类推。这是因为:基于三权分立原则,只有代表国民意志的立法机关才有权决定何种不法行为应属犯罪,司法机关只能依据立法者制定的明确刑法条文进行定罪处罚,而不能以类推来创新刑法条文,作为处罚类似行为的法律依据。罪刑法定原则正是为了避免法官恣意适用刑法,避免个人权利和自由受到国家公权力不可预计的限制或侵害而确立。如果适用类推原则,会导致司法者集司法权与立法权于一身,有违三权分立理论,更有悖于罪刑法定原则。

根据罪刑法定原则,禁止类推适用是其必然涵义,但是,扩大对被告人处罚的解释即扩大解释却并不一定予以禁止。所谓扩大解释,就是扩张法律上所使用的日常用语的内涵,其目的在于确认真实的、既存的制定法意旨,二者的不同在于:扩张解释限于刑法法条用语可能具有的含义范围以内,而类推则超越其可能具有的含义范围,从而对成文法没有规定的事项比附类似的规定进行适用。例如,日本1940年发生的"汽油车事件"中,大审院将《刑法》第129条作扩大解释,认为汽油车也包括在"火车"之内,其理由在于:火车和汽油车只是在动力种类方面存在差异而已,但都是在铁路线上装载大量货物或人员的大型交通工具。[①] 该解释并未超过法律的宗旨,只是将火车做扩大解释,将汽油车包括在其范围内;与此不同,如果将大型巴士解释为《刑法》第129条的"火车"以内,就超

[①] 黎宏:《日本刑法精义》,中国检察出版社2004年版,第48页。

出了立法者的意旨,属于类推解释,为刑法所禁止。

禁止类推原则是为了避免个人的自由和权利受到国家公权力不可预见或不可预计的限制或剥夺,但是,禁止类推原则也并非毫无例外。罪刑法定原则的宗旨是保障人民的权利和自由,所以刑法禁止类推通常是禁止创设刑罚或加重刑罚的类推,而有利于被告人的类推,符合罪刑法定原则的精神,应该为刑事司法所允许。例如,排除违法性、减轻或免除刑罚的类推,有利于被告,不应当予以禁止。

(四)禁止绝对不定期刑原则

所谓不定期刑,是指法律条文只规定行为应受处罚而不规定刑种,或者虽规定刑种但未规定具体的刑期,法官在判决时只判处刑罚而不宣告应服刑的期限,其具体刑期再根据行刑的具体表现决定。绝对不定期刑的思想基础是主观主义的犯罪论与目的刑论,犯罪是行为人的反社会性格,对其判处刑罚是为了改造和教育犯罪人,但是,法官在判决时不可能预测行为人的教育改造所需要的时间,故只能在行刑中视服刑人的具体情况而定,决定其刑罚的期限。该理论乍一看似乎很有道理,但绝对的不定期刑违背了罪刑法定的原则。根据罪刑法定主义,犯罪要有明确的法律规定,刑罚也应当有法律明文规定,即罪与罚都必须明确。但绝对不定期刑导致法律效果不明确,量刑幅度有可能被法官任意解释,公民的基本权利无法得到保障;同时,绝对不定期刑使受刑人的刑期视行刑的具体情况而定,这给犯罪人极大的操作空间,重罪可能短期内出狱,而轻罪可能服很长时期的刑罚,从而导致公平正义的丧失,也失掉了罪刑均衡的意义。因此,绝对不定期刑是法治国家所禁止的。

与绝对不定期刑相对应的,是绝对确定的法定刑。就排除恣意性和维护公平性而言,绝对确定的法定刑可能是最符合罪刑法定原则中法定刑明确性要求的。但是,绝对确定的法定刑忽视了现实生活中具体案件存在较大差异的问题,无论具体行为的客观方面还是主观方面,都呈现较大差别,因此,要想实现刑法中的平等原则,就必须依据案件具体情况来确定应具体适用的刑罚制裁措施。因此,绝对确定的法定刑有违平等原则,为了使刑罚能符合具体案件的实际情况,在规定法定刑时就必须为法官合理的自由裁量权留有余地。

在法定刑问题上,必须兼顾法律的明确和平等原则,于是,当今世界各国刑法原则上都采用"相对确定的法定刑",也就是"相对的不定期刑"。相对的不定期刑,即在刑罚的设置上明确具体的刑种,并确定刑期的上限和下限,而给法官留有根据案件具体情况判断的空间。正如1925年伦敦举行的国际监狱会议所指出的:"不定期刑(相对不定期刑)是刑罚个别化必然的结论,是社会防卫最有效的方法之一。"因此,在当今各国刑法中,原则上都采用相对确定的法定刑,绝对确定的法定刑制度只作为一种例外。但是,绝对确定的法定刑或幅度过小的法定刑赋予法官过小的自由裁量权,限制法官裁量权的发挥,在某些案件中容易导致对行为人科刑过重或过轻,无法达到罪责刑相适应,所以,在立法中应当尽量限制绝对确定法定刑的适用。

（五）罪刑的明确性原则

罪刑法定原则要求刑法所规定的犯罪与刑罚,必须尽量力求具体和明确,这就是罪刑的明确性原则,具体包括犯罪构成要件的明确和法律效果的明确。前者是指刑法对于犯罪行为的犯罪构成要件的规定应力求明确,尽量避免使用具有弹性的、伸缩性的或模糊不清的概念作为构成要件的要素;后者是指刑法对犯罪行为应承担的刑事责任应作出具体、明确的规定,科处刑罚的种类、法定刑的幅度均应明确加以规定。

罪刑的明确性源于美国的"因不明确而无效的理论",这本来是美国的宪法判例,现在已得到了大多数国家的承认。明确性原则是罪刑法定的必然要求。刑法是定罪量刑的法律依据,法官在判断一个人行为是否构成犯罪及其应承担的法律责任时,其唯一的依据只能刑法;如果国家事先没有用具体、明确的法律规定犯罪与刑罚,事后却让国民承担责任,这必然造成法律的不可预测性,使国民在行为前无法判断其行为的法律性质和法律后果,这有违保障国民权利和自由的原则。因此,仅仅由刑法明文规定犯罪和刑罚尚不能达到罪刑法定的要求,还需要法律事先把犯罪的构成要件和法律后果明确、具体地加以规定,该规定必须达到国民能够预测国家刑罚权行使范围的程度,这才符合罪刑法定原则保障公民权利和自由的宗旨。

实行罪刑的明确性原则,要求犯罪构成和法律效果必须通过法律明确加以规定,这就不得不提到空白刑法的问题。空白刑法是指刑法条文规定有罪名和法律效果,而将部分或全部犯罪构成要件授权或委托其他法律或行政法规进行规定。空白刑法在形式上似乎有违背罪刑法定原则之嫌,但在实质上并未违背该原则,这是因为:规定具体犯罪构成要件的法律或行政法规是经法律授权或委托的,该授权或委托是在宪法所规定的正当程序之下完成的,且授权或委托后相关犯罪构成要件的内涵仍受立法权的监督,如有违立法者意图,则立法机关有权对其撤销或修改。同时,空白刑法的立法方式是对法律的一种补充,其授权程序、目的、内容和范围均由法律明确、具体的规定,其对国民来说具有可能的预测性,因此,空白刑法并不当然为罪刑法定主义所禁止。

（六）实体的正当性原则

罪刑法定原则一直被理解为"无法律即无犯罪,无法律即无刑罚",这似乎意味着只要法律作了规定即实现了罪刑法定,而不管刑法法规的内容是否正当。但是,罪刑法定原则是基于尊重人权而确立的,所以必须从实质上保障人民的权利和自由,这就要求规定犯罪与刑罚的法律规范的内容是正当的。这就是说,何种行为应视为犯罪并承担何种刑事责任须有合理、正当的根据,因此,即使刑法明文规定了犯罪和刑罚,但该法的实体内容有违正当性原则,侵犯公民的权利和自由,也被认为是违反罪刑法定主义的。实体的正当性原则通常是以法院拥有违宪审查权来实现的,一方面赋予司法权可以制衡立法权的权力,另一方面也保证了实体法律的正当性,实现实质的罪刑法定主义。该原则首先在1946年日本宪法中得以确立,现在已得到大部分国家的承认。

在日本学者看来,对于刑罚法规中规定的犯罪与刑罚,必须有关于该行为规定为犯罪的合理、正当的根据,而且刑罚与该犯罪必须相均衡或适当。这说明,罪刑法定主义要求下的实体正当性原则有两方面含义:首先,禁止处罚不当的行为。由于刑罚的严厉性和强制性,刑法不应当介入所有社会生活的领域,这就要求刑法应当将不需要其介入的领域排除在其调整的范围之外。因此,刑罚法规只能将具有处罚根据或者值得科处刑罚的行为规定为犯罪。其次,禁止残酷的、不均衡的刑罚。罪刑法定主义是以限制公权力和保障国民的人权和自由为基本内容的,而残酷、不均衡的刑罚侵犯了基本人权,有违法律平等的原则,故也是违反罪刑法定的基本理念的。因此,残酷、不均衡的刑罚理应为现代法律所禁止。

第三节 法益保护原则

一、法益保护原则的概述

某一行为之所以被法律规定为犯罪,其根本原因在于这种行为侵害或威胁了法律所保护的利益和价值,即法益。法益是从德语"das Rechtsgut"翻译而来的,"das Rechtsgut"是由表示"法"的"das Recht"和表示"具有财产价值的东西"的"das gut"结合而成的。正如该词词缀所表示的一样,法益是"法律意义上的财产"和"法律上具有价值的东西"的总称。[①] 法益概念萌芽于资产阶级革命时期,资产阶级革命胜利后,德国比伦包姆等学者提出刑法的主要任务应当由传统的维护政权和统治人民转向以保护法益为重心,其主要目的是为了批判当时流行的由费尔巴哈所主倡的"权利侵害说"。"权利侵害说"将犯罪的客体限定为"他人的权利",将犯罪理解为"侵犯他人权利的行为";而比伦包姆等认为,权利侵害说不能对有关宗教、人伦的犯罪进行妥当的说明,犯罪客体不应当是权利,而是现实的、具体的"法律上的财产和价值"。后来,德国学者宾丁和李斯特在1870至1880年又将"法律的财产和价值"进行了修正,逐渐演变成为目前所说的"法益侵害论"。

---

① 黎宏:《日本刑法精义》,中国检察出版社2004年版,第22页。

法益是法律所保护的利益或价值。所谓法益保护原则，是指法律规定某种行为是犯罪并予以处罚，其目的是为了保护作为一切权利基础的法益；也就是说，只有侵害或威胁受法律保护的法益的行为，才是刑法处罚的对象。然而，与罪刑法定原则不同，法益保护原则是否为刑法的基本原则在外国刑法理论中尚存争议，其中主要涉及的问题是法与伦理的关系以及由此带来的问题。因此，下文主要从法与伦理的关系以及有关争议对该原则进行介绍。

二、法益保护原则与社会伦理维持原则的争论

法与伦理的关系如何，是法哲学的一个重要问题。具体到刑法上来，表现为刑法是保护法益的法律还是维护社会伦理的法律的问题。主张法益保护原则的学者认为保护法益是刑法的首要任务，一切刑罚法规都是为保护某种法益而设置的；而后者认为刑法是为了维持社会伦理的存在。该问题在德国刑法理论中存在着争议。德国学者威尔兹尔（Welzel）在自己的刑法教科书中说："刑法的任务在于保护基本的社会伦理的心情（行为）价值。"[1]而不少年轻学者则反对刑法的伦理化，认为刑法是为保护法益服务的。

日本刑法学界对该问题也存在较大争议。小野清一郎博士认为，"刑法的重心必须致力于维护国家道义，刑法的本质和任务是，对国民的现实的反道义行为进行惩罚报应，以彰显、证明道义"，刑罚是"维持、形成、发展国民的人伦文化秩序即道义秩序的手段"。团藤重光也认为："法律必须强调保护对于社会生活所必要的最低限度的道德规范。在该种限度之内，道德规范就是法律规范。"而反对论者认为，社会伦理维持说以法律的名义强制推行某种特定的价值观，进而威胁到公民个人的自由，具体来说有以下几点：首先，社会伦理维持原则混淆了刑法和伦理道德的调整范围，社会伦理谴责一切不正确的行为，如果行为人有犯罪的意图但尚未实施任何准备行为，其违背了社会伦理道德，但在刑法上连犯罪的预备行为都未构成；其次，强调刑法维持社会伦理的机能，会造成国家机关以刑罚手段强制推行其所认可的社会伦理价值观，这显然超越了国家刑罚权的界限；再次，认为刑法的任务是维持社会理论的观点，容易导致将虽没有侵害或威胁法益但违反伦理的行为也作为犯罪处罚，造成用刑法对人的内心进行干涉的危险结果。[2] 所以，这些学者认为，刑法应当以法益侵害作为其适用范围的界限。

对大多数犯罪来说，例如杀人、盗窃、抢劫、强奸等犯罪，即侵害了法律所保护的法益，也违反了社会伦理道德，不管采取哪种观点结论都是一样的。而这两

---

[1] 转引自〔日〕平野龙一：《刑法总论Ⅰ》，日本有斐阁1972年版，第43页。
[2] 参见黎宏：《日本刑法精义》，中国检察出版社2004年版，第25—26页。

种观点的差别,主要体现在对"没有被害人的犯罪"和"自己为被害人的犯罪"的刑法规制上。依据维持社会伦理的观点,成人间的通奸、卖淫、同性恋等行为均应作为犯罪处理,因为这些行为违反了社会伦理道德规范;而依据法益保护的观点,则对上述行为不应规定为犯罪,因为这些并没有侵害他人的法益。

然而,并不是所有的"没有被害人的犯罪"和"自己为被害人的犯罪"均不能作犯罪处理。这是因为,法益不仅包括个人法益,还包括社会法益、国家法益,如果行为人没有侵害他人的法益,但若侵害了社会法益或国家法益,仍应当规定为犯罪。例如,在没有欺诈或强迫之下的赌博、吸毒行为,属于没有被害人的行为,但赌博和吸毒行为容易导致其他犯罪的发生,具有侵害社会和国家法益的可能,因此,对这种行为也作为犯罪处理。

法益保护和伦理维持的观点对刑事立法产生着极大影响,随着自由主义和个人主义思想的发展,法益保护的观点日益为人们接受。近年来,成年人间相互同意的通奸、卖淫、同性恋等行为,只要不是公开进行的,很多国家以此类行为仅违反社会伦理为由,而适当不进行处罚。例如,1957年英国的"同性恋行为、卖淫问题调查委员会"建议不处罚成人间非公开的同性恋、卖淫行为,后来被刑法采纳;1975年《联邦德国刑法典》中没有规定通奸罪和成人间的同性恋犯罪;雅典、丹麦等国也大都如此。1907年的《日本刑法典》未对近亲相奸、同性恋和婚外性行为进行规定,通奸罪在战后已废除,但又增加了卖淫、赌博和吸食毒品等犯罪。实际上,国外许多国家对上述行为进行非犯罪化,就是以法益保护原则为依据的。

法益保护与伦理维持的对立与人们对违法性认识的不同有很大的关系。在大陆法系中,违法性是犯罪成立的条件之一,法益保护的观点认为,违法性是指行为侵害或威胁了法律所保护的利益或价值;伦理维持的观点认为,违法性是指违反了法律规范,具体而言,即违反道义秩序、违反文化规范与缺乏社会相当性等。然而,将违法性理解为违反法律规范,有同义反复之嫌,不具有实质的意义。

法益保护与伦理规范维护说的争议还影响到结果无价值和行为无价值的对立、客观违法性论和主观违法性论的对立。法益保护的观点主张结果无价值,即危害结果的发生是违法性的根据。刑法制定的目的是为了保护个人和社会的利益,而不是为了社会伦理道德。因此,只有行为对法益产生侵害或威胁时,法律才加以干涉,并为了避免侵害或威胁法益的行为再次发生而干涉。当然,侵害法益的行为通常是违反社会伦理的,但违反社会伦理的行为不一定侵害法益,只有当出现了法益侵害或威胁的事实时,才是违法的。持伦理维持观点的人则主张行为无价值,即危害行为、主观恶性是违法性的主要根据。德国学者威尔兹尔说:"违法不是指行为引起的结果(法益侵害),只要行为由某个特定的人特意实施时就是违法。以什么目的实施客观行为,以什么态度实施客观行为、行为人负有什么义务,所有这些,有时与法益侵害一起,决定行为的违法性。违法常常是对与一定的行为人有关的行为的否定评价,违法是与行为人有关的人的行为无价值。当然,大部分犯罪本质是法益的侵害或危险,但它们是人的违法行为的一部分,决不意味着仅有法益侵害就能充分决定行为的违法性。法益侵害只有存在于刑法上的人的违法行为之中才具有意义。"①因此,他认为违法就是人的行为无价值。

此外,对刑法规范的认识,如刑法规范是裁判规范还是行为规范,是评价规范还是意思决定规范,都与法益保护和伦理维持的争议有联系。

第四节 罪刑均衡原则

一、罪刑均衡原则的概述

罪刑均衡,又称罪刑相当、罪刑相称、罪刑适应等,其具体含义可以用"罪当其罚、罚当其罪"这一古老的法律公式来概括。我们认为,随着世界刑事立法的发展,罪刑相适应原则已得到修正。即注重刑罚与犯罪行为相适应,又重视刑罚与犯罪人个人情况(主观恶性和人身危险性)相适应。因此,罪刑相适应原则已发展成为罪责刑相适应原则。均衡是责任主义下的罪刑均衡,即包含了犯罪与刑罚、个人承担的刑事责任相适应的含义,相当于修正后的罪责刑相适应原则。作为刑法基本原则之一,罪刑均衡是基于公平正义的观念而产生的,它折射出人类对公正理念的追求。

罪刑均衡理念最早可以追溯到原始社会的同态复仇和奴隶社会的等量报复理念,"以血还血、以眼还眼"是罪刑均衡思想最原始的表现形式。在理论上对罪刑均衡的探讨始于古希腊时期,著名哲学家亚里士多德在其《伦理学》中指出:"击者与被击者,杀人与被杀者,行者与受者,两方分际不均,法官所事,即在施刑罚以补其利益之不均而遂之。"②此后,古罗马哲学家西塞罗在其名著《法律篇》中也明确表达了罪刑均衡的思想。但罪刑均衡成为刑法的基本原则,则是17、18世纪的资产阶级启蒙思想家和法学家倡导的结果。孟德斯鸠指出:"惩罚应有程度之分,按罪大小,定惩罚轻重。"③贝卡利亚更为系统地阐述了罪刑均衡原则,他在其传世之作《论犯罪与刑罚》中指出:"犯罪对公共利益的危害越大,促使人们犯罪的力量越强,制止人们犯罪的手段就应该越强有力。这就需要刑

---

① 张明楷:《外国刑法学纲要》,清华大学出版社1999年版,第33页。
② 亚里士多德:《尼各马科伦理学》,苗力田译,中国社会科学出版社1990年版,第95—96页。
③ 〔法〕孟德斯鸠:《波斯人的信札》,梁守锵译,商务印书馆1962年版,第141页。

罚与犯罪相对称。"①贝卡利亚还独具匠心地设计了一个罪刑均衡阶梯,试图确定一个"轻罪轻刑、重罪重刑"的刑罚阶梯,以实现罪刑均衡思想。

资产阶级革命胜利后,罪刑均衡原则先后被各国写进了法律。1789年法国《人权宣言》第8条指出:"法律只应当制定严格的、明显的、必须的刑罚",1793年《法国宪法》所附的《人权宣言》第15条规定:"刑罚应与犯法行为相适应,并应有益于社会。"从1791年到1810年的《法国刑法典》,虽然由绝对确定的法定刑改为相对确定的法定刑,但无疑都贯彻了罪刑均衡的原则。1975年《联邦德国刑法典》第46条第1款规定:"行为人的罪是量定刑罚的根据。"1975年《奥地利刑法典》第32条第(一)款规定:"量刑应以行为人之责为准。"

传统的罪刑均衡以报应主义为基础,强调刑罚与已然的犯罪(犯罪客观行为或犯罪客观危害)相适应。从19世纪末开始,随着刑事人类学派和刑事社会学派的崛起,尤其是行为人中心论、人身危险性论的出现和保安处分、不定期刑制度的推行,传统的罪刑均衡在刑事立法上的地位受到了有力的挑战。但由于这些理论过于激进,受到了西方刑法学界的多方面批评,这些理论并未动摇罪刑均衡作为刑法基本原则的地位。

二、罪刑均衡原则的理论基础

罪刑均衡原则经历了从一元均衡到二元均衡的嬗变。罪刑均衡的理论基础主要有三种学说:一是报应主义;二是功利主义;三是责任主义。报应主义和功利主义相互对立,从不同的出发点得出罪刑均衡的结论,而责任主义则是折中了报应主义和功利主义,彻底摆脱了一元均衡论的束缚,达到了二元均衡。

(一)报应主义

报应主义(Theorie der Vergel tungsstrafe),又称报应刑主义,其义在于"以为犯罪乃违反正义之行为,对犯罪科以刑罚,即所谓恶性必有恶报,乃理所当然"。② 根据报应主义,罪刑关系是纯粹的报应关系,即犯罪是刑罚的绝对原因,刑罚是犯罪的必然结果。刑罚惩罚的是已然的客观的犯罪行为及其所造成的恶果,这种惩罚的过程只有使刑罚与已然的客观犯罪行为相均衡才能使犯罪侵害的法律秩序乃至道德秩序得以恢复,从而使社会正义和公平理念得以实现。因此,报应主义下的罪刑均衡是一元均衡,即刑罚的量与客观的犯罪行为及其造成的结果相均衡。

18世纪末以来,报应刑主义论者基于不同的思辨方式提出了不同主张,先后形成了康德的等量报应主义、黑格尔的等价报应主义和以宾丁(Karl Binding,

---

① 〔意〕贝卡利亚:《论犯罪与刑罚》,黄风译,中国大百科全书出版社1993年版,第65页。
② 高仰止:《刑法总则之理论与实用》,台湾五南图书出版公司1986年版,第41页。

1841—1920)为代表的后期古典学派的规范报应主义。康德的报应论核心是等量,即针对犯罪行为所产生的侵害事实,给予其与该被侵害事实等量或均等的刑罚;其对罪刑均衡的理解着重于犯罪和刑罚的侵害方式,特别是危害结果上的对等,因此,康德的一元均衡是强调刑罚与犯罪损害结果的"等量"。在继康德之后,黑格尔进一步发展了报应主义之下的罪刑均衡。他主张从罪犯的行为中去寻找刑罚的概念和尺度,而不是简单的同态复仇;与等量报应论着眼于犯罪外在结果不同,黑格尔的报应论更注重于罪与刑内在品质的均衡,这种均衡是以质计而不是以量计,表现在刑法上就是犯罪与刑罚对社会所造成的具体危害程度相一致。黑格尔的这一观点被称为"等价报应论"。规范报应主义将刑罚法规和刑法规范相区分而提出的报应刑论,该观点认为刑罚的分量应当和犯罪违反规范的程度、对法律秩序的破坏程度相适应,法律秩序受侵害的程度重,犯罪人受刑罚科刑感受到的痛苦亦应随之而重;反之,法律秩序受侵害的程度轻,犯罪人受刑罚科处感受到的痛苦亦随之而轻。从以上分析可以看出,等量报应主义、等价报应主义和规范报应主义虽出发点不同,但所主张的罪刑均衡都是指刑罚与已然的犯罪相适应。

(二) 功利主义

功利主义,又称目的主义(Theorie der Zweckstrafe),其义在于"以为刑罚本身并非目的,而另有其他之目的。刑罚之目的,并非对犯罪者之报复,而重于将来犯罪之预防,刑罚不过为保护社会利益之手段"。① 功利主义不是着眼于刑罚与已然的客观的犯罪行为相均衡,而是着眼于实现预防未然之罪的目的,"未然之罪"既包括罪犯的重新犯罪,又包括社会一般人受罪犯的影响而实施的犯罪。

基于对预防对象的不同,功利主义又有一般预防主义和特殊预防主义之分。一般预防主义的代表人物为刑事古典学派的贝卡利亚、边沁和费尔巴哈。他们认为刑罚不能专为报应而存在,刑罚之外应另有目的,该目的则是实现一般预防,即以刑罚为预防犯人以外的社会一般人实施犯罪。特殊预防主义的代表人物为刑事近代学派的龙勃罗梭、菲利和李斯特。该观点着重于刑罚对犯罪人的作用,认为刑罚的目的在于使犯罪人改过迁善,预防其不再犯罪,其评价的对象不再是犯罪的外部行为及其危害结果,而是行为人之反社会性格或犯罪人的人身危险性。显然,特殊预防主义的刑罚观已与报应主义关于刑罚与已然犯罪相适应和一般预防主义关于刑罚与初犯可能性相适应的罪刑均衡原则相去甚远,其过分强调刑罚的分量应该取决于犯罪人的人身危险性,致使罪刑均衡原则被刑罚个别化原则所取代,并导致罪刑均衡由兴盛走向低谷。

当然,特殊预防主义有其自身的缺陷。特殊预防主义将刑法作为手段追求

---

① 高仰止:《刑法总则之理论与实用》,台湾五南图书出版公司1986年版,第43页。

防卫社会的目的,而刑罚不仅是手段,更有其自身的目的,那就是对社会公平正义的追求。特殊预防理论以具有极大主观因素的人身危险性为核心,这容易导致刑罚的异化,即为了防卫社会的需要,可能无罪施罚、轻罪重罚或有罪不罚、重罪轻罚。显然,这潜藏着侵害人权、丧失刑罚公平正义的危险。正因为如此,特殊预防主义对罪刑均衡原则的削弱,必然带来特殊预防主义自身的衰落。

(三) 责任主义

责任主义,是指"没有责任就没有刑罚",即使某种行为符合刑法条文规定的构成要件,给法益造成侵害或者危险,但仅此并不能科处刑罚,科处刑罚还要求对行为人具有非难可能性;不仅如此,刑罚的量原则上也应与责任的程度相当。简单地说,没有责任就不成立犯罪,刑罚的分量在原则上应当由责任的程度来决定。① 在责任主义的视野下,刑罚既非出于"报应",也非追随某种"目的",而是为了"责任",责任是刑罚的前提,刑罚的轻重不得逾越责任的范围。

责任主义的崛起使罪刑均衡得以复兴,并赋予了其全新的含义。责任主义包括两层含义,归责中的责任主义和量刑中的责任主义,而后者正是罪刑均衡的应有之意。量刑中的责任主义要求"责任的程度决定刑罚的程度,刑罚的程度必须与责任的程度相适应",其将行为人的应受非难或谴责性作为刑罚的上限,并在此基础上使刑罚与犯罪本身相适应;而犯罪本身又包括违法性的大小和有责性(狭义的责任)的大小,违法性的大小和有责性的大小决定着责任的大小。② 其中违法性主要由犯罪的事实情节来确定,包括犯罪的方法、被害法益的大小、犯罪结果的轻重等等;有责性则除了考虑责任能力的程度、期待可能性的大小、故意、过失、犯罪动机外,还要考虑犯罪事实外的行为人的性格、经历、表现等各种因素。因此,在决定刑罚分量时,影响犯罪社会危害性的各种因素转化成了影响责任的因素,这既避免了报应主义在衡量社会危害性上的抽象性,又达到了功利主义预防犯罪的目的。可以说,责任主义下的罪刑均衡是刑罚与行为人责任相适应的结果,其既能满足公平正义的要求,又能实现预防犯罪的目的。与报应主义和功利主义(主要是一般预防主义)之下的罪刑均衡相比,责任主义之下的罪刑均衡是二元均衡,即在考虑刑罚的分量时兼顾报应和预防的双重需要,将行为与行为人进行整合。

三、罪刑均衡原则的内涵

通常认为,罪刑均衡原则的意义在于确立犯罪与刑罚之间的一种等价、相当、均衡的关系。由于它脱胎于反对封建司法专制的革命斗争之中,是作为封建

---

① 张明楷:《外国刑法纲要》,清华大学出版社1999年版,第34页。
② 同上书,第418页。

罪刑擅断和严刑苛法的对立物出现的,因而人们对罪刑均衡原则的理解和运用带有明显的客观主义色彩,打着启蒙思想的显著烙印。概括起来,罪刑均衡原则的基本内涵有以下三个方面①:

1. 罪质与刑质均衡

罪质就是犯罪的本质,即什么样的行为才能称其为犯罪;刑质就是刑罚的本质,即什么样的惩罚才能用做刑罚。罪质和刑质均衡是指刑罚的性质应与犯罪的性质保持着相同性或近似性,这是罪刑均衡的应有之义。正如贝卡利亚则所言:"刑罚应尽量符合犯罪的本性,这条原则惊人地进一步密切了犯罪与刑罚之间的重要连接,这种相似性特别有利于人们把犯罪动机同刑罚的报应进行对比,当有人侵犯法律的观念竭力追逐某一目标时,这种相似性能改变人的心灵,并把它引向相反的目标。"②可见,贝卡利亚主张刑罚符合犯罪的本性,其目的在于通过这种罪刑之间的均衡,使人们预料到犯罪的法律后果进而对人们的行为加以引导。

2. 罪量与刑量均衡

罪量与刑量均衡是在罪刑同质的基础上,强调犯罪与刑罚要在程度上保持着相当性,它是从量的方面规定着罪刑均衡原则。贝卡利亚指出:"一种正确的刑罚,它的强度只要足以阻止人们犯罪就足够了。"据此,他设计了一个罪刑均衡的阶梯,他指出:"……可以规定出一个违反秩序的阶梯来。其中直接破坏社会存在本身的行为,便是它的最高梯级,一切可能产生的侵害个人权利的最无关紧要的行为便是它的最低梯级。在这两端中间,由上到下排列着一切违反公共福利的犯罪行为……由最重到最轻的阶梯。"③因此,贝卡利亚的观点正是体现了犯罪与刑罚在程度上(或者说量上)保持均匀对应或保持着相当性。

3. 罪刑执行上均衡

贝卡利亚认为,罪刑均衡不仅包括质和量上的均衡,还包括犯罪与刑罚在执行上的相称性。他指出:"如果人们并不孤注一掷地去犯严重罪行,那么,公开处罚重大犯罪的刑罚,将被大部分人看做是与己无关的和不可能对自己发生的。相反,公开惩罚那些容易打动人心的较轻犯罪的刑罚,则具有这样一种作用:它在阻止人们进行较轻犯罪的同时,更使他们不可能去进行重大的犯罪。所以,刑罚不但应该从强度上与犯罪相对称,也应该从实施刑罚的方式上与犯罪相对称。"④犯罪与刑罚在执行上的相当性,直观地体现在犯罪的法律后果上,无论从报应还是预防的角度都会发挥积极的作用。

---

① 王秀芳:《罪责刑相适应原则之蕴涵》,载《山西省政法管理干部学院学报》2005年第1期,第14页。
② 〔意〕贝卡利亚:《论犯罪与刑罚》,黄风译,中国大百科全书出版社1993年版,第57页。
③ 同上书,第66页。
④ 同上书,第57—58页。

第四章　刑法的适用范围

任何事物都不能离开时间和空间而存在,而且也只能存在于相对的时空范围之内。我们把刑法所存在的相对时空范围称之为刑法的适用范围。对于刑法而言,有一个生效和失效的时间点以及一个有效的期限,在刑法有效期限内,该刑法在什么空间范围内适用,对什么人适用,这些问题是解决刑法是否可以对行为进行适用的前提。

第一节　刑法的时间效力

刑法的时间效力是指刑法从什么时点到什么时点具有效力的问题,也称时际刑法。对发生在刑法有效期内的行为当然适用该刑法,对于发生于刑法有效期之前及之后的行为是否适用该刑法呢？各国刑法对发生于刑法有效期之后的行为都不适用,对于发生于刑法有效期之前的行为则有条件地适用。

一、刑法不溯及原则

刑法对其生效后的行为适用,对其生效以前的行为不得回溯适用,这就是刑法不溯及原则。它是罪刑法定原则的派生原则之一。但当刑法有更替时,是适用旧法还是适用新法,各国刑法通常采取从轻原则。主要通过以下几种方式适用。

其一,规定适用新法的条件。即原则上适用旧法（行为时的刑法）,但符合一定条件时则适用新法。如《格陵兰刑法》第3条规定:"本法典生效前的犯罪行为只有对其惩罚不高于前法者才适用本法。"

其二,明确规定适用处罚较轻的法律。如《日本刑法典》第6条规定:"犯罪后的法律使刑罚有变更时,适用处罚较轻的法律。"即如果新法的处罚较轻则适用新法,旧法的处罚较轻则适用旧法。

其三,规定有利于行为人的新法适用于已经判决的行为。上述两种规定只是就未经判决的行为而言的,对已经判决的行为并不适用。有的国家刑法规定,只要新法对行为人有利,即使是已经判决的行为,也适用新法。如《意大利刑法典》第2条规定:"行为后法律变更为不处罚者,其行为不为罪;已经被定罪判刑的,终止其刑罚的执行和有关的刑事后果。"

二、限时法

限时法是指只在一定时期内实施的法律,是特别法的一种。限时法的适用与普通刑法的适用同样存在相同的问题,即对于在限时法规定的时期内实施的行为,当时并未发现,而在限时法期限届满后才发现,是否适用限时法?一般认为仍应该适用限时法。如《德国刑法典》第 2 条第 4 款规定:"仅适用于特定时期的法律,即使该法律在审判时已经失效,仍然适用于在有效期间内实施的行为。但法律另有规定的除外。"

限时法的颁布是基于特殊的需要,针对的是特殊时间的特殊行为。如果限时法的废除是由于立法者认为该法规定的行为不具有可罚性,则对限时经过后发现的行为,不能依限时法处理。

三、何为"犯罪时"

刑法的时间适用范围已然确定之后,判断行为是否在适用范围之内就必须确定犯罪行为是何时实施的,即如何确定"犯罪行为实施的时间"。在解决这个问题时,有两种方法,其一是在刑法中明确规定;其二是在刑法理论上进行界定。综合各国刑法及刑法理论,在认定"犯罪行为实施的时间"时有三个方面的内容。其一,不以犯罪结果发生的时间确定犯罪时间;其二,不作为犯罪发生的时间是行为人应当履行义务之时;其三,以实行行为开始实施的时间为犯罪行为发生的时间,如果预备行为被处罚的,则预备行为时也是犯罪时。

第二节 刑法的空间效力

刑法不仅有时间上的适用范围,也存在空间上的适用范围。在刑法的空间效力上,一个国家的刑法当然适用于本国领域之内,而在国外的适用则受到诸多的限制。

一、国内犯

(一) 属地原则

任何一个国家为了维护本国的国家和人民利益,对于发生在本国内的犯罪行为,不论行为人是何国国籍,都要适用本国刑法。这就是以国家主权和国家刑罚权为根据的属地主义。

本国内是指一国领土范围之内,即领陆、领海和领空内。挂有本国国旗的船舶和航空器,不论其处于何种状态,都属于本国领土。这就是旗国主义,是对属地主义的补充。

对于国内犯而言,各国刑法基本上都是采用属地主义与旗国主义。

国内犯中有一种情况需要明确,即基于各国相互之间交流和尊重的需要,"对于享有外交特权或豁免权的人不适用本国刑法追究刑事责任"。如何看待这个规定有两派观点。一种观点认为,对这些人不适用本国刑法是属地主义的例外,如《意大利刑法典》第 3 条规定:"《意大利刑法典》,适用于意大利国家领域内之本国公民及外国人。本国法或国际法规定的例外情况除外。"另一种观点认为,对这些人不追究责任是因为存在国际法规定的例外或者犯罪阻却事由。如果这种障碍与事由消失,则仍可适用本国刑法。两种观点虽然说法不同,但都是基于维护本国主权,刑法适用的结局是一样的。

(二)犯罪地

同如何确定犯罪时一样,犯罪地的确定也是必要的。确定犯罪地是指以什么标准确定该犯罪行为是否发生在本国领域内。理论上,对确定犯罪地有以下几种观点:

其一,行为地说。即行为人实际实施犯罪行为的地点或场所就是犯罪地,不作为犯罪地的确定则以义务的来源地或发生地为犯罪地。这是最初、最基本的观点,该观点的缺点是没有把犯罪结果发生地纳入进来,不利于保护本国利益。

其二,结果地说。即行为人实施犯罪行为所导致的结果发生地为犯罪地。这种观点有一个无法解决的问题,即在未遂犯的场合如何确定犯罪地呢?

其三,中间地说,也叫中间影响地说。中间地是指在从犯罪的实行行为到结果发生之间,在行为通过地中对结果发生的危险起增加作用的地点或场所。这里的中间地并不是指单纯的行为通过地,实际上是指结果发生地的一部分或者危险结果发生地。如,"甲以杀害在日本国内的乙为目的,从国外运送毒物,乙在日本国内吃了它后,到日本国外死亡了,这时即使日本国内只不过成为犯罪的中间影响地,也应该适用日本的刑法。"[①]

其四,遍在地说。即行为实施地与结果发生地都是犯罪地,行为或者结果有一项发生在本国内的就适用本国刑法。

现在各国基本上都采用遍在地说。

二、国外犯

国外犯有三种情况:其一,外国人在国外实施危害本国国家或者国民利益的犯罪;其二,本国公民在国外实施犯罪;其三,外国人在国外实施犯罪。这种情况又分为两种,一种是实施危害各国共同利益的犯罪,一种实施危害个别国家利益的犯罪。这里所讲的国外犯指的是第一种情况。面对上述三种情况,属地主义

---

① 〔日〕大塚仁:《刑法概说(总论)》(第 3 版),冯军译,中国人民大学出版社 2003 年版,第 91 页。

无法解决适用本国刑法的问题,因而,为了保护本国利益及各国共同利益,各国刑法通常采用其他方法应对。

(一) 保护主义

保护主义是指不论行为人是本国人还是外国人,只要其在国外的犯罪行为侵犯了本国利益或者本国国民利益就适用本国刑法。因侵害本国国家利益而适用本国刑法的,称为国家保护主义;因侵害本国国民利益而适用本国刑法的,称为国民保护主义。

(二) 属人主义

属人主义是指只要是本国国民犯罪,无论其是在国内犯罪还是在国外犯罪均适用本国刑法。在国内犯罪时因属地原则的适用而丧失讨论的意义。在国外犯罪适用本国刑法的理论基础有两个:一是国家主义,即本国国民要效忠母国,即使身处国外也仍有遵守本国刑法的义务;二是国际协同主义,即本国国民在外国犯罪时,原则上适用所在国刑法(属地主义),但是当行为人未受处罚回到本国时,根据国际法所承认的本国公民不引渡的原则,由本国在国内为外国进行代理处罚。

(三) 普遍主义

普遍主义是指以保护各国共同利益为宗旨,认为凡是国际条约所规定的侵害各国共同利益的犯罪,即使犯罪人不是本国人,犯罪地不在本国领域内,也适用本国刑法。这是国际犯罪兴起之后而产生的原则。如1970年12月16日的《关于制止非法劫持航空器的公约》、1971年9月23日的《关于制止危害民用航空安全的非法行为的公约》、1979年12月17日的《反对劫持人质国际条约》等。普遍主义在各国实际适用中需要制定统一的规范。

各国在刑法的效力范围适用上一般不采用单一的原则,而是以属地主义、属人主义为主,兼采用保护主义、普遍主义作为补充,从而保护本国利益和国民利益。

三、国际刑法

经济全球化的发展,也带来犯罪的国际化,围绕犯罪的国际协力也在发展。第二次世界大战后,联合国于1945年设立了纽伦堡国际军事法庭、为惩罚德国和日本战犯于1946年设立了远东军事法庭。学者们认为,当侵害国际社会整体利益的犯罪行为发生时,应当由一个超国家的司法机关根据国际法给予刑罚处罚。同时,为了防止国际犯罪,就需要有国际协同,各国为适应协同作出相应的规定。这些都是国际刑法的内容。除此之外,与国际刑事司法协助有关的国际法、国内法,也可以成为国际刑法的内容之一。

引渡犯人是刑事司法协助的一个内容。根据国际法及各国刑法的规定,引渡的条件有：本国与请求引渡国的刑法均认为犯人的行为是犯罪；本国应对犯人进行追诉、审判；不经本国同意，不得将罪犯引渡给第三国；政治犯与本国犯人不引渡。如《意大利刑法典》第 13 条规定："犯人的引渡，由意大利法律、国际条约和国际惯例调整。如果引渡请求所针对的行为，不被意大利法律和有关外国的法律规定为犯罪，不得引渡。对于国际条约未规定的犯罪，只要这些条约不明确禁止，也可以允许或者提议引渡。不允许引渡本国公民，除非国际条约予以明确许可。"

四、外国刑事判决的效力

外国的刑事判决在两种情况下必须面对并表明态度：其一，本国公民在国外犯罪，被外国宣判有罪；其二，外国刑事判决所评判的行为本国刑法亦有刑罚权。

本国公民在国外犯罪并被外国宣判为有罪，将该犯人移至本国后，执行外国的有罪判决；如果在外国已经将所判刑罚执行完毕，或者外国法院作出无罪判决，则本国不再追诉。欧盟各国已采取了这种做法，其目的是为了避免犯罪人受到双重处罚，有利于其顺利地重返社会。这种对外国判决的承认称为积极承认。另外，外国确定的刑事判决不制约本国刑罚权的实现，此种情况下对外国判决及刑罚执行的事实予以考虑，被称作消极承认。如《日本刑法典》第 5 条规定："同一行为虽然已经在外国受到确定判决的，不妨碍另行处罚。但犯罪人在外国已经全部或者部分执行了所宣告刑罚的，减轻或者免除其刑罚的执行。"

第五章 犯罪论概述

第一节 犯罪的概念和本质

一、犯罪的概念

犯罪在刑法学中具有十分重要的地位,是刑法学犯罪论中的一个重要的范畴。在大陆法系国家,对于犯罪的定义,一般有以下几种方式:一是犯罪的实质定义,明确认定犯罪的根据,即认定犯罪正当性的问题,如"犯罪是由于侵害了社会生活上的利益而必须采取某种强制措施程度的有害行为"[①];二是犯罪的形式定义,非从认定犯罪的根据或正当性出发,而是从刑法学上犯罪所应具有的形式因素来确定犯罪,如"犯罪是指该当于构成要件的违法且有责的行为"[②];三是折中的犯罪定义,兼有犯罪实质和形式两方面内容,如俄罗斯刑法学家库兹涅佐娃认为犯罪是有罪过地实施的危害社会的刑事违法行为。[③]

在以前的一些教材中常将犯罪的实质概念与形式概念的区别与国家的阶级属性联系起来,认为犯罪的形式概念是资本主义的犯罪概念,而实质概念是社会主义的犯罪概念,从而得出犯罪的实质概念要优于形式概念的结论。其实,刑法学上犯罪的概念与国家制度及阶级性并没有必然的联系,通过阶级属性来论证犯罪概念的优劣是没有任何根据的。不过近几年这样的提法已经很少出现,在刑法学研究中已很少再有关于阶级性方面的论述,这显然是一种正确的做法。

也有一些刑法学著作,将刑法学上犯罪的概念与刑法中规定的犯罪的概念相混淆,将刑法中对犯罪的定义直接作为刑法学上犯罪的概念。应该说犯罪的刑法学概念与刑法概念并不能完全等同,刑法学犯罪概念是对刑法中构成犯罪的一般概念的概括和总结,具有高度的抽象性,对于刑法中的犯罪概念具有指导和参照意义,是犯罪的应然概念;刑法中的概念主要为明确在刑法范围内犯罪的界限,为认定犯罪提供一个刑法上的统一标准和形象,是在借鉴刑法学犯罪概念形成的犯罪的实然概念,二者是有一定区别的。

犯罪的实质概念强调的是犯罪的本质,即正当性的根据,为什么一个行为会

---

① 〔日〕大谷实:《刑法总论》,黎宏译,中国人民大学出版社2008年版,第79页。
② 〔日〕西田典之:《日本刑法总论》,刘明祥、王绍武译,中国人民大学出版社2007年版,第44页。
③ 参见〔俄〕库兹涅佐娃、佳日科娃主编:《俄罗斯刑法教程》,黄道秀译,中国法制出版社2002年版,第126页至152页。

被认为是犯罪,需要在刑法中予以规定,并施以刑罚威胁。通过对犯罪本质的鉴别,可以科学合理的区分不同的社会行为,限制刑法对犯罪行为的规定,防止刑法对社会行为限制扩大化,解决刑法对犯罪的规定和施以刑罚正当性的问题,但犯罪的实质概念对行为人非难的可能性却并不予以限制,"在此意义上讲,不管是精神病人的杀人行为还是儿童的盗窃行为,都是犯罪"[①]。犯罪的形式概念注重犯罪所应具有的法律上形式,解决了刑法理论中犯罪的法律形象和认定标准问题,对刑法中规定犯罪具有指导和借鉴意义,但由于缺少对犯罪的实质认定,所以在具体认定犯罪和刑法解释中不能从目的上予以指导和限定。应该说,犯罪的实质概念和形式概念,是从不同角度对犯罪的定义,分别发挥不同的作用,很难对二者的优劣予以比较。而折中的犯罪概念,似乎同时包括了犯罪的实质和形式,更具有全面性,但是却存在对犯罪界定标准不统一,实质与形式不能并存于同一认识层面上的问题,所以也不是一种合适的做法。由此看来,对犯罪分别从实质和形式上进行定义是可取的,并在不同情况下使用即可以很好地解决刑法学上对犯罪的定义问题。

二、犯罪的本质

犯罪的本质,即刑法为什么要将某种行为规定为犯罪,刑法对犯罪规定的正当性何在。对于犯罪的本质问题,主要是根据"犯罪侵害什么"来理解的,在大陆法系国家主要有以下几种观点:

(一)权利侵害说

由费尔巴哈提出,是启蒙时期后欧洲的主流观点,即以权利侵害作为犯罪的本质。[②] 权利侵害说为犯罪设置了权利侵害的客观范围,防止刑法对犯罪规定的恣意化,在一定程度上保障了公民的自由。但是权利侵害说很难概括刑法规定的全部犯罪,在现代刑法中存在一定数量侵害国家、社会利益的犯罪,这些犯罪显然不在个人"权利侵害"范围之内。所以,"这种权利侵害说当然也把握了犯罪的一方面,但是,在犯罪中也包含着很多难以明确说是权利侵害的部分"[③]。因此,权利侵害说随后被法益侵害说替代,法益侵害说成为20世纪后的通说。

(二)法益侵害说

即犯罪是对法所保护的生活利益的侵害或侵害的危险,这种生活利益包括个人和社会共同的生活利益。法益侵害说能够很好地概括犯罪的本质,正如有学者指出:"在维持以将对个人尊重作为价值本原的现代社会秩序时,最重要的

---

① 〔日〕大谷实:《刑法总论》,黎宏译,中国人民大学出版社2008年版,第79页。
② 陈子平:《刑法总论》,中国人民大学出版社2009年版,第70页。
③ 转引自马克昌:《比较刑法原理》,武汉大学出版社2002年版,第91页。

就是保护以个人的生活利益为中心的法益,国家也是从这一立场出发来形成法秩序的,因此,犯罪的本质,首先必须是侵害或者威胁根据法秩序所保护的利益即法益的行为(侵害、威胁法益行为)。在此意义上,法益侵害说是基本妥当的。"①但是,刑法保护的并非是所有的法益,而应该是为维护社会秩序所必要的、重大的法益。法益侵害说是目前大陆法系国家刑法学理论界的通说。

(三)义务违反说

这是在纳粹时代,由德国刑法学家提出的观点,"如 Friedrich Schaffstein 之主张,以犯罪之本质,并非法益之侵害,而是义务之违反"②。这一主张强调国家本位,即使行为并未侵害法益,但是违反了社会共同体赋予的义务也是犯罪,这与当时德国的特定历史背景是分不开的。在义务违反说面前,公民完全成为国家的工具,个人的权利和自由将无法得到任何保障,面对国家以各种名义赋予的公民个人的义务,公民只能无条件地服从,否则将遭到刑罚的威胁,一旦国家为独裁者所控制,那么公民都将成为其实现个人目的和企图的工具,这是非常可怕的,历史已经证明了这一点。

(四)社会伦理规范违反说

这一理论由日本刑法学家小野清一郎所提倡,他指出:"刑法只将严重侵犯个人之间的伦理规范,而国家又不能放任的重大反道义行为作为犯罪予以处罚。"③小野清一郎认为:伦理就是人伦生活的事理、道理和道义,也就是社会生活中的条理,伦理规范是国家法律的根底,法的实质就是伦理。④ 从这里可以看出小野清一郎认为犯罪的实质就是对伦理规范的违反。但是正如许多学者所批评的那样:社会伦理本身并非刑法所保护的对象,而现代社会价值是多元化的,如果通过刑法强制推广某一伦理是威权主义的表现。⑤ 所以,伦理规范违反说常常会成为刑法维护特定意识形态或者国家道义的理论根据。加之伦理规范的内容本身十分抽象具有很大的不确定性,而且在多元社会中,对其中一种社会伦理需要予以刑法保护也很难给出有说服力的证明,这种观点是存在问题的。

另外还存在各种折中的观点,该种学说力图将上述几种观点相融合,弥补单一观点的不足,解决界定犯罪的本质问题,例如:认为犯罪的本质就是包含了侵害、威胁样态的法益侵害、威胁,同时也是对一定的法的义务的违反即法益侵害说与义务违反综合说⑥;犯罪的本质理解为违反社会伦理规范的侵害法益的行

---

① 〔日〕大谷实:《刑法总论》,黎宏译,中国人民大学出版社 2008 年版,第 83 页。
② 陈子平:《刑法总论》,中国人民大学出版社 2009 年版,第 70 页。
③ 转引自马克昌:《比较刑法原理》,武汉大学出版社 2002 年版,第 92 页。
④ 〔日〕小野清一郎:《犯罪构成要件理论》,王泰译,中国人民公安大学出版社 2004 年版,第 30 页。
⑤ 〔日〕大谷实:《刑法总论》,黎宏译,中国人民大学出版社 2008 年版,第 84 页。
⑥ 转引自张明楷:《外国刑法纲要》,清华大学出版社 1999 年版,第 56 页至 57 页。

为①,即法益侵害说与伦理规范违反说的综合说。

上述几种观点中,法益侵害说是目前德日刑法学界的通说。法益侵害说能够很好地解决刑法规定犯罪的正当性问题,并有效限制刑法对社会行为的规制,保障公民个人的权利与自由,是较为恰当的。

第二节 犯罪的成立要件和分类

一、犯罪的成立要件

犯罪成立要件就是某一行为成立刑法上所规定的犯罪必须具备的要素。在德国和日本刑法学理论中,主流的观点认为,成立犯罪必须要有构成要件符合性、违法性、有责性三个要件,即"三要件说"或"三阶层说"。当然也有日本的当代学者主张成立犯罪需要有行为、构成要件符合性、违法性、责任四个要件②,但是刑法规定的构成要件本身就是犯罪的行为类型,构成要件符合性的判断本身就是对行为符合刑法规定的构成要件的判断,所以在构成要件符合性之前附加行为作为前提要件本身没有任何意义。

(一)构成要件符合性

成立犯罪首先必须符合刑法规定的构成要件,构成要件是刑法规定的犯罪类型,"构成要件是将现实中的个别的具体的犯罪现象进行抽象、概括出共同要素后形成的观念形象,因此,构成要件是抽象的、观念的概念,而不是具体的事实。"③构成要件不仅是刑法规定的犯罪类型,也是违法的类型,具有推定违法的机能,在不具有违法阻却事由的情形下,符合构成要件的行为即认为具有违法性。

构成要件是犯罪论的核心,构成要件的理论体系最初由德国刑法学家贝林(国内也有称贝林格)所创,贝林认为,构成要件是犯罪类型的轮廓,是纯客观性的要素,是与法的价值判断相分离的、纯粹形式的、记述的、价值中立的行为类型,在贝林的构成要件中并不包含主观的、规范的要素,也与违法性没有关系。后来麦兹格发展了贝林的构成要件理论,他承认在构成要件中包含主观的违法要素,构成要件是违法的类型,只有存在正当化事由时才例外的阻却违法。日本的刑法学家小野清一郎又进一步发展了构成要件的理论,他认为构成要件是违法、有责的类型。构成要件违法类型说是德国刑法学界的通说,而构成要件违法有责类型说在日本则获得部分学者的支持,但"在日本构成要件理论并未趋于

---

① 〔日〕大谷实:《刑法总论》,黎宏译,中国人民大学出版社 2008 年版,第 84 页。
② 同上书,第 80 页。
③ 张明楷:《外国刑法纲要》,清华大学出版社 1999 年版,第 73 页。

一致,在如何看待构成要件上,仍然意见分歧"①。

(二) 违法性

犯罪必须是具有违法性的行为。关于违法性的本质,形式的违法性是指行为对国家规范的违反,实质的违法性是指行为侵害或者威胁受刑法所保护的利益。关于二者的关系问题,"通说认为,形式的违法性与实质的违法性并非相对立、相矛盾,两者之间具有形式与实质的表里关系,因形式的违法性乃实定法规之违反,而实质的违法性则是支撑实定法规之实质之基础。"②相比构成要件符合性的判断,违法性的判断是一种具体的、非定型的价值判断。在一般情况下如果某一行为符合构成要件即具有违法性,但是如果存在违法阻却事由,行为的违法性被阻却。

(三) 有责性

要成立犯罪除了具备构成要件符合性、违法性以外,还必须同时存在对行为人的非难可能性,即有责任,"没有责任就没有刑罚",即责任原则已得到广泛的承认,对行为人的非难只能根据其行为进行。责任的要素包括责任能力、故意过失、期待的可能性。

二、犯罪的分类

犯罪根据与行为主体的关联、行为形态等不同的标准可以有不同的分类,如:根据与行为主体的关联可分为身份犯与非身份犯;根据行为的形态可分为实质犯、形式犯、结果犯、举动犯、侵害犯、危险犯;根据构成要件的符合情况可分为既遂犯与未遂犯、单独犯与共犯;根据行为的主观方面可分为目的犯、倾向犯、表现犯。

(一) 自然犯与法定犯(或称刑事犯与行政犯)

自然犯是指无需依赖法律的规定,其自身具有反社会伦理性质的犯罪,也称刑事犯,如杀人罪、放火罪、盗窃罪等。法定犯是指本不具有反社会伦理的性质,因为法律的规定而成立的犯罪,因行政取缔目的而被规定为犯罪,也称为行政犯,如道路交通法上的犯罪。日本刑法学家大谷实认为,刑法分则中所规定的犯罪绝大多数都是自然犯,但在刑法典上的犯罪当中,也有基于行政取缔目的的犯罪,而且在行政犯当中也有和社会伦理紧密相关的犯罪(如税法上的犯罪)。有些犯罪虽然在规定之初是出于行政取缔的目的,但之后逐渐地转化为伦理上所谴责的犯罪。③ 由于存在自然犯与法定犯相互转化的情况,所以事实上要区分

---

① 马克昌:《比较刑法原理》,武汉大学出版社2002年版,第119页。
② 陈子平:《刑法总论》,中国人民大学出版社2009年版,第161页。
③ 〔日〕大谷实:《刑法总论》,黎宏译,中国人民大学出版社2008年版,第89页。

自然犯与法定犯是困难的,这种区分实际意义也并不大。

（二）政治犯与普通犯

政治犯是指侵害国家基本政治秩序或者以此为目的而实施的犯罪,也称国事犯,如内乱罪;与此对应的通常犯罪被称为普通犯。与政治犯相关联的还有确信犯的概念,所谓确信犯是指基于自身道德、宗教或者政治上的信仰而实施的犯罪。

（三）亲告罪与非亲告罪

亲告罪是指以有告诉权的人告诉为追诉条件的犯罪,如无告诉权人提起告诉,国家对于该犯罪不能加以追诉。除亲告罪以外的犯罪则都是非亲告罪,国家对该类犯罪的追诉与相关人员是否提起告诉无关。在刑法中规定亲告罪主要是出于尊重和维护被害人隐私考虑,或因犯罪轻微而将是否追诉交由被害人决定的原因。刑法中规定的犯罪绝大多数都是非亲告罪。

（四）身份犯与非身份犯

身份犯是指犯罪成立在构成要件上要求行为主体具有一定的身份的犯罪,所谓身份是指"所有和一定的犯罪行为有关的犯人的人的关系即特殊的地位或者状态"[1],如受贿罪。与此相对应非身份犯则是指犯罪的成立在构成要件上对行为主体没有特定身份要求的犯罪。

（五）倾向犯与表现犯

倾向犯是指犯罪的成立在构成要件上需要具有一定的内心倾向要素的犯罪,如强制猥亵罪;表现犯是指行为人的行为表现出行为人内在的、精神的心理过程或者状态的犯罪,较为典型的是伪证罪。就构成要件中是否存在主观的违法要素,在日本刑法学界是存在争议的。[2] 如果否认主观的违法要素存在则倾向犯与表现犯的分类就没有意义,致二者的概念都没有存在的余地。

第三节 犯罪论的体系

一、犯罪论体系的概念及意义

（一）犯罪论体系的概念

刑法总论包括犯罪论与刑罚论两大部分。"所谓犯罪论是成立犯罪的一般理论。"[3]将犯罪成立要件按照一定的原理组织起来的知识体系就称为犯罪论体系。衡量一个犯罪论体系是否合理主要有两个标准:其一是该体系是否能涵盖

---

[1] 转引自〔日〕大谷实:《刑法总论》,黎宏译,中国人民大学出版社2008年版,第107页。
[2] 〔日〕西田典之:《日本刑法总论》,刘明祥、王邵武译,中国人民大学出版社2007年版,第65页。
[3] 大谷实:《刑法总论》,黎宏译,中国人民大学出版社2008年版,第85页。

犯罪的全部要件；其二是该体系是否能够准确反映犯罪诸要件之间及要件内部的结构和关系。

（二）犯罪论体系的意义

对于刑法学上的犯罪而言，其原本是一个统一的，不可分割的行为整体，在刑法学理论中将犯罪区分为不同的要件，并赋予其一定的结构和关系，主要是为了理论研究与实践应用的目的，所以犯罪论体系乃目的论体系。根据日本刑法学者大谷实的观点，犯罪论体系目的有二："第一，它必须有利于明确划分成为犯罪的行为和不成为犯罪行为的行为之间的界限；第二，为认定犯罪提供统一的原理，并有利于防止刑事司法中注入个人的情感和任意性。"①由于犯罪论体系本身并不是犯罪的固有属性，所以正如日本刑法学者大谷实所认为的那样，随着刑法目的重点的变迁，体系论也会发生变迁，不可能有绝对唯一的犯罪论体系，因此，只要能够满足上述两方面机能，有利于对思想进行整理并确立概念的体系是最好的体系。②

二、犯罪论体系的几种学说

根据我国刑法学学者的研究，在德日刑法学理论中犯罪论体系主要有以下几种学说③：

第一，犯罪的客观要素与主观要素体系。将犯罪分为客观的构成要件与主观的构成要件或者分为客观的违法与主观的归责可能性。

第二，构成要件符合性、违法性、有责性体系，即所谓的三阶层或者三要件体系，目前该体系是通说。但是各要件的具体内容以及要件之间的关系等问题却又存在不同的观点，颇为繁杂，可谓众说纷纭。

第三，行为、构成要件符合性、违法性、责任体系。该体系基本上认为行为是犯罪的属性，是研究构成要件符合性、违法性、责任的前提。

三、大陆法系三阶层犯罪论体系与俄罗斯、中国四要件犯罪论体系的初步比较

近年来，在刑法学界对我国应采取何种犯罪论体系的争论颇为激烈，有相当一部分学者认为目前我国采用的四要件犯罪论体系已经不能适应理论研究和司法实践需要，因存在许多不足，建议采用德日的三阶层犯罪论体系。

俄罗斯与我国均是沿袭前苏联的四要件犯罪论体系，该体系由前苏联刑法

---

① 转引自大谷实：《刑法总论》，黎宏译，中国人民大学出版社2008年版，第85页。
② 大谷实：《刑法总论》，黎宏译，中国人民大学出版社2008年版，第85页。
③ 参见张明楷：《外国刑法纲要》，清华大学出版社1999年版，第68页至第70页；马克昌：《比较刑法原理》，武汉大学出版社2002年版，第103页至108页。

学者特拉伊宁首创。特拉伊宁在1946年出版的《犯罪构成的一般学说》中专门论述了犯罪构成理论，之后在前苏联形成了较为成熟的、有别于德日构成要件理论的犯罪构成理论，这一理论也为今天我国的刑法学界所熟知。在这一犯罪论体系中，犯罪构成（состав преступления）是指刑事法律规定的构成犯罪的主观要件和客观要件的总和；犯罪构成要件（признаки состава преступления）包括犯罪的客体、客观方面、主体、主观方面四个要件，一个行为如果符合刑法规定的某一犯罪的四个要件，那么就构成该犯罪。

苏联解体后，俄罗斯刑法学犯罪构成理论也基本没有什么变化，只是个别要件的具体内容发生了变化，如刑法保护的社会主义社会关系的犯罪客体内容，被有社会意义的价值、利益所取代。

四要件犯罪构成理论将犯罪成立的条件划分为犯罪的客体、客观方面、主体、主观方面四个要件，强调主客观的统一，因各要件的内容相对固定，是一种拼图式的犯罪构成模式，简单、易于理解，便于掌握和实践应用。但是各犯罪构成要件的内容决定了其相互之间缺乏逻辑关系，对四个要件很难进行系统化的组织，虽然有学者试图将四个要件进行一定的理论排序，但这种排序缺乏必要的依据，只是人为外部赋予，而并非是要件之间的内在联系。这一不足反映在实践中，表现为在认定犯罪的时候缺乏一个统一的思维进程和逻辑路径，因此意见各方往往就单个或者几个要件孤立的进行论证，很难形成统一的讨论交流平台，也难以达成可接受的一致结论。同时，由于各犯罪构成要件的内容相对简单固定，也导致犯罪构成理论难有发展，在认定一些疑难案件时很难提供理论支持，通过具体案例来发展理论也基本不可能，而且其中的排除犯罪化事由如正当防卫、紧急避险等与犯罪构成体系难以融合。

与俄罗斯、我国的四要件犯罪构成理论相比，德日的三阶层犯罪论体系，各阶层的内容决定了相互之间一定逻辑关系的存在，使得犯罪的认定形成一个由客观到主观、由一般到具体、由事实判断到价值判断的认识过程，对公民的权利和自由予以有效保障；犯罪的认定是一个统一的逻辑路径，具有一致的讨论交流平台，意见各方容易达成共识。且该理论也具有较大的发展空间，对一些疑难案件的认定能够提供足够的理论论证，通过具体案例来发展理论也成为一种常态。但是由于对各阶层的要素和具体内容的认识理解不一，也造成观点众多，理论体系繁杂，难以理解掌握的问题。

我国是否应当采用德日的三阶层犯罪论体系，并不是一个简单确定的问题，需要考虑历史与现实因素，以及能否与现有的刑法规定相融合等问题。目前认为德日三阶层犯罪论体系优于四要件犯罪论体系仅仅是限于理论论述，缺少实证分析，所以其结论也不能令人信服。同时还应当注意的是，在1949年新中国成立之前的数十年间我国一直采用德日的刑法学理论，但是在这之后却舍弃了这一传统,全盘采用前苏联的刑法学理论,在五十多年后,却又要回到从前,在这种对他国刑法学理论取舍变化的反复中,是否能够形成一个有利于我国刑法学理论发展的,稳定的、自我的刑法学理论体系是令人怀疑的。而且,在与我国社会发展历程相近的俄罗斯国内刑法学界却基本上不存在这样的争论,很少有人提出要采用德日的三阶层犯罪论体系,这也是值得我们深思的。目前唯一可以肯定的是,关于我国应该采用什么样的犯罪论体系的争论在刑法学界将较长时间存在。

第六章 构成要件符合性

第一节 构成要件概述

一、构成要件的概念

构成要件(Tatbestand)一词,来源于中世纪意大利纠问程序中的 Constare de deliecti(犯罪的确证)。在纠问程序中,首先必须调查犯罪事实是否存在(一般纠问),在得到肯定答案后方可对特定嫌疑人进行纠问(特殊纠问)。1581年,意大利学者法利那修斯(Farinacius)提出了 Corpus deliciti(犯罪事实)一词,表示一般纠问中所应当确证的犯罪事实。传到德国使用时,仍是诉讼法上的概念。1796年,德国学者克莱因(Klein,1774—1810)最早将 Corpus deliciti 翻译成德语 Tatbestand,仍只具有诉讼法上的意义。直到18世纪末,德国刑法学家费尔巴哈(P. V. Feuerbach)、施蒂贝尔(C. C. Stuebel)等人才将 Tatbestand 明确地作为实体法上的概念加以使用。昭和初期,《日本刑法典》引进构成要件理论,将 Tatbestand 译为构成要件,虽然有学者(泷川幸辰)认为该翻译不大恰当,但因广泛使用且沿用已久,至今仍为日本学者普遍接受。

什么是构成要件?学者所下定义各不相同。日本学者正田满三郎认为,构成要件是指"可能发生法律上一定效果的原因(原因事由)的要件"。[①] 大谷实在其书中写道,"所谓构成要件就是刑罚法规中所规定的违法、有责的值得处罚的行为类型或定型"。[②] 台湾地区学者林山田认为,"至今刑法理论学所称的构成要件,仅指狭义的构成要件,亦即指立法者就个别犯罪行为的构成犯罪事实,经过类型化、概念化、抽象化与条文化,而规定于刑法分则或辅刑法中的具有刑罚的法律效果的条文中,以作为可罚行为的前提要件。"[③] 大陆法系的学者们虽对构成要件的定义各有不同,但有以下两层基本含义:首先,构成要件是对个别犯罪行为的抽象化;其次,构成要件把违反法律规范的不同犯罪行为类型化。因此,所谓构成要件,是指将犯罪事实加以类型化的观念形象,并且将其抽象为法律上的概念。简单地说,构成要件就是刑罚法规所规定的犯罪类型。

---

① 〔日〕正田满三郎:《刑法体系总论》,日本良书普及会1979年版,第47页,转引自马克昌:《比较刑法原理》,武汉大学出版社2002年版,第110页。
② 〔日〕大谷实:《刑法讲义总论》,黎宏译,中国人民大学出版社2008年版,第98页。
③ 林山田:《刑法通论》,台湾大学法学院图书部2007年版,第242页。

需要指出的是,大陆法系中的构成要件与我国刑法中的构成要件并非同一含义。我国刑法中的构成要件等同于犯罪成立的条件,一个行为具备犯罪构成要件也就具备了犯罪成立要件,行为即成立犯罪。在大陆法系中,与我国犯罪构成(犯罪成立要件)相对应的被称为"犯罪要件"或"犯罪论体系",其包括构成要件符合性(构成要件该当性)、违法性和有责性。在这中犯罪论体系中,一行为要成立犯罪必须具备构成要件符合性、违法性和有责性三个条件,仅符合构成要件不能成立犯罪,因此,犯罪要件的符合性只是成立犯罪的条件之一。由此可见,我国刑法中的犯罪构成要件和大陆法系刑法中的犯罪构成要件在内涵和外延上都各不相同。

二、构成要件理论的学说

犯罪构成理论在犯罪论体系,乃至整个刑法学的理论体系中都占有核心地位。但是,刑法理论中对犯罪构成的理解,各国学者对其存在着较大争议。可以说,犯罪构成的理论是刑法学中最重要而又最有争议、最系统而又最为复杂的理论。

(一)德国的构成要件理论

1. 费尔巴哈、施蒂贝尔的犯罪构成理论

19世纪初,费尔巴哈将诉讼法中的构成要件首次引入刑法,赋予其实体法上的意义。他从罪刑法定原则出发,将犯罪成立的条件称之为犯罪构成,指出:"犯罪构成乃是违法的(从法律上看)行为中所包含的各个行为的或事实的诸要件的总和。"他从法律规定角度出发,强调犯罪的违法性,并将这种违法性与构成要件统一起来,形成了犯罪构成的法定结构论。[①] 施蒂贝尔在其《论犯罪构成》一书中提出,犯罪构成就是那些应当判处法律所规定的刑罚的一切情况的总和。此概念是从刑罚出发,将构成要件作为判处刑罚的条件。可以看出,费尔巴哈和施蒂贝尔虽出发点不同,但均认识到构成要件是犯罪行为或事实(情节)的总和,其观点实现了犯罪构成从诉讼法到实体法的转变,但其概念只限于刑法分则中具体犯罪的犯罪构成,因而只是刑法各论中的概念,并非现代意义的构成要件。

2. 贝林格的犯罪构成理论

现代意义上的犯罪构成理论,是由德国刑法学家贝林格于20世纪初创立的。他在其《犯罪论》一书中指出,构成要件符合性是犯罪成立的三要件之一。犯罪类型是纯粹记叙性的"犯罪类型的轮廓",是完全不包含价值判断的,与作为规范的、价值的要件的违法相区别,并认为构成要件本身是客观的,与所谓的

[①] 姜伟:《犯罪构成比较研究》,载《法学研究》1989年第3期。

主观要素没有关系。可见,贝林格将故意、过失这些主观要素排除在犯罪构成之外,并切断了构成要件与违法性、有责性这些规范的、价值的要素的联系,将构成要件看成是纯客观的记叙的"犯罪类型的轮廓",认为只有该当于这种类型的行为才能构成犯罪,因而遭到很多学者的非议。20世纪30年代,贝林格针对其受到的批评,对自己的理论进行了一定的修正。认为构成要件是指导构成犯罪类型的诸要素的观念上的形象,这里的诸要素既包括客观要素又包括主观要素,然而,其仍然认为构成要件是记述的、无价值的、客观的。①

3. M. E. 迈耶的构成要件理论

迈耶(M. E. Mayer)继承了贝林格初期的构成要件理论,其认为,构成要件与违法性必须明确区别,同时,他又认为构成要件符合性是认识违法性的最重要的根据,二者的关系犹如烟和火的关系。构成要件是违法性的表征,法律上的构成要件是违法性的认识根据,行为如果符合构成要件,除个别情况下能够证明具有阻却违法事由外,仅此就可以推定为违法。可见迈耶的构成要件理论是将构成要件与价值判断结合起来考察的,认为构成要件符合性是认识违法性的根据。

4. 麦兹格的构成要件理论

继迈耶之后,德国学者麦兹格(Edmund Mezger)进一步强调构成要件与价值判断间的关联性,与迈耶"构成要件是违法性的认识根据"不同,麦兹格主张构成要件是违法性的存在根据。他说:"实施符合构成要件的行为,只要不存在不法阻却事由,即是违法行为。从而,记述符合这样的构成要件的行为之刑法上的构成要件,对刑法上重要的行为之违法性的存在是有极为重要的意义的。即它是违法性的妥当根据,是实在根据(Ratioessendi)。"在他看来,符合构成要件的行为,只要不存在特别的违法性阻却事由就是违法。因此,其认为构成要件符合性和违法性是成为一体的,构成要件只是在与不法阻却事由的关系中具有独立的意义,在与违法性的关系中几乎丧失其独立性。他反对贝林格所谓构成要件符合性是犯罪成立的第一要件的观点,认为构成要件符合性只是限制、修饰犯罪成立要件的概念,而不是独立的犯罪成立要件。例如说,符合构成要件的行为、符合构成要件的违法和符合构成要件的责任,因此,麦兹格将行为、违法和责任列为犯罪论的核心。麦兹格直接从价值上来考察构成要件的理论,相对于过去贝林格的学说,被称为"新构成要件论",成为以后德国刑法学中的通说。

(二)日本的构成要件理论

1. 小野清一郎的违法、责任类型说

小野清一郎是日本较早研究构成要件且是具有重要贡献的学者。他在贝林格和迈耶的构成要件理论基础上,提出了违法、责任类型说。他认为刑法理论中

---

① 参见马克昌:《比较刑法原理》,武汉大学出版社2006年版,第103—104页。

所指的构成要件是法律上的概念,"所谓构成要件,是指将违法并有道义责任的行为予以类型化了的观念形象(定型),是作为刑罚法规中科刑根据的概念性规定。"①可见,他所主张的构成要件不仅是违法类型,同时也是责任类型。在他看来,构成要件一并包含有违法性和道义责任。他认为,"行为符合构成要件,并使所有的构成要件都满足,这是刑事责任的基本条件……行为的违法性,是在一般法律秩序中对行为的规范性评价问题。并不是所有的违法行为都要受处罚,它只是宣布,只有那些被构成要件所定型化的行为,才是可罚的。违法性本身的范畴比构成要件要大,是'趋构成要件性'的……行为人的道义责任,是对实施行为的人进行的、从道义上非难其所实施的行为的规范性判断。正是这一道义非难,才是刑法中责任的真正根据。"②此外,他还认为构成要件的概念与刑法理论中几乎所有重要的问题都相互联系,例如,其决定违法、责任、未遂、共犯以及罪数等刑法领域问题,甚至对刑事诉讼部分也发挥着指导作用。

2. 日本其他学者的构成要件理论

昭和初期,将德国的构成要件论引入到日本的,除小野清一郎外,还有泷川幸辰。泷川幸辰最初支持德国学者贝林格的构成要件学说,后来又转而主张麦兹格的新构成要件说。在其名著《犯罪论序说》中写道:构成要件表现为具备了违法性的"行为模式",即违法类型。某行为是否违法,根据是否符合构成要件即可大体上判断出来,在这个意义上构成要件即违法类型。由刑罚法规,而且只能由它来设定犯罪的违法类型,这是尊重国民权利和自由的近代社会的要求。③此外,日本的佐伯千仞受麦兹格的影响,提出了"可罚的违法类型说",但这一见解未达到通说的地位。

战后,随着人权保障思想在刑事法领域逐步受到重视,要求以制定法限制法官司法擅断的实证主义思想占据了支配地位。与之相适应,构成要件理论又重新受到重视。日本学者团藤重光在小野等学者观点的基础上,又提出了"定型说",即认为构成要件是违法、有责行为的法的定型。他指出:构成要件不仅根据保护法益的种类被定型化,而且不要忘记也根据侵害保护法益的形态被定型化(例如,盗窃、诈骗、恐吓)。后来,该观点得到大塚仁、吉川经夫、中野次雄、大谷实、香川达夫等学者的赞同,成为《日本刑法典》中的通说。④

---

① 〔日〕小野清一郎:《犯罪构成要件理论》,王泰译,中国人民公安大学出版社2004年版,第17页。
② 同上书,第17—19页。
③ 〔日〕泷川幸辰:《犯罪论序说》,王泰译,载高铭暄主编:《刑法论丛》(第3卷),法律出版社1999年版,第190页。
④ 马克昌:《比较刑法原理》,武汉大学出版社2006年版,第108—109页。

三、构成要件的机能

构成要件的机能,也就是构成要件在刑法理论中的作用或功能。德、日刑法理论中,一般认为,构成要件在犯罪论中具有以下四方面的机能[①]:

1. 保障人权机能

又称为罪刑法定原则的机能,即从罪刑法定原则的角度来看,某行为在道义上或者人们的情感上,无论怎么值得处罚,只要是刑罚法规中所没有规定的行为,就不得作为犯罪予以处罚。构成要件是刑罚法规规定的犯罪类型,是犯罪的类型或定型,因而只要行为不符合刑罚法规中规定的犯罪类型,即使有任何处罚的要求也不能被处罚。这样,构成要件有保障人权的机能,且该机能缘于构成要件对犯罪行为的定型化或法定化。

2. 犯罪个别化机能

从罪刑法定原则的角度来看,为了保障人权还要求犯罪个别化、明确化。例如,杀人罪、伤害致死罪、过失致死罪虽然在剥夺他人生命这一点上相同,但是他们在犯罪构成要件上却各不相同,构成要件的规定将他们区分为各种不同的犯罪,这使犯罪个别化成为可能。因此,构成要件所具有的能够将各个犯罪区别开来的机能,被称为犯罪个别化的机能。

3. 违法推定机能

主张构成要件是违法类型的观点认为,行为符合构成要件虽然不等于违法,但能推断行为具有违法性。这是因为,构成要件是犯罪成立的第一要件,违法性是接续其后的要件,行为只要不符合构成要件,就不必对其进行有关违法性的判断;当行为符合构成要件,原则上可以推定违法性的存在,只有在行为具有阻却违法事由的情况下才不构成犯罪。因此,只要行为符合构成要件,事实上就可以推定行为的违法性。需要说明的是,主张构成要件是违法有责类型的观点认为,构成要件还具有有责推定机能,即行为符合构成要件,就可以推定行为具有有责性。

4. 限制故意机能

刑法以处罚故意犯罪为原则,以处罚过失犯罪为例外,因而原则上没有故意就不成立犯罪。所谓故意,是指对于符合构成要件的客观事实及其实现意思的认识,因此,需要构成要件决定成立故意所必要的事实范围,即构成要件具有限制犯罪故意内容的机能,这就是故意限制的机能。

[①] 张明楷:《外国刑法纲要》,清华大学出版社2005年版,第73—74页。

四、构成要件的种类

从不同的角度进行分类,可以将构成要件分成不同的类型。日本刑法学家大谷实在其《刑法讲义总论》中将构成要件分为三种,即基本的构成要件和修正的构成要件、封闭的构成要件和开放的构成要件、积极的构成要件和消极的构成要件。① 现依该种方法进行介绍:

(一)基本的构成要件和修正的构成要件

所谓基本的构成要件,是指在刑法分则或各种具体的刑罚法规中,针对单独行为人实现犯罪形式所规定的全部构成要件。这种构成要件通常是以单独犯、既遂的形式进行规定,不需要做其他的补充,是一种形式齐备的构成要件。修正的构成要件,以基本的构成要件的存在为前提,就行为的发展阶段或复数行为者的参与形态,对基本构成要件进行修正之后所设计的犯罪类型,主要指预备犯、阴谋犯、未遂犯及共犯等。② 例如,杀人罪的基本的构成要件是"故意杀人并致其死亡",而杀人未遂并不符合杀人罪的基本的构成要件,但刑法总则设有处罚未遂犯的规定,这是对刑法分则中杀人罪要求"发生死亡结果"构成要件的修正,杀人未遂便是修正了的构成要件。另外,在两人以上共同实施犯罪的场合,还有共同正犯、教唆犯、从犯等也属于当罚的情况。对于这些情况,日本学者庄子邦雄提出了刑罚扩张事由,平野龙一也提出了这一主张,他们认为这些犯罪类型是刑罚或者犯罪成立的扩张。然而,扩张刑罚或成立犯罪前提则要求对基本的构成要件进行修正,因而将预备、阴谋、未遂犯和共犯的构成要件理解为修正的构成要件是妥当的。

基本的构成要件通常规定在刑法分则或具体的刑法规范中,而修正的构成要件则通常规定在刑法总则当中,如刑法总论中关于预备犯、未遂犯、教唆犯等的规定,便是对刑法分则中基本构成要件的补充或修正。同时,也存在着刑法分则中对修正的构成要件加以规定的例外。在刑法分则有特别规定的场合,即在基本的构成要件的法条中规定预备犯、阴谋犯、未遂犯及共犯的情况,在这种情况下,修正的构成要件自身并没有作为完全的构成要件在刑罚法规中加以规定,作为其基础的依然是基本的构成要件。因此,基础的构成要件是修正的构成要件的前提。

(二)封闭的构成要件和开放的构成要件

封闭的构成要件,又称完结的构成要件或叙述的构成要件,是指刑罚法规对犯罪构成要件要素的规定是完整的、详尽的,不需要法官加以补充的情况。开放

---

① 〔日〕大谷实:《刑法讲义总论》,黎宏译,中国人民大学出版社 2008 年版。
② 参见马克昌:《比较刑法原理》,武汉大学出版社 2006 年版,第 116 页。

的构成要件,又称补充的构成要件或空白的构成要件,是指刑法法规对犯罪构成要件要素的规定并不完整,需要法官通过实质判断加以补充才能确定构成要件的符合性。因此,这里的"开放"是相对于法官而言的开放。

刑法中的构成要件通常都是封闭的构成要件,开放的构成要件的主要发生在过失犯和不真正不作为犯的场合。在过失犯中,例如法律规定"过失致人死亡的",刑罚法规一般只对法益所造成的侵害结果——致人死亡进行规定,对法律所要求的注意义务则有待法官进一步确定。另外,在不真正不作为犯中,作为义务的存在是其成立的前提,而作为义务的范围具有多样性和复杂性,刑法不可能对其一一罗列,只能将作为义务的有无以及范围的大小交由法官判断。这样,在具体的案件中,行为人是否负有作为义务以及作为义务的范围,就需要法官以具体社会中的一般性常识对构成要件进行补充。

封闭的构成要件和开放的构成要件是德国学者汉斯·威尔兹尔(Hans Welzel)提出的。对于开放的构成要件,有学者指出,构成要件要由法官进行补充会破坏罪刑法定原则中刑罚法规明确性原则。但多数学者还是认为,构成要件当然应当力求全面、明确,但要使所有的犯罪构成要件都成为封闭的构成要件,不仅需要大量的法律条文,而且在实际上也是不可能办到的;另外,既然构成要件是违法行为的类型,在构成要件符合性的判断中就不能排除法官的评价和补充。所以,设置抽象的法律规定由法官进行补充是立法技术的要求,开放的构成要件的存在具有其必要性。此外,佐伯千仭认为,开放的构成要件需要补充,但经过补充后所确定的构成要件,就成为封闭的构成要件,在这个意义上说,只存在开放的刑罚法规,不存在开放的构成要件。对此,德国学者威尔兹尔则认为开放的构成要件不具有违法推定机能,这时,即使肯定行为的构成要件该当性,如果只是消极地判断不存在违法阻却事由,也不能肯定行为的违法性。但多数学者认为,即使在开放的构成要件中,在需要解释来补充不明确的构成要件的情形下,与封闭的构成要件相同,只要经法官的判断符合法律规定的构成要件同样能够推定违法性。[①]

(三)积极的构成要件和消极的构成要件

构成要件是违法性和有责性的根据,符合构成要件即推定其违法性和有责性的存在。因此,构成要件一般是积极地显示犯罪成立的要件。所谓积极的构成要件,是指积极地显示犯罪成立的构成要件。通常的构成要件由于规定着犯罪成立的原则要件,所以其本身就是积极的。但也有一些构成要件起着否定犯罪成立的作用,被称为消极的构成要件。例如,《日本刑法典》第 109 条第 2 项关于对自己所有的物放火,规定"前项的物属于自己所有的物时,处 6 个月以上

---

① 赵秉志:《外国刑法原理(大陆法系)》,中国人民大学出版社 2000 年版,第 95 页。

7个月以下的徒刑,但未发生公共危险的,不处罚"。该项前半句揭示了"对自己所有物放火罪"的积极构成要件,而但书则否定犯罪的成立,是消极的构成要件。从二者在犯罪论中的作用和意义来看,积极的构成要件和消极的构成要件并没有实质的差别,只是其在法律条文中的规定方式不同而已。上述第2项的但书,从积极的角度加以理解,就是要求以公共危险的发生作为犯罪成立的要件,实际上也是积极的构成要件。

此外,德国学者弗朗克(Frank)提出了消极的构成要件要素或消极的行为事情概念。该概念的含义与消极的构成要件不同,它是指违法阻却事由,即认为构成要件是违法类型,是违法性的存在依据,作为违法性判断对象的各种事情是积极地构成要件要素,作为阻却违法判断的各种事情则是消极的构成要件要素。这一学说在德国得到了韦伯(U. Weber)等学者的赞成,在日本得到了植田重正、中义胜等人的支持。但在德国也有不少学者反对,日本的通说也否定了该理论。[①] 构成要件是可罚违法行为的类型化,故构成要件符合性的判断必须与违法性的判断相结合,但是,二者在性质和阶段上是不同的。前者是形式的判断,后者是实质的判断,且只有在作出形式判断之后才能进行实质的判断,因此,构成要件符合性与违法性判断的实质是不同的,将构成要件要素与违法阻却事由作为同一层次的理解是有缺陷的。

五、构成要件的要素

构成要件的要素,是指构成要件具体内容的要素,立法者以这些构成要素明确地描述可罚行为的法律要件。本来,各种具体犯罪的构成要件要素是与刑法分则中的各个条文有关的,但在此作为问题而提出的是各个构成要件中所共同的一般要素。构成要件要素依其性质,可做以下分类:

(一) 记叙要素与规范要素

所谓记叙要素,是指在认定构成要件要素存在与否时,不用加入价值判断,仅凭法官的解释或认识活动就能确定的要素。这种构成要件要素的内容,主要是客观可见而无需价值判断的事实。例如,杀人罪中的"杀"或"人",盗窃罪中的"盗窃"等。规范要素,指在认定构成要件要素存在与否时,必须经过法官规范的价值判断才能确定的构成要件要素。这种构成要件要素本身就是法律概念或与价值有关的概念,也被称之为评价必要性的要素。例如,妨碍执行公务罪中"职务行为的合法性"、放火罪中"公共危险"等与认识价值有关的概念。

规范要素必须经过法官的价值判断才能确定,这给予法官在解释上较大的弹性空间,但法官的解释也并非漫无限制的,法官只能在社会大众所认同的价值

[①] 赵秉志:《外国刑法原理(大陆法系)》,中国人民大学出版社2000年版,第96页。

观范围内对这些要素进行评价;即法官评价行为是否与规范性的构成要件要素相符,必须与社会大众的价值观相符合。规范要素必须经过价值判断,故其明确性比记叙要素要低,从罪刑法定原则的角度来看是不值得提倡的。因此,在刑事立法上,应尽可能使用记叙性的构成要件要素,只有在无法以记叙要素完整规定犯罪时,才能使用规范性的构成要件要素。

(二) 客观要素与主观要素

根据构成要件要素的表现形式,可以分为客观的构成要件和主观的构成要件。客观要素,是指从其存在的外观上可以认识的构成要件要素,通常为描述行为人的客观行为,以及外观上可察知的行为结果等外在构成要件要素。主要包括行为主体、行为客体、行为(犯罪方式、手段、时间、地点、实施方法等)、行为结果、因果关系等,其中行为、结果和因果关系被称为构成要件中的三大客观要素。

主观要素是指和行为人的内心有关的,从其存在外观上无法认识的要素,即描述行为人主观上心理状态的内在构成要素。具体包括主观上的故意或过失。有学者也将故意、过失等主观要素作为责任要素来看待。但是,从构成要件具有将各个犯罪区分开来的个别化机能的角度出发,将故意、过失等作为与行为、结果、因果关系等客观构成要素并列的构成要素的方式被广泛认可。这是因为,主观构成要件要素也起着区别此罪与彼罪的作用,例如,不考虑故意或过失的话,就无法区分杀人罪和伤害致死罪。但应当强调的是,在构成要件阶段所考虑的主观要素,是体现行为人内心的客观事实,而不是内心思想本身;而作为思想本身的主观要素是有责性评价的对象。

第二节 实行行为

一、实行行为的概述

(一) 实行行为的学说

成立犯罪,首先必须具有符合构成要件的行为,这一行为就是实行行为。因此,在认定犯罪之际,需首要考虑实行行为的确定。"无行为则无犯罪"这句法谚表明了行为在构成要件中的重要性。然而,如何理解实行行为,在大陆法系一直存在着争议,主要观点有以下几种:

1. 自然行为论

自然行为论,也被称为因果行为论。该学说受19世纪自然主义哲学的影响,认为刑法中的行为是一种生理或物理过程的精神与身体的活动。自然行为论具体又包括身体动作说和有意行为说。① 身体动作说认为,行为是纯肉体的身体动作,至于意思是否存在,意思的内容如何这样的心理事实要素完全属于责任的要素。该学说贯彻了贝林格初期的思想,并得到日本学者平野龙一、内藤谦也的支持。针对该学说,木村龟二认为行为是作为主观和客观的统一体而存在的,将心理要素从构成要件内容的行为中完全排除是不可能的,例如目的犯中的行为具有"目的",对实行行为的判断不可能完全脱离"目的"这一主观心理要素。因此,将实行行为理解为"纯肉体的身体动作"是不妥当的。有意行为说认为,行为是基于意思的身体的动静,是以某种意思为原因而惹起外部动作,更以此外部的动作为原因而惹起结果的必然因果过程。行为是由"身体的动静"这种外部的客观的要素即有体性(身体性)与"基于意思"这种内部的主观要素即有意性而组成的。该说在德国为李斯特所主张,在日本泷川幸辰、牧野英一、藤木英雄、植松正等也持该种观点。② 该学说的弊端在于其不能覆盖所有行为类型,其认为行为要求举动性,所以该行为概念不能涵盖不作为的实行行为。

2. 目的行为论

目的行为论由德国学者威尔兹尔于20世纪30年代率先提出,他从存在论的角度出发,认为目的性是行为的特性,即行为人首先预定一定的目的,然后选择实现其目的的手段,最后有计划地实施其行为。目的行为论将"故意"视为目的行为的本质要素,认为故意(即实现行为人预定的内容的意思)不外乎是具有目的性的东西,因此,故意不仅是主观的构成要素,也是主观的违法要素。但是,目的论过于强调作为行为要素的目的性,因此其最大的缺陷在于对不以结果发生为目的的过失犯罪上不能自圆其说。过失行为是"不意误犯",其危害结果的发生根本不在行为人主观目的的范围之内。虽然目的行为论者(威尔兹尔)辩称目的性乃"法所要求的目的性",然而,无论从日常语义理解还是在刑法意义上,过失行为只是指有失误的人的行为本身,而不是指积极的目的指向性行为。③ 过失行为的主观方面不可能是目的性的,因此,目的论不能很好地说明过失行为的行为性质。

3. 社会行为论

20世纪30年代,德国学者施密特(Eberhard Schmidt)提出了社会行为论,后得到德国恩格休(Engisch)、麦霍夫(Maihofer)、耶塞克等人的支持,并得到日本佐伯千仞、吉田敏雄和西原春夫等学者的赞同。该学说将行为放在社会中,作为一种社会现象加以理解。其认为,刑法上的行为"乃指意志所支配或可支配之

---

① 陈立、陈晓明:《外国刑法专论》,厦门大学出版社2004年版,第164页。
② 同上书,第164—165页。
③ 参见马克昌:《比较刑法原理》,武汉大学出版社2006年版,第153—154页。

社会重要的人类举止。举止可能是目的活动之实施亦可能是造成社会有害结果之原因,亦可能是对于法规范所期待之行为的不作为。凡人类之举止,包括作为或不作为,不问出于故意抑或出于过失,只要足以惹起有害于社会之结果,而且社会重要性(SozialeReievan)者,均属刑法概念上之行为"。① 因此,该观点认为,一行为是否属于刑法中的行为,必须从行为与社会的关系角度来考察。该学说也遭到部分学者的质疑,如意大利学者杜·帕多瓦尼指出:"失之太泛是这一理论的根本缺陷,因为它用来确定行为范围的标准(社会意义)本身就是一个不确定的概念。"②而据此定义"实行行为"则会导致行为的概念不明。

4. 人格行为论

人格行为论为日本学者团藤重光所首创,并得到大塚仁等学者的赞同。团藤重光认为:"刑法中所认为的行为,必须被看做是行为人人格的主体的现实化。"③在他看来,行为是行为人人格主体现实化的身体动静,这包括作为和不作为,也包括基于故意和过失的行为。他认为人格并非单纯的精神要素,而是精神的和身体的(生理的)统一体,同时,人格也是通过社会生活经验而逐渐形成的,具有社会性,因此,在人格和环境相互作用下形成的行为必然具有生物学和社会学的基础。因此,忘却犯,即基于无认识的过失的不作为犯,应是与本人的主体性的人格态度相结合的不作为,仍然是行为;而单纯的反射运动或基于绝对强制的动作,没有表明人格态度,所以不是行为。人格行为论遭到了平野龙一、内藤谦、川端博等学者的批评,他们认为"人格"、"主体性"是难以把握的概念,在理解中常常是多义的、不明确的,以此给实行行为下定义会导致"行为"的概念难以把握。

综上所述,关于实行行为的几种学说都存在着缺陷,比较之下,因果行为论中的有意行为说较为合理。该说从行为的外部和内部出发,认为实行行为是有体性(身体的运动、结果)和有意性(基于意思)的统一,将意思、身体的运动和结果结合为一体,较为全面地认识到实行行为的本质。针对有学者提出的"有意行为说无法解释不作为"的问题,实际上,是这些学者的误解。不作为在具有作为义务而不作为的情况下,能够引起危害结果,而这种危害结果就是在其主观意思下招致的外界发生的变动,因此,有意行为说可以很好地解释不作为的实行行为。所以在我们看来,有意行为说更为可取,下文也采取有意行为说的观点。

(二)实行行为的概念

什么是实行行为,根据采纳的学说不同,对实行行为的定义有所争议。例

---

① 林山田:《刑法通论》,台湾大学法学院图书部2007年版,第79页。
② 〔意〕杜·帕多瓦尼:《意大利刑法学原理》,陈忠林译,法律出版社1998年版,第106页。
③ 〔日〕团藤重光:《刑法纲要总论》,日本创文社1990年版,第104页。

如,根据有意行为说,吉川经夫认为:"这里所谓行为,指基于人的意思或意思支配可能性的身体的动作或者态度。"①主张目的行为论的木村龟二写道:"目的行为论的意义上的行为概念是妥当的。在这个意义上,所谓行为应解释为实现被预见了的结果的有意识、有目的的动作。"②从社会行为论的观点出发,西原春夫认为,"所谓行为,根据本书的立场,指人的外部的态度,如在内容上详述之,指由意思支配可能的具有某种社会的意义的运动或静止。"③

如前所述,我们认为有意行为说较为可取。所以,综合以上学者的观点,我们认为,实行行为是指基于人的意思或意思支配可能性下的身体动静。刑法上的实行行为必须具备以下两个特征:一是意思支配的可能性。行为的主体只是人,但并非人的一切行为都可以成为刑法中的实行行为,刑法只对那些受意思支配的行为进行评价。这是因为,实行行为与自然现象、无意思支配的行为有着本质的区别,即后者受自然科学的因果法则的支配,而前者可能支配因果法则。应当注意的是,人的实行行为可能支配因果法则,并不是说人可以任意的改变自然科学中因果法则,而是说人具有支配因果法则的选择可能性,而这种选择就是意思支配。不受意思支配的行为即反射行为,如自然现象一样,不能成为刑法中的实行行为。例如,睡眠中的动作、绝对强制下的行为、羊痫风发作下的行为,都不是意思支配下的身体动静,不可能成为刑法评价的对象。二是外部的态度。刑法上的实行行为必须具有有体性,是表现于外的人的外部态度。单纯思想、意思的流露或人格的表现都不可能构成犯罪,是因思想、意思和人格不具有外在的表现形式。法律规范与道德规范不同,法律只调整人的外部行动,内心的态度本身则不是其关心的对象,正如古时流传下来的法谚所言"思想免税"。因此,作为刑法犯罪构成要件要素的实行行为必须是人的外在表现。

实行行为是重要的构成要件要素,只要其符合构成要件要素,就可以推定违法性和有责性。然而,应当注意到,实行行为还必须具有质的规定。实行行为不仅要在形式上满足构成要件要素,还必须具有侵害法益的现实危险,即在实施该行为时,能够引起该构成要件所预定的法益侵害结果的现实危险。也就是说,实行行为应当在形式上和实质上都符合特定构成要件,即不仅要在形式上满足构成要素,还要具有侵害法益的现实危险的实质。例如,行为人认为用针刺白纸扎成的"仇人",可以致仇人于死地,该行为在形式上符合杀人罪的构成要件,但实质上不能造成任何法益侵害的危险,故不能成为刑法意义上的实行行为。④

实行行为通常以积极的、直接的行为方式作为表现形式,而消极的身体动

---

① 〔日〕吉川经夫:《三订刑法总论(补订版)》,日本法律文化社1996年版,第82页。
② 〔日〕木村龟二:《刑法总论(增补版)》,日本有斐阁,1984年版,第167页。
③ 〔日〕西原春夫:《刑法总论(改订版)(上卷)》,日本成文堂,1995年版,第89页。
④ 赵秉志:《外国刑法原理(大陆法系)》,中国人民大学出版社2000年版,第98页。

作、利用他人作为工具所实施的犯罪行为,其性质应如何理解在刑法理论上存在争议。为此,下面主要对不作为犯和间接正犯这两种特殊的实行行为进行考察。

二、不作为犯的实行行为

(一) 不作为犯的概念和分类

根据行为实行方式的不同,可以将实行行为分为作为和不作为两种。作为的实行行为,就是积极的实施刑法所禁止的行为,以作为方式实施的犯罪叫做作为犯。刑法规定的绝大多数不法构成要件所成立的犯罪,均属于作为犯。与此相反,不作为则是指有作为的义务而消极地不实施应当实施的行为,以不作为方式实施的犯罪就是不作为犯。大陆法系中,有的国家对不作为犯作出了明确的规定,例如,《德国刑法典》第13条规定:"依法有义务防止犯罪结果发生而不防止其发生,且其不作为与因作为而实现犯罪构成要件相当的,依本法处罚。"《韩国刑法典》第18条也规定了不作为犯,"负有防止危险发生的义务或者因自己的行为引起危险,而未防止危险之结果发生的,依危险所致的结果处罚"。

作为和不作为的区别在于其是否实施了作为行为,从语义上看,该区别较易把握,但实践中往往出现更为复杂的情况,使得"作为"与"不作为"较难区别。例如,有人向落水者递去一块木板,在快要到达落水者手中时,行为人用木棍将木板移开,致使落水者溺死,该行为人将木板移开的行为是作为还是不作为?又如,行为人救助落水者并将其搂住,但是发现被救助者不是什么美人,于是将手松开返回的场合,该松手的行为是作为还是不作为?从其行为是否具有"作为义务"上看,两个案例中的行为人均没有救助的义务,其行为仅仅"没有救助"而已,故都属于不作为。但是,这两个案例具有本质的不同:第一个案例中,行为人移开木板的行为使被害人的处境更加恶化,而第二个案例中行为人的行为并没有使被害人的处境进一步恶化,故前者是作为,后者是不作为。因此,在判断作为和不作为时,除考虑行为的"作为义务"时,还应当考虑侵害法益的状况,使法益更加恶化的行为就是作为,而没有使法益恶化的行为就是不作为。①

在大陆刑法理论上,不作为犯又可区分为真正的不作为犯(纯正的不作为犯)和不真正的不作为犯(不纯正的不作为犯)。如日本学者木村龟二在其《刑法学词典》中这样定义:"真正不作为犯是指违反了应该做什么的法律规范却没有做什么,从而把这种状态制定为构成要件,真正不作为犯就是违反这种构成要件的犯罪。所谓不真正不作为犯是指以不作为为手段来实现作为犯内容的犯罪。"②由此可见,真正的不作为犯,是指以不作为的行为方式实现本以不作为的

---

① 黎宏:《日本刑法精义》,中国检察出版社2004年版,第82—83页。
② 〔日〕木村龟二:《刑法学词典》,顾肖荣、郑树周译,上海翻译出版公司1991年版,第139页。

行为方式而规定的不法构成要件的犯罪,即只能以不作为方式才能实现构成要件的犯罪。而不真正的不作为犯,是指以不作为的行为方式实现本以作为的行为方式而规定的不法构成要件的犯罪,该犯罪以作为和不作为的方式均能实现。德国耶塞克在其《德国刑法总论》中也对不作为犯作出了这样的分类。大陆法系国家除法国以外,大多沿用真正不作为犯和不真正不作为犯的分类方法,虽然在名称、出发点上有所不同,但在实质上没有根本的区别。

(二) 不作为犯的理论

1. 不作为的实行行为性

从物理的、自然的角度来看,不作为是"不为某行为",其表现为消极的不作为,由于其没有积极的作为行为,因此,有学者提出了不作为不是实行行为的观点。持这种观点的有德国学者考夫曼、威尔兹尔,日本学者福田平、平场安治等。他们认为,不作为没有积极的行为表现,与危害结果间并无因果关系,由于行为本身又无目的性,因此,不作为缺乏行为的要素,不是刑法中的实行行为。与此相对应,大部分学者认为,不作为具有实行行为性,持该观点的有德国的麦兹格、日本的木村龟二、大塚仁,大谷实等。他们认为,不作为是一种有目的、有意识和具有社会价值的行为,其并非无所作为,而是有意不为应为之的行为。

实行行为是人的意思能够支配具有社会意思的身体外部态度(动或静),因此,作为和不作为只是表现形式不同而已,即一个表现为积极的动,一个表现为消极的静,在本质上二者都是人的意志支配的结果。不作为的行为,其关键之处不在于身体的动静这一事实,而在于消极不作为的事实导致了危害结果或者危险状态,这一点上其与作为行为是相同的。因此,不作为之所以是符合构成要件的实行行为,是因为它在法律上与作为具有相同价值,即作为与不作为在构成要件上是等置(Gleichstellung von positiven Tun und Unterlassen)的,这就是关于不作为实行行为性的等置理论。该理论逐渐为人们所接受,并反映在《德国刑法典》中。① 1975 年《联邦德国刑法典》第 13 条规定:"懈怠了避免性刑罚法规构成要件的结果的人,只有在该人对结果的不发生负有法律上的义务,而且其不作为相当于由作为对法律构成要件的实现时,才能根据本法律进行处罚。"该法条不仅明确了不作为的实行行为性,同时对不作为处罚的情况进行了限定,即只有不作为结果相当于由作为导致的现实危险性时,才能予以刑事处罚。

2. 不作为犯的处罚和罪刑法定主义

如上所述,不作为犯有真正的不作为犯和不真正的不作为犯之分。真正的不作为犯有刑法条文的明确规定,所以对其处罚的法理没有疑问。但是,对不真正的不作为犯,由于其在刑法上没有直接规定,法律仅规定了作为的构成要件,

---

① 赵秉志:《外国刑法原理(大陆法系)》,中国人民大学出版社 2000 年版,第 99 页。

而对与之相当的不作为进行处罚是否有违罪行法定主义,不免存在争议。

从形式上来看,对不真正不作为犯依据作为的法律规范进行处罚,有适用类推解释之嫌,难免会有不作为犯有违罪刑法定主义的疑问。但是,从社会观念上看,刑法能够对母亲不哺乳而致婴儿死亡的行为置之不理吗?刑法对这种不作为犯的处罚也是有理可依的。以作为形式所规定的构成要件仅仅是以作为为标准所做的规定,不管是禁止规范还是命令规范,都是以保护法益为目的的,因此,在侵害法益或者发生构成要件结果的现实危险性上看,作为与不作为的行为是一样的,既然如此,应当说无论哪种情况都包括在同一构成要件之中,因此,认为不作为犯的处罚与罪刑法定主义相矛盾的观点是没有道理的。[1] 另外,有些国家在刑法总论中规定了处罚不真正不作为犯的一般规定,例如德国和日本,这在形式上消除了违反罪刑法定原则的疑问。

应当注意到,不真正不作为犯的场合,并非处罚所有的不作为行为,即不真正不作为犯的成立范围不能无限的扩大。成立不真正不作为犯,应当归结于该不作为与以特定作为的构成要件之间是否具有同等价值(等置性)。也就是说,只有那些从价值上看能够与作为同样程度看待的不作为行为,才能予以处罚。

(三) 不作为犯的成立条件

不作为犯的成立需要哪些要件?各国学者的观点也各不相同。现在成为通说的是日本学者大谷实的观点,他认为不作为犯的成立条件有两点:一是有法律上的作为义务;二是违反作为义务。[2]

1. 有法律上的作为义务

作为义务是要求主体负有为一定行为并防止一定结果发生的责任,它是构成不作为犯的前提条件。作为义务是否是不作为犯的成立条件之一,这一问题也尚存争议。关于作为义务在犯罪论体系中的地位问题,主要有以下几种学说:(1) 因果关系说。认为不作为与结果之间本不存在因果关系,是由于作为义务的存在使不作为犯具有防止结果发生的义务,从而使得不作为与结果之间成立刑法上的因果关系。(2) 违法性说。日本牧野英一认为,"不作为中的义务违反应作为违法性的要件",义务违反的问题应从其因果关系在法律上是否不法的价值判断上考察,才是适当的。即违法性判断是法律评价的问题。(3) 构成要件该当性。该说认为,作为义务是构成不作为犯罪的要件,属于构成要件该当性研究的范围。该观点以德国学者那古拉的"保证人说"为理论依据。他认为,不作为犯中,法律对其规定了一定的义务,而负有防止结果发生的特别义务的人就是"保证人",只有保证人(作为义务者)的不作为才是符合构成要件的,只有

---

[1] 张明楷:《外国刑法纲要》,清华大学出版社2005年版,第94—95页。
[2] 〔日〕大谷实:《刑法讲义总论》,黎宏译,中国人民大学出版社2008年版。

这样,不作为与作为在实现构成要件的事实上才具有同等价值。因此,作为义务属于构成要件该当性的问题,而非违法性的问题。该说已成为德国刑法学的通说,在日本也得到多数人的赞同。① 因此,作为义务是不作为犯的构成要件要素之一,是不作为犯成立的前提条件。

日本学者大谷实认为,法律上作为义务的产生也应当具有以下条件:(1) 具有发生结果的现实危险。处罚不作为犯的根据在于其与作为犯在构成要件上具有同等价值,即违反作为义务的不作为和作为具有同等程度的引起结果发生的可能性,因此,只有在不实施一定行为即会发生危害结果的迫切危险时,才能认定该"防止结果发生的作为"是作为义务。(2) 防止结果的可能性。不作为犯处罚的是不为一定义务的行为,那么,被期待的行为是具有防止结果的可能性的,即行为人处于能够支配因果关系的立场。因此,认定不作为犯,就必须具备这样的要件,即所期待的行为几乎确定可以防止结果的发生。(3) 存在社会生活上的依存关系。具有社会生活上的依存关系而规定某种法律义务,主要有法令、合同、事务管理及条理、习惯等情况。(4) 能够实施防止结果发生的作为行为。作为的可能性是作为构成要件要素的作为义务的基础,如果没有这种作为可能的话,则无法期待行为人实施防止结果发生的作为行为,因此,即便能认可社会生活上的依存关系,也没有作为义务。

至于作为义务的根据,主要认为有以下几种:依照法律规定的义务,依照法律行为(合同、无因管理)的义务,诚实信用上的告知义务,习惯上的保护义务,管理者或监护者的义务,先行行为所产生的义务,职务或业务上承担的义务,紧急救助的义务,等等。

2. 违反作为义务

尽管有作为义务,但只有行为人没有实施作为义务,才存在不作为的实行行为。在作为义务发生中违反作为义务的,应当分两种情况考察:第一,发生结果的危险迫在眉睫,行为人实施作为就能防止结果发生的情况下,在此时刻就已经发生了作为义务,行为人在危险迫在眉睫时违反作为义务的构成不作为犯。第二,行为人的不作为会增大结果发生可能性的情况下,如母亲意图不给婴儿喂奶杀死婴儿,作为义务的产生应当是危及婴儿生命危险的时候。也就是说,不作为犯实行的着手时期,是违反作为义务导致发生结果的危险迫在眉睫的时候。② 然而,也有学者对此持反对的观点,如西原春夫认为,母亲意图不给婴儿喂奶而杀死婴儿案例中,作为义务在母亲必须喂奶之时就已产生。

---

① 张明楷:《外国刑法纲要》,清华大学出版社2005年版,第95—96页。
② 〔日〕大谷实:《刑法讲义总论》,黎宏译,中国人民大学出版社2008年版,第139页。

三、间接正犯

（一）间接正犯的概述

在犯罪中，实施符合构成要件的行为即实行行为的，就是正犯。其中，亲自动手实施实行行为的是直接正犯；与此相对应，利用他人作为工具实施犯罪的，就是间接正犯。在大陆刑法学界，间接正犯的概念存在着争议。日本学者佐伯千仞等认为，间接正犯的概念没有存在的必要，只要将正犯概念扩张（即认为对于实现犯罪结果赋予了某种条件的行为都是正犯），间接正犯的问题就可以在共同犯罪中作为正犯解决。牧野英一等人则基于共犯独立性，认为利用他人的场合都包含在共犯之中，间接正犯作为教唆犯处理就可以了，完全不需要该独立的概念。还有学者认为，间接正犯会违反罪刑法定原则，应当将其包括在共犯概念当中。① 但关于间接正犯的否定说并没有被多数人接受，相反，间接正犯的概念得到了立法的认可。间接正犯的立法例始于德国1919年刑法典草案，该草案第26条规定了间接正犯的含义，并规定应依正犯处罚。1976年联邦《德国刑法典》第25条第1项规定："自任犯罪行为之实行，或假手他人以实行之者，依正犯处罚之。"1974年日本《刑法修改草案》第26条规定："亲自实行犯罪的，是正犯；利用不是正犯的他人实施犯罪的，也作为正犯。"可见，无论在刑法理论界还是刑法立法上，间接正犯的概念都得到了承认。

在间接正犯的实行行为性方面，最初是用工具理论来说明的。主张该说的德国学者迈耶认为，被利用人就像枪支等一样，只是利用人的工具而已，因此，既然被利用人的行为是实行行为，那么利用他人的行为就可以看做是实行行为。但是，被利用人也具有自己的意思，也具有按照自己的意思进行活动的一面，将其完全看成工具并不妥当，因此德国的威尔兹尔提出了行为支配说。该说认为，间接正犯是利用人支配被利用人的行为，因此利用者的行为具有支配性。但是，"支配"如何理解也很难界定，容易造成意思不明。此外，还有人提出了优越性理论，即利用人一方优越于被利用人，因而利用者实施的是实行行为。②

（二）间接正犯的要件

成立间接正犯，应当具备以下两个要件：首先，在主观上，除了故意之外，行为人还必须具有间接正犯的意思，即必须具有将他人像工具一样利用并受自己意志支配，以实现犯罪的意思。其次，在客观上，行为人必须实施了利用他人的行为，即将被利用人像工具一样，单方面对其行为进行支配、利用，以产生实现构成要件的现实危险。

---

① 赵秉志：《外国刑法原理（大陆法系）》，中国人民大学出版社2000年版，第102页。
② 张明楷：《外国刑法纲要》，清华大学出版社2005年版，第101—102页。

在认定间接正犯的客观要件时应当注意,应该将利用人和被利用人的行为统一,视为利用人实行行为的一体进行评价,而不得将二者分开,分别进行刑法评价。这是因为,间接正犯中,被利用人的行为受利用人(行为人)意思的支配,被利用人的行为只是其工具而已,因此,利用人应当对其自己和被利用人的行为负责,被利用人的行为就是行为人的实行行为。

(三) 间接正犯的成立范围

1. 利用无责任能力者

利用无责任能力人而到达实施犯罪目的,是间接正犯最典型最基本的形态。在刑法理论中,具有责任能力是犯罪成立的条件之一,无刑事责任能力的人不构成犯罪,因此,利用无责任能力者的行为成立间接正犯。例如,教唆10岁的孩子实施盗窃行为、教唆精神病人实施故意伤害的行为等,实施教唆行为的人都是间接正犯。然而,该问题也存有争议。利用已经达到与成年人相同辨别是非能力的未满刑事责任年龄的未成年人,能否成立间接正犯?对此,日本学者团藤重光持否定的观点,他认为,"即使是无责任能力者,已有是非辨别能力的,使之实行犯罪的,是教唆犯。"[①]但也有人提出了反对意见,"所谓精神的道德的成熟是非常含糊的概念,不仅实务上进行判断极为困难,而且也违背刑法把责任能力现定于14岁以上的旨趣。"[②]

2. 利用缺乏构成要件的故意

即利用不知情者的间接正犯。如医生让不知情的护士向患者注射毒药的场合,就构成杀人罪的间接正犯。在被利用人即护士完全没有过失的场合,可以看做受利用人支配的情形,利用人即医生的行为成立间接正犯。但在被利用人有过失的情况,是否构成间接正犯,则存在着较大争议,其分歧的关键在于是否承认过失共同犯罪。肯定过失共同犯罪的学者认为,被利用人存在过失时,利用人与被利用人是共犯关系,而不成立间接正犯;否定过失共同犯罪的学者反驳到,如果这种情况成立共犯,那么被利用人是负有过失的正犯,而利用人是负有故意的共犯,让有故意的共犯从属于只有过失的正犯,只负过失犯的刑事责任显然是不合理的。

3. 利用有故意的工具

所谓有故意的工具,指被利用人有责任能力并故意实施行为,但缺乏目的犯中的必要目的(无目的又故意的工具),或者缺乏身份犯中所要求的身份(无身份有故意的工具)的情况。前种情况"无目的的有故意行为",即以一定目的为犯罪构成要件的犯罪,利用者有该种目的而利用无该种目的的人实施犯罪;后种

---

① 〔日〕团藤重光:《刑法纲要总论》,日本创文社1990年版,第140页。
② 〔日〕西原春夫:《刑法总论(改订版)(下卷)》。成文堂1995年版,第365页。

"无身份有故意的工具",即以一定身份为犯罪构成要件的犯罪,利用者有该种身份而利用无该种身份的人实施犯罪。这两种情况是否构成间接正犯,虽有争议,但德、日多数学者都持肯定的观点。这是因为,当目的和身份是构成要件的要素时,缺乏该构成要件要素的行为就是不符合构成要件的行为,从而,利用有故意的工具,既不能成为教唆犯,也不能成为共同犯罪,故只能是间接正犯。

4. 利用适法行为

即利用法律规范所不禁止的行为或者利用存在阻却违法事由而实施犯罪的,也是间接正犯。前一种情况被利用的行为为法律所不禁止,他人的适法行为成为被利用人的工具,故构成间接正犯。后一种情况具体包括利用被利用人的正当业务行为、正当防卫、紧急避险等违法阻却事由,利用这些行为的也构成间接正犯。日本曾有这样的判例:行为人为孕妇实施堕胎手术,结果产生生命危险,于是要求医生取出胎儿,这种利用医生的紧急避险进行堕胎的行为,就构成堕胎罪的间接正犯。不过,也有人对此持反对观点(平夜龙一)。

5. 利用非基于意思支配可能的身体动静

"基于意思支配可能的身体动静"包括反射运动、睡眠中的行动或绝对强制下的身体动静等,其共同之处在于都不是基于利用人意思支配可能而发生的。这种情况是否构成间接正犯,有学者持否定的观点,其认为,利用非基于意思支配可能的身体动静与使用工具的直接正犯没有区别,因此没必要叫做间接正犯。肯定说则认为,利用他人身体动静所实施的犯罪都是间接正犯,因此,该情况也构成。《意大利刑法典》第86条对该情况作出了明确规定:"使他人陷入无辨别即无意思能力之状态,而利用其为犯罪行为者,应负该项犯罪行为之刑责。"[①]

第三节 结果与危险

一、结果的概念

现实的刑事司法程序,通常都是从发现客观结果开始的。如在杀人罪中,就是从他人死亡(或他人有死亡危险)这一结果开始进行刑事调查的。在确定有死亡(或死亡危险)的结果之后,才开始进入针对犯罪事实的调查程序。因此,犯罪结果在犯罪成立中居于重要的地位,是构成要件的要素。

但是,对于什么是结果,结果在犯罪构成要素中的地位,各国学者的观点各有不同。犯罪论中的结果具有多种意义,与行为、行为对象和法益相对应,分别有以下三层含义:第一,结果和行为论中的"行为"相对应,是指外部行为所引起

[①] 参见赵秉志:《外国刑法原理(大陆法系)》,中国人民大学出版社2000年版,第102—103页。

的具有社会意义的外界变动。第二,结果是指行为对刑罚法规中作为侵害对象所预定的某种东西的有形作用。第三,结果是指对刑法所保护的某种利益即法益所造成的侵害(实害或者危险)。① 其中,第一种意义上的结果完全从客观事实上来考察,认为结果是行为导致的社会外界的变动,此种意义上的结果对所有犯罪来说都是不可缺少的,其不具备法律含义,不是犯罪构成要件范围之内的结果。因此,只有第二、三种意义上的结果才具有在犯罪论中讨论的意义。第二种概念将结果定义为对行为对象的有形作为,而大陆法系的通说认为并不是任何犯罪都具有行为对象,因此,与行为对象相对应的结果不是成立一切犯罪所必需的构成要件要素。与此相反,历来的学说认为,任何犯罪都侵犯了法律所保护的利益(法益),不存在不侵犯保护法益的犯罪,因此,第三种意义上的结果,即对法益侵害的结果,是任何犯罪成立都必备的构成要素。相比之下,基于法益侵害说的结果,更能体现结果在犯罪构成要件中的作用和地位,对犯罪构成符合性的判断具有更为重要的意义,故成为德日刑法理论界的通说。正如日本学者平野龙一所说:"这个结果,实质上说,是法益的侵害或法益侵害的危险。"②

根据法益侵害原则,刑法上犯罪的实质是行为侵害了法律所保护的利益(即法益),因此,在犯罪构成要件中,结果当然是必不可少的。在既遂犯中,行为侵害了法益,这一点毫无疑问;而在未遂犯和预备犯的场合,表面看起来似乎对其刑事处罚不要求发生危害结果(例如未遂杀人罪并没有发生"他人死亡"的结果),但应当认识到,作为构成要素的结果不仅包括侵害法益的现实结果(实害结果),还包括侵害法益的危险结果,因此,对未遂犯和预备犯的处罚是基于其具有发生实害结果的危险的"结果"。同样,在举动犯中,其犯罪的成立是以侵害法益的危险这一结果为构成要件要素的。

二、结果和犯罪的分类

根据结果在犯罪中的情况,可将犯罪进行不同的分类:

(一) 结果犯和举动犯

根据成立犯罪或成立犯罪既遂的要件是否要求行为必须造成一定"结果"为标准,犯罪可以分为结果犯和举动犯。所谓结果犯,是指以外界一定的变动及结果作为构成要件要素的犯罪。例如,作为结果犯的杀人罪,要求该行为以造成他人死亡的结果为犯罪既遂的要件。作为结果犯的一种,有结果加重犯。所谓结果加重犯,是指在实现基本的构成要件之际,将其行为产生的超过该故意犯或过失犯的较重的结果规定为构成要件,对发生的该重结果(加重的结果)规定更

---

① 黎宏:《日本刑法精义》,中国检察出版社2004年版,第75—76页。
② 〔日〕平野龙一:《刑法总论Ⅰ》,日本有斐阁1989年版,第118页。

重刑罚的犯罪。例如,伤害致死罪是其典型。与结果犯相对应的举动犯,又称单纯行为犯,指只要有构成要件的行为人的外部的行为就够了,不以结果的发生为必要的犯罪。① 例如,侵入住宅罪和伪证罪,只要有"侵入"、"伪证"这样的行为就够了,而不需要某种结果的发生为其犯罪成立或犯罪既遂的要件。

对结果犯和行为犯的区分,遭到了李斯特的反对,他认为:"任何一种犯罪均以某种结果为前提。在刑事不法中区分'结果犯'和纯粹的不以结果为前提的'行为犯'是不正确的。"②他的观点在当时得到了许多学者的赞同,但现在,特别在日本,主张这种区分的意见仍然居于通说的地位。

(二) 实质犯和形式犯

根据犯罪是否要求对法益造成侵害(实害或者危险)为要件,可以将犯罪分为实质犯和形式犯。

所谓实质犯,指以侵害法益或者发生侵害危险为构成要件要素的犯罪。大部分犯罪都是实质犯。实质犯又根据构成要件的行为实际侵害了法益,还是发生侵害法益的危险,分为实害犯和危险犯。所谓实害犯,就是以对法益造成现实侵害即实害为要件的犯罪;所谓危险犯,就是只要具有侵害法益的危险就成立的犯罪。在刑法中,杀人罪、伤害罪中要求对人的生命、身体造成实际的损害(即死亡、伤害)为要件,故这两个罪就是实害犯;与之不同,遗弃罪只要具有造成他人伤害的危险即可成立,因此,遗弃罪是危险犯。从必须发生危险才能成立犯罪的意义上讲,一切未遂犯都是危险犯,这是因为,未遂犯以发生一定结果的危险为成立的要件。另外,根据构成要件所要求的危险程度的不同,危险犯还可以分为具体的危险犯和抽象的危险犯。前者是指以发生侵害法益的具体危险为构成要件要素的犯罪,如《日本刑法典》第109条第2款规定的对无人居住建筑物放火罪,其成立以"发生公共危险"为条件。所谓抽象的危险犯,是在社会一般观念上认为具有侵害法益危险的行为类型化之后所规定的犯罪。如《日本刑法典》第108条规定的对有人居住建筑物放火罪就是这种情况。

形式犯,是指只是形式上违反法规的命令而成立,不以发生侵害法益的抽象危险为构成要件要素的犯罪。形式犯在刑法中较少见到,主要存在于行政刑法中,例如,日本《道路交通法》上的违反限速罪,即只要在形式上实施了违反限制速度规定的行为就成立该罪,而不要求对交通秩序实际造成障碍或者对人身、财产造成危险。③

(三) 即成犯、继续犯和状态犯

结果不仅与犯罪的成立有密切的联系,而且与犯罪的终了也有关。根据构

---

① 马克昌:《比较刑法原理》,武汉大学出版社2006年版,第181页。
② 〔日〕李斯特:《德国刑法教科书》,徐久生译,法律出版社2000年版,第180页。
③ 黎宏:《日本刑法精义》,中国检察出版社2004年版,第77页。

成要件结果的发生与犯罪终了的关系,可以将犯罪分为即成犯、继续犯和状态犯。

所谓即成犯,就是犯罪与法益的侵害同时结束的犯罪,即构成要件的行为不包括时间继续性的要素,因而侵害法益或者有侵害危险的行为一旦发生,犯罪即告完成,侵害法益的状态也同时终了。杀人罪就是典型的即成犯,一旦发生杀害他人的结果,由于不可能再杀害第二次,其实施的犯罪也便终了。继续犯即构成要件在侵害法益上需要一定时间的继续,从而需要侵害行为招致的状态在一定时间上继续才能完成的犯罪,只要这种侵害法益的状态继续存在,且未达到终了。因此,就继续犯而言,如果其侵害法益的状态还在继续,就可以成立共同犯罪,也可以进行正当防卫。继续犯最为典型的就是监禁罪,将他人拘禁在某场所,只要犯罪的状态还在继续,即不释放该人,构成要件该当行为便没有终了。所谓状态犯,是指由于构成要件的行为侵害了一定的法益,并由此完成犯罪,但其后法益侵害的状态仍然持续。例如,盗窃罪、侵占罪就是如此。在这种场合下,犯罪终了后的侵害状态被其以前的犯罪行为所完全评价,而不再做单独评价和处罚。如将盗窃、侵占来的物品毁坏,也不另定毁坏器物罪。

三、危险

(一)危险的概述

危险,或者说法益侵害的危险,是指侵害的可能性或盖然性(较大可能性)。从侵害的可能性到侵害的盖然性,有一个程度的差别,到达何种危害程度时应当受处罚,是一个十分有意义的问题。

关于危险概念违法性的本质,即危险的性质,到底是行为的属性还是行为的结果,由于行为无价值论与结果无价值论的对立,该问题在刑法理论上一直存在着争议。行为无价值论认为,危险是行为的属性即危险性,因此,判断危险应当以行为时为标准。[①] 也就是说,判断危险的程度应当根据行为当时所存在的所有客观事实,及行为人当时的主观方面。同时,他们还认为危险应当做"判断"来理解,即以特定的行为及事实等作为对象来判断行为对法益造成侵害的可能性,从而认定"危险的"行为或者"危险的"事态。与此相对,结果无价值论认为,危险应当是外在于行为的结果的属性,即结果所造成的危险,因而对行为危险的判断应当以行为终了为标准,包括行为后查清事实在内的所有客观事实都应成为判断的根据。同时,他们将危险理解为客观存在的一种"状态"。危险是建立在可能性之上的,因此,不能仅仅考虑到危险的有无,而应当考虑到从单纯可能性到高度盖然性的各种不同程度的危险状态。因此,作为对犯罪事实出发的根

---

① 赵秉志:《外国刑法原理(大陆法系)》,中国人民大学出版社 2000 年版,第 107—108 页。

据,要求危险的盖然性到达何种程度,是需要解决的主要问题。

(二)危险和危险犯

如上所述,危险犯是指以侵害法益的危险为要件的犯罪。危险犯又可以分为具体的危险犯和抽象的危险犯。前者是指具有法益侵害的具体危险,即现实的危险为要件的犯罪;后者是只需抽象的危险,即只存在一般的法益侵害危险就成立的犯罪。有学者提出(迈耶、泷川幸辰、木村龟二等),认定具体的危险犯的需要对具体的法益侵害的危险进行判断;但是,对于抽象的危险犯,不需要证明危险的存在,或者说不需要判断是否发生了危险;这种危险的存在是被推定的,即只要行为人实施了一定的行为,当然就对法益构成了威胁。但按照这样的理解,在具体案件中,即使没有发生法益侵害的危险,只要实施了法律规定的行为,就必须承认抽象危险犯的成立。这会导致此种情况下,危险是假设的,而事实上并不具有发生侵害法益危险的行为也会受到处罚,这显然与"犯罪是侵害法益的行为"这一命题相矛盾。因此,又有学者提出,抽象危险犯也是以具体危险的发生为必要条件的,而且应当以行为当时的具体状况为前提来判断法益侵害危险性的有无及程度。依照这种观点,具体的危险犯和抽象的危险犯都以具体的危险作为其犯罪成立的必要条件,二者区别仅在于危险程度的差异。即抽象危险犯是以具体危险达到一定程度为犯罪成立的必要条件,而具体危险犯以具体的危险已达到相当高的程度为犯罪成立的必要条件。

从危险发生的种类来看,危险犯中最重要的就是公共危险犯,即以公共的平稳、安全为保护法益的危险犯。对危险本身的含义,学术界没有太多争议,但对于什么是"公共的危险",则有不同的见解:第一种观点认为,危及不特定的生命、身体、财产的危险就是公共的危险;第二种观点认为,不管是否特定,只要是对多数人的生命、身体、财产的造成危险就是公共的危险;第三种观点认为,公共的危险是指对不特定而且多数人的生命、身体、财产造成的危险;第四种观点,对不特定或者多数人的生命、身体、财产造成的危险就是公共的危险。在《日本刑法典》中,第四种观点是现在的通说。因为公共危险犯,是将生命、身体、财产等个人法益抽象为社会法益进行保护的,故最应重视的是其社会性,即重视量的"多数";即使是"少数",要是不特定的对象,也有向多数发展的盖然性,会使社会一般成员感到危险,因此,对公共安全的对象应当是不特定或者多数人的生命、身体、财产。[①] 同时,通说还认为,只要行为已导致了不特定或者多数人的紧迫感,即可认定公共危险成立。是否具有公共危险,不要求必须是客观的、物理的东西,只要通常人能够感觉到由于该行为将对不特定或者多数人的生命、健康和财产造成侵害时,就可以认定公共危险已经发生。也就是说,认定公共的危

---

① 张明楷:《外国刑法纲要》,清华大学出版社2005年版,第116—117页。

险,不仅要考虑客观的、物理的危险性,还应重视通常人的心理因素,即考虑捕捉一般人的不安感(紧迫感)。该观点也遭到了结果无价值论者的反对,他们认为,对公共危险的判断既要以行为当时的情况来考虑,还要以行为后所发生的全部事实为根据来认定危险是否已发生和怎样发生的问题,即采取事后判断的原则。①

第四节　因果关系

一、刑法中的因果关系概述

因果关系的概念并非刑法学上所固有的概念,它由哲学领域的因果关系引入进来。所谓因果关系,意味着如无一定的先行事实就无一定的后行事实的关系。这是一般意义上的因果关系,被叫做论理的因果关系。然而,将因果关系引入刑法领域,是为了了解某种具体行为与结果之间的关系。该关系不是简单的物理存在,而是具有丰富的法律意义和社会意义。因此,所谓刑法上的因果关系,是指实行行为和作为构成要件的结果之间存在着的一定原因和结果的关系。

因果关系理论不是当代产生的,而是近代历史发展的产物。19世纪中叶,因果关系的问题只不过在个别场合被提出,特别是杀人、伤害的场合才具体加以考察。至19世纪后半期,西方刑法学者才把因果关系问题放在刑法总论中探讨。近代因果关系理论的建立以德国刑法学者布黎(V. Buri)为先导,他认为成为发生结果之条件的一切行为,都是法律上的原因。1871年巴尔(V. Bar)在其《法、特别是刑法中的因果关系理论》中提出了原因说,主张依行为是否背离生活上的常规而决定其有无因果关系,行为不违反生活之常规的,只能叫做条件,反之,则为原因,从而又被称为离规条件说。此后,宾丁提出区别原因说,迈耶提出了最有力条件说。1888年,克里斯(V. Kries)创立相当因果关系说,主张主观的相当因果关系。1900年卢迈琳提出了客观的相当因果关系说。1904年特莱格(Traeger)提倡折中的相当因果关系说。以后,折中的相当因果关系说为大陆法系多数学者所接受,成为刑法学中因果关系理论的通说。但仍有学者针对该问题不断提出新说,例如,德国麦兹格提出重要说,日本牧野英一提出危险关系说等,关于该问题的争议并未停止过。②

因果关系在犯罪论中居于什么样的地位,刑法理论界一直存在着争议:第一种观点认为,因果关系是不必要的理论,这一观点为德国学者迈耶、日本学者泷

---

① 赵秉志:《外国刑法原理(大陆法系)》,中国人民大学出版社2000年版,第109页。
② 马克昌:《比较刑法原理》,武汉大学出版社2006年版,第185—186页。

川幸辰所提倡。他们认为,之所以因果关系这种独特理论是不必要的,是因为只要能够确认行为与结果之间存在事实关系,解决行为人能够对什么样范围的结果负担责任的问题就够了。但是,作为结果犯的杀人罪以只有实行行为导致了"死亡"的结果时才能追究既遂罪的责任,结果犯的构成要件仅将一定类型的结果归于实行行为,所以,在判断结果犯的构成要件符合性时不能不考虑是否存在因果关系。第二种观点认为,因果关系应当放在构成要件行为论的中心地位上。该观点未认识到,因果关系是研究可以将什么范围的结果归于实行行为这一构成要件符合性的问题,故将因果关系作为行为问题探讨有失妥当性。第三种观点认为,因果关系的问题是讨论个别的、具体责任的前提、是类型化的构成要件符合性的问题,在判断结果犯的构成要件符合性时,必须解决因果关系的有无问题。因而因果关系属于构成要件符合性的一个要素,应放在构成要件中考虑。① 但在当代,刑法理论界较一致的看法是:因果关系论不能仅仅认为是抽象的、一般的行为论要素,它所要求的是在具体的、个别性的构成要件中,实行行为与构成要件的结果之间的关系,应该看做是规定构成要件符合性的要素。因此,第三种观点是现在的通说。

二、刑法中因果关系理论

(一) 条件说

条件说,又称原因说,主要主张存在没有前行为就没有后结果的条件关系,就能承认刑法上的因果关系的学说。该理论为德国学者布黎所提倡。该学说认为,在发生某一结果的场合,各种条件起作用时,在一般意义上讲,这些条件对于结果都具有同等价值,因此,它又被称为"同等说"或"等价说"。条件说以"没有A的话就没有B"的条件关系公式为前提,因此,其认为,刑法中的因果关系也必须具备"没有该行为的话就不会发生某种结果"的条件关系公式。② 可以看出,条件说最大的特色在于,它直接认为伦理的因果关系就是刑法的因果关系。

行为与结果之间,只要不存在条件关系,也就无适用因果关系的余地,在这一点上,条件说的主张是有一定道理的。然而,由于条件说自身的缺陷,该学说遭到了理论界多数学者的批判。日本学者大塚仁指出,主张仅存条件关系就认为具备刑法上因果关系的观点是不妥当的。例如,甲对乙实施伤害导致轻伤,乙为了治疗而去医院的途中由于遇到交通事故而死亡的场合,甲对乙故意伤害的行为与乙死亡的结果之间虽然明显地存在着条件关系,但显然不能认为甲与杀人之间有刑法上的关系。条件说容易无限制的扩大刑法上的因果关系的范围,

---

① 赵秉志:《外国刑法原理(大陆法系)》,中国人民大学出版社2000年版,第109—110页。
② 黎宏:《日本刑法精义》,中国检察出版社2004年版,第95页。

其将因果关系的范围扩展到这种从一般经验来看属于偶然情况的情形,这违反了因果关系的初衷。①

针对条件说的缺陷,有学者提出了因果关系中断说。即,在因果关系进行中,有被害人或第三者的行为(如责任能力人的故意行为)或自然力(如由于打雷而导致人的死亡、由于台风而导致房屋倒塌)介入时,因果关系就中断,该行为和结果之间就没有刑法上的因果关系。例如在上例中,甲对乙的伤害行为由于交通事故而中断,甲的行为和乙的死亡之间就没有刑法上的因果关系。但是,因果关系中断说仍然存在着缺陷。刑法中的因果关系本来就是存在与不存在的问题,一旦成立因果关系,在其发展过程中就不能被其他事件所中断。中断论不可能推导出刑法上的因果关系,所以,因果关系中断论在当前一般已被否定。

(二)原因说

原因说又称条件原因区别说,是为了避免条件说不适当地扩大刑事责任的范围而提出来的。此说按照引起结果发生的条件为标准区分为原因和结果,认为只有原因与结果之间才有因果关系。根据原因说,在结果之前的先行所有事实可以分为原因和条件,前者(即原因)对结果的发生有原因力,而后者则没有,故对结果有原因力的原因与后行结果之间成立因果的关系。

但是,关于原因和条件区分的标准,原因说内部也众说纷纭,又有以下不同观点:(1)最有利条件说(毕克迈耶),即对结果发生上比其他条件更有力的条件为原因;(2)优势条件说(宾丁),主张优于其他条件而率先使结果发生的条件是原因;(3)最终条件说,即对结果的发生给予最后影响的条件是原因;(4)离规条件说(巴尔),认为违反生活常规的条件是原因;(5)必要条件说,主张以惹起结果的最必要的条件为原因;(6)动力条件说,即对于结果的发生给予动力的条件为原因。除此之外,还有最先原因说和决定条件说等。② 对原因说,日本学者西田春夫曾有如下评论:"原因说在一定程度上限制了基于条件说的过于广泛的因果关系的范围,这一点可以看出来它的学说史的意义。然而,原因说是特别强烈受着19世纪后半叶支配欧洲思想界的自然科学的考察方法的影响的学说。对结果如何是优势、有力、最终的条件,从而判定是不是结果的原因之际,自然科学之力的强弱成为标准,这个情况是明显的。然而,如前所述,刑法上的因果关系不是物理意义的因果关系,而是根据社会的观点导致的,所以不应根据自然科学之力的强弱判定。原因说也可以说处于应由下面所说的相当因果关系说所克服的命运吧!原因说随着相当因果关系说的抬头,完全消失形影,以

---

① 张明楷:《外国刑法纲要》,清华大学出版社2005年版,第120页。
② 马克昌:《比较刑法原理》,武汉大学出版社2006年版,第190页。

后直到现在,不能发现其一个主张者而成为过去的理论。"①

(三) 客观归责说

客观归责说,又称客观归属说,是将因果关系问题和归属问题加以区别,对前者根据条件说进行判断,而对后者根据客观归责论加以判断。客观归责说认为,在同为条件关系的行为中,具有客观上归责可能的行为只有使得法律上禁止的危险发生,且使这种危险作为符合构成要件的结果得以实现。该学说在德国得到了大力提倡。它以条件说为基础,由于根据条件关系论不能明确有没有因果关系,所以试图将条件关系在一定范围内进行限定。该说又分为:(1) 危险增加说。主张只有在行为加大了发生结果的危险的场合才认可客观归责,行为人在即便遵守了注意义务但结果仍然确实发生了的场合,就不能认可归责的危险增加。(2) 规范的保护目的说。主张只有对该行为所违反的规范的保护目的范围内所具有的结果,才能进行客观归责的规范的保护目的理论。(3) 规范的保护范围说。主张只有侵害了期待行为人加以保护的领域(范围)内的法益,才能进行客观归责的规范的保护范围的理论等。

客观归责说是从客观归责的角度出发对因果关系进行的把握。对于该学说,也有学者提出了批评。危险增加说认为危险的创制或增加相当于实行行为的问题,而不应看做客观归责的问题;针对另两个观点,批判者认为,规范的保护目的或范围非常模糊,不明确的场合很多,作为形式的、类型的判断即构成要件符合性的判断基准来使用是不适当的。另外,从"结果当中所实施的危险是不是来自于行为"的观点出发,认定客观归属的立场也很有力,但是,这种立场是意图从结果出发确定实行行为的见解,并不妥当。

(四) 相当因果关系说

此说又称相当说、适当条件数、相当原因说、定型的因果关系说、一般观察说或一般化说,为德国学者克里斯所首创,继由卢迈琳、特莱格加以发展,在西方刑法学中产生较大的影响。相当因果关系说,以条件关系的存在为前提,认为在经验上由其行为发生该结果是通常的,即限于被认为是"相当"的场合,肯定刑法上的因果关系。在这个意义上,由于存在排除条件关系时的不相当(非盖然的)场合(偶尔的结果和至于结果的异常的因果经过),所以在刑法上限定重要的因果关系。②

在相当因果关系中,作为判断这种相当性有无的基础,应当考虑哪些情况,对此又分为:(1) 主观的相当因果关系说。以当时的行为人认识的情况为基础而对因果关系进行通常的经验判断。日本学者平井彦三郎、宫本英修。(2) 客

---

① 西原春夫:《刑法总论(改订版)(上卷)》,日本成文堂 1995 年版,第 89 页。
② 马克昌:《外国刑法原理》,武汉大学出版社 2006 年版,191 页。

观的相当因果关系说。据此,成为经验判断的基础是行为当时的所有的客观情况和行为后一般人能够认识的情况。日本学者大场茂马、小野清一郎、平野龙一、内藤谦、中山研一等采此说。(3) 折中的相当因果关系说。根据此说,成为经验判断的基础是行为当时一般人能够认识的情况和行为人特别认为了的情况。日本学者木村龟二、植松正、团藤重光、大塚仁、吉川经夫、大谷实等支持该观点。①

对于上述各种观点,各学者也提出了批评。主观说以行为人当时的认识情况为判断基础,过多考虑行为人的主观心理因素,与有责性中的故意、过失评价的内容有所重复,使因果关系和责任混同,适用此说时,因果关系的成立范围失之过窄。客观说以行为当时的客观情况和一般人的认识为基础判断,会使因果关系成立的范围很宽,几乎与条件说的范围相当,违反了相当因果关系说的旨趣。相比之下,折中说弥补了前两学说的缺点,被认为是妥当,现已成为日本刑法学界的通说。

三、不作为的因果关系

所谓不作为的因果关系,严格地说应该是不作为与结果之间的关系。日本学者山中敬一认为,作为犯与不作为犯的最大差异在于结果与行为之间的因果关系构造上的区别。关于不作为的因果关系,有人认为"无不能生有",不作为没有动作,是"无",因而否认不作为对结果的原因力。的确,从物理角度考察不作为的因果关系,不作为对结果没有给予任何积极的动因,其对结果的发生是没有作用的,在因果法则的世界里是"无"。例如,不救助落水儿童致该儿童死亡的不作为,并没有"惹起"儿童死亡的结果,"惹起"儿童死亡结果的是迫使儿童落水的人的行为或儿童自己失足落水的事实。可见,作为犯与不作为犯在存在论的立场的"因果关系"之构造的不同,不仅影响着行为的概念,还对不作为犯的理论构成产生影响等。

关于不作为犯的因果关系,学说史上有各种不同的学说,对其进行概括主要有以下几种②:

1. 不作为的因果关系否定说

如上所述,持否定说的人认为不作为是"无","无不能生有",不作为没有结果的原因力,故不作为与结果间没有因果关系。该学说对不作为的理解有误,认为不作为就是"无",实属片面,因此,该学说在现在已无人采用。

---

① 黎宏:《日本刑法精义》,中国检察出版社 2004 年版,第 101 页。
② 马克昌:《外国刑法原理》,武汉大学出版社 2006 年版,第 203—206 页。

2. 准因果关系说

该说认为,不作为本身在性质上是"无",是没有原因力的,然而,在有防止结果发生的义务时,违反此义务以致发生了结果,在法律上视为与作为一样有因果关系或准因果关系。此说也受到很多学者的批判,他们指出既然认为不作为与结果本无因果关系,而又基于法律视为与作为一样有因果关系,在理论上就显得自相矛盾。

3. 不作为的因果关系肯定说

该说又有以下几种观点:

(1) 作为原因说。此说认为不作为本身没有原因力,但因与作为相结合,而对于结果具有原因力。在论述方法上又有他行行为说和先行行为说。他行行为说认为,在不作为期间,不作为犯所实施的其他行为与结果之间具有因果关系;先行行为说主张,在不作为之前所实施的行为是结果发生的原因力,与结果具有因果关系。这两种观点受到学者的指责,其都是在不作为行为之外寻找作为的行为,用与其无关的作为说明对结果的原因力,却并未说明不作为是否有原因力,因而作为原因说亦不可取。

(2) 不作为原因说。主张不作为本身对于结果的发生具有原因力。具体有干涉说和他因利用说两种。干涉说主张,不作为时行为人的决意具有原因力,是结果发生的原因,具体地说,行为人压制基于作为义务而实施作为的冲动、压抑防止结果发生的条件、引起结果的这种心理过程,具有原因力。但该说从行为人的主观寻找依据,具有合理之处,但无法解释无认识过失的不作为场合。他因利用说提出,本应防止即发的某种因果的人,即利用这种结果发展造成的结果时,其不防止因果发展的不作为,实际上已经支配了因果关系,是结果发生的原因。此说可以对利用既生的因果关系的情况作适当说明,但对基于自己意思活动并未利用自己以外的原因力的情况就难以作出恰当的解释。

4. 期待说

依照此说,不作为不是"无",而是不实施"可期待的行为",在这里,如果实施了可期待的行为,则能防止结果的发生,如果它被肯定(未实施"可期待的行为"),该不作为与结果即有因果关系。不作为是没有实施法律所期待的作为,其结果的产生是由未实施法律所期待行为造成的,因此,根据该说,不作为的因果关系是从法律规范的角度去理解的。与此不同,上述的观点或多或少是从自然主义的、物理的角度来说明不作为的因果关系,因而难以得出正确结论。既然刑法上的因果关系是受刑法目的规制的,那么期待说从法律规范的角度,认为不作为的因果关系是从因果关系的本质出发的。也正因为如此,期待说已是现在《日本刑法典》中不作为因果关系的通说。

第五节　构成要件的故意与过失

　　故意过失原本是责任的要素,但自德国学者威尔兹尔提出目的行为论之后,人们逐渐认识到要使构成要件真正成为犯罪类型,就必须考虑其主观因素,即故意和过失也必须是构成要件的要素,这是因为故意过失对犯罪的类型化起着重要的作用。在此意义上的故意过失,被称为构成要件的故意过失。但是,故意过失作为表现行为人的人格态度的因素,本来是对行为人进行责任非难的两种形式,所以终究还是责任的要素。

　　由于作为构成要件要素的故意过失,与作为责任要素的故意过失有着十分密切的联系,二者并非两种不同的故意过失。所以,在此不详细介绍其内容,而是放在有责性一章中,与责任故意、责任过失一起做详细的介绍。

第七章 违法性

第一节 违法性概述

一、违法性的概念

所谓违法性,即符合构成要件的行为在法上所不被允许的性质,是对行为的法的无价值判断。违法性是犯罪的成立要件之一,如果将行为当成犯罪成立的第一要素,那么,行为的违法性是犯罪成立的第二要素。但在刑法实体法中,并没有积极地规定违法性为犯罪成立要件,而是消极地在刑法总则中规定阻却违法事由,也就是说行为被评价为无价值而成立违法,并不是刑法实定法角度特殊构成要件,而是从法秩序角度所作出的无价值判断,之所以如此,是因为在大陆法系三构成要件理论中,构成要件是违法类型,行为符合构成要件,在通常情形下就可以推定为该行为具备违法性,只有在一些特殊场合,违法性才例外地被阻却。

二、违法性的本质

(一)形式的违法性与实质的违法性论

从违法性判断的基准来看,违法性一般可以分为实质的违法性与形式的违法性。形式的违法性着眼于实定法的规定,强调行为违反法秩序,认为行为违反客观的实定法的规定即为违法,也就是说,如果行为符合刑法的有关规定且并没有正当化事由,那么就可以判定该行为具备违法性。将违法性在形式上解释为违反实定法,或者违反根据法律规定推导出来的规范,是比较容易被理解和接受的。但形式的违法性并没有从根本上揭示违法性的本质,在对行为进行违法性判断之际也难以作为一个可以操作的标准使用,特别是形式的违法性不能解释超法规的正当化事由。

实质的违法性着眼于法理念或法的精神,从实定法的外部来寻求违法性的判断根据。它认为违法就是行为侵害或者威胁法规范所保护的社会共同生活秩序、利益。实质违法性的内部也存在一些分歧,一般认为,关于实质违法性的争论主要在法益侵害说与规范违反说之间展开。规范违反说认为,违法性的实质是违反社会伦理规范,法益侵害说则为违法性的实质是对法益的侵害或威胁。①但也有学者则赞同实质的违法性内容的二元论观点,认为实质的违法性是指违反社会伦理规范的侵害法益的行为。由于实质的违法性论是从刑法实定法的外部寻求违法判断的基准,所以其承认所谓的超法规的阻却违法事由。

有部分学者则主张不应区分两种理论,形式的违法性考察的是构成要件阶段的违法问题,实质的违法性考虑的是违法性阶段的问题,但它们实际上是一致的。② 意大利学者杜·帕多瓦尼也认为,形式的违法性是与实质的违法性相对应的一个概念,这两者的区别在于对定罪根据的不同认识,如果将法律视为定罪的依据,则犯罪的违法性即为形式的违法性,如果认为应根据行为对社会的危害来认定犯罪,犯罪的违法性就被称为实质的违法性,在20世纪初的刑法理论中,这两个概念曾相当流行,人们常用它来解释刑法的渊源问题,不过,在采用罪刑法定原则的国家中,两者的对立实际上已经不存在了。③

(二) 主观的违法性论与客观的违法性论

基于对刑法规范性质的不同理解,根据判断违法性要素的不同,有关违法性之本质,学说上有主观违法性与客观违法性之争。客观违法性论源于黑格尔提出的"无犯意"之不法概念之后,在德国所形成通说,此后,德国学者阿道夫·麦考尔等提倡主观违法论与之对立,甚至在20世纪初一度占据优势地位,但很快客观违法性重又占据了支配地位。在日本刑法理论中,客观的违法性论是通说。

将刑法规范的内涵理解为命令规范或者评价规范,就会产生主观违法性说与客观违法性说之对立。也就是说,主观违法性说将法律解释为命令规范,而法律规范的效力仅限于能理解并能遵守命令之有责任能力之人,故违法性仅对能理解规范的有责任能力者才适用,在此意义上,有责任能力者才可以作出违法的行为。实际上,主观的违法性论事把违法性与责任置于同一阶层来考察,将违法性与责任相结合,如果采用此学说,则无法接受"无责任之不法",那么,对于无责任能力者的侵害因为其并非不法的侵害,显然也就不能对其实施正当防卫。

客观违法性,将法律规范解释为客观的评价规范,而将违法性解释为违反此种客观的评价规范之法律状态,而与行为人的主观不法意思无关。因此,凡是违反此种评价规范之事实,无论发生的原因,无论是自然现象抑或动物造成的损害,更遑论考虑行为人是否有无刑事责任能力,一律都被认为是违法的。客观违法性论虽然是德日的通说,但也存在一些待商榷之处,对于自然现象或者动物造成的损害,新客观的违法性论不得不指出,违法性不过只是人的行为的问题,毕

---

① 〔日〕西原春夫:《刑法总论》(改订版)(上卷),日本成文堂1995年版,第123页。
② 〔日〕山中敬一:《刑法总论Ⅰ》,日本成文堂1999年版,第383页。
③ 〔意〕杜·帕多瓦尼著:《意大利刑法学原理》,陈忠林译,法律出版社1998年版,第145页。

竟这些不能成为法规范的对象。①

（三）行为无价值与结果无价值

随着19世纪50年代中期目的行为论兴起,违法性论也深受其影响而产生行为无价值之概念,因此自1970年以来,违法性论中心问题遂产生所谓"行为无价值"与"结果无价值"二者之对立。

行为无价值之概念是主张目的行为论者威尔泽尔为寻求合理解释过失犯的违法性,而在强调行为无价值之"人的不法"概念时所提出的。依威尔泽尔目的行为论之见解,人类的行为是按照行为目的来实行的,因此行为具有目的性,而人类为实现目的是以因果法则之知识为基础,在一定范围上是按照预见自己活动所能产生的结果而设定各种目标,并朝着目标有计划性地实现。因此,在故意犯的情形中,因其所意图实现的目的是构成要件的结果,而对于有目的地实现刑法上"恶的"结果者,当然可以视其为犯罪而加以处罚。反之,过失犯对构成要件的结果并无认识,并非目的性之行为,倘若采通说或目的行为论之见解,则过失犯之行为在刑法上所表现的"行为"恶性,无法以该行为之目的"结果"所体现的恶性来加以说明。为解决该疑问,威尔泽尔针对过失犯的情形,认为其不法内容在本质上是"行为无价值",结果无价值只是具有从不注意的行为中选出具有刑法上的重要性行为之意义,否定结果无价值的不法构成意义。

行为无价值之概念产生后,即形成与结果无价值对立的情形,两者分歧主要在于违法性本质究竟是行为无价值抑或结果无价值。一般而言,所谓行为无价值乃着眼于行为之反伦理性而作否定性之价值判断;而所谓结果无价值则注重行为惹起法益侵害或危险性之结果,对此所做之否定性之价值判断。如果按照的威尔泽尔行为无价值论,则行为即使没有法益的侵害或危险性,仅有违反社会伦理性也可加以处罚,即"一元行为价值论"。反之,忽视违反社会伦理之行为无价值,仅以行为具有法益之侵害或危险性而认定行为具有违法性,即为一元"结果无价值论"。

在行为无价值概念中,威尔泽尔主张法益侵害仅在人的违法行为中才能显现出其在刑法上之意义,人的行为无价值才是刑法上所有犯罪之一般无价值。针对此种见解,日本行为无价值论代表者大塚博士提出,如果忽视结果无价值,刑法的违法性则无法判断,也就是说行为无价值必须以结果无价值为其前提,这种对结果无价值在刑法上意义合并加以考虑之折中论,被称为"二元行为无价值论",是目前德国与日本之通说。

以上对于违法性之本质的观点中,从重视行为的反社会伦理性的观点而言,称为一元或二元行为无价值,而重视法益侵害的观点而言,则以一元结果无价值

---

① 〔日〕大谷实:《刑法讲义总论》（第4版）,日本成文堂1994年版,第247页。

称之,但是这些学说的内容仅以行为人"主观面"或物之法益侵害"客观面"为中心。为求更准确表达违法性所具有的实质意义,近来有学者主张以"一元人的不法论"、"二元人的不法论"、或"一元物的不法论"之用语而与之相对应,这些称谓是立于实质意义立场所采用之说辞,事实上此两种相异名称的理论内容在基本上是一致的。①

第二节 违法阻却事由概说

一、违法阻却事由的概念

违法阻却事由,是指行为合符构成要却有排除违法性根据的事由,换而言之,符合构成要件的行为,原则上被推定为具有违法性,但从法律秩序整体的角度来判断,又例外地不认为是违法的情况,把这种例外的情况加以类型化,就是违法阻却事由。② 因为非违法行为是适法、正当行为,所以近来"阻却违法事由"也多用"正当化事由"的词语,学者对此称呼并不一致,但两者本质上并无差异。如日本学者西原春夫、山中敬一等即用"正当化事由"代替"阻却违法事由",德国学者耶塞克等既用"阻却违法性"称谓,也用"正当化事由"称谓;意大利刑法学者帕多瓦尼则用"正当化原因"一词表述;俄罗斯刑法学者斯库拉托夫等用"排除行为有罪性质的情节"词语来说明,等等。

一般而言,在英美法系国家中,刑事辩护理由包括正当化事由和宽恕事由。据我国学者储槐植介绍,正当化理由相当于大陆法系的违法阻却事由,而宽恕事由则相当于大陆法系的责任阻却事由。③ 然而,由于法系的传统不同,大陆法系的阻却违法事由规定的更为系统,而英美法系在这方面则规定的较为散乱。

二、违法阻却事由的本质

学说上认为,无论是法定的阻却违法事由或是超法规的阻却违法事由,都有其背后的根据存在,也就是阻却违法的实质原理。探究其实质原理的目的有二:第一,由实质原理,得以理解阻却违法事由,并把握其体系;第二,在探讨个别阻却违法事由之要件时,能够对其在解释论上的方向有所规制。而所有的违法阻却事由,是否有贯通全体之统一原理存在? 可分为持肯定态度之一元论与持否

---

① 余振华:《刑法违法性理论》,台湾元照出版社2001年版,第81—83页。
② 〔日〕木村龟二主编:《刑法学词典》,顾肖荣等译,上海翻译出版社1991年版,第175页。
③ 储槐植:《美国刑法》,北京大学出版社1996年版,第89—90页。

定态度之多元论。①

(一) 一元论

主张一元论的学者认为,所有的阻却违法事由应该有统一之原理存在,此统一原理可使各种阻却违法事由之基础及其界限问题获得明确的解决,但学者对于违法的本质在认识有所不同,因而,在一元论下,又有基于法益侵害论之法益衡量说,以及基于规范违反论之目的说与社会相当性说。

1. 法益衡量说

法益衡量说认为,刑法以保护法益为其主要任务,违法性的本质即法益侵害,因此,对于某些行为即使形式上侵害了他人法益,但如果是为保护其他更有价值的法益时,那么此种行为与刑法之精神与目的相契合而不违法。法益衡量说将广义之利益冲突状态作为正当化判断之前提,在利益相互比较之下,一元地划定有无正当之界限。

2. 目的说

目的说认为违法性之本质在于违反国家所承认的共同生活目的,因而,倘若对于法益侵害或者义务违法是为了达成国家所承认的共同生活目的者,其行为不能认为是违法的。例如正当防卫与紧急避险行为是达成正当目的之必要手段,此类行为不能认为是违法的。

3. 社会相当行说

此说认为行为逾越社会生活中由历史所形成之社会相当性论理秩序时,才是违法行为。亦即,如果是具备社会相当性的行为,即使它有发生法益侵害的情形,也是适法行为。

然而,为了使阻却违法事由一般化,,一元论不可避免地会在统一的形式下构筑其原理,然而由于各个阻却违法事由各有不同的态样,且受制于刑法保护法益之多样性。一元论的确难以说明各种阻却违法事由之构造及其正当化之理由。

(二) 多元论

针对一元论会使违法与适法二者之界限更加模糊,且其并无法说明各种阻却违法事由之特质,有学者提出多元论来说明,其重要者概述如下:

(1) 麦兹格以法益衡量说为基础,将违法阻却原理分为二:其一为优越利益之情形,属于优越利益原理者有如公务员的职务行为、基于法令之行为或惩戒等优越之行为义务、正当防卫、紧急避险等行为以及超法规之一般法益衡量原则。其二为利益欠缺之情形,例如被害者之承诺与推定承诺。

---

① 以下一元论、多元论的分类归纳参见余振华:《刑法违法性理论》,台湾元照出版社2001年版,第42—46页。

（2）西原春夫认为法的任务在于保护有必要且优越正当利益。因此，行为阻却违法的个别原理大致有三：其一为正当利益的保护原理，例如依法令行为、正当防卫或自救行为等。其二为优越利益的保护原理，例如业务行为或紧急避险等。其三为必要利益的保护原则，当利益主体放弃保护之要求时，此种利益即非法所欲保护之对象，例如被害者之承诺。

（3）阻却违法之基本原理与个别原理

余振华认为，一元论与多元论的对立点在于对于是否有贯通整部刑法之阻却违法事由的统一原理存在之问题上，因此，原则上应采一元论，因为违法阻却原理不仅是阻却违法事由之解释原理，其亦可作为违法与适法界限之一般原理，阻却违法共通原理与此一般原理乃立于密不可分之关系。然倘若从共通之违法阻却原理之机能观之，一元论似乎无法充分说明各种阻却违法事由，所以才有多元论之兴起。因此，阻却违法原理应可分为基本原理与个别原理二种。

在基本原理方面，以一元论之法益衡量说判断较为明确可作为其基础，将目的说与社会相当性说融合而成为"一般的优越利益原理"，以作为统一之基本原理，其内涵亦包括了部分的个别阻却违法原理（正当防卫之保护个人原则与防卫法秩序原则）。而在阻却违法个别之原理方面，由于无法对各种阻却违法事由作实质之分类，而应有个别之原理存在的空间。而此项个别原理并非从基本原理所导出，而是由各项正当化事由之实态归纳检讨而得。其实际上并非属有体系之原理，功用在于作为探讨各种阻却违法事由的方法，但其又受正当化基本原理之支配欲统治。如此之基本原理与个别原理相结合，可作为实际社会生活各种阻却违法事由，在各种状况中动态的及有机的原理。

三、违法阻却事由的分类

对阻却违法事由如何分类，学者之间意见并不一致：耶塞克在《德国刑法教科书》中，分为正当防卫、紧急避险、被害人同意与推定同意、基于公务员的职权行为及相关情况、被允许的危险。[①] 卡斯东·斯特法尼等在《法国刑法总论精义》中分为如下三类：（1）以有法律命令与合法当局的指挥作为行为合法的证明，含法律的命令与合法当局的指挥；（2）以有法律允许作为行为合法的证明，含正当防卫与紧急避险；（3）受害人的同意。[②] 日本学者野村稔则将阻却违法事由分为正当防卫、紧急避险、自救行为、基于法令的行为、正当业务行为、被害

---

① 〔德〕汉斯·海因里希·耶塞克等：《德国刑法教科书》，徐久生译，中国法制出版社2001年版，第386—484页。

② 〔法〕卡斯东·斯特法尼等：《法国刑法总论精义》，罗结珍译，中国政法大学出版社1998年版，第336—373页。

者的承诺、安乐死等七大类。① 川端博在其《刑法总论》中认为:"作为刑法典上阻却违法性事由的种类有正当行为(第35条)与紧急行为(第36、37条),前者可分为法令行为、业务行为与一般的正当行为(被害人的同意等),后者可分为正当防卫、紧急避险。再者,自救行为与义务的冲突虽然是紧急行为的一种,但是给其正当化奠定基础的,应当认为是刑法第35条。"据此,他将阻却违法事由分为两类:一是一般的正当行为,包括(1)法令行为;(2)正当业务行为;(3)劳动争议行为;(4)被害人的承诺与推定的承诺;(5)治疗行为;(6)安乐死、尊严死。二是紧急行为,包括(1)正当防卫;(2)紧急避险;(3)自救行为;(4)义务的冲突。②

第三节 正当防卫

一、正当防卫的立法例及概念

各国刑法典对正当防卫均有规定,这些规定实际上界定了正当防卫的含义。《德国刑法典》第32条规定:正当防卫不违法。为使自己或他人免受正在发生的不法侵害而实施的必要的防卫行为,是正当防卫。第33条规定:防卫人由于惶惑、害怕、惊吓而防卫过当的,不负刑事责任。《法国刑法典》第122-5条规定:在本人或他人面临不法侵害之当时,处于保护自己或他人正当防卫之必要,完成受此所迫之行为的人,不负刑事责任,但所采取的方位手段与侵害之严重程度之间不相适应之情况除外。《俄罗斯联邦刑法典》第37条规定:在正当防卫情况下,即为了保护防卫人本人或他人的人身和权利、社会和国家受法律保护的利益免受危害社会行为的危害而对加害人造成损害的,如果未超过正当防卫的限度,则不是犯罪。《日本刑法典》第36条规定:为了防卫自己或者他人的权利,对于迫切的不正当侵害不得已所实施的行为,不处罚。超出防卫限度的行为,可以根据情节减轻或者免除处罚。《意大利刑法典》第52条规定:因防卫本人和他人的权利免受不法侵害的现实危险的必要而被迫实施行为的人,只要防卫与侵害相适应,不可处罚。对此,各国学者在其著作当中也对正当防卫的概念进行了阐述,基本上与法律的规定差异不大。因此,正当防卫大致可以做如下定义:为了防卫自己或他人的权利,对于急迫不正的侵害不得已所实施的必要防卫行为。

二、正当防卫的正当化根据

正当防卫各国学者一般是阻却违法事由,至于为何阻却违法,或者说正当防

---

① 〔日〕野村稔:《刑法总论》,法律出版社2001年版,第220—269页。
② 〔日〕川端博:《刑法总论讲义》,日本成文堂1997年版,第286页。

卫的合法性实质根据是什么？理论上有所争论。

（一）一元论

1. 法的自我保全说。认为正当防卫是在国家机关不能预防法秩序的侵害或者恢复的场合，允许个人补充性的行使之情形。

2. 自我保存说。认为在紧急状态下，个人具有自我保全的本能，消极地允许个人行使保全自我的行为，就成为正当化的基本思想。或者说对违法行为进行反击，是人的本能，法律对此予以容许，成为正当防卫的根据。

3. 正当防卫义务说。认为正当防卫不仅仅是权利，也是义务。

4. 法益欠缺说。认为不正的侵害者的法益，在被正当的被侵害的法益之防卫的必要限度内，其法益被否定，亦即侵害者的法益被否定，所以防卫者的法益是优越的。

5. 法确证衡量要素说，认为正当防卫的场合，不仅是在紧急状态保全自己或者他人的法益，而且存在法确证的利益，保全法益要优越于侵害者的法益要保护性。

6. 社会相当性说。认为正当防卫是处于历史上形成的社会生活秩序的范围之内，是具备社会相当性的，从而是正当的。①

（二）二元论

二元论，主要立足于个人权利和社会权利两方面来解释正当防卫的阻却违法的根据，例如日本学者川端博认为，对于正当防卫权来说，有作为"自然权"的方面与作为"紧急权"的方面，其正当化必须从这两个方面来考虑，在自然权方面，个人的自我保全原则起正当化的作用，在紧急权方面，法的自我保全原则起正当化的作用，两者同时起作用。② 意大利学者认为，关于正当防卫合法的根据，有一种倾向认为是私人的自我防卫权，这种防卫权是国家防卫的补充，在不能及时求助于国家防卫时采用；另一种倾向认为，正当防卫是与犯罪作斗争的需要，在任何情况下法律都不能给犯罪以可乘之机。这两种相辅相成的观点实际上都是刑法典关于正当防卫的基础：如果仅用自我防卫说，很难解释为救助第三人而实施的防卫行为；仅用斗争需要说，则不仅无法说明为什么无罪过的侵害也可以成为防卫行为的对象，也不能解释为什么正当防卫不能超过必要的限度。③日本的山中敬一认为，正当防卫一方面要体现在紧急状态下对他人的侵害行为要保障个人防卫权之意图，另一方面，还要证明"法（正）没有必要对不法（不正）让步"这一观念。④ 应当说，综合个人权利侧面和社会秩序维护侧面来解释正当

---

① 〔日〕山中敬一：《刑法总论Ⅰ》，日本成文堂1999年版，第421—425页。
② 〔日〕川端博：《刑法总论讲义》，日本成文堂1997年版，第329页。
③ 〔意〕杜·帕多瓦尼：《意大利刑法学原理》，陈忠林译，法律出版社1998年版，第162—163页。
④ 〔日〕山中敬一：《刑法总论Ⅰ》，日本成文堂1999年版，第421页。

防卫阻却违法根据的观点是比较合理的。

三、正当防卫的成立要件

成立正当防卫需要哪些要件,鉴于各国法律规定的具体差异应该说存在一些细微的差别,例如防卫的法益方面,大多国家规定的都是"自己或他人的权利",而俄罗斯联邦刑法典则规定为"本人或他人的人身和权利、社会和国家受法律保护的利益"。再如,在何种条件下可以实施正当防卫,大多数国家都未作特别说明,但《日本刑法典》则规定"不得已而实施的行为"。综合参照各国刑法的相关规定,成立正当防卫一般需要具备如下要件:

1. 存在急迫不正的侵害

所谓"急迫",意味着侵害时现在的,从而,对过去的侵害或对只是预见将来的侵害,不能实行正当防卫。所谓侵害是现在的,意味着在与防卫行为之时的关系中,侵害的危险迫近的场合,侵害现在实行的场合以及尚在继续的场合。① 对于此项条件,意大利刑法理论上称为"现实的危险",帕多瓦尼认为,对本人或他人权利的不法侵害必须是"现实的危险",这里所说的"现实的危险"是指存在于防卫行为实施时的危险,在危险过去后才实施的行为可称为反击,不是防卫。如果危险尚未实际发生,行为人则只能求助于公共机关来维护自己或他人的权益。它不等于侵害必须已经开始,但包括侵害已经开始的情况;只要侵害尚未结束,就允许采取防卫行为。②

所谓"不正",是指违反法秩序"不正的侵害",也就是"违法的侵害"。正当防卫具有"正对不正"的关系,所以,"不正对不正"、"正对正"以及"不正对正"的关系都成立正当防卫。此处的"违法",在《日本刑法典》中解释为主观的违法还是客观的违法还存在争论,但一般认为,解释为客观的违法更能体现正当防卫设立的目的,因此,违法是违反了客观违法性论中作为全体的法秩序,既不要求具备可罚的违法性,也不要求有责,因此,无责任能力者的侵害行为,也可成为正当防卫的对象。

所谓"侵害",是对他人权利施加的实害或者危险,而不问是故意的还是过失的,在不作为的场合也存在侵害。例如,对被要求退去而不退去的人,可以实施正当防卫。侵害可以使犯罪行为,但并不以此为限,一般的违法行为也可能成为防卫的行为。但是,人的行为之外,对物、动物的举动能否称为"侵害",是否允许正当防卫,还存在争议。

对物或者动物侵害的防卫称为对物的防卫。关于对物的防卫,大致有以下

---

① 〔日〕木村龟二:《刑法总论》(增补版),日本有斐阁 1984 年版,第 257—258 页。
② 〔意〕杜·帕多瓦尼:《意大利刑法学原理》,陈忠林译,法律出版社 1998 年版,第 162—163 页。

观点:(1)肯定说。由于动物的侵害也是违法的,所以对物的防卫应该认为是正当防卫;(2)否定说。由于违法性是人的行为的问题,所以对物的侵害,不是正当防卫的对象。① (3)准正当防卫说。日本的通说认为不能对物实施正当防卫,只能实施紧急避险。然而,有部分学者提出,紧急避险需要具备严格的条件,对人可以防卫,对物则否,这就明显地产生不平衡,对此,有观点认为,在此情形下,虽然不能认为是正当防卫,但是应作为准违法性阻却事由。大谷实认为:在人的违法性观念中,否定说的观点是合适的。但是,如果所有者或者管理者基于故意或者过失,造成动物侵害他人时,使用紧急避险的要求需要严格要件,使违法性阻却不均衡,但如果满足正当防卫的其他条件,应当作为准正当防卫处理。② 此种观点可以说比较妥当地解决了上述矛盾。

2. 为了防卫自己或者他人的权利

正当防卫是为了防卫权利的行为,在性质上必须是防卫的行为,即必须是客观上对法益侵害者进行反击。反击的后果,可能给侵袭者造成以多种形式的损害:剥夺自由,伤害身体甚至剥夺生命,有时,还可以对侵袭者的财产利益造成损害。在理解防卫行为时,有以下问题需要注意:第一,当防卫的结果发生在第三人身上时。如A向不法侵害者B射击,结果却打中了B旁边的C,此情形下,对B成立正当防卫并无异议,但对C则有争议,有的认为构成正当防卫;有的认为构成误想防卫;有的认为构成紧急避险。此处,从行为人的主观意图以及法律处理效果来看,主张紧急避险无疑是有一定合理性的,但也不排除成立误想防卫的可能性,这要根据具体情形来分析。第二,侵害人利用第三人的物的场合,例如侵害者A利用B饲养的动物攻击C,如果C将该动物打死,这是正当防卫还是紧急避险呢?学者间意见不一,综合看来,根据对物的防卫原理,不宜认为是紧急避险,作为正当防卫比较恰当,这也是多数学者的观点。第三,防卫者利用第三人的物进行防卫损害该物。对于物主而言,防卫者的行为属于紧急避险。

所谓"权利"意味着利益、价值即法益。"他人的权利",包含自然人的利益、社会的利益和国家的利益。对他人法益的正当防卫,称为"紧急救助"。日、法、德国刑法理论均承认可以防卫个人法益,并且法益的范围比较广泛,但对国家或者社会公共利益能否实施正当防卫,由于法律并没有像俄罗斯那样作出明确规定,学者间意见不一,否定说的主要理由时,正当防卫的可能的法益限于"私益",紧急救助仅仅是同等者之间存在,不允许为了国家由私人代为实施紧急救助,从而,国家也不是"他人",国家紧急救助以特别规定为承认之前提,没有特别规定则不应承认。但日本的相当部分学者以及判例都认可对国家、国民、

---

① 〔日〕山中敬一:《刑法总论Ⅰ》,日本成文堂1999年版,第429—430页。
② 〔日〕大谷实:《刑法总论讲义》,日本成文堂1994年版,第262—263页。

公共的法益实行紧急救助。① 德国学者耶塞克则认为,国家的法益或其他公法上的法人的法益,如涉及个人利益的,可实施正当防卫,例如允许任何目击者对露阴行为实施正当防卫,与此相对,对公共秩序或者整个法律秩序的侵害并非由各个公民承担,而只能由国家以及国家机关行使防卫权。②

3. 不得已的行为

所谓"不得已的行为"是指防卫行为的相当性,亦即对急迫不正的侵害进行反击的行为,作为防卫自己或者他人权利的手段是必要的,是必要最小限度的,并且是具有相当性的行为。因此:第一,防卫行为具有必要性,此处的必要性并不是要求没有其他可以采取的方法。第二,防卫手段具有相当性。例如西原春夫认为,现行刑法关于正当防卫虽然与紧急避险同样使用了"不得已实施的"用语,但学说、判例一致解释为两者的意义内容是不同的,在紧急避险的场合,虽然要求没有其他可以采取的方法,但在正当防卫的场合,仅仅需要认定不得已的程度就可以了。不过,必要性之中,除了为防卫权利的必要性之外,应当认为包括作为防卫行为的相当性。例如,对只是空手赤拳的对方,用刀子抵抗等,应当说欠缺相当性。超越这个意义中的必要性程度时,成为防卫过当。③ 意大利学者杜·帕多瓦尼对此的见解也基本与此相同,他举例说,就防卫手段的不可避免性而言,如果一个少女顺手拿起手边的水果刀杀伤或杀死了企图强奸她的人,完全符合防卫的必要,但如果是一个可以轻易制服对手的空手道冠军,扭断小流氓胳膊的行为,就是过当了。④

4. 正当防卫的意思

正当防卫的意思,是正当防卫的主观正当化要素。关于正当防卫的意思在正当防卫要件中的地位,存在着必要说和不要说之争。不要说的根据是:(1)违法或者适法应当是客观决定的,和行为人的主观因素没有关系;(2)防卫行为存在反射性的实行之情形,如果立足必要说,那么正当防卫的范围过于狭窄;(3)如果采取必要说,不得不否定基于过失的正当防卫,这是不妥当的。日本的大部分学者都认为防卫意思是必须的,日本的判例也一贯立于必要说之立场。

关于正当防卫意思的内容。有认识说和目的说的争论。大谷实主张认识说,认为正当防卫意思,过去认为是针对不正侵害积极地守护自己或者他人的利益,但是,由于个人在防卫时有本能的一面,所以在没有积极的防卫意思的场合,也不能否定防卫意思。另外,因为本能的反击行为规定正当防卫时也考虑在内

---

① 〔日〕木村龟二:《刑法总论》(增补版),日本有斐阁1984年版,第259—260页。
② 〔德〕汉斯·海因里希·耶塞克等:《德国刑法教科书》,徐久生译,中国法制出版社2001年版,第406—407页。
③ 〔日〕西原春夫:《刑法总论》(改订版)(上卷),日本成文堂1995年版,第242页。
④ 〔意〕杜·帕多瓦尼:《意大利刑法学原理》,陈忠林译,法律出版社1998年版,第166页。

是没有疑问的,所以反击之际,兴奋、狼狈、愤激、狂乱,在不能认定积极的防卫意思的场合,或者攻击意思与防卫意思并存的场合,应当认为防卫的意思并没有直接被否定。① 但是,防卫意思是"认识"和"意志的"统一,如果认识到防卫的机会,产生了利用该机会实现犯罪的意思的时候,如果说是攻击的意思、动机占据主要地位时,不能认为是正当防卫的意思,也就是说当两种意思并存时,如果防卫的意思居优越的支配地位,则认为是防卫的意思;相反,如果攻击的意思居优越支配地位,则防卫行为被否定。德国学者耶塞克也认为,防卫行为首先必须体现防卫的意思,其他动机例如憎恨、激愤或者报复心理,只要存在防卫的意思,此等动机共存时被允许的。②

5. 防卫行为的内在限制

基于正当防卫权的意义和目的,判例和学说对正当防卫权的行使作出了种种限制,而联邦会议刑法改革特别委员会,也试图创设正当防卫受到社会伦理限制的链接点。③ 在日本刑法理论中,主要用社会相当性观点来限制防卫行为,涉及挑拨防卫和轻微的攻击。

挑拨防卫,是行为人因自身因素而招致侵害,进而对侵害人实施防卫的情形。根据招致侵害的方式,在此时的"防卫"可以分:(1)意图的挑拨防卫,即行为人假防卫之名,意图挑拨他人的攻击,进而利用该机会侵害对方的场合;(2)故意的侵害之挑拨防卫,即一方面容忍对方的攻击同时挑拨的场合;(3)过失的挑拨防卫,即可能预见对方的攻击却没有预见的场合。一般认为,意图的挑拨防卫不得进行正当防卫,挑拨者只是预测对方攻击的场合或者由于过失挑拨的场合,原则上能够认定为正当防卫。上述区别对待理论根据有:(1)权利滥用说,认为故意招致侵害,属于权利滥用,不得允许正当防卫。但基于过失招致侵害的,可以允许正当防卫;(2)急迫性否定说,认为自招侵害不具有正当防卫所必要的急迫性;(3)防卫意思否定说,认为自招侵害不产生防卫意思;(4)原因中的违法行为说,认为挑拨行为对结果具有加害的意思,其原因是违法的,就不能成为正当防卫;(5)挑拨行为+实行着手说,认为挑拨行为是事后加害行为的实行着手,它是违法的;(6)相当性否定说,认为在挑拨行为中,丧失了防卫行为的相当性,所以不允许正当防卫。

在轻微攻击的场合,德国学者耶塞克指出,在正当防卫的场合,并不涉及被攻击的法益和由于正当防卫行为被侵害的法益之间的价值关系,但是,在与侵害人的危害相比,可能存在自我保护利益显著减少的情况,如果防卫仅仅涉及较小

---

① 〔日〕大谷实:《刑法总论讲义》,日本成文堂1994年版,第268页。
② 〔德〕汉斯·海因里希·耶塞克等:《德国刑法教科书》,徐久生译,中国法制出版社2001年版,第410页。
③ 同上书,第413—414页。

价值的法益。在这种情况下，法秩序不允许对价值较小的法益或者对轻微的侵害行为，以造成侵害人巨大损害为代价来进行防卫。因此，如果被攻击的利益和侵害人的侵害或者危险之间的关系明显失衡，此等情况的防卫是不被允许的，例如，警卫人员不得射击携带价值10芬尼浓缩果汁而匆忙逃离的盗窃人，不得以威胁碾死妨碍者的做法，强行取得控制停车场空地的权利。①

四、假想防卫和过剩防卫

1. 假想防卫

假想防卫有广义和狭义之分。狭义的假想防卫，是不存在急迫不正的侵害而错误认为存在，进而实行所谓防卫的行为。广义的假想防卫可以概括为三种类型：一是急迫不正的侵害不存在而误信其存在，并对误信的事实实行相当的防卫，这是最典型的假想防卫；二是急迫不正的侵害存在，防卫行为本身是为了防卫实施相当的行为而错误实施了不相当的行为（如超越防卫限度）；三是没有急迫不正的侵害不存在而误信其存在，而对该误信的事实实行不相当的防卫行为，即假想防卫过当。一般意义上，假想防卫限于狭义而言，那么对于假想防卫如何处理？正如有学者提出的那样，假想防卫是由于对侵袭行为的错误认识而实施的，属于事实的错误，不属于违法性的错误，在假想防卫中，根据行为人的主观方面，有过失的，承担相应过失犯罪的罪责，如果不可能认识到，就作为意外事件处置。

假想防卫过当场合，即上述第三种情形下。在处理中有三种观点：（1）故意犯说，认为关于发生的事实成立故意犯，错误不可避免时，阻却故意责任；（2）过失犯说，认为关于发生的事实有过失的时候，成立过失犯；（3）二分说（通说），认为关于过剩的事实不能认识时阻却故意；有认识时不能阻却故意。

2. 过剩防卫

过剩防卫，是对急迫不正的防卫，行为人基于防卫的意思实行的防卫行为超过了防卫的必要限度。防卫过剩在客观方面分：（1）质的过剩（手段原本过剩），是以存在正当防卫的状态为前提，防卫的强度超越了必要范围的程度，例如可以用木刀反击即可，却用铁棍反击致使对方死亡，这种防卫情形就属于质的过剩；（2）量的过剩（手段本身相当，当在量上却过头），例如用木刀反击，三次殴打对方，由于对方已经倒地，明明已经没有必要实施防卫，却乘势继续殴打，这种情形就是量的过剩。当对方的攻击已经停止之时，便不再存在击破不正的侵害，既不是正当防卫，也不再是量的过剩。对于过剩防卫，任意减免其刑罚。

---

① 〔德〕汉斯·海因里希·耶塞克等：《德国刑法教科书》，徐久生译，中国法制出版社2001年版，第418—419页。

第四节 紧急避险

一、紧急避险的立法例

《德国刑法典》第 34 条规定:"为使自己或他人的生命、身体、自由、名誉、财产或其他法益免受正在发生的危险,不得已而才采取的紧急避险行为不违法,但要考虑到所要造成危害的法益及其危害程度,所要保全的法益应明显大于所要造成危害的法益,而该行为实属不得已才为之的,方可适用本条的规定。"第 35 条规定:"一、为使自己、亲属或其他与自己关系密切者的生命、身体或自由免受正在发生的危险,不得已而采取的紧急避险行为不负刑事责任。如行为人根据情况,尤其是危险因自己引起,或该人面临危险但具有特定法律关系的,则不适用本款之规定。如该人面临危险没有考虑到特定法律关系,则可依第 49 条第 1 款减轻处罚。二、行为人行为时,误认为有第 1 款规定不负责任的情况,且其错误认识是可以避免的,应处罚。可依第 49 条第 1 款减轻处罚。"

《日本刑法典》第 37 条第 1 项规定:"为了避免对自己或者他人的生命、身体、自由或者财产的实现危难,而不得已实施的行为,如果所造成的损害不超过其所欲避免的损害限度时,不处罚;超过这种限度的行为,可以根据情节减轻或者免除处罚。"同条第 2 项规定:"对于业务上负有特别义务的人,不适用前项规定。"

二、紧急避险的性质

紧急避险不是犯罪行为,不受刑罚处罚,体现了"紧急状态下无法"的法律格言。但是,其不是犯罪,不予刑罚处罚的理论根据何在?对此,学者意见不一,大陆法系学者对于紧急避险之性质,归纳起来大致有以下几种学说:

（一）违法阻却一元说

即认为紧急避险阻却了违法性,这是日本现在的通说。至于紧急避险为何阻却违法,学者们的理由不一,具体包括:(1) 放任行为说,认为紧急避险行为处于正当对正当的关系,因此不能认为是适法行为,而应作为法上放任的行为而阻却违法性,所以紧急避险是放任行为。另有部分学者进一步提出,为保护大的法益而损害小的法益的场合是合法行为,而利益相等时则是放任行为。① (2) "违法性"被阻却说,或称为非违法说。此说以正当化原理的"优越的利益的原则"

---

① 〔日〕阿部纯二:《紧急避难》,载日本刑法学会编:《刑法讲座》(第 2 卷),日本有斐阁 1996 年版,第 153 页。

为根据,承认一元的阻却违法性。即为了保全大的利益而牺牲小的利益,对保全法秩序是必要的,紧急避险时,以补充性与均衡性为条件,认为保护、保全优越的利益的避险行为是适法的。此说是日本的通说。(3)可罚的违法性阻却说。此说认为在法益是同价值时,阻却可罚的违法性。(4)违法性内部之二分说。持此说的如曾根威彦认为,紧急避险在原则上是阻却可罚的违法性和事由,例外地成为适法事由。即将不正侵害转嫁给第三者的行为,是合法的避难行为,对来源于人的合法行为的危难实施的避难行为,以及把来源于物的危难转嫁给第三者的行为,是不可罚的违法避难行为。①

（二）责任阻却一元说

此说认为紧急避险行为侵犯的是他人的正当利益,因而是违法的,但是由于没有适法行为的期待可能性,故而阻却责任。也就是说,行为人在紧急状态下,为了保护自己的利益,在没有其他方法可以选择的情况下,将危难转嫁给第三者,可以说,这是一种基于自我保保存的本能行动,在此场合,对作为法规范对象的普通人而言,要求其作出自我牺牲而不转嫁危难于他人,这是不可能的,因此尽管行为人的转嫁行为在性质上是违法的,但从法规范的观点来看却是无期待可能性。此说由德国的迈耶首创,日本的泷川幸辰、植松正、平场安治等持此观点。②

（三）二分说

二分说认为,无论是把紧急避险一律当作阻却违法事由还是视为阻却责任的事由,都是片面的。实际上,紧急避险在某些场合阻却的是责任,而在另外一些场合则阻却违法。该说复分为:(1)以阻却违法为原则的二元说,认为紧急避险作为原则是阻却违法事由,例外情形下是阻却责任事由。该说进一步有两种观点。其中第一说认为,为了保全大的利益牺牲小的利益情形下阻却违法;利益大小的比较困难时阻却责任;第二说认为,在生命对生命、身体对身体的关系中,为了保护一方实施紧急避险时阻却责任,其他场合则阻却违法。(2)以阻却责任为原则的二元说,认为紧急避险行为原则是违法的,但在一定的场合例外地阻却违法。③

三、紧急避险的概念和要件

各国刑法中一般都有紧急避险的相关规定,如《日本刑法典》第37条规定:"为了避免对自己或者他人的生命、身体、自由或者财产的现实危难,而不得已

---

① 〔日〕山中敬一:《刑法总论Ⅰ》,日本成文堂1999年版,第482—483页。
② 〔日〕植松正等:《现代刑法论争Ⅰ》,日本劲草书房1983年版,第146页。
③ 〔日〕山中敬一:《刑法总论Ⅰ》,日本成文堂1999年版,第485—486页。

实施的行为,如果所造成的损害不超过其所欲避免的损害限度时,不处罚"。据此,紧急避险是指为了避免对自己或者他人的生命、身体、自由或者财产的现实危难,而不得已实施的在必要限度内损害他人合法利益的行为。根据日本学者山中敬一的论述,成立紧急避险的要件主要有:

（一）对自己或者他人的生命、身体、自由或者财产的现实危难

1. 保全法益

《日本刑法典》第37条规定列举了保全的法益,但是刑法理论上,学者对此规定有例示规定说（通说）与限定列举说的对立。紧急避险要保全的法益,可以是自己的生命、身体、自由或者财产等法益,也可以是他人的生命、身体、自由或者财产等法益;而国家的法益或者社会的法益,可否为紧急避险中要保全的法益,日本通说采取的是积极说,不过消极说也比较有力。在判例中则认为,在不可期待国家公共机关有效活动的极其紧迫的场合,可例外地容许对国家法益和社会法益的保全。① 在大谷实看来,在紧急避险中列举上述法益,本来就是立法者意图限定保全法益的,所以限定列举说是妥当的,但根据紧急避险的旨趣,也应当认为包含刑法保护的名誉、贞操等个人法益。对国家法益与社会法益虽有争论,但因为只要承认社会的相当性,没有将紧急避险的适用除外的理由,所以认为作为保全法益除前面的个人法益外,包含国家法益、社会法益,应当解释为承认对这些利益的超法规的紧急避险,作为社会的相当行为阻却违法性。②

2. 现实危难

所谓"现实危难",是现实存在着对应当保全的法益的侵害,或者说侵害的危险是紧迫的,危难必须是现实存在的,不是行为人的主观臆想。至于产生危难的原因,可以是人的行为、自然现象、动物的行动、事故以及社会秩序的混乱等等。"现实的",指法益侵害的状态是现存的,或者说法益侵害的危险已经迫近,这和正当防卫中的"急迫"意义相同。

对于行为人自招的危险,可否进行紧急避险呢？学说上对此有对立的观点:(1) 积极说,认为对自招危险可以承认紧急避险（植松、江家、吉川持此观点）。(2) 消极说,认为基于故意或者过失招致的事态不是"危险",不能承认紧急避险（泉二持此观点）。(3) 折中说,认为对故意招致的危险,不承认紧急避险,但对过失招致的危险,可以承认紧急避险（泷川持此观点）。(4) 个别解决说,认为对自招危险可否承认紧急避险,应当根据相当性的见地而具体加以判断（团藤说）；或者综合当时的情形,参照社会的伦理规范加以确认（大塚、川端说）等

---

① 〔日〕山中敬一:《刑法总论Ⅰ》,日本成文堂1999年版,第489页。
② 〔日〕大谷实:《刑法讲义总论》（第4版）,日本成文堂1994年版,第280页。

等。① 如果绝对否定对自招危险的紧急避险,将违背紧急避险的立法意图,但如果无条件承认对自招危险的紧急避险,将导致法秩序的不稳定,因此,应当就具体情形区别对待,应考虑自招危险的原因、危险的大小,进而在社会相当性的范围内肯定一定范围内成立紧急避险。对此,学说上有认为这属于超法规的违法阻却事由问题。

(二)为了避险不得已实施的行为

1. 不得已而实施的行为

所谓"不得已实施的行为",是为了保全法益的唯一方法,意味着不存在采取其他方法的可能性。然而,所谓"不得已实施的行为",应当认为这意味着与正当防卫相同,有以"最小限度手段"与"手段适合性"为内容的必要性,加上没有其他可能的方法这一"补充性"。所谓补充性原则,意味着除了侵害他人的法益的方法以外没有保全法益的方法,也就是说,只有当避难行为之外的方法不存在的场合,紧急避险才被允许。

2. 避险的意思

作为主观的正当化要素的避险意思是否必要,与防卫的意思相同,存在着争论。通说虽然是必要说,但不要说也是有力的学说。根据不要说,避险行为能够由过失行为实施是明确的,然而根据必要说,属于过失行为的避险行为也被肯定。关于过失犯紧急避险成为问题的事例,应当说有两种类型:一种是认识紧急状态抱有避险意思实施避险行为,但对避险行为的结果没有认识。反之,另一种事例是没有认识紧急避险状况本身由于过失偶然避险的事例。在后一种场合下,根据必要说,就不能承认紧急避险。

(三)由避险行为所造成的损害不超过其所欲避免的损害程度

根据优越的利益原则,"利益"应加以衡量,按照二分说,应将其限制为保全利益优越于侵害的利益的场合(正当化事由)与两者同等的场合(阻却可罚的责任事由)。

1. 衡量的要素。日本学者山中敬一认为,保全利益优越于侵害利益或者两者是同等的,才能成为紧急避险,那么此判断应考虑哪些要素,应根据何种标准进行判断呢?衡量对立的利益应当考虑的要素,首先是法定刑,然而由于法定刑是根据侵害的形态所决定的,因而对法益的价值来说不是决定的,进而作为对此的补充,虽然应当考虑法益的价值之差,但一般说来,秩序规定位于对具体的侵害保护之后,人格的价值优先于物的价值,而且,对生命、身体的保护,优越于其他人格价值或个人的法益。此外,危险的紧迫程度等也要在衡量时予以考虑。

2. 自律性原理。优越的利益原则,在侵害被转嫁给第三者的紧急避险情形

---

① 〔日〕山中敬一:《刑法总论Ⅰ》,日本成文堂1999年版,第500—501页。

时,对于第三者有利且应被衡量的利益中,人格的自律性应成为可能。任何人都没有忍受来自他人的对自己的人格的自律性无理侵害的义务。人都具有自我决定权,对生命、身体、财产等侵害,同时意味着对这样自律性的侵害。此"自律性"与直接的法益相同,利益衡量之际,第三者的利益应当完全包括在内。一直以来作为"避险行为的相当性"问题或者作为"社会相当性"的问题来解决,然而,根据"不得已实施"这一要件,不可能推导出"相当性"的要件,与正当防卫相同,"相当性"的要件是不必要的。同时,由于利益均衡包含自律性,第三者的利益比重变大(简而言之,被转嫁的第三者自己对利益价值主观认识或者说自我决定性必须在利益衡量中加以考虑)。

3. 生命对生命的衡量

在紧急避险的事例中,有"危险共同体"的事例,例如,遇险的帆船船员,20天来一直在没有食物也没有饮用水的状态下漂流,船长杀害了即将死亡的少年船员,作为其他船员的食物得以救助的事件,再例如,由于没有足够支持两个遇险者浮力的木板,抓住木板的一方将另一方杀死得以救助的事件。在这些事例中,虽然生命是保全的法益,但在利益衡量之际,生命之数能考虑吗?或者生存、延长生命的机会之有无、大小,对于衡量来说应当成为考虑的因素吗?因为日本通说认为紧急避险是正当化事由,所以这种场合杀害行为就被正当化[1],但不少学者也对此持有怀疑。

(四)业务上负有特别义务者的特殊规定

《日本刑法典》第37条第2项对业务上负有特别义务的人限制承认紧急避险。所谓"业务上负有特别义务的人",包括自卫官、警察、消防员、船长和海员、医生和护士等等。这些人员的业务载性质上都具有置自身于一定危险的义务一定的危险,成为义务根据的,可能是法令、契约、习惯等。负有这样义务的人在其义务范围内,当然不能认为与一般人同样能实行紧急避险,但是,为了保护在即的法益的紧急避险,在一定的限度内也能承认,例如,灭火作业中的消防队员,为了避免被可能坍塌的房梁碾压,破坏邻家的板墙而避险的行为,能够成为紧急避险。[2] 对此,日本学者森下忠认为,该款规定过于生硬地规定排除紧急避险的适用,应予删除。[3]

四、过剩避险与误想避险

过剩避险,是紧急避险的其他要件被满足的场合,避险行为超越了其限度。

---

[1] 〔日〕山中敬一:《刑法总论Ⅰ》,日本成文堂1999年版,第489—498页。
[2] 〔日〕川端博:《刑法总论讲义》,日本成文堂1997年版,第363页。
[3] 〔日〕山中敬一:《刑法总论Ⅰ》,日本成文堂1999年版,第489—498页。

对于过剩避险,要减免其刑罚。在这种场合下的刑罚减免根据在于责任的减少,即因紧急状态下的心理动摇而减少了期待可能性。也有观点认为减免根据在于违法性的减少或违法、责任的减少,但在不能肯定误想过剩避险这一点上,这种观点难免妥当。问题在于,超出了补充性要件之时,能否认定过剩避险?判例的主流持否定态度,而日本学界认为应肯定构成过剩避险。在紧急状态之下,行为人的心理处于狼狈不堪的状态,难以冷静地作出判断,因此,即便存在其他更为合适的避免手段,也不能谴责其直接实施了不合适的避险行为。并且,如果认为过剩避险的刑罚任意减免的根据在于责任的减少,即使并不具备补充性要件的场合,仍有认定构成过剩避险的余地。有观点一边认为过剩避险的刑罚任意减免之根据在于违法性的减少,一边对并不具备补充性要件的场合肯定过剩避险,缺少补充性要件的行为即不必要地侵害了法益的行为是否真能减少违法性,对此不无疑问。[①]

误想避险,是紧急避险的事实本来不存在而行为人误信其存在,并作出避险行为,或者本无优越的法益,却误认为存在而实施避险行为。日本通说认为,由于缺少故意,并不构成故意犯,但存在过失,仅限于存在处罚该过失的场合,才成立过失犯。

误想过剩避险,是现实的危险不存在而误信其存在,并基于此误信作出过剩的避险行为,但即便其存在,该避险行为违反了法益衡量原则的场合。对误想过剩避险任意减免其刑罚。

第五节 其他阻却违法事由

一、法令行为

所谓法令行为,是指以成文的法律或者命令的规定作为权利或者义务而实施的行为。对此,不少国家的刑法作出了明确的规定。例如,《日本刑法典》第35条规定:"依照法令或者基于正当业务而实施的行为,不处罚。"《法国新刑法典》第122-4条也规定:"完成法律或者条例规定或允许之行为的人,不负刑事责任。完成合法当局指挥之行为的人,不负刑事责任,但此种行为明显非法者,不在此限。"

一般而言,法令行为之所以阻却违法性,是因为立法者在制定该法令时已经进行了法益衡量并作出允许该行为合法化的判断。但是,有的行为虽然从形式上看是基于法令行使权利的行为,却在实质上违反了法令的精神,属于权利滥用

[①] 〔日〕西田典之:《日本刑法总论》,刘明祥等译,中国人民大学出版社2007年版,第115—116页。

的违法行为。所以,具体的行为是否为法令行为,要遵循立法的精神来进行判断。

法令行为通常可以分为职务(职权)行为与权利(义务)行为、基于政策理由而排除违法性的行为、法令特意明示适法性条件的行为三类。现分述之:

1. 职务(职权)行为与权利(义务)行为

所谓职务(职权)行为,是指公务员依据法令行使属于自己职务或职权的行为。例如,司法人员逮捕犯罪嫌疑人、被告人,进入住宅进行搜查等。在职务(职权)行为中,除了法令上具有直接根据的行为以外,还有上级职务命令的行为。对此,问题在于下级根据上级的违法命令所实施的行为,是否阻却违法性?通说认为,由于命令的内容是违法的,所以,不能认为执行违法命令的行为是违法性阻却事由,但是,又不能期待行为人不执行上级的命令,因此,根据具体案情,有时可以认为行为人缺乏适法行为的期待可能性,从而阻却责任。所谓权利(义务)行为,是指在法令的规定上属于某人的权利(义务)行为。例如,一般人逮捕现行犯,亲权者对未成年子女的惩戒行为等。这些行为虽然在形式上符合逮捕罪、暴行罪的构成要件,但是,阻却违法性。

2. 基于政策理由而排除违法性的行为

这是指某种行为本来是违法的,但由于一定政策上的理由,由法令特别规定排除其违法性的情况。例如,根据赛马法发售赛马券,或者根据自行车竞技法发售赛车券,或者根据彩票法发行彩票的行为,虽然符合赌博罪或发售彩票罪的构成要件,但是,基于财政政策的理由,按照各自的法律将其合法化,从而阻却违法性。

3. 法令特意明示适法性条件的行为

这是指对理论上认为存在违法性阻却事由的行为,法令特别明示其适法性,同时对其方法、范围等设立了限制,以期适当的执行。例如,母体保护法规定的人工妊娠中止、尸体解剖保存法规定的尸体解剖行为,关于器官移植的法律规定的为了使用于移植手术而从尸体(包括脑死者的身体)取出器官等即是。[①] 值得注意的是,在这种情况下,法令往往规定了明确的界限,超出了界限的行为,仍然是违法行为。

二、正当业务行为

所谓正当业务行为,是指虽然没有法令的直接规定,但在社会观念上被认为是正当的业务行为。而业务则是指在社会生活中反复或继续实施的行为,并不

---

① 〔日〕大塚仁著:《刑法概说(总论)》(第三版),冯军译,中国人民大学出版社 2003 年版,第 350 页。

要求一定是职业。正当业务行为阻却违法性必须具备五个基本条件①:第一,执行正当业务行为的人,必须是具有一定专业知识和业务能力的专业人员。第二,业务必须是正当的。如果是不正当的业务,则不阻却违法性。第三,行为自身是业务范围内的行为。如果超出了正当业务的范围,则不阻却违法性。第四,从事正当业务的人员必须具有执行业务的正当目的。第五,在执行业务时不能违反业务规章制度。

可见,只有正当业务范围内的正当行为才能作为违法性阻却事由,而属于正当业务但超出正当范围或者不具有正当目的的行为不能排除犯罪的成立。例如,摔跤、拳击、柔道等体育运动,往往会符合暴行罪的构成要件,但因为它们属于正当业务行为,一般认为可以阻却违法性。但是,如果行为人故意严重地违反体育规则,给他人造成伤害,则不能阻却违法。又如,医生基于患者的承诺或推定的承诺,采取医学上所认可的方法,客观上伤害患者身体的治疗行为,可谓正当业务行为,但其排除违法性的条件更为严格,即治疗行为在医学上是被承认的方法,其实质上具有安全性、有效性与必要性;必须以治疗为目的;必须有患者的承诺或推定的承诺。

三、自损行为

自损行为是指行为人自己侵害自己法益的行为。这种行为原则上没有违法性。因为法益主体自身侵害自己的法益时,没有必要认为其法益是应受保护的法益。但是如果这种行为同时侵害了他人的法益时,则不阻却违法性。有的国家刑法还对某些行为设立了独立的构成要件。例如,《日本刑法典》第 262 条规定:"虽然是自己的物,但如果已经受到查封、已经担负物权或已经出租而加以损坏或伤害的,按照前三条的规定处断。"②

四、被害人承诺

所谓被害人承诺,又称权利人承诺或被害人同意,是指行为人基于被害人的同意而损害其合法权益的行为。早在罗马法时代,就有"经承诺的行为不违法"的法谚。现代各国刑法对被害人承诺也多有表述。例如,《意大利刑法典》第 50 条规定:"经可以有效地处分权利的人同意,对该权利造成侵害或者使之面临危险的,不受处罚。"但是,基于被害人承诺的行为并非总是成为违法性阻却事由。被害人的承诺究竟是阻却行为的违法性,还是阻却构成要件符合性,在大陆法系存在激烈争论。德国、日本的通说认为,被害人承诺原则上属于违法阻却事由

---

① 赵秉志主编:《外国刑法原理(大陆法系)》,中国人民大学出版社 2000 年版,第 134—135 页。
② 张明楷:《外国刑法纲要》(第二版),清华大学出版社 2007 年版,第 178—179 页。

（正当化事由），但实质上并不否认其构成要件符合性阻却事由的性质。例如，强奸罪以违反被害人意思作为构成要件的内容，但如果存在被害人的承诺，则不属于强奸行为。

关于被害人承诺阻却违法性的根据，在刑法理论上有"亏损法益说"和"法的目的说"之争。"亏损法益说"认为，被害人自愿放弃自己利益的保护权，放任对方的侵害，经国家承认或默认为正当行为，即属于阻却违法的事由。"法的目的说"认为，被害人承诺是否阻却违法事由，应该根据法的目的性，即根据符合国家所保护的公共福利、生活秩序等法的合理性加以具体说明。符合法的目的性，阻却违法；不符合法的目的性，则不阻却违法。

无论基于何种学说，被害人承诺阻却违法，必须具备一定的有效要件。这些要件主要包括①：

1. 承诺的内容

有效的被害人承诺只限于被害人能够处分的个人法益。单纯的国家法益、社会法益不能作为处分的对象。虽然是个人法益，但如果同时包含有国家、社会法益的内容，一般认为承诺也不能阻却违法性。

2. 承诺的主体

有效的被害人承诺以被害人具有承诺能力为条件。承诺能力指不是被害人事实上或自然的意思，而是充分理解法益侵害的意义、范围、效果的"认识能力"与"判断能力"。不过，由于承诺并非法律行为（如契约），所以不以民法上的行为能力为必要。明显缺乏认识与判断能力的幼儿、精神病患者的承诺无效。对于成年人而言，承诺能力不应限定为具体犯罪的责任能力。只要充分知晓承诺的事实前提，一般就认为具有承诺能力。未满14周岁没有刑事责任能力的未成年人，一般认为其不具有承诺能力。14周岁以上的未成年人的承诺能力则应根据具体的法益种类加以判断。

3. 承诺的任意性与真实性

所谓承诺的任意性，是指承诺必须是出于承诺者内心自由的意思决定，而非受到强制、胁迫所作出来的。例如，通过暴力、胁迫等手段迫使被害人同意他人杀死自己，这种承诺无效，行为人成立故意杀人罪而非教唆自杀、帮助自杀等自杀关联罪。所谓承诺的真实性，是指承诺必须是出自承诺者真实的意思。诸如戏言、玩笑性的承诺，不属于有效的承诺。如果行为人因受欺骗或基于错误而作出承诺时，该承诺是否有效呢？德国的通说在考察这一问题时，是以欺骗为中心

---

① 以下归纳参见陈家林著：《外国刑法通论》，中国人民公安大学出版社2009年版，第344—349页；〔日〕大塚仁著：《刑法概说（总论）》（第三版），冯军译，中国人民大学出版社2003年版，第356—359页。

加以考察,认为只要存在欺骗这一事实,承诺即无效,体现出行为无价值论的色彩。而日本的学者多认为,被害人是否被欺骗并不重要,本质的问题在于被害人基于有瑕疵的意思所做的承诺是否有效,因而应将重点放在基于错误的承诺的效力问题上。

4. 承诺的表示与对方的认识

关于被害人承诺的方式,存在着意思方向说和意思表示说的对立。意思方向说认为,承诺只要存在于被害人的内心就够了;意思表示说认为,需要在外部表明承诺。现在德国与日本的有力主张是,无论表示是明示还是默示均不影响承诺的成立,这被称为限制的意思表示说。有效的被害人承诺是否以行为人认识到被害人存在承诺为必要?意思方向说必然与认识不要说相联系,而意思表示说通常会得出认识必要说的结论。但也有学者虽然持意思表示说,却同时提倡认识不要说。这是因为,认识必要说将对承诺的认识视为主观的正当化要素,而对违法性采取客观立场的学者,多反对主观的正当化要素这一概念,因而主张不要说。

5. 承诺的时间

关于承诺的时间,存在不同观点。一种观点认为,承诺必须存在于行为时,事后的承诺不阻却犯罪成立,而事前的承诺必须延续到行为时;另一种观点认为,承诺以结果发生时存在为充分和必要条件。因为承诺意味着丧失法益保护,所以应以结果发生时为标准。前者是通说。

6. 行为的方法和程度

基于承诺实施的行为本身的方法和程度,必须是国家、社会的伦理规范所承认的。对此,《德国刑法典》第228条的规定值得借鉴,即"在被害人同意的情况下所为之伤害行为,尽管被害人同意该行为但也违背良好风俗时,是违法行为"。例如,为了给病人输血,得到健康者的承诺而采血本身是合法的,但是,用给供血者的身体留下重大伤痕的方法采血或者采血达到给供血者的健康造成障碍的程度,则是违法的。

五、推定的承诺

所谓推定的承诺,是指行为时不存在被害人现实的承诺,但假如被害人知道了事实,当然会在作出承诺的情况下,推定被害人的意思所实施的行为。

德、日学者普遍将推定的承诺分为两种类型:一种是为了被害人利益而实施的推定的承诺行为。例如,邻居外出,家中水龙头破裂,为避免财物损失而闯入其家关闭水阀;或者火灾之际,为了避免烧毁被害人的贵重物品,闯入邻家搬出贵重物品;或者对意识不清的急病患者实施必要的手术,等等。另一种是为了自己或第三者利益而实施的推定的承诺行为。例如,下雨时擅自闯入亲友家取伞,或者擅自进入朋友的空住宅中住宿,等等。

对于推定的承诺阻却违法的根据,存在诸多不同见解,代表性观点主要有以下几种①:第一种观点认为,推定的承诺处于被害人承诺的延长线上,应当根据被害人承诺的法理加以明确。第二种观点认为,推定的承诺属于民法上的事物管理,所以缺少违法性。第三种观点认为,推定的承诺属于超法规的紧急避险,所以不具有违法性。第四种观点认为,推定的承诺属于被允许的危险,因而阻却违法,即推定的承诺属于事前对被害人意思的假定,即使事后证明这种假定是正确的,也不能否认在事前的阶段有误判的可能。因此,推定的承诺只是对被害人知情后会表示同意的一种"盖然性判断",要冒一定的风险,因而只能根据被允许的危险的原理加以正当化。第五种观点认为,推定的承诺同时包含有被害人承诺与紧急避险双方的要求,是处于两者之间的独特的法律制度。为了被害人优越的利益而无法立即获得其承诺的情况下,以及根据其与被害人的关系能够合理地推定可得到被害人承诺的情况下,这种推定的承诺能够正当化。

基于推定的承诺的行为,必须具备以下条件:第一,行为时不存在被害人现实的承诺,否则就是被害人承诺了。第二,以理性一般人的见地为基准,推定被害人知道真情后将承诺,而不是以被害人的实际意思为基准。第三,必须为了被害人的利益而实施行为,即为了被害人的利益而牺牲另一部分利益。第四,必须是针对被害人有处分权限的个人法益而实施的行为。第五,基于推定的承诺的行为,必须具有社会的相当性。

六、治疗行为

治疗行为,是指以治疗为目的,基于当事人本人或其监护人、保护人的承诺或者推定的承诺,采用医学上一般承认的方法伤害其身体的行为。也有不少学者将这种行为归入正当业务行为之中。例如,器官移植、截肢等行为,都属于治疗行为。

关于治疗行为阻却违法性的根据,在理论上有四种学说:第一种是治疗目的说。认为治疗行为之所以阻却违法性,是因为该种行为的目的是为了减轻伤病,增强和恢复人们的身心健康。此说是现代刑法理论中的通说,在司法实践中具有重要意义。第二种是承诺说。认为治疗行为阻却违法的核心是已获得伤病患者本人或者其监护人、保护人的承诺或者推定的承诺。第三种是紧急状态说。认为治疗行为阻却违法的根据在于存在着伤病患者急需治疗的紧急状态。但是,在无紧急状态的情况下,该种理论不能很好地说明治疗行为的正当性。第四种是社会相当性说。认为治疗行为阻却违法,是因为它属于具有社会相当性的

---

① 参见陈家林:《外国刑法通论》,中国人民公安大学出版社2009年版,第350页。

行为,符合公认的社会习惯。然而,如果采用这种学说,则无法对治疗行为的合理范围给予必要的限制。

治疗行为阻却违法,必须具备一定的有效要件。这些要件主要包括:第一,必须具有正当的目的,即必须是为了救死扶伤,为了减轻伤病和恢复健康,以人体实验为目的的行为是被禁止的。第二,主体一般应有医疗业务执照和医生职称,具有一定的医疗技术水平。在缺乏执照和职称时,可以按照一般公认的业务水平,来判断其行为的正当性。第三,具有医学适应性与医术正当性。所谓医学适应性,是指该治疗行为是维持患者生命、健康所必要的行为。所谓医术正当性,是指该治疗行为采用了现代医学所公认的方法,按照现代的医疗技术属于正当的。如果治疗行为虽然具备了医学的适应性与医术的正当性,但不幸失败了,在这种情况下,估计了事前客观的优越利益,并且也符合患者的选择(同意)时,应当认为能够正当化。[①] 第四,必须取得伤病患者本人或其监护人、保护人的承诺或者推定的承诺。患者的承诺以医生的说明作为前提,医生有义务向患者说明治疗行为的必要性、危险性及可能的结果。患者的承诺不是一种概括的承诺,而应是一种具体的承诺。承诺需出于患者的自愿,强制、胁迫、欺骗所造成的承诺是无效的。在来不及取得承诺的紧急情况下,应当按照客观的社会相当性标准来认定医疗行为的正当性。

七、自救行为

所谓自救行为,是指权利受到侵害的人,按照法律上的正式程序、依靠国家机关不可能或者明显难以恢复权利的情况下,依靠自己的力量救济权利的行为。例如,失主某日在路上看到盗窃犯驾驶自己的汽车,在犯罪人企图逃跑时,等不及通过法律程序挽回损失,强令其停车并使用武力夺回该车的行为,便是一种自救行为。

自救行为与正当防卫一样,都属于紧急行为,然而两者的区别在于,正当防卫是在侵害正在发生时实施的,而自救行为是在侵害终了之后、法益侵害状态延续时所实施的。在此意义上,正当防卫属于事前救济,自救行为则属于事后救济。

在现代法治国家中,权利的救济通常要遵循法定的程序,原则上不允许自力救济。但是,事实上国家的救济机关并不是万能的,在难以依靠国家救济机关的紧急事态中,就应当在一定条件下承认被害人自己实施权利恢复行为的合法性。

自救行为必须具备以下条件[②]:第一,对法益实施了违法的侵害。不问是在

[①] 马克昌:《比较刑法原理——外国刑法学总论》,武汉大学出版社2002年版,第405—406页。
[②] 〔日〕大塚仁:《刑法概说(总论)》(第三版),冯军译,中国人民大学出版社2003年版,第367页。

侵害后不久还是在经过一段时间之后,但是,现实进行着侵害时,应当实施正当防卫或者紧急避险,而不允许实施自救行为。第二,将恢复被侵害的法益委于国家的救助机关之手时,事实上不可能或者显著难以恢复的明确事态。第三,以自救的意思实施了自救的行为。第四,为了自救所实施的行为,该事态中直接的恢复侵害行为,在社会观念上是相当的,其方法和程度的补充性及法益权衡性等也应考虑。

八、安乐死与尊严死

所谓安乐死,是指在患者濒临死亡时,承受难以忍受的剧烈身体痛苦,基于其嘱托,使用医学处置方法,使其无痛苦死亡的行为。

根据安乐死是否会伴随有生命的缩短,通常可以分为以下四种类型[①]:一是纯粹的安乐死。这是指不会带来生命的短缩,而单纯以减少、去除死亡痛苦为目的而实施的行为。例如,对于马上就要过世的患者使用麻醉药,减轻其临终前的痛苦。纯粹安乐死属于合法的治疗行为,因而不发生刑法上的问题。二是间接的安乐死。这是指以去除、减缓死亡痛苦为目的而采取的措施,其副作用造成了生命缩短的情况,也称为治疗性安乐死。一般认为,间接安乐死也属于合法行为。三是消极的安乐死。这是指为了不延长患者的痛苦而不采取积极的治疗措施致使其生命短缩的情况。一般认为,消极安乐死也属于合法行为。其根据在于,由于患者有拒绝治疗的自我决定权,所以医生也就不具有作为义务。四是积极的安乐死。这是指为了免除患者的痛苦,而提前结束其生命的情况。积极的安乐死是否属于违法行为,理论上有不同看法。大多数学者认为,积极安乐死只要符合一定的条件,就能够阻却其违法性。值得注意的是,尽管各国法学界、医学界和社会公众支持安乐死合法化的呼声很高,但是,在司法实践中安乐死合法化的进程却异常缓慢。世界上第一个将积极安乐死合法化的国家是荷兰,比利时紧随其后,其他绝大多数国家均未在立法上承认安乐死的合法性。

在刑法理论中,主张安乐死阻却违法的学者认为,合法的安乐死应当具备以下条件:第一,安乐死的对象必须是从现代医学知识和技术的角度来看,身患绝症并且濒临死期的伤病患者。只要患者在医学上还有救治的可能性,或者即使是不治之症但死期还没有迫近,都不允许实施安乐死。至于何为不治之症,则需要根据当时现有的医疗技术水平加以确定。第二,安乐死的目的必须是为了解除患者在肉体上难以忍受的痛苦,而不能是为了解除其精神上的痛苦,更不能是为了其亲属的利益或者国家、社会利益。第三,安乐死的前提必须基于伤病患者的真诚请求和明确的表示,不能推测其死亡的要求。第四,实施安乐死的主体原

---

① 参见陈家林:《外国刑法通论》,中国人民公安大学出版社2009年版,第351—352页。

则上应是具有执业资格的医师。第五,安乐死的执行方法在伦理上必须是妥当的,能够被接受的,既不能给患者造成更大的痛苦,又不能给第三者带来残酷感。

与安乐死相联系的是尊严死(自然死)的概念。由于医学的进步,对植物人等也可能依靠某种装置、药物来维持生命,撤除植物人等的生命维持装置,停止无益的、多余的延长生命措施,让其自然死亡,就是所谓的尊严死。由于认为这种做法是保持了患者的尊严,承认其死亡权利,所以称为尊严死。① 尊严死与安乐死的区别表现为:一方面,尊严死针对的是处于人工维持生命状态下的患者。患者并非正在经历难以忍受的剧烈痛苦,因而也就不存在减缓、消除死亡痛苦的问题,而是停止无益的延命治疗问题。停止治疗的行为会提前患者的死亡时间,符合杀人罪或同意杀人罪的构成要件,是否违法就值得探讨。另一方面,在人工维持生命的状态下,患者不能作出停止治疗自然死亡的明确意思表示。所以,被害人承诺的认定较之安乐死更为困难。② 目前,美国有些州正在立法允许尊严死,韩国也在司法实践中批准了首例尊严死,日本在刑法理论上大多认为尊严死应当适法化。

九、义务冲突

所谓义务冲突,是指存在两个以上互不相容法律义务,为了履行其中的某种义务,不得已懈怠履行其他义务的情况。例如,医生为了抢救重病患者,不得不放弃医治轻病患者;两名未成年子女同时落水,父亲只能拯救其中的一人。

义务冲突与紧急避险虽然都处于"紧急"情况之下,但两者的区别表现为:一方面,在紧急避险的情况下,只要避险者愿意忍受危险,也允许不实行避险,而在义务冲突中法律上要求行为人必须履行其义务。另一方面,紧急避险中的避险行为是以作为形式实施的,而义务冲突中未履行的义务是以不作为形式实施的。

阻却违法性的义务冲突必须具备两个基本条件③:一是作为义务冲突的对象来考虑的义务,必须是法律上的义务,不包括纯粹道德上的义务和宗教上的义务。但是,既然是法律上的义务,就不需要法令直接规定,只要在习惯上或者条理上承认就够了。二是必须权衡义务的轻重,即为了履行高度的、更重要的义务而违反了程度低的义务,或者为了履行程度相同的一项义务而懈怠了他项义务时,其行为是合法的。但是,履行程度低的义务而放弃了程度高的义务时,不阻却行为的违法性;不过,如果行为人没有履行重要义务的期待可能性,则可以阻却责任。

---

① 张明楷:《外国刑法纲要》(第二版),清华大学出版社2007年版,第189页。
② 〔日〕日高义博:《违法性的基础理论》,日本成文堂2005年版,第103页。
③ 〔日〕大塚仁:《刑法概说(总论)》(第三版),冯军译,中国人民大学出版社2003年版,第368—369页。

第六节 可罚的违法性

一、可罚的违法性概说

可罚的违法性理论,是指刑法中的违法性应当是具有值得科处刑罚程度的实质的违法性。根据这一理论,行为除了在形式上符合构成要件之外,还必须是在量上达到了一定的严重程度,在质上值得科处刑罚,才属于刑法上的违法。[①] 根据这一理论,某种行为即使在形式上符合构成要件,也不存在违法阻却事由,但如果不具有可罚的违法性,则不成立犯罪。

可罚的违法性理论萌芽于罗马法的"法不管微事"思想。在刑法理论上,最早使用"可罚的违法性"这一用语的是日本学者宫本英脩。宫本以明治四十三年(公元1910年)10月11日"一厘事件"[②]判决为例,指出"某个行为要成为犯罪,首先要在法律上一般规范性地评价为违法,其次需要在刑法理论上进一步判断为可罚"。这就奠定了以被害法益轻微阻却可罚性的根基,体现了刑法谦抑主义的立场。

其后,佐伯千仞在此基础上对宫本的观点作了进一步展开。佐伯千仞基于法益侵害说的立场,主张某种行为即使符合构成要件,但因为该刑罚法规是预定一定程度的违法性,在被侵害法益轻微没有达到其程度的场合以及被害法益的性质不适于由刑罚干涉的场合,作为没有达到犯罪类型所预定的可罚性的程度的情况,应当认为阻却违法性。[③]

藤木英雄则认为,可罚的违法性是在判断构成要件符合性时应当考虑的、被构成要件类型性地预想的违法性的最低标准。判断其有无的根据,第一是法益侵害或实害的轻微程度,第二是惹起被害的行为的越轨程度,再把这两个方面综合起来认为尚未达到某犯罪构成要件所预想的违法性的最低标准时,就应该认为缺乏构成要件符合性。但是,对于藤木英雄的观点,大塚仁反驳道:构成要件符合性本来只具有明确犯罪的形式的类型性意义,它只不过是以行为符合刑法规定的犯罪的大框架构成要件这种形式的判断为内容。当然,在确认规范性构成要件要素和明确所谓开放的构成要件的内容时,应当作某种程度的实质性考虑,但那也只是应该在决定行为的类型性意义所必要的范围内进行,不存在具体

[①] 〔日〕高桥则夫:《刑法总论讲义案》,日本成文堂2006年版,第107页。
[②] 一厘事件:按照日本旧《烟草专卖法》的规定,烟农应该将所生产的烟草全部卖给政府,违反者构成犯罪。被告人因违反规定,吸食了应该交给政府的价值1厘钱的3克烟草,而被检察机关起诉。明治四十三年10月11日,大审院以被告人的行为过于轻微,判定其无罪。
[③] 马克昌:《比较刑法原理》,武汉大学出版社2002年版,第319页。

的可罚性问题。关于可罚性的具体意义,应当作为违法性论、责任论的问题来研究。像藤木英雄所主张那样,在构成要件的解释中,考虑实质的违法性,一般化地进行可罚性的评价,就会因解释者的恣意,而在构成要件符合性的存否上得出种种不同的结论,有损害构成要件本来的机能的危险。①

二、可罚的违法性论的根据

可罚的违法性论的提出,主要有两大根据:一是刑法的谦抑性;二是实质的违法性论。从刑法的谦抑性立场出发,刑法并不是以所有的违法行为、所有的责任行为为当然对象的,并不是对任何侵害法益或威胁了他人生活利益的行为都发动刑罚;而是尽量采取其他社会统制手段,只有当其他社会统制手段不能起作用时,才适用刑罚。因此,并不是对任何违法行为都适用刑罚,只能对那些值得科处刑罚的违法行为适用刑罚。如果行为不具有这种可罚的违法性,就不能认定为犯罪。与此同时,根据实质的违法性论观点,违法性不单是违反实定法规,而是违反作为实定法规精神、目的的规范,或侵害、威胁的法益。这样,违法就有程度的不同,即有严重的违法和轻微的违法之分。同样是违法,但是民法上的违法和刑法上的违法,在质与量上都有区别。有的违法行为非常轻微,没有达到法律所预想的程度,即使它符合构成要件,也不能认定为犯罪。

由此看来,可罚的违法性理论,是以违法相对论为前提的。即各种法律基于其固有的目的,产生不同的法律效果。例如,民事上的不法行为所产生的法律效果,是以救济被害人的损失为目的的损害赔偿,刑法是以保护法益和维护社会生活的安全为目的,所以其法律效果是最具有强制力的刑罚。因此,作为一种成立条件的违法性,在不同的法领域当然就应当不同,因而刑法上的违法性与其他法律上的违法性具有区别。②

三、关于可罚的违法性理论的争论

对于可罚的违法性理论,日本学者有种种批评的见解,存在激烈的争论。例如,木村龟二对这一理论批判说,承认刑法上特殊的违法性观念,破坏违法的统一性。针对这一点,大谷实指出,由于法律效果的不同,违法性的程度当然是不同的,所以这一批判实属不当。又如,井上祐司对这一理论批判说,认为"是违法但不可罚的"说法,有将原来正当的行为认为是违法的可能性。针对这一观点,前田雅英指出,正当的行为有可罚的违法性的观点,毕竟不符合可罚的违法性理论,所以这一批判也没有理由。再如,臼井滋夫对这一理论批判说,可罚的

---

① 〔日〕大塚仁:《犯罪论的基本问题》,冯军译,中国政法大学出版社1993年版,第122—123页。
② 张明楷:《外国刑法纲要》(第二版),清华大学出版社2007年版,第148—149页。

违法性理论适用标准不明确,有扩大适用或者滥用之虞,会招致无视法律的危害。对此批判,大谷实指出,因为凡是违法性的判断都是具体的、个别的,所以要求统一的标准本身就是不妥当的。①

我们认为,因为只有行为具有足够的社会危害性,才可能构成犯罪。日本学者提出可罚的违法性理论,实际上是以行为的社会危害性的程度如何为标准来认定行为是否构成犯罪的理论。这一理论有助于从实质上而不只是从形式上划清罪与非罪的界限,应当认为也是可取的。反对这一理论的观点,看来都不足以否定这一理论。②

---

① 〔日〕大谷实:《刑法讲义总论》(第四版),日本成文堂1994年版,第253页。
② 马克昌:《比较刑法原理》,武汉大学出版社2002年版,第322页。

第八章 有 责 性

第一节 责任概述

在三阶层犯罪论体系中,行为尽管符合构成要件,也不一定构成犯罪,受到刑法惩罚。行为构成犯罪,必须经过有责性的"滤网"过滤。"没有责任就没有刑罚",是责任主义的基本命题。《德国刑法典》第46条第1款规定:"行为人之责任是刑罚量刑之基础",《日本改正刑法草案》第48条第1款规定:"刑罚应当根据犯罪人的责任量定。"

一、责任的意义

符合构成要件的行为,基本上具备违法性和有责性。但是,为了部分情况复杂、道义上可怜悯、不具有刑事惩罚价值的行为,使之符合法的内在价值,尊重人性弱点,发扬人道精神,贯彻人权保障机能,有必要通过违法性和有责性来调整规范的严格性。

有责性,在犯罪论体系中,通常作为犯罪成立条件之一讨论,使用"责任"概念。所谓责任(schuld;verschuldung;responsibility),在大陆法系学者中有不同的见解。西田典之认为,有责性是指该当于构成要件的违法行为,可以谴责行为人。① 国内有学者认为有责性是指对于行为人的违法行为,能否对行为人个人予以谴责的问题。② 有责性源自刑罚的目的,刑法出于保护法益的目的禁止实施一定的行为,并通过预告、发动针对违反行为的刑罚制裁让国民产生不实施犯罪的动机。现在一般认为,责任是指根据行为人实施的符合构成要件的违法行为,可对其施加无价值判断的非难或者有非难的可能性。③ 不同的责任学说对于责任存在不同认识。有学者从道义责任论的角度,有学者从规范责任论的角度,得出不同的责任概念与特征。本书认为,责任是根据符合构成要件的违法行为,对行为人的行为予以价值判断后所认定的非难或非难可能性。

责任通常有三个特征:(1)有责性判断为犯罪第三阶层的属性判断,非经有责性判断,不得对被告人科处刑罚;(2)有责性判断是根据行为人所实施的行

---

① 〔日〕西田典之:《日本刑法总论》,刘明祥、王昭武译,中国人民大学出版社2007年版,第158页。
② 〔韩〕李在祥:《韩国刑法总论》,〔韩〕韩相敦译,中国人民大学出版社2005年版,第257页。
③ 〔日〕木村龟二主编:《刑法学词典》,顾肖荣等译,上海翻译出版公司1991年版,第218页。

为,对行为人所做的判断,属于行为人判断;(3)有责性判断在于认定行为人所实施的犯罪,在当时情况下有无实施其他行为(合法行为)的可能性。如果有这种可能性,就应当对所实施的行为负责;若没有这种可能性,就不应当对所实施的犯罪负责。①

二、责任主义

(一)责任主义的意义

所谓责任主义,在《德国刑法典》中的表述为"责任原理"或者"责任原则"。责任主义一般有三种含义:(1)责任主义意味着"没有责任就没有刑罚";(2)根据报应刑理论,在责任与刑罚的关系上,刑罚必须是与责任相当的报应刑;(3)在量刑标准上,责任主义是刑罚的轻重程度必须与责任的轻重程度相当,其原则是"刑罚的轻重程度取决于责任的轻重程度",以该原则作为基础的刑法,称之为"责任刑法"。

近代刑法以责任主义为根本原则,责任意味着主观的责任和个人的责任。(1)主观的责任,是排除结果责任或客观的责任,以责任能力以及故意或过失为要件,只在行为能够非难行为人的情况下才能科以责任;(2)个人责任,即个人进对其所实施的犯罪负责,对他人所实施的犯罪不能科以责任。②

(二)责任主义的机能

1."没有责任就没有刑罚"

"没有责任就没有刑罚"是从刑事归责的角度,犯罪的行为和结果作为刑罚的要件,将符合构成要件的违法行为与行为人连接起来,若要归责于行为人,行为人必须具备相应的主观罪过、责任能力等问题。有责性的归责机能主要是针对历史上曾出现的结果责任论。

针对"没有责任就没有刑罚",平野龙一曾提出"有责任就有刑罚"的概念。平野龙一认为,"责任主义是'无责任则无刑罚'的原则,不是'有责任则有刑罚'的原则。责任主义是限定犯罪成立的原则,不是扩张犯罪成立的原则。虽然前者可以叫消极的责任主义,后者可以叫积极的责任主义,但是责任主义的本来的意义就在于前者。"③由于刑罚与刑事责任并不是一一对应关系,刑法典中存在免除刑罚事由,大塚仁对积极的责任主义提出了批评,"近代刑法中责任主义的观念本身本来不是在这种意义上使用的。'没有责任就没有刑罚'是说,为了科处刑罚,作为其前提需要责任的存在,而不能解释为只要责任存在就应当科处刑

---

① 蔡墩铭:《刑法精义》,台湾翰芦图书出版有限公司2005年版,第222页。
② 〔日〕大谷实:《刑法讲义总论》(第4版),日本成文堂1994年版,第315页。
③ 〔日〕平野龙一:《刑法总论》I,日本有斐阁1989年版,第52—53页。

罚"。①

2. 刑罚的轻重程度取决于责任的轻重程度

刑罚和责任的关系与刑罚的本质有关。传统报应刑思想主张刑罚的轻重程度与犯罪造成的危害程度相当,社会防卫论的观点认为刑罚的轻重应由社会防卫的必要性决定。根据现代双面预防的刑罚理论,责任主义应该是决定刑罚轻重的重要标准,刑罚的轻重必须以责任的轻重为核心要素。在量定刑罚时,必须考虑责任的轻重以外的种种政策性要素,但是不应允许超出责任的轻重去科处刑罚。②

三、责任理论的学说

责任理论的学说是不同的学派、不同的学者针对责任的本质、责任的评价对象、标准等问题在不同时期展开的争论。这些理论学说对于深刻理解责任的本质,完善责任的评价方式,构建逻辑体系严密的犯罪论体系有重要作用。

(一)道义责任论与社会责任论

道义责任论与社会责任论是刑事古典学派和刑事社会学派在责任论方面两种相对立的观点。

道义责任论假设行为人是理性人,具有意志自由。刑法上的责任,是行为人在自由意志支配下实施违反法秩序的行为应受的社会伦理性谴责。道义责任论的基本观点是:(1)犯罪是基于人的自由意志实施的行为;(2)具有责任能力的人,是有意志自由的人;(3)故意、过失实际上是对基于自由意志活动所实施犯罪的认识要件;(4)只有在意志自由状态下实施犯罪行为,才能受到伦理非难,对行为人处以报应刑罚才是正当。③

刑事社会学派又称为新派,是以社会防卫为中心的刑法理论。刑事社会学派通过社会学研究证明,犯罪是被决定的,是由社会原因、个人特质、环境原因等决定的,例如饥饿、贫穷、失业、气候、居住环境等因素。对行为人实施刑罚,不是报应,而是出于社会防卫目的。社会责任论的基本观点是:(1)责任是具有社会危险性的人必须承受的、由社会所实施的、作为一定防卫措施的"地位"④;(2)犯罪是被决定的,是个人特质与社会原因、自然环境结合的产物,犯罪人不具有选择是否实施犯罪行为的能力;(3)刑罚应对不是犯罪人实施的犯罪结果,通过犯罪行为体现出行为人危险性格;(4)承受社会防卫地位的,是行为人的人身危险性。

---

① 〔日〕大塚仁:《犯罪论的基本问题》,冯军译,中国政法大学出版社1993年版,第176页。
② 同上书,第177页。
③ 张明楷:《外国刑法纲要》,清华大学出版社1999年版,第190页。
④ 黎宏:《日本刑法精义》,法律出版社2008年版,第177页。

道义责任论以意志自由为核心,但是,现代科学实证研究证明,绝对意志自由是不可能的,例如 2010 年发生在福建郑民生杀人案,郑在法庭上申明自己只负 30% 的责任。这起案例中,行为人尽管有意志自由,但是他的行为确实受到社会因素影响。社会责任论在责任中融入了目的刑罚观念,着眼于预防犯罪。但是以社会防卫为中心的社会责任论,容易与国家主义、权威主义相结合,扩大刑罚权,导致无视责任主义。

(二) 行为责任论、性格责任论与人格责任论

行为责任论与性格责任论是道义责任论与社会责任论在责任对象问题上对立的结果。道义责任论认为应受谴责的是人的行为,衍成行为责任论。而社会责任论认为应受惩罚的是行为人表现出的危险性格,形成性格责任论。

由于刑事社会学派对刑事古典学派强烈抨击,以毕克迈耶为主的后期古典学派最终还是看到了容认和接受近代学派部分观点的必要性,人格责任论是新旧两派妥协的产物。人格责任论主张,刑事责任之归责基础,不但取决于行为,而且取决于行为人之人格形成,前者称为行为责任,后者称为人格形成责任,二者合称为人格责任。人格责任论者在判断刑事责任的归责基础时,首要是判断有无犯罪行为,在此基础上再判断行为人在人格形成过程中有无责任,如果二者兼具,则有刑事责任。[①]

人格责任论的意义在于人格责任论是惯犯加重处罚的依据。如果按照行为责任论,找不出严惩惯犯的任何根据。如果按照性格责任论,惯犯的危险性格将受到社会防卫措施的处罚,但是会导致脱离实际行为的不利后果。然而,行为者的人格形成过程有着极其复杂的结构,有责任与无责任无法区别。对人格责任论中连同人格形成也要追究责任的观点,受到现代刑法不溯及既往原则的困扰。

(三) 心理责任论和规范责任论

心理责任论和规范责任论是针对责任评价要素作出的分类。心理责任论是早期关于罪责理论的观点,规范责任论是建立在批判心理责任论基础上并对其不断完善的罪责理论。

19 世纪后半叶,犯罪理论认为犯罪是由二要件构成,即主观要件和客观要件。前者以责任而言,后者以违法而言。因为责任是主观的,违法是客观的,因此,凡属于心理有关的事实,都属于责任范畴。故意、过失本身就是罪责,是两种不同的罪责方式。其理论缺陷无法解释欠缺责任能力者为何不具有罪责的问题,因为儿童或精神病患者对其所犯行为可能作出完全知与欲的故意行为。同时,该理论忽略了其他的罪责要素,例如阻却罪责的紧急避险行为,虽然行为人

[①] 李希慧、童德华:《人身危险性也是刑事责任归责之基础(上)》,载《刑法论丛》第八卷,法律出版社 2004 年 12 月版。

有知有欲,但并不具有可谴责性。

规范责任论是为应对心理责任的缺陷而提出的责任理论,从行为人与法律的层面把握责任。所谓规范的责任论,是指故意与过失为统一的"规范的要素",除此之外,要求存在行为人实施适法行为的期待可能性。即使存在责任能力与故意或者过失,若无期待可能性仍然不能对行为人非难。规范责任论是 Frank 于 1907 年在《关于罪责概念的构建》一文中率先提出,后经 Goldschmidt、Freudenthal 发展,成为有力的学说。按照规范责任论,责任非难的根据在于行为人违反义务实施违法行为的决意,非难行为人,除要求罪责能力、故意或者过失之外,还要求有期待行为人实施适法行为的期待可能性。

四、责任要素

责任要素,是责任判断的对象。由于责任判断的依据是符合构成要件且没有违法阻却事由的事实,通常,判断是否足以对行为人进行非难以及在有非难可能性的场合达到何种程度的非难,责任要素包含三方面内容:责任能力;责任故意或过失[1];期待可能性。

责任能力是第一责任要素,也是法定的责任要素。责任以成年人健全的精神和心理能力为前提,在行为人精神和心理能力有严重缺陷的场合,如严重精神分离症,行为人往往欠缺认识能力和决定能力,不得对其进行非难。

责任故意或过失是第二责任要素,也属于法定的要素。故意或过失以行为人具有责任能力为前提,具有对构成要件要素的必要认识和决定能力。基于该能力行为人实施一定行为,违反刑法规范的禁止或者命令,显示不同程度的可非难性。

期待可能性是责任的第三要素,是阻却责任的要素。行为人具有责任能力和责任故意或过失,却不具有期待可能性的条件下实施符合构成要件且具有违法性的行为时,也不能苛求对行为人进行非难,根据"法不强人所难"的品格,阻却对行为人进行非难的可能性。

第二节 责任能力

一、责任能力概说

(一)责任能力概念

什么是责任能力?不同的学者对责任能力有不同表述。李斯特认为,对特

---

[1] 也有观点认为责任故意或过失属于构成要件的内容。这是因为不同学说对构成要件有不同理解,本书主张责任故意或过失应当在有责性层次考察。

定行为人的行为进行罪责非难,认为其行为有责的先决条件是他具备正确认识社会要求并以该认识而行为之一般能力。① 西原春夫认为,有责性的第一要件是行为人有责任能力,换言之,是行为人有足以负担刑事责任的能力……所谓责任能力,归根到底可以解释为辨别是非,根据这种辨别而行动的能力。② 林山田认为,责任能力,亦称为罪责能力,乃指行为人担负罪责的能力,亦即具有判断不法与否的辨识能力(Einsichtsfähigkeit),并依此辨认而为行为的控制能力(Steuerungsfähigkeit)。就犯罪行为的法律要件而论,责任能力乃指行为人构成罪责的能力。一般而言,责任能力是行为人具有的辨认自己行为性质以及在此基础上控制自己行为的能力。

(二) 责任能力本质

关于责任能力本质,有道义责任论与社会责任论的学说对立。

道义责任论是刑事古典学派的观点,认为责任能力的本质是意思能力或犯罪能力,责任能力实质上是意志自由的问题。人在具有从善去恶的意志自由前提下,选择实施犯罪行为,应当受到道义上谴责。但是,受到道义谴责的前提是行为人具有自由意志,能够认识他行为的价值或行为的是非善恶;同时,他还必须具有控制自己行为的能力,具有决意实施犯罪行为的能力。

社会责任论基于社会防卫的观点,认为责任能力是刑罚适应能力。社会责任论认为,行为人并不能自由地决定自己的意志,犯罪是个人素质、社会原因与环境的产物。刑法的机能是针对犯罪人将来再犯罪的可能性即危险性格进行社会防卫。对于行为人的认识能力和控制能力,从社会防卫的角度来看并没有特殊的价值,只对具体的防卫措施产生影响。根据行为人适应刑罚能力不同,对不同的行为人采取不同的防卫措施。对于通常之人采取通常刑罚措施,对于精神病人采取保安处分措施。

当前主流观点认为人具有相对的意志自由,在一定范围内能够决定是否实施犯罪行为。行为人具有责任能力,核心要素是辨认能力和控制能力,同时具备相应的刑事责任年龄。即责任能力包括有责行为能力和可罚责任能力。因此,所谓责任能力,是有责行为在生理上和心理上的能力,包括有责行为的能力和可罚的责任能力。③

(三) 刑事责任判断

刑事责任判断通常有三种方法:生物学判断法、心理或规范判断法,以及生物学和心理(混合的)方法等。

---

① 〔德〕李斯特:《德国刑法教科书》,徐久生译,法律出版社 2000 年版,第 270 页。
② 〔日〕西原春夫著:《刑法总论》(改定准备版)(下卷),日本成文堂 1995 年版,第 450 页。
③ 童德华:《外国刑法原理》,北京大学出版社 2005 年版,第 213 页。

1. 生物学判断方法

生物学判断方法是根据生物医学诊断引出行为人有责任能力或者无责任能力,无需考虑生物学因素对于具体行为的影响程度。《法国刑法典》第 64 条以生物学方法规定无责任能力。这种判断方式注重行为人的精神状态对行为的影响,但是忽视了精神状态对行为影响的程度有很大差别,部分精神病或精神障碍对于实施犯罪行为并没有或者只有部分影响。这种判断方法完全依据生物学技术,违反责任本质。

2. 心理的或规范的判断方法

该方法认为责任是对有实施适法行为可能而实施犯罪行为的谴责。只要行为人不存在辨别能力或者控制能力,就认为是无责任能力的人。心理的或规范的判断方法没有充分考虑精神病学现实的科学知识,认识和控制能力只是行为人生理的一部分,不满 14 周岁的未成年人可能具有完全认识或控制行为的能力。

3. 混合的判断方法

混合的判断方法把行为人的非正常状态看做无责任能力的生物学基础,探讨生物学因素是否影响行为人辨别和判断能力的心理问题,亦称为生物学和心理的方法。如《德国刑法典》第 20 条规定:"行为时病理的精神障碍、较重的意识障碍或者精神薄弱以及其他重大精神异常理解行为的步伐,不能以此理解行为的能力的人没有责任。"《瑞士刑法典》第 10 条:"精神病、精神薄弱或者依重大意识障碍认识不法,不能一次认知行为的人不予处罚。"

目前,有影响力的责任能力判断方法是混合的判断方法。依据行为人行为时的年龄和精神状态,将责任能力分为三层:无责任能力、限制责任能力与完全责任能力。

二、责任能力的程度

根据影响责任能力的年龄因素与精神状态,责任能力在程度上通常分为三层:无责任能力;限制责任能力;完全责任能力。

(一)无责任能力

根据责任能力的判断标准,行为人可能在心理层面也可能在生物层面不具有辨认或控制行为及承受刑罚惩罚的能力。

1. 心神丧失

日本判例中,心神丧失指"由于精神障碍,没有认识是非善恶的能力,或者没有服从该认识而行动的能力状态。"心神丧失具有两个要件:(1)必须存有心神障碍的生物学基础;(2)必须缺乏因该生物学基础的辨别事物能力或者意思心理要素。① 心神丧失从广义上包括一切精神疾患,狭义上仅仅包括狭义精神病障碍、意识障碍以及其他障碍。

(1) 精神病障碍。分为:① 外因性精神病,如脑内出现器质变化的情况(脑梅毒等);② 外伤性精神病,例如脑挫伤等;③ 中毒性精神病,例如酒精中毒、兴奋剂等;④ 身体性精神病,例如老年痴呆症、脑动脉硬化、羊痫风等;⑤ 内因性精神病,如精神分裂症、躁郁症等。德国主张上述情况应当无条件地认为是心神丧失,但是,日本判例认为经精神分裂认定之后,需经过心理学的要素判断,才能认为是无责任能力。②

(2) 意识障碍。是指对自己或者外界意识不明晰的状态,分为:① 病态意识障碍,例如脑部器质变化或中毒引起的意识障碍;② 正常意识障碍,例如在睡眠中或激情时的意识障碍。

醉酒也是一种意识障碍。现代医学研究表明,醉酒分为不同情况:单纯醉酒与异常醉酒,异常醉酒分为复杂醉酒与病理醉酒。病理醉酒是在饮酒时,因病理因素急剧呈现苦闷,产生幻觉或妄想,招致无差别的燥郁,伴随而来的是完全健忘的状态。这样的病理性醉酒,应当认为欠缺责任能力。复杂醉酒与病理醉酒不同,与单纯醉酒相比是量上的差异,因而根据行为当时的意识状态,可能认定无责任能力或限制责任能力。单纯醉酒客观上也会导致行为人呈现意识障碍的情形,韩国判例中曾认为是阻却责任事由。③ 但是,由于单纯醉酒是行为人自愿或者过失陷入意识障碍,当前通常以原因自由行为理论解决责任能力问题。关于原因自由行为理论,后面将专题论述。

(3) 其他精神障碍。主要包括:① 精神薄弱,即先天或幼童期产生的智能发育迟缓;② 神经症,即由于不安、过度疲劳、精神冲动等心理原因引起的精神机能障碍;③ 精神病变,即由于性格异常,欠缺适应社会的能力状态。④

2. 无刑事责任年龄

由于未成年人心智不健全,行为容易受到外界环境干扰,同时考虑到未成年人承受刑罚的能力,多数国家规定只有达到一定年龄的人才具有刑事责任能力。德国、日本、意大利、韩国、奥地利、阿根廷等国家均以年满14周岁为刑事责任年龄起点,巴西刑事责任年龄起点是18岁,加拿大、新加坡、印度、泰国等规定为7岁。影响一个国家刑事责任年龄起点的因素比较复杂,可能包括人类学、社会

---

① 〔韩〕李在祥:《韩国刑法总论》,〔韩〕韩相敦译,中国人民大学出版社2005年版,第269页。
② 马克昌:《比较刑法原理——外国刑法学总论》,武汉大学出版社2002年版,第451页。
③ 大法院1969年3月31日69DO232(总览,刑法10—19):"在犯罪时因醉酒没有意识的主张不是单纯犯罪人的否认,而是在法律上阻却成为犯罪的理由之主张,所以在判决理由中应明示对此的判断。"〔韩〕李在祥:《韩国刑法总论》,〔韩〕韩相敦译,中国人民大学出版社2005年版,第271页。
④ 童德华:《外国刑法原理》,北京大学出版社2005年版,第215页。

学、经济学以及其他学科的知识。

（二）限制责任能力

1. 心神耗弱

心神耗弱是主要的限制刑事责任能力类型。《日本刑法典》第39条规定："心神耗弱人的行为，减轻刑罚。"在日本判例中，心神耗弱是指责任能力"显著减少的状态"。具体而言，是指因为精神障碍，行为人的违法性认识能力以及服从该认识而行动的能力显著减少的状态。心神耗弱与心神丧失只是程度上的差别。①

2. 喑哑人

关于喑哑人的刑事责任能力，很多国家并没有提及。有些国家的刑法规定了喑哑者为限制责任能力人。如《日本刑法典》第40条规定："喑哑者的行为不处罚或减轻处罚。"《韩国刑法典》第11条规定："聋哑人的行为，得减轻处罚。"

3. 限制刑事责任年龄

限制刑事责任年龄，是因为未成年人心智尚未完全成熟，社会对于未成年人实施了犯罪行为也存在一定的责任，因而未成年人只在部分严重刑事犯罪内承担刑事责任，或者给予未成年人予以减轻刑事责任的优待。如《蒙古刑法典》第6条第2款规定："14岁以上16岁以下的犯罪人实施杀人、故意重伤和故意伤害他人而导致损害健康的行为，强奸、盗窃、抢劫……应当负刑事责任。"《意大利刑法典》第98条规定："在实施行为时已满14岁，尚不满18岁的，如果具有理解和意思能力，是可归罪的；但是，刑罚予以减轻。"

（三）完全刑事责任能力

外国刑法中对于完全刑事责任能力的情况较少规定，大多是规定了无刑事责任能力和限制刑事责任能力的情形，通过排除法确定完全刑事责任能力的人。

三、原因自由行为

（一）原因自由行为的源起

现代刑法要求"行为与责任能力同在"，刑法典中规定"行为时因精神障碍或其他心智缺陷，致使不能辨别其行为违法或欠缺依其辨识而行为之能力者，不罚"。这申明了行为与责任能力同在理论，表明行为人于行为当时，若因严重的精神障碍而处于无责任能力状态，纵然其行为符合构成要件并具备违法性，也会因不具有罪责而不成立犯罪，不能适用刑罚。这种情况被认定为"责任能力与行为同时存在原则"。

然而，该原则受到醉酒、吸毒等行为的挑战。行为人因醉酒、吸毒而招致自

---

① 童德华：《外国刑法原理》，北京大学出版社2005年版，第216页。

我责任能力降低或丧失,并在这种状态下实施了犯罪行为,是否可以根据责任原则对行为人不处罚或者减轻处罚呢？刑法理论上提出了原因自由行为(actio libera in causa)理论解决这一困境。

原因自由行为理论认为,行为人在完全责任能力状态之时,即具有实现特定犯罪的意思,或能预见其行为有特定法益的侵害,进而以故意或者过失行为使自己陷入无责任能力或限制责任能力状态,并且在这种状态下实现不法构成要件。实现结果的行为虽然不自由,但在原因上却是自由的。亦即行为人在实现不法构成要件的瞬间,虽无意思决定的自由,但在导致无责任能力或限制责任能力的设定原因阶段,行为人仍有意思决定的自由。行为人在有责任能力的状态下产生决定性意志,虽在无责任能力或限制责任能力的情状下,才实现不法构成要件的行为,仍然要承担相应的刑事责任,在学说上称为原因自由行为。

（二）原因自由行为可罚性根据

从刑事政策角度将原因自由行为明文规定予以处罚,在立法与实践中并没有异议。但是,如何解释原因自由行为的可罚性,理论界提出了不同见解。

1. 间接正犯构成说

该说认为,行为人利用在无责任能力状态中的行为被当作间接正犯加以利用,从而惹起结果,所以设定原因行为时就可以完全确定实行的着手。原因自由行为要符合两个条件：第一,行为人必须使自己陷入完全无责任能力状态；第二,行为人利用自己无责任能力状态的行为必须符合构成要件的定型。

该说存在的问题是：原因上自由的行为并非绝对与间接正犯在理论构成方面相同。原因上自由行为的工具因具有责任能力的缺陷而属于限制责任能力[①],但不可能存在利用限制责任能力人而构成间接正犯。

2. 实行行为与责任同时存在原则修正说

该学说内又有不同观点：(1) 原因行为支配可能说。由于原因行为对于结果行为具有支配可能,并且在因果关系上有关联,所以在此限度内,能够为责任奠定基础,并且不违反"责任能力与实行行为同时存在"的原则。该说存在的问题是,仅仅因为可能支配实行行为,没有实行行为追究原因行为的责任,而且原因行为是不符合构成要件的行为。(2) 意思决定行为责任说。西原春夫主张,行为开始时的最终意思决定,贯穿行为的全部直到结果发生,因此,只要在最终的意思决定之际有责任能力,即便在现实实行行为,即惹起结果的行为之际丧失了责任能力,也可以认为行为人具有责任能力而追究其责任。[②] 该说存在的问

---

① 〔韩〕李炯国：《原因上自由的行为》,载《考试界》1980 年 11 月,第 15 页。转引〔韩〕李在祥：《韩国刑法总论》,〔韩〕韩相敦译,中国人民大学出版社 2005 年版,第 277 页。

② 〔日〕西原春夫：《刑法总论》(下卷),日本成文堂 1993 年改订准备版,第 462—463 页。

题是,意思具有不确定性,将当初的心理状态认为是行为时的心理状态,是不合适的。(3)相当原因行为责任说。该说认为,具备责任能力的原因行为是追究责任的对象,原因行为和结果行为之间的"相当因果关系"以及"责任关系"如果被确定,就能追究自由行为的责任。该说存在的问题是,原因行为具有发生结果行为或者结果的相当危险性,如果有故意或者过失就是实行行为,那么通常预备的行为也可能成为实行行为。

3. 结语

原因自由行为的实施行为虽是责任能力欠缺状态下的行为,但受谴责的是原因行为,且原因行为与实施行为之间具有不可分的关系。因此,原因自由行为理论可以认为是行为和责任同时存在原则的例外来认定可罚性。[1]

第三节 责任故意

一、故意的体系性地位

传统观念认为"违法是客观的,责任是主观的",故意属于责任的要素。随着构成要件理论的变化,故意在犯罪论体系中的地位也在不断变化。界定故意的概念及内涵,首先需要了解故意在犯罪论体系中的地位。

1. 责任要素说

责任要素说一直以来处于通说地位,认为故意专属于责任要素,不承认与构成要件的联系。按照因果行为论,意思的内容即故意仅仅是判断责任的对象。[2] 在进行违法性判断时,应当考虑的只是与法益的侵害、危险相关的外部、客观事实,只有这样,才能保证判断的客观性。目的犯中的目的、未遂犯中的故意,都不是主观的违法要素,而是责任要素。

2. 构成要件要素说(违法类型说)

该说将违法行为定型化为构成要件,认为故意是构成要素,其位置就从违法性移到构成要件。目的的行为论认为,为了实现预先所认识的目的而实施有意识、有目的的动作,就是行为。当此目的是构成要件结果时,故意就是行为的构成要件,因此所有故意犯的故意都是构成要件要素。由于构成要件是违法性判断的对象,故意也是违法性的要素,而不是责任要素或责任形式。责任是非难可能性评价,构成非难可能性评价的要素包括期待可能性、违法性认识,而事实的故意或者过失的行为意思是责任非难的对象,应当从责任本身中排除。所以,故意、

---

[1] 〔韩〕李在祥:《韩国刑法总论》,〔韩〕韩相敦译,中国人民大学出版社2005年版,第277页。
[2] 同上书,第138页。

过失是构成要件要素,不是责任要素。

3. 既是构成要件要素,又是责任要素

团藤重光认为,由于构成要件是违法有责类型,故意是主观的违法要素,因而也是构成要件要素。不仅如此,"正是因为行为人具有故意、过失,才能将行为的非难归责于行为人,所以,故意、过失的本质仍然是责任。"① 于是,故意分成两个层次:作为构成要件要素的故意,包括构成要件事实的认识、容认;作为责任要素的故意,包括违法性事实的认识,违法性认识的可能性以及期待可能性。

4. 本书观点

故意是责任要素,构成要件中主观的违法要素属于行为的构成要件。故意反映了行为人主观的非难可能性,属于责任要素的范畴。

二、故意的要素

(一) 故意的概念

对于故意的概念,不同学者有不同见解。德国学者布莱(Blei)认为,故意是对法定构成要件行为情状的知与欲;韦塞尔斯(Wessels)认为,故意是构成要件实现之知与欲;克雷默(Cramer)认为,故意是对属于法定构成要件之客观要素的知与欲。通常认为,故意是由认识符合特定构成要件的客观事实(犯罪事实)和实现其内容的意思所构成。② 前者称为故意中的认识要素,后者称为故意中的意志要素。

(二) 故意的要素

1. 认识要素

关于认识要素,有几种不同学说:① 严格责任说,只要认识符合构成要件的事实即可;② 限制责任说,对于符合构成要件的事实和作为违法性基础的事实都要有认识;③ 对于符合构成要件事实、作为违法性基础的事实和违法性都要有认识;④ 对于符合构成要件事实、作为违法性基础的事实都要有认识,对于违法性认识只要具有认识可能性即可。③

在认识要素中,对于构成要件事实的认识,有学者强调对构成要件客观要素的认识,也有强调对构成要件结果的认识。一般认为,故意首先要求对符合构成要件的事实有认识,但又并不要求对所有的构成要件事实都有认识,例如主观的构成要件要素,如目的犯中的目的,就不是认识的对象;客观的处罚条件也不是认识的对象;结果加重犯中的重结果,也不属于认识要素。通常认为,故意的认

---

① 〔日〕团藤重光:《刑法纲要总论》,日本创文社1979年版,第105页。
② 马克昌:《比较刑法原理——外国刑法学总论》,武汉大学出版社2002年版,第233页。
③ 黎宏:《日本刑法精义》(第二版),法律出版社2008年版,第187页。

识要素包括：

(1) 对构成要件事实的认识,包括构成要件行为主体(公务员、医生等身份要素)、行为客体(人、物、文件等)、构成要件性结果(杀害、伤害、生命的危险等)以及行为性质(欺诈、伪造等)的认识。不仅需要属于基本构成要件的事实,还需要对属于构成要件性的不法加重构成要件与减轻构成要件要素有认识。

(2) 对因果关系的认识。将结果的发生作为构成要件内容的实害犯,对因果关系的认识也属于故意的内容。一般而言,行为人的认识与现实的因果关系之间,不可避免地会出现一些不一致的地方。但是,认识和事实的不一致现象不仅仅出现在因果关系的过程中,而且也会反映在属于构成要件的其他事实中,特别是有关行为的客体和方法上。这属于事实错误的问题。对于因果关系,需要梗概的认识即可。

(3) 规范的构成要件要素。构成要件分为记述的构成要件要素与规范的构成要件要素。规范的构成要件要素分为四种情况：① 纯粹的法律概念,如盗窃等中财物的"他人性"、妨碍公务罪中公务员职务的"适法性"；② 与价值有关系的概念,如猥亵罪中的"猥亵"概念；③ 具有社会意义的概念,如"文书"、"住宅"等概念；④ 伴随事实判断的概念,如危险犯中的"危险"。对规范构成要素的认识,没有必要完全认识,只要达到行为人所属社会的一般人在判断时能理解的程度就足够。

(4) 违法性认识。违法性认识是意识到自己的行为为法所不容许,在外国刑法中是一个重要课题,本书将专门讨论。

2. 意志要素

成立故意,不仅要认识构成要件的事实,还必须具有实现该事实的意思。意志因素是指在认识到构成要件的客观事实后,实现这种客观事实的决意。一般认为,不仅积极希望实现犯罪事实的态度是故意,而且消极容认实现犯罪事实的态度也是故意。①

三、故意的分类

为准确界定故意的危害程度,刑法学者根据不同标准对故意进行了分类。

(一) 确定故意与不确定故意

故意根据智力因素与行为人对实现构成要件的意思联系分为确定故意与不确定故意。

1. 确定故意

确定故意是指行为人认识或者确实预见构成要件结果的实现情况,又称为

---

① 张明楷：《外国刑法纲要》,清华大学出版社1999年版,第210页。

直接故意。例如,在有人居住的建筑物防火而确实预见在里面的人会烧死的事实时,可以认定杀人的确定故意。行为人是否希望结果发生在这里并不重要,因为行为人预见行为结果的必然性,行为中已经体现出实现这种结果的意志。

2. 不确定故意

不确定故意是指对构成要件结果的认识或预见不明确的情况,包括未必故意、择一故意及概括故意。

未必故意是认识到结果可能发生,但不是积极希望结果发生的心理状态,也可称之为间接故意。在《日本刑法典》关于收买赃物罪的案例中,最高法院认为成立故意收买赃物罪不要求行为人一定要确知该物品是赃物,只要行为人意识到可能是赃物而加以收买就能成立。

择一故意是指认识到行为肯定会引起结果,但结果到底发生在数个对象中的哪一个身上,是不确定的情形。如何处理择一故意,有人认为应对两个构成要件都予以处罚,因而结果发生的既遂与结果未发生的未遂产生观念竞合。原则上,择一故意按照客观发生地犯罪予以处罚且只有在结果未发生的犯罪是重大犯罪时才承认两罪的观念竞合才是合理的。当两个犯罪都止于未遂时,以重罪未遂论处。

概括故意是指结果的发生已经确定,但具体对象不确定只有概括认识的情况。例如向人群扔炸弹,尽管对于发生危害公共安全的结果是确定的,但对于发生结果的具体个数并不确定,只有一个概括性认识。甲为了杀死乙勒紧其脖子致使乙进入休克状态,甲以为乙死亡而为了隐瞒罪行将乙扔进水里,但事实上乙是被溺水死亡的,也属于概括故意。然而这种情况只是有关因果关系的认识错误问题。[①]

(二) 事前故意与事后故意

所谓事前故意,是指误认为已经完成特定的故意犯罪,事实上犯罪事实并没有发生,进一步实施一定行为时,当初认识的事实才发生的情形。例如以杀人的故意砍人,误认为已被砍死而将其投入大海,实际上是在海水中溺水死亡。当初杀人的意思称为事前的故意。这种场合,也是因果关系的错误。对于此有不同的观点:(1) 观念竞合说,第一次行为是杀人未遂,第二次行为是过失致人死亡的既遂,两者是观念竞合;(2) 并合说,认为前后两次行为构成故意的未遂与过失的既遂的并合罪;(3) 故意既遂说,认为根据法定符合说的立场,行为者关于因果关系的事前认识,符合相当因果关系的范围,可以认为成立故意。

所谓事后故意,是指没有故意实施特定的行为,在实施行为过程中才产生故意,而将以后的事态置于自然推移的情形。例如医生在手术过程中,发现手术对

---

① 〔韩〕李在祥:《韩国刑法总论》,〔韩〕韩相敦译,中国人民大学出版社2005年版,第149—150页。

象是自己的仇人,遂产生杀意,放置不管,就是事后的故意。实际上,这是可以从不作为犯角度解释。

四、关于故意的学说

关于故意的学说,实际是关于故意内容或者本质的学说。关于故意的本质,存在认识说与意思说的对立,前者强调故意的认识因素,后者强调故意的意志因素。

(一)认识说(表象说)

认识说认为,只要对构成要件事实有认识就成立故意。但是对于构成要件事实的认识程度,存在可能性说和盖然性说的争论。

1. 可能性说。该说认为,为了成立故意,只要认识到构成要件结果发生的可能性就够了。例如,为了取得保险金的目的,烧毁房屋,惹起他人死亡时,如果该行为人预见他人死亡的可能,即使不希望其死亡,对其结果也不能免除故意的责任。然而,仅仅以认识到结果发生的可能性无法区分故意与过失。

2. 盖然性说。该说认为,成立故意,仅仅认识结果发生的可能性是不够的,必须认识到结果发生的盖然性。未必故意与有认识过失之间的区别在于结果发生可能性"程度"的高低。由于盖然性是根据认识程度区分故意与过失,盖然性标准在实践中难以把握。

(二)意思说

意思说在构成要件事实的认识因素方面没有分歧,但在结果发生的心理态度方面有希望说和容认说。

1. 希望说。该说认为,成立故意、意欲或者希望构成要件结果发生是必要的。该说的缺陷是,对于构成要件结果的发生,如果只有积极地意欲或者希望才是故意,那就不能承认作为不确定故意的未必故意。若认为未必故意都是过失,是不妥当的。

2. 容认说。该说是针对希望说不适当缩小故意范围而提出的,是当前关于故意的通说。容认说认为,成立故意,有必要认识构成要件的结果发生可能性并容认它的发生。容认说被评价为正当处理故意中的认识要素与意思要素,明确了故意、过失的本质不同。

五、违法性认识

(一)违法性认识概说

违法性认识,也称违法性意识,是指行为人认识到自己的行为违反公共社会秩序,并为法律所禁止。行为人认识到自己的行为违反一般利益或者共同生活所不可或缺的规范时,即具有违法性认识。这种违法性意识既不是对刑罚法规本身的认识,也不是对可罚性的认识,而是意味着对其行为在法律上不被允许的认识。

关于违法性认识在犯罪论体系中的地位,大概存在以下几种观点:(1)作为故意的构成要素之一。(2)作为故意和过失的共同责任要素。(3)将违法性认识作为责任要素或责任条件之一。西原春夫认为:"责任的条件第一是违法性意识的可能性,第二是期待可能性。"①

关于违法性认识体系的地位,必须根据犯罪论体系合理界定。无论是作为故意的构成要素,还是故意与过失的共同要素,还是作为责任的要素,与故意在犯罪论体系中的地位有直接关系。由于本书坚持故意是责任要素,成立故意应当具备违法性认识,故在故意论中讨论违法性认识问题。

(二)违法性认识的学说

违法性认识的学说,传统上是在违法性认识不必要说与违法性认识必要说之间展开争论。随后目的行为论认为故意是主观的违法要素,违法性认识不能认为是故意要素,而应属于责任要素,形成责任说。

1. 违法性认识不必要说

即故意的成立只要有事实的认识就行,不需要有违法性认识或违法性认识可能性。根据在于:(1)古罗马法彦"不知法律无赦";(2)国民应该知道本国的法律;(3)如果成立故意需要违法性认识,会招致法律松弛。随着社会发展,违法性认识不要说遭到批评:(1)国民知法是一种拟制,事实是不可能的;(2)强调刑法权威,是国家权威主义,违反责任主义;(3)不考虑行为适法可能性,完全忽视行为人的违法性认识,违反规范的责任理论。因此提出"区别说",指判断违法性认识是否必要,需要区分自然犯和法定犯。自然犯不需要考虑违法性的意识,而法定犯则应当考虑违法性认识。由于法定犯和自然犯在理论上的界限比较模糊,而且真正意义上的法定犯也比较少,区别说意义不大。

2. 违法性认识必要说

即故意的成立,违法性认识是必要的。此说又可细分为严格故意说和限制故意说。

严格故意说,指故意犯罪对除犯罪事实有认识之外,以现实的违法性认识为必要。对于严格故意说的批评是,常习犯、激情犯、确信犯、行政犯是否因为违法性认识减低、缺失而减轻或免除刑事责任?严格故意说的反驳是:常习犯、激情犯、确信犯存在违法性潜意识,行政犯场合是认识到犯罪事实,可以从犯罪事实推出违法性认识。

限制故意说,是针对严格的故意说提出的,认为故意的成立未必一定要有违法性意识,只要有违法性意识的可能性即可。该说以人格责任论为基础,主张行

---

① 〔日〕西原春夫:《刑法总论》(改定准备版)(下卷),日本成文堂1995年版,第464页。

为人即使没有违法性的认识,只要能够认定违法性意识的可能性,就可以肯定故意责任。该说存在的问题是,在以"可能性的认识"作为界限的故意概念中引入了"认识的可能性"这一过失的要素,试图把故意与过失这对本质上互相排斥的概念结合起来,存在逻辑上的矛盾。

3. 责任说

责任说将违法性认识的可能性解释为与故意有区别的独立责任要素。目的行为论认为,违法性认识具有在行为意思形成过程中形成反对动机的可能,显示出适法可能性,只要它存在,由于有违法行为,就有非难可能,所以它是责任要素。责任说存在的问题是,犯罪事实的认识和违法性的认识是不可分的,责任说"割裂了故意犯中行为人心理过程的统一构造",在体系上将故意和过失从责任移向构成要件、违法性,导致责任概念空虚化。

(三)违法性认识的内容

故意论中的违法性认识,应当如何理解?违法性认识的内容是什么呢?在学说和判例中存在不同的学说。

1. 违反前法律规范

该说以道义责任论为基础,受到泷川幸辰、小野清一郎等的支持。泷川认为是违反"条理性的认识",小野认为是"国民的道义违反的意识",平场安治以"反社会性的认识"为违法性的认识。该说存在的问题是,前法律规范不能从法的意义中分离出来理解,如果前规范模糊不明确,不符合刑法明确性的要求,对于责任认定将是十分危险。

2. 一般的违法性认识说

该说认为违反法律意识是违反实定法规的意识,在日本是通说。违法性意识的内容仅仅是"违反法秩序的意识",或者"法上不被容许的意识",或者"行为的违法性意识"。尽管如何把握实质的违法性存在问题,但一般是从"全体法秩序的违反",即"一般的违法性"角度理解。

3. 特殊刑法的违法性认识说

特殊刑法的违法性认识说,也称为可罚的违法性认识说,认为违法性认识,必须认识自己的行为成为刑罚的对象,即不仅认识违反刑法,而且也包含认识可能成为具体可罚的违法意义上的"违反可罚的刑罚的认识"。根据该说,关于"可罚的违法性"的错误认识、"法定刑的错误"等,都属于违法性错误。该观点要求违法性认识达到可罚性程度,缩小违法性认识的范围。

在这三种对违法性理解的观点中,违反前法律规范的认识说对违法性之法界定为前法律规范,即伦理性、条理性以及道义性的规范。在这种情况下,与其说是违法性认识,还不如说是有悖道德性认识。一般的违法性认识说,对于违反的是刑法还是指一般秩序,在理论上是有争议的,更多的学者倾向于将法律理解为整体法规范。可罚的违法性认识说,将违法性理解为违反刑法,当然具有妥当性,但将可罚性也纳入违法性认识范畴则有过分之嫌。根据上述分析,第二种观点有更大的影响力。

第四节 责任过失

一、过失概说

（一）关于过失本质的学说

关于对责任过失本质的认识,在西方刑法历史上有三种不同学说:无认识说、不注意说以及避免结果说。

1. 无认识说

该说深受古罗马法影响,认为凡是行为人明知行为将损害他人利益而为之,即为故意;对应加以注意的事情,怠于注意而为之,则为过失。其缺陷在于,将自信避免结果发生的自信过失视为故意显然是不正确的。

2. 不注意说

基于无认识说的缺陷,不注意说认为,犯罪过失是因行为人不注意而欠缺对犯罪事实(以及违法性)的认识,以致发生结果。此说将违反注意义务中要求对危害结果发生的预见置于过失的核心,即认为没有注意,是过失成立的根本原因。不注意说,目前在刑法理论上仍是一种有相当影响的学说。在解释论上,不注意说认为过失是包括有认识过失和无认识过失两种形式的。其缺陷在于,一是忽视认识因素与意志因素的有机联系,将放任结果发生的间接故意包括在过失之中;二是将未认识违法性作为过失的内容,与自信过失的情况也不完全符合。因为在自信过失中完全可以存在对违法性有认识的情况。

3. 避免结果说

该说认为过失违反了预见结果的注意义务或结果避免义务,导致结果发生的情况。避免结果说将过失的核心置于违反避免结果发生的注意义务上,但是该说仍然是以不注意为形式,事实上只不过是不注意说的进一步发展而已。由于避免结果说从规范评价的角度揭示了过失心理的实质——违反注意义务,同时又从注意义务的内容上,划清了与放任的故意以及意外事件、不可抗力的界限,具有合理性,是目前西方刑法理论上的主导学说。

（二）过失的概念

由于不同学说对于过失本质的理解不同,过失概念也有不同观点。根据过失理论的主导学说——避免结果说,过失是违反预见结果的注意义务或者结果避免义务,导致结果发生的主观罪过。

二、过失的要素

关于过失的要素,学者有不同认识。德国学者耶赛克等认为,过失犯的不法构成要件是:违反客观的注意义务,发生、惹起结果及预见可能性。日本学者大谷实认为,过失的成立要件是:欠缺犯罪事实的认识、动机;违反注意义务;信赖原则。川端博将过失的要件分为两个问题:第一个问题是过失要件,包括行为人欠缺过程要件结果发生的表象、容认;欠缺构成要件结果的表象、容认而对实现结果,行为人存在客观的不注意;违反内部的注意义务。第二个问题是信赖原则。综合不同学者观点,本书认为过失犯的构成要件要求具备欠缺犯罪事实的认识、违反注意义务以及结果与行为之间存在因果关系。

1. 欠缺犯罪事实的认识

过失只在欠缺"认识"犯罪事实的场合或者虽有认识但欠缺"容认"的场合成立。前者是无认识过失,后者是有认识过失。

2. 违反注意义务

违反注意义务,是指违反法律认为必要的注意义务。除由法令规定的注意义务外,还承认基于习惯或法理的注意义务。违反注意义务分为违反外部的注意义务与违反内部的注意义务。前者是过失实行行为中的客观要素,后者是与故意并列的构成要件要素。所谓外部的注意义务是指为了避免犯罪事实的发生,注意采取社会生活上认为必要的适当义务,也称结果避免义务。违反内部的注意义务是指使精神紧张而为了避免结果赋予自己动机的义务。

根据注意义务的内容,构成过失需要具备预见可能性和避免可能性。违反注意义务是根据客观标准还是根据行为人个人能力决定,存在争议。客观标准说主张应该客观地决定作为构成要件要素的违反注意义务,违反注意义务是指"侵害客观注意义务"或者"懈怠社会生活所要求的注意",只要行为人根据假想判断认识到保护客体处于危险,即可认可违反注意义务。主观标准说主张应该将行为人个人可能履行的注意义务限于构成要件阶段的理论,又称为个别的违反注意义务说,认为违反注意义务是以行为人可以认识结果发生可能性为前提,应该仅以其能力与知识为标准判断。若行为人具有平均人以上的能力,就具有应当采取可以采取的一切措施的义务。该观点不会加重有能力人的负担,而且可以克服客观性违反注意义务标准不明确的缺陷。

3. 具备客观归属可能性

过失犯的客观归属问题可以根据结果是否因违反注意义务而发生,或者违反注意义务而侵害的规范是否为该结果的规范而得到确定。①

---

① 〔韩〕李在祥:《韩国刑法总论》,〔韩〕韩相敦译,中国人民大学出版社2005年版,第172—174页。

(1) 具有违反注意义务的关联性。过失犯的结果只有在行为人因违反注意义务而发生时才能客观地归属于行为人。因此，即使行为人违反了注意义务且发生了构成要件结果，倘若足以认定履行了注意义务也会发生同样结果，则不具有客观归属可能性。

(2) 保护目的关联性。结果必须是在规范的保护范围内发生，即受到侵害的规范应该是以避免所发生结果为目的的规范，结果在受侵害规范的保护范围外发生时，不能认为构成要件因对该规范的侵害而发生。这被称之为保护目的的关联性。

三、过失的分类

（一）有认识过失与无认识过失

所谓有认识过失，是指犯罪人预见到自己的作为或不作为可能发生危害社会的结果，但是轻信可以防止发生。无认识过失是指行为人应当预见并且能够预见自己的作为或者不作为对社会产生危害结果，但他却没有预见。

（二）通常过失、业务过失与重过失

通常过失是指构成要件上未设特别限定的一般过失。业务过失是指行为人由于"怠于业务上必要的注意"，使犯罪事实发生的场合。业务的性质常因犯罪的情况而有所不同。重过失是与通常过失相对应的概念，指行为人加以细小注意就能尽避免义务，却怠于注意而违反注意义务，应当给予重的刑法评价。

（三）普通过失与特殊过失

普通过失是指违反源于社会一般经验或科学技术经验的抽象规则的过失。特殊过失是指违反包含专门规范中的具体规则的过失。普通过失规则完全是从非法律环境中推论出来，而特殊过失规则必须是实际存在的，形式可能表现为法律、法规、命令或者纪律。①

（四）监督过失与管理过失②

监督过失是指处于让直接行为人不要处于过失地监督地位的人，违反该注意义务的过失。如工厂厂长因对现场工人的指挥、监督过失，致使工作人员疏忽大意，违反操作，引起爆炸事故的情况。管理过失是指管理者对人、财、物等管理不善而构成的过失。例如具有维护火灾自动报警系统职责的人由于疏于履行该义务，导致火灾，造成多数人死亡的场合。

---

① 〔意〕杜尼奥·帕多瓦尼：《意大利刑法学原理》，陈忠林译，法律出版社 1998 年版，第 217—218 页。
② 黎宏：《日本刑法精义》（第二版），法律出版社 2008 年版，第 221 页。

四、关于过失的学说

过失理论影响过失的构成要件。不同的过失理论,主张的构成要件不同。根据过失理论发展史,过失理论经历了旧过失理论、新过失理论、新新过失理论。

（一）旧过失论

旧过失论采取心理责任论,认为过失是由于行为人不注意,即缺乏意识的集中与紧张,在心不在焉的心理状态下,对于可能预见的结果没能预见,由此产生漫不经心的危害而应负过失的责任。而规范责任论认为,责任的根据不仅仅是对行为人造成结果的心理关系的非难,而是对反规范违法行为的非难可能性。所以,过失不单纯是心理概念,应包括所谓违反注意义务之规范要素。由此形成了以规范违反说为核心理论的新的过失理论。

（二）新过失论

新过失论以规范责任论为指导,认为对过失进行非难的实质,在于行为人违反了"法期待行为者服从其命令要求"[①]的具有社会相当性的注意义务规范。过失责任的根据在于行为人违反结果避免义务,其义务虽然包括认识、预见义务,但其核心是不避免结果的发生,即不为避免结果发生而采取适当的手段。由此,注意义务的中心,由结果预见义务转而为结果避免义务,过失犯罪的责任理论亦从"结果无价值"转而为"行为无价值"上。这种以避免结果为注意义务核心的过失理论,被称为"新过失论"。[②]

新过失理论是以过失犯罪的形势变化为背景,以规范责任论为理论基础,以被允许危险的理论和信赖原则理论为前提,以期待可能性理论为理论核心。目前成为德、日刑法中的通说。

（三）新新过失论（危惧感论）

20 世纪 60 至 70 年代,公害现象成为日本日益严重的社会问题。以 1974 年日本最高法院对"森永奶粉砷中毒事件"一案的判决为契机,以藤木英雄为主要代表的日本刑法学者,提出了过失理论中颇有争议的"危惧感"说,亦称为新新过失论。新新过失论认为,对发生具体危害的预见可能性,不一定是必需的。只要具有特别慎重的安全注意态度,就此实施行为就会有危惧感、不安感的情况下,对行为人而言,应积极探知未知的危险,或者谨慎行动。如负担的这种义务有避免的可能,即使该种具体危害内容因行为当时是不可能预见的,也认为行为人有错误,令其负过失责任是合理的。因此,预见可能性如果是对具体的结果有预见,论以过失理所当然,但也未必要求具体性预见,对危险发生有危惧感就可

[①] 洪福增:《刑事责任之理论》,台湾刑事法杂志社 1982 年版,第 25 页。
[②] 林亚刚:《德、日刑法犯罪过失学说介评》,载《法学评论》2000 年第 2 期。

以了。①

对于新新过失论的理论,日本学者大多持否定态度,认为该观点存在重要问题:① 该说面临未知的危险的场合,刑事责任接近于结果责任;② 该说面临未知的危险场合,扩大了过失成立范围。②

第五节 期待可能性

一、期待可能性概说

(一)期待可能性的源起

期待可能性,肇始于德国帝国法院第四刑事部"癖马案"的判决。该案被告人是马车夫,自1895年起,他受雇于一家经营马车出租业的雇主。在受雇期间,被告人发现其驾驭的其中一匹马时时用尾巴缠绕缰绳,并压低缰绳,妨碍被告人驾车。被告人虽多次要求雇主更换马匹,但未获准,迫于生计,只好服从。1896年7月19日,正当被告人驾车之时,该马突然绕住缰绳并用力下压,致被告人不能驾御它,马车往前疾驰,终将一行人撞伤。检察官以过失伤害罪提起公诉,但原判法院宣告被告人无罪。检察官不服,提起上诉,案件移交德意志帝国法院。该法院驳回上诉,维持原判。理由是,要确定基于违反义务的过失责任,不仅要依据行为人当时可能并且已经认识到"驾驭有癖害之马可能伤害行人",还要求以被告人处于当时的境遇,是否有向雇主提出拒绝驾车可能性。期待被告人不顾自己职位之得失,而违反雇主之命令拒绝驾驭该马车,恐事实上不可能。因此本案被告不应负过失责任。简言之,由于不能期待被告人实施其他合法行为,所以,其行为不构成过失责任。③

(二)期待可能性的完善

随着规范责任论的演进,期待可能性理论也逐步完善。以"癖马案"为契机,弗朗克在其1907年所著的《关于责任概念的构成》一书中提出期待可能性概念,开创了期待可能性理论。后经德国学者 J. Goldschmidt、B. Freudenthal 等人努力,现已发展成为规范责任论中的核心理论。

目前,该理论在德国已经禁止乱用。耶赛克认为:"期待不可能这一超法规的免责事由,不论从主观上解释还是从客观上理解,都会减弱刑法的一般预防效果,导致法律适用不平等。因为所谓'期待可能性'不是可能使用的标准。而且免责事由,根据法律明确的体系,设置着不能扩大适用的例外规定。甚至处于困

---

① 〔日〕藤木英雄:《过失犯—新旧过失论争》,日本学阳书房1981年日文版,第33—34页。
② 〔日〕藤木英雄:《刑法的争点》(新版),日本有斐阁1987年版,第96页。
③ 赵秉志主编:《外国刑法原理(大陆法系)》中国人民大学出版社2000年版,第167—168页。

难的生活状况下,即使强迫面对这种状况的人做多大牺牲,共同体也会要求服从法律。"①

二、期待可能性的概念

所谓期待可能性,指行为人有能力且有条件依法选择合法行为的可能性。当具有期待可能性时,行为人故意或过失地实施了违法行为,应该受到谴责,须负刑事责任;当不具有期待可能性时,行为人即便故意或过失地实施了违法行为,也不应该遭到谴责,不负刑事责任。其实,期待可能性的实质在于对行为人的意志自由进行规范性评价,即客观条件是否允许其实施合法行为。当行为人无法进行意志选择时,便不应对他谴责。②

期待可能性是属于一般超法规责任阻却事由,还是只限于法律规定的责任阻却事由,在理论上有不同看法。德国的通说认为,缺乏期待可能性只是刑法规定的阻却责任事由的理论基础,或者说,缺乏期待可能性只限于法律规定的责任阻却事由,而不是一般的超法规责任阻却事由。主要理由是,如果无限制地适用期待可能性理论,就可能导致刑法弹性过大。与此相反,日本的通说则认为,缺乏期待可能性是一般的超法规责任阻却事由。其理由是,既然在实定法的背后,存在期待可能性的思想,那么,在缺乏期待可能性时,应解释为阻却责任。如果只将期待可能性理论作为刑法规定的责任阻却事由的解释原理,就不能充分发挥这一理论的作用。

三、期待可能性的地位

行为缺乏期待可能性,对行为人不处以刑罚,但是期待可能性在犯罪论体系中处于何种地位,理论界仍有不同见解。

(一)独立责任要素说

独立责任要素说认为,期待可能性是责任论中与责任能力、故意、过失平行的独立要素。1907年,弗兰克在《责任概念的构成》中提出,附随情状的正常影响责任的有无及轻重,即将期待可能性要素当作与心理责任论中的责任能力、故意、过失平行的责任要素。理由在于:首先,作为主观责任要素的故意、过失,与作为客观责任要素的期待可能性观念在性质上不同,前者是行为人的主观、心理内容,是责任原则的心理要素,后者从法规范的角度对处于具体状况下的行为人主观选择的评价,以故意或过失为前提,是责任的规范要素。其次,期待可能性与故意、过失在有责性中具有不同的机能。期待可能性反映责任非难程度,而故

---

① 〔德〕耶赛克等:《德国刑法教科书·总论》,徐久生译,中国法制出版社2001年版,第392页。
② 姜伟:《罪过形式论》,北京大学出版社2008年版,第62页。

意、过失与责任非难程度没有直接联系。

（二）故意过失要素说

故意过失要素说认为，期待可能性同故意过失一样为共同的构成要素，即欠缺期待可能性时，就不存在故意或过失。弗洛登塔尔主张把期待可能性置于故意过失的构造之内，认为期待可能性是故意过失共同的"伦理的责任要素"。

该学说理论依据是：第一，作为构成要件的故意、过失与故意过失责任严格区别开，前者纯粹取决于有无对犯罪构成事实的认识或预见，而不管其程度上的差异。期待可能性要作为积极的要素，不仅要说明有无责任的问题，还要阐明其程度。第二，不是出于故意或过失的行为不罚，这是各国刑法的一致规定，因而，当期待可能性因为没有成文法的依据而被当做"超法规性"时，即在故意过失之外承认其他责任要素，不仅与是制定法相抵触，也不能提供法条依据，所以不应被采用。

（三）消极要素说

消极要素说，通常被称为责任阻却说，认为不存在期待可能性是消极要素，也就是说，如果存在责任能力、故意过失，就大致可以推定为存在适法行为的期待可能性，但是，也存在没有期待可能性的例外情形。责任能力以及故意过失等作为责任要素，和期待可能性在理论上绝非同平面上的并列，两者之间是前提和结论的关系。法律允许在行为者仅仅有责任能力和具备故意或过失时，推定有适法行为的期待可能性，即责任能力和故意、过失相互结合，构成责任的原则型。但是如果存在特殊例外情形，就应突破这种推定。例外情形也是基于法的思维，以一定的类型表现出来。综上所述，在大陆法系刑法理论中，大多数学者仍赞成将期待可能性置于责任论中讨论，认为这样比放在其他范畴之中更为妥当。

四、期待可能性的判断标准

期待可能性判断应当采用的标准问题至关重要，但各国刑法学界历来在此问题上歧见纷呈，难以统一。传统的观点包括行为人标准说、平均人标准说、国家标准说、折中说，而类型人标准说则为晚近的学说。

（一）行为人标准说

行为人标准说立足于被期待者的立场，认为应当以行为人本人能力为标准，判断在该具体行为情况下能否期待行为人采取其他的适法行为。该说受到的批判有：(1)有导致弛缓法秩序的可能。(2)造成极端的个别化，背离法秩序的统一性要求。(3)确信犯常常因没有期待可能性而被认为无罪。

（二）平均人标准说

该说认为，要根据一般人处在行为人情形之下来判断有无期待可能性，如果通常一般人可以实施合法行为，就认为该行为人有期待可能性；反之，则认为没有期待可能性。该说受到的批判有：(1) 平均人界限模糊,不利于实际判断。(2) 不能显示出刑罚的个别化原则。(3) 在某些方面也存在同国家标准说一样的缺点：一是强人所难；二是期待可能性标准也不免变成法官标准。

（三）国家标准说

该说立足于国家立场判断期待可能性的标准,认为必须依照国家意志的统一要求,由现今国家所实施的法规作为期待可能性的标准,以决定行为人能不能采取具体的适法行为。其最明显的效果是可以确保法秩序的统一性不受破坏。对该说的批评有：(1) 不利于保障人权。(2) 不能够就期待可能性与具体客观情况之间所存在的动态发展关系作出公正的解释(3) 有导致扩大国家主义的危险。

（四）折中标准说

(1) 以国家(法规范)标准为基础的折中说。(2) 以行为人标准为基础的折中说。(3) 侧重于平均人标准的折中说。此学说主张,期待可能性的标准应该以平均人为基础,而适当参酌其他的标准。

（五）类型人标准说

此说认为应以行为人本身所属的类型人(如本人的年龄、性别、职业、经历等)作为判断期待可能性有无的标准。类型人标准说是在学者们对行为人标准说和平均人标准说不断改进的基础上产生的。[1]

五、因期待不可能的责任阻却事由

（一）刑法上的责任阻却事由

外国刑法中关于期待不能而阻却责任的事由有不同规定。《韩国刑法典》规定的责任阻却事由主要有：

(1) 刑法总则中规定的因期待不能阻却责任的事由：受胁迫的行为、防卫过当、避险过当、自救过当。因期待不能或者期待可能性减小而阻却责任或者减小责任。

(2) 分则中规定的因期待不能而阻却责任的事由：亲属间窝藏犯罪人和毁灭证据的行为,取得伪造货币后明知使用伪造货币并使用的刑罚较轻。

（二）超法规的责任阻却事由

尽管没有刑法的规定,但是以期待不可能性为阻却责任的超法规责任阻却事由有如下情况[2]：

---

[1] 谢望原、邹兵：《论期待可能性之判断》,载《法学家》2008 年第 2 期。
[2] 〔韩〕李在祥：《韩国刑法总论》,〔韩〕韩相敦译,中国人民大学出版社 2005 年版,第 309—311 页。

1. 依绝对拘束力的命令

对于上级公务员的违法命令,误认为合法命令,因不知命令违法而实施,阻却违法。若行为人明知命令违法,但该命令有绝对拘束力,则行为人虽不能阻却其行为的违法性,但可以阻却或者减轻责任。

2. 义务冲突的情形

在同时履行义务相冲突的情况下,行为人为履行低价值的义务而怠慢高价值的义务时,行为人的行为是违法的,但是由于不具有期待可能性而阻却责任。在义务冲突成为责任阻却事由时,并非要求冲突的义务必须是法律义务。具体有以下情况:

(1) 行为人错误理解冲突义务的顺序,本欲履行高价值的义务却履行低价值的义务时,构成禁止的错误。因此,在有正当理由的错误时,必须阻却责任。

(2) 行为人虽然知道是低价值的义务,但因为迫不得已的事由而履行了低价值的义务时,因为没有期待可能性,可以阻却责任。

(3) 在客观的法律秩序或者社会伦理秩序的观点上应履行高价值的义务,但行为人因为个人宗教或者伦理观而履行了低价值的义务时,是确信犯。在该情况下也有解释为阻却责任的见解。但是通常认为不仅不阻却违法,也不能阻却责任。

3. 当生命及身体以外的法益受胁迫的行为

对于自己或者亲属的生命及身体以外的自由、贞操或者财产等,因物理防御而为的受胁迫的行为,尽管不符合刑法总则中关于受胁迫行为的规定,但是在这种情况下可以比照责任阻却事由的基本原理,在没有期待可能性时,也认为是超法规的责任阻却事由而阻却或者减轻责任。

第九章 未 遂 犯

第一节 未遂犯概述

一、未遂犯的概念与形态

所谓未遂犯,是指已经着手犯罪的实行行为而未完成犯罪的犯罪形态。德日刑法理论一般认为,刑法分则各本条所规定的犯罪以既遂为模式,既遂犯的构成要件是基本的构成要件,而未遂犯并不符合基本的构成要件,只是符合修正的构成要件。① 现代各国刑法对未遂犯的规定不尽一致,主要有两种立法例:一种是在未遂犯的概念中明确排除中止犯,如现行《法国刑法典》第125-5 条规定:"已着手实行犯罪,仅仅由于犯罪行为人意志之外的情事而中止或未能得逞,构成犯罪未遂。"另一种是在未遂犯的概念中不排除中止犯,但对中止犯的处罚例外规定。如《德国刑法典》第22 条规定:"行为人已直接实施犯罪,而未发生行为人所预期结果的,是未遂犯。"但第24 条第1 款规定:"行为人自动中止犯罪或主动阻止犯罪完成的,不因犯罪未遂而处罚。如果犯罪没有中止犯的行为也不能完成的,只要行为人主动努力阻止该犯罪完成,应免除其刑罚。"再如,《日本刑法典》第43 条规定:"已经着手实行犯罪而未遂的,可以减轻处罚,但基于自己的意志中止犯罪的,应当减轻或者免除刑罚。"

在大陆法系国家刑法理论中,第一种立法例中未遂犯的概念为狭义的未遂,它仅指障碍未遂,即由于违背行为人意志的原因所导致的未遂;第二种立法例中未遂犯的概念为广义的未遂,它包括狭义的未遂即障碍未遂和中止未遂(出于行为人的意志而形成的未遂)。可见障碍未遂和中止未遂是从未遂的原因上所作的分类。此外,障碍未遂和中止未遂又都可以根据实行行为是否完成为标准分为着手未遂与实行未遂。着手未遂是指行为人已经着手实行犯罪但没有完成实行行为从而未完成犯罪的未遂;而实行未遂是指实行行为已经实行终了但没有发生构成要件的结果而未完成犯罪的未遂。

二、未遂犯的处罚根据

在未遂犯的场合,既然行为人没有完成犯罪或者说没有发生侵害法益的结

---

① 张明楷:《外国刑法纲要》,清华大学出版社1999 年版,第251 页。

果,刑法为什么要给予处罚呢？这就是未遂犯的处罚根据问题。对此,刑法理论上存在主观未遂论、客观未遂论和折中未遂论三种不同的观点。

1. 主观未遂论

主观未遂论以主观主义刑法观为基础,认为处罚未遂犯是因为存在着作为未遂犯的概念要素的犯意本身。根据这一观点,即使结果没有发生,只要通过行为人的行为已经表明出他的犯意的话就可确定他是存在犯意的。既然这个犯意已表明了,那就说明行为人的反社会性格的危险性已经显露出来,所以就可以针对这样的犯意,也就是说与法律为敌的意思而保护法律秩序,并且从社会防卫的角度针对行为人的反社会性格的危险性可以处罚未遂犯。因为是从犯意的存在中寻求未遂犯的处罚根据,所以未遂犯与既遂犯一样受到处罚,把未遂犯与既遂犯一样受到处罚,把未遂犯作为既遂犯的例外处罚的理由不存在。①

2. 客观未遂论

客观未遂论以客观主义刑法观为基础。认为未遂犯的处罚根据在于发生构成要件结果的客观危险性或者法益侵害的客观危险性；即使认定存在犯罪意思,但如果没有发生结果的客观危险性,则不能作为未遂犯予以处罚。② 在客观未遂论中,存在以下争论:作为未遂犯处罚根据的危险,是归结为行为无价值为立场的行为属性的危险(行为危险说)还是求之于以结果无价值为立场的行为结果的危险(结果危险说)呢？ 行为危险说认为,作为未遂犯处罚根据的危险是"行为的危险"(行为的属性),即行为所具有的侵害法益的危险性,危险得有无应以行为时的情况为基础进行事前判断,而不考虑事后的因素,未遂犯的构造就成为以危险的行为为内容的行为犯；结果危险说认为,作为未遂犯处罚根据的危险是"作为结果的危险",即行为所造成的危险状态,危险的有无应以客观情况为基础进行事后的判断。未遂犯的构造被当作是以危险结果发生为必要的结果犯。但问题是:客观未遂论与现代各国刑法普遍将未遂犯作为任意减轻处罚的规定很难相符合。

3. 折中未遂论

折中未遂论认为,未遂犯的处罚根据在于实现犯罪的现实危险性和行为人的主观恶性。行为人的主观犯意固然是处罚未遂犯的重要依据,但实行行为本身所表现出的对法益的危险性也应当一并作为处罚根据予以关注。德国学者耶赛克等认为"纯客观理论今天已经过时了","纯主观理论现在也难以得到支持","未遂犯的处罚根据在于违背行为规范及其所表现的意思；只有当公众对法秩序有效性的信赖受到动摇,法安定性的情感和法和平受到影响时(印象理

---

① 〔日〕野村稔:《刑法总论》,全理其、何力译,法律出版社2001年版,第326页。
② 张明楷:《未遂犯论》,法律出版社和日本成文堂联合出版1997年版,第35页。

论),犯罪行为的可罚性才能被肯定。""印象理论恰当地将未遂的可罚性以维护法秩序的必要性为根据。可罚性的对象,在未遂阶段里,是行为实现的行为人的法律敌对意识,也即相关构成要件的故意的行为不法。"① 1975年《德国刑法典》对未遂犯的界定,就是折中说的例证。

考察上述三种学说,主观未遂论有过于扩大未遂犯成立范围、过于苛刻处罚未遂犯的弊端,所以一般不被接受;客观未遂论意在限制未遂犯的处罚范围和维护罪刑均衡的处罚原则,目前是日本的通说②;折中未遂论是德国刑法理论的多数说。

三、未遂犯的成立范围

关于未遂犯的成立范围,主要涉及过失犯、结果加重犯和不作为犯有无未遂的问题。

1. 过失犯

关于过失犯能否成立未遂,通说的观点持否定态度,认为结果是过失犯的本质属性,只有发生结果才能成立犯罪,因此,过失犯没有成立未遂犯的余地。但肯定论者一般都否认结果是过失犯的本质属性,认为结果发生之前就可以使过失行为个别化。任何犯罪都有实行行为,过失犯也有实行行为,其行为和结果是相互独立的,过失犯存在未遂。况且未遂犯的一般定义并没有排除过失未遂犯的情形。但这一切仅限于理论探讨,即便理论上有过失未遂犯成立的余地,但处罚过失原本就被认为是例外,而处罚过失未遂犯可以说是例外的例外了。正如大谷实所说"过失犯有实行行为,因此,在虽然具有实行行为但没有发生结果的场合,应看成是过失犯的未遂,所以,肯定说妥当。但是,现行法上没有处罚过失未遂犯的规定。"③

2. 结果加重犯

关于结果加重犯有无未遂的问题,刑法理论上有否定说与肯定说之争。

否定说认为,结果加重犯是指实施基本的犯罪行为而导致了加重结果,因而加重其刑的犯罪。也就是说结果加重犯以发生加重结果为前提,如果没有发生加重结果,就不可能成立结果加重犯,也无所谓结果加重犯的未遂。

肯定说又分为三种主张:第一种认为,结果加重犯包括故意的结果加重犯,在这种情况下,如果加重结果没有发生,则成立结果加重犯的未遂。但大塚仁认为:"所谓故意的结果加重犯,因为其在性质上属于故意犯的一种,当然可以承

---

① 〔德〕耶赛克、魏根特:《德国刑法教科书》,徐久生译,中国法制出版社2001年版,第612—615页。
② 张明楷:《未遂犯论》,法律出版社和日本成文堂联合出版1997年版,第30—40页。
③ 〔日〕大谷实:《刑法总论》,黎宏译,中国人民大学出版社2008年版,第337页。

认其未遂,不过不再属于结果加重犯的未遂。"①第二种认为,行为造成了重结果,但基本犯未遂时,是结果加重犯的未遂。但福田平认为"结果加重犯是着眼于基本行为产生重结果所形成的一个加重构成要件,重结果是该构成要件的结果。因此,既然重结果已经发生,即使基本犯未遂,也符合结果加重犯的构成要件,成立结果加重犯的既遂。"②第三种认为,结果加重犯是基本犯罪(故意或过失)与过失犯的复合体,过失犯在理论上可以成立未遂,因此对加重结果的过失犯未遂时,属于结果加重犯的未遂。大塚仁认为"既然对过失犯理论上也能考虑未遂犯,在此,理论上也必须说能够存在未遂的观念。但是,作为现实的问题,不承认结果加重犯的未遂。"③

根据目前的通说,结果加重犯的未遂只能以加重结果是否发生为判断标准,并且《日本刑法典》第243条的规定事实上肯定了结果加重犯有未遂。所以,结果加重犯存在未遂,是一般的见解。

3. 不作为犯

不作为犯分为不真正不作为犯和真正不作为犯。不真正不作为犯存在未遂没有异议,焦点在于真正不作为犯是否存在未遂。过去通说的观点认为,真正不作为犯是举动犯,在作为义务成立的同时,犯罪即达到既遂,没有未遂的余地。但是,"完成作为义务所需的时间范围内不作为的实行行为是在持续着,所以在这期间,比如在被要求退出者退出所需的时间过去之前就被退出去的场合中,不退出罪的(着手)未遂是可以肯定的"。④

第二节 障碍未遂

一、障碍未遂的概念

所谓障碍未遂是指行为人已经着手犯罪的实行行为,非出于自己的意思而未完成犯罪的犯罪形态。显然,障碍未遂在未至于既遂的原因上,与中止未遂区别开来。根据不同的标准,障碍未遂可以分为不同的类型。前一节提及的着手未遂和实行未遂。此外,在德国等处罚不能犯的国家,障碍未遂还可以区分为能犯未遂和不能犯未遂。能犯未遂是指行为能达到既遂却未完成犯罪的情形;不能犯未遂是指由于事实或法律上的原因,行为不可能达到既遂的情形。而根据不能未遂的原因,不能未遂又可分为对象不能未遂和手段不能未遂。

---

① 〔日〕大塚仁:《刑法概说》(总论),冯军译,中国人民大学出版社2003年版,第217页。
② 转引自张明楷:《未遂犯论》,法律出版社和日本成文堂联合出版1997年版,第19页。
③ 〔日〕大塚仁:《刑法概说》(总论),冯军译,中国人民大学出版社2003年版,第217页。
④ 〔日〕野村稔:《刑法总论》,全理其、何力译,法律出版社2001年版,第329页。

二、障碍未遂的要件

关于障碍未遂的成立要件,各国刑法的具体规定各不相同,刑法理论上也不尽一致。日本刑法理论根据其《刑法典》第43条的规定,一般认为成立未遂犯有两个条件:一是已经着手实行犯罪;二是未遂。德国刑法理论根据其《刑法典》第22条的规定,认为一般成立未遂犯有三个条件:一是行为人有犯罪的决意;二是已经开始实行犯罪;三是未完成犯罪。如耶赛克、魏根特就认为未遂犯是以下面三个内容为前提的:实现构成要件的决意作为主观要素;直接开始实现构成要件作为客观要素以及欠缺构成要件既遂作为概念上必需的消极因素。① 需要说明的是,德日刑法理论关于未遂犯的要件,只是着重说明"着手"的含义,而没有注重说明"未遂"的含义。对于未遂,团藤重光表述为"没有充足基本构成要件";大谷实表述为"没有发生构成要件的结果";大塚仁表述为"没有实现犯罪";香川达夫表述为"犯罪的未完成"。

(一) 犯罪的决意

德国刑法理论认为,行为人成立未遂犯首先要具备犯罪的决意。但事实上,一旦着手犯罪实行行为,其主观上必然已形成了犯罪的决意,所以在通常情况下,犯罪的决意并不是未遂犯所要特别讨论的条件。问题是在附条件故意的场合,能否肯定行为人具有犯罪的决意。例如,被告人是一位医生,他打算根据对妇女的检查情况再决定是否实施堕胎行为,即如果有安全堕胎的可能性就实施堕胎,不具有此条件就不实施堕胎。在此心理态度下对妇女进行检查时,是否构成能够堕胎的未遂犯?一般认为,在这种情况下,如果已经形成犯罪的决意,就成立未遂,如果还没有形成犯罪的决意,则不构成未遂。② 由此看来,附条件的故意,也可能有犯罪的决意。

(二) 实行的着手

所谓实行的着手,从形式上说,是指开始实行行为,也就是开始实行符合犯罪构成要件的行为。但如何认定实行的着手,存在着主观说、客观说和折中说的对立。

1. 主观说

主观说认为实行的着手应以行为人主观的犯意为标准来确定。其强调犯罪意思的危险性是犯罪的本质,犯罪是行为人危险性格的表现,危险性格是刑事责任的基础,行为本身只具有征表危险性格的意义。所以当犯罪的意思被表现于外部时即可认定为实行着手。只是学者们的表述各不相同。牧野英一表述为

---

① 〔德〕耶赛克、魏根特:《德国刑法教科书》,徐久生译,中国法制出版社2001年版,第615页。
② 张明楷:《外国刑法纲要》,清华大学出版社1999年版,第259页。

"犯意遂行明了时为着手",宫本英修表述为"犯罪实行的着手就是具有完成力的犯意的表动,或者说这种犯意的表动是犯意的飞跃的表动(详细说是进一步的飞跃的紧张的犯意的表动)"①,木村龟二表述为"行为表明犯意具有确实性时为着手"等等。主观说注意到了行为背后行为人的主观意思,有合理之处。但它完全离开构成要件的要求来谈论犯罪的着手,过分强调行为人的主观意思,难以与构成要件的意义相符合。

2. 客观说

客观说是以客观未遂论为基础,认为应该以客观行为为标准确定实行的着手。该说又可分为形式的客观说与实质的客观说。

(1) 形式客观说

形式的客观说也称定型说,从罪刑法定观念出发,认为实行的着手以行为人实施法定的符合构成要件的客观行为为准。如小野清一郎认为:"犯罪的实行,是符合构成要件的行为。"②近年,形式客观说的有些学者指出,强调只有实施了构成要件行为或构成要件行为一部分时才为实行的着手的观点,会使得未遂犯的范围过于狭窄,所以,应当认为不仅实施了符合构成要件的行为是实行的着手,即使行为人实施了与构成要件有"密接联系行为"时,也属于实行的着手。该说受到学者们的广泛批评,问题在于:什么行为是符合构成要件的行为?为什么与构成要件行为仅有密接关系的行为也被认定是实行行为?

(2) 实质客观说

实质客观说主张以实质标准认定着手即从法益侵害的危险的角度认定着手。但如何判断危险,实质客观说内部形成了两种主要的学说,即行为危险说与结果危险说。

第一,行为危险说认为,开始实施具有实现犯罪的现实危险性的行为时就是实行的着手。只要行为具有侵害法益的一般危险性,即便没有造成作为结果的危险状态时,也能成立未遂犯。行为危险说重视行为无价值,认为行为本身的反规范性是未遂犯的处罚根据。

第二,结果危险说认为,行为只是具有发生结果的抽象危险时,还缺乏处罚根据,只有当行为具有造成结果发生地迫切危险即侵害法益的危险性达到了一定程度的时候,才是实行的着手。

3. 折中说

折中说主张应综合考虑行为的主观方面与侵害法益的危险性的客观方面来

---

① 转引自张明楷:《未遂犯论》,法律出版社和日本成文堂联合出版 1997 年版,第 51 页。
② 〔日〕小野清一郎:《犯罪构成要件理论》,王泰译,中国人民公安大学出版社 2004 年版,第 127 页。

确定实行的着手的时期。如大谷实认为:"实行的着手,是实施从行为人的犯罪计划的整体来看,属于引起侵害法益的迫切危险的行为。"①其中,根据判断重点是基于主观面还是客观面,又可分为"主观的客观说"和"个别的客观说"。

主观客观说认为,对于着手实施,按客观说过于严格,而按主观说很容易使之扩大化,因而应该将实质的、客观的要件与主观要件相结合后认定之。即认定着手的本质标准是受到保护的行为客体或者对实现构成要件的直接危险,而判断这种标准不应依客观标准,而应依主观标准即个别的行为计划决定。② "个别的客观说"将危险判断的重点置于客观面。认为按照行为者的犯罪计划,法益侵害的危险已迫切的时间为实行的着手,但因为犯罪者的计划因人而异,需要个别决定每个具体犯罪的实行的着手。如野村稔认为:"按行为者的计划整体来看行为既有侵害法益的紧迫的危险性的话,就可以以该行为为标准来确定实行的着手。"③

日本的刑法理论和判例一贯认为不能犯不成立犯罪,那么被作为犯罪处罚的行为都具有法益侵害的危险,因此学者们倾向实质客观说,而《德国刑法典》明确肯定了不能犯的犯罪性和可罚性,所以在实行的着手的问题上必须将属于不能犯的情形包括在内,从而德国的主流观点是主观说。

在大陆法系国家的着手理论中,意大利的着手理论比较有特色。《意大利刑法典》第 56 条第 1 款规定:"实施毫不含糊地表明旨在犯罪的、适当的行为的,如果行为尚未完成或者结果尚未发生,对犯罪未遂负责。"从中可以看出,它抛弃了传统的以着手为未遂起点的立法模式,将认定未遂犯的标准归纳为两点:犯罪行为的相称性和行为指向的明确性。所谓相称性,是指未遂行为能对被保护法益造成现实的危险;所谓明确性,是指行为人已实施的行为必须能对客观上表明行为人的行动明显地具有正在实施犯罪的性质。④ 尽管如此,但从理论界对相称性和明确性的解释来说,它仍未能超越传统的着手理论,其本质上仍然是实质的客观说。

三、障碍未遂的处罚

对于障碍未遂应当如何具体处罚,大陆法系国家刑法中有三种立法例和学说:

必减主义以客观主义刑法观为基础,认为障碍未遂中犯罪结果未发生,其危

---

① 〔日〕大谷实:《刑法总论》,黎宏译,中国人民大学出版社 2008 年版,第 332 页。
② 〔韩〕李在祥:《韩国刑法总论》,〔韩〕相敦译,中国人民大学出版社 2005 年版,第 320 页。
③ 〔日〕野村稔:《刑法总论》,全理其、何力译,法律出版社 2001 年版,第 333 页。
④ 〔意大利〕杜里奥·帕多瓦尼:《意大利刑法学原理》(注评版),陈忠林译,中国人民大学出版社 2004 年版,第 266—269 页。

害小于既遂犯,所以必须减轻处罚。现代采用该体例的国家有俄罗斯、意大利等。如《意大利刑法典》第56条第2款规定:"对犯罪未遂者得处罚是:如果法定刑为无期徒刑,处12年以上有期徒刑;在其他情况下,处以为相关犯罪规定的刑罚并减轻三分之一至三分之二。"

同等主义以主观主义刑法观为基础,基于社会防卫考虑,重视行为人的危险性格,而未遂犯和既遂犯在危险性格上并没有差异,因此未遂和既遂应同等处罚。如旧《法国刑法典》第2条规定:"已着手于犯罪之实行,因犯人意外之障碍而无结果发生者,为未遂罪,与本罪同科。"

得减主义是主观主义刑法观和客观主义刑法观相调和的产物,认为从客观方面看,未遂犯轻于既遂犯,但从主观方面看,未遂犯并不轻于既遂犯,所以规定未遂犯的处罚可以轻于既遂犯,而是否减轻,由法官根据具体案情裁量,可以减轻处罚,也可以不减轻处罚。如《日本刑法典》第43条规定:"已经着手实行犯罪而未遂的,可以减轻处罚。"《德国刑法典》第23条第3项规定:"未遂犯得按既遂犯之刑减轻之。"

第三节 不 能 犯

一、不能犯的概述

大陆法系国家刑法中的不能犯的概念有不同的含义。《日本刑法典》仅指不可罚的不能犯,是与广义的未遂(障碍未遂与中止未遂)互相排斥的概念。《德国刑法典》所谓的不能犯是指不能犯未遂。由于各国刑法对不能犯的理解和如何处罚不同,理论上对其概念的表述很不一致。德国学者耶赛克、魏根特认为:"如果行为人以实现犯罪构成要件为目的的行为,根据事实上或者法律上的原因,在现有情况下不可能既遂的,是不能犯未遂。"[1] 韩国学者李在祥认为:"根据有无危险性可以区分不能犯与不能犯未遂。不能犯是由于事实上不可能发生危害后果且不具有危险性而不处罚的行为,而不能犯未遂属于事实上不可能发生危害后果但因其危险性以未遂犯论处的情况。"[2] 日本学者对不能犯的定义虽然表述不同,但都把迷信犯作为不能犯,并认为不能犯是指行为人虽以实现犯罪意思实施行为,但不可能实现犯罪的情况,因而不具有可罚性。

此外,大陆法系国家刑法理论中与不能犯相关的还有以下几个概念:

---

[1] 〔德〕耶赛克、魏根特:《德国刑法教科书》,徐久生译,中国法制出版社2001年版,第634页。
[2] 〔韩〕李在祥:《韩国刑法总论》,〔韩〕韩相敦译,中国人民大学出版社2005年版,第346页。

1. 事实的欠缺

事实的欠缺也称为构成要件的欠缺,历来与不能犯的问题相关联。所谓事实的欠缺,大体上指构成要件要素中,除关于因果关系部分之外的附随要素,即犯罪的主体、客体、手段、行为状况等要素欠缺,行为人误认为存在而实施行为的情况。① 目前刑法理论界对事实的欠缺与不能犯的关系存在争议:一种观点认为,事实的欠缺与不能犯没有区别,因此事实的欠缺不具有独立的实质意义,另一种观点认为,事实欠缺的概念具有独立的实质意义,因而应当与不能犯的概念并用。②

2. 幻觉犯

所谓幻觉犯,是指某种事实并不违法,但行为人误认为违法。幻觉犯属于行为人对规范方面的认识错误。由于行为人的行为在法律上不是犯罪,因而是不可罚的。

幻觉犯不同于不能犯:不能犯是不存在构成要件的事实而行为人误认为存在,可见不能犯是对事实的认识错误;而幻觉犯对事实本身并无认识错误,而是将事实上允许的行为误认为被刑法禁止,可见幻觉犯是对规范的认识错误。

3. 迷信犯

所谓迷信犯是指行为人处于迷信、愚昧无知而采用在任何情况下都不可能产生实际危害的手段、方法,企图实现其犯意的行为。对于迷信犯,只有少数国家的刑法有规定。《泰国刑法典》第81条第2款规定:"因为迷信而实施前款行为的,法院可以免除其刑罚。"迷信犯虽希望引起构成要件结果的发生,但对其行为与危害后果之间的因果关系的认识建立在超自然、不真实的基础上的,客观上没有发生构成要件结果的危险。所以刑法理论认为,迷信犯不构成犯罪,不处罚。

二、不能犯的学说

虽然各国刑法对不能犯处罚的立场不同,对不能犯学说的理解也有所差异,但各国刑法理论公认不能犯的学说是解决实行行为的危险性的学说。如果行为的实施未能发生法定的危害结果,但行为本身具有引起危害结果发生的危险性,则构成未遂犯;当行为的实施未能发生法定的危害结果,且行为本身根本不具有发生危害结果的危险性,则构成不能犯。然而,如何理解"危险性",主要有以下几种:

---

① 马克昌:《比较刑法原理——外国刑法学总论》,武汉大学出版社2002年版,第575—576页。
② 张明楷:《未遂犯论》,法律出版社和日本成文堂联合出版1997年版,第307—318页。

1. 主观说

主观说以行为人主观上的危险性作为判断基础,只要行为人实施了表现犯罪意思的行为,不问该行为有无危险性,都认为是未遂犯。该说又分纯粹主观说与抽象危险说。

(1) 纯粹主观说,为德国学者麦耶、韦尔策尔,日本学者宫本英修等所主张。认为只要行为人以实施犯罪的意思实施了行为,无论其行为是否有危险性,是否齐备了构成要件,由于行为人实施犯罪的危险性格被确证,所以具有值得处罚的法益侵害的危险,应当成立未遂犯,不再构成不能犯。纯粹的主观说过分强调了犯罪的主观要件,将不能犯视为未遂犯,根本否认不能犯的存在,为多数学者所不取。

(2) 抽象危险说

又称"主观的危险说",为德国学者瓦琴菲尔德,日本学者牧野英一、木村龟二所主张,认为抽象的危险是对法律秩序的危险,具体的危险是对一定客体的危险,对其判断要以一般人的认识为基准,当一般人意识到有危险发生时,就是未遂犯;反之是不能犯。也就是说依照行为当时行为人认识到的主观事实,在一般人感到有抽象结果发生的危险场合,为未遂犯;否则成立不能犯。例如,以杀人的目的使他人吃了砂糖,认为砂糖是氰化钾时,是杀人罪的未遂(注:由于氰化钾在一般人看来完全有致人死亡的危险),但是,如果认为砂糖具有杀伤力,就是不能犯(注:由于一般人并不认为砂糖具有致人死亡的危险)。[1]

如果以行为人认识到的事实作为判断资料,同时从一般人的立场判断危险性的有无,那么迷信犯不处罚就有了理论依据。但它仅以行为时行为人所认识的内容作为危险性判断的基础从而有偏重行为人主观方面的缺陷,根据这一标准,就会使不能犯的成立范围变得过于狭窄。

2. 客观说

客观说以客观上发生危险的可能性为判断基础,又分为:

(1) 客观危险说

该说又称绝对不能、相对不能说,该说从行为侵害法益的危险中寻求未遂犯的可罚性根据。将不能发生结果的场合分为绝对不能和相对不能,在所有的结果发生不可能的场合下便认定为不能犯,而在有时候结果发生不可能的场合下则认定为未遂犯。该说的特点是,包括根据事后判断所查明的事项在内,将行为当时所存在的一切客观事实都作为判断的基础,从社会上一般人的角度出发,认为有发生结果危险的时候,就是未遂犯,但是,在没有这种感觉的时候,就是不能

---

[1] 〔日〕大塚仁:《刑法概说》(总论),冯军译,中国人民大学出版社2003年版,第228页。

犯。① 这一观点以事后性地、独立于行为者的意志而客观地判断侵害法益的危险,从而受到站在结果无价值论立场的观点的重新评价。② 朝着这个方向进一步加以精练,就可能解决不能未遂问题,在这个意义上,客观危险说还是带有正确成分的。③

但是,在客观危险说中,绝对不能和相对不能之间的区别标准不明确,例如,用没有达到一定剂量的毒药杀人,结果自然也就不会发生,这是属于相对不能还是绝对不能呢? 再者如果将根据事后判断所得到的所有客观事实都作为基础,根据科学法则进行判断的话,大概不会有未遂犯了,只要没有发生结果,就都是不能犯。④

(2) 具体危险说

与旧客观说的客观危险说相对应,该说又称新客观说。该说为德国学者李斯特,日本学者泷川幸辰、大谷实、大塚仁、川端博、野村稔等所主张,是日本刑法理论的通说。该说同样是从行为对法益的危险性寻求未遂犯的处罚根据,认为以行为当时一般人所能认识到的事实以及行为人所特别认识到的事实为基础,在一般人具体地感到有发生结果的危险的场合,就是未遂犯,否则的话,就是不能犯。该说的核心思想在于,以行为时作为判断之时点,以一般人有认识可能性之事实情况以及行为人特别认识之事实情况作为判断的对象或素材,以社会通常的一般人或具有科学知识的一般人作为判断的基准。具体危险说,在以行为时的事前判断为依据的一点上和抽象危险犯类似,但是,在将一般人的认识也考虑在内的一点上,具有客观的色彩。⑤

但是由于认定危险是根据行为时的事前判断,就一般人也不能认识的事实而言,对于危险判断来说,不管是什么样性质的事实,都要将其从判断的材料中排除,在结论上,和抽象危险说没有多大差别。⑥ 再者行为人所认识的事实与一般人认识的事实不一致时,应以哪一个作为判断标准并不明确。既然进行危险判断的基础不明确,那么未遂犯的处罚范围既可能扩大也可能缩小。

(3) 修正的客观危险说

针对客观说存在的上述疑问,一些学者对客观危险说进行了修正,提出了形形色色的修正的客观危险说。第一,假定的事实说。该说系日本学者山口厚所主张。认为在侵害结果没有发生的场合,事后考虑假定存在什么事实时才能发生侵害结果,再考虑这种假定的事实有无存在的可能性,进而决定有无具体危

---

① 〔日〕曾根威彦:《刑法学基础》,黎宏译,法律出版社2005年版,第129页。
② 〔日〕野村稔:《刑法总论》,全理其、何力译,法律出版社2001年版,第348页。
③ 〔日〕泷川幸辰:《犯罪论序说》,王泰译,法律出版社2005年版,第126页。
④ 〔日〕曾根威彦:《刑法学基础》,黎宏译,法律出版社2005年版,第129页。
⑤ 同上书,第128页。
⑥ 同上。

险。第二，客观的事后预测说。该说系日本学者前田雅英所主张。认为判断有无危险时，应以行为时存在的一切客观事实为基础，以行为时作为判断时间点，判断"从行为时来看结果发生地合理概率……但这个概率到什么程度作为未遂犯处罚，则因国家或时代而异"。①

第四节 中止未遂

一、中止未遂的概述

各国对中止未遂的规定不同，《德国刑法典》第 24 条规定："（1）行为人自愿地使行为不再继续进行，或者主动阻止行为的完成的，不因犯罪未遂而处罚。如果该行为没有中止犯的努力也不能完成的，只要行为人主动努力阻止该行为完成的，即应不予刑罚。（2）数人共同实施同一行为的，其中主动阻止行为完成的，不因犯罪未遂而处罚。如果该行为没有中止犯的努力也不能完成的，或犯罪的未遂与中止犯以前参与的行为无关，只要行为人主动努力阻止该行为完成的，即应不予刑罚。"《日本刑法典》第 43 条规定："已经着手实行犯罪而未遂的，可以减轻刑罚，但基于自己的意志中止犯罪的，应当减轻或者免除刑罚。"无论各国刑法是否将中止犯归入未遂犯，但刑法理论均认为中止未遂与障碍未遂是有严格区别的，并且各国刑法关于中止犯减免刑罚的规定基本上是一致的。

此外，大陆刑法学者达成共识的是，中止未遂只能发生在既遂之前，"犯罪一经既遂，即使行为人试图挽回犯罪后果，也不能成立放弃犯罪的问题，而只成立积极的悔罪。……积极的悔罪不能抹去行为的犯罪性质，但是，法官可以……对悔罪人给予减轻的刑罚。"②然而，日本的立法方式也必然会产生一个问题，即预备行为的中止应如何定性。下一节将会介绍此问题。

一般认为，中止未遂是指已经着手实行犯罪，因行为人自己的意志原因而未完成犯罪的犯罪形态。中止未遂也包括两种类型：着手中止和实行中止。

二、中止未遂减免刑罚的根据

在处罚中止未遂时必须减免刑罚，但至于具体理由各国学者见解不一，理论上称之为中止犯的法律性质问题。

1. 刑事政策说

具体又可细分为一般预防说和特别预防说。一般预防说认为刑罚规定对中

---

① 马克昌：《比较刑法原理——外国刑法学总论》，武汉大学出版社 2002 年版，第 569—572 页。
② 〔法〕卡斯东·斯特法尼等：《法国刑法总论精义》，罗结珍译，中国政法大学出版社 1998 年版，第 245 页。

止犯减免处罚,是基于防止犯罪这一政策理论。该说为李斯特所提倡,他认为"在不处罚的预备和应处罚的着手实行之间的界限被逾越之时,未遂犯之处罚已经实现。这一事实不能再被改变,不能向后退而撤退之,不能从这个世界中被摆脱掉。倒是,立法可以从刑事政策的角度出发,在已经犯了罪的行为人之间架设一座中止犯罪的黄金桥。"①特别预防说为日本学者牧野英一、木村龟二所倡导,该点也认为刑法规定对中止犯减免刑罚是基于防止犯罪这一政策理由,但它着眼于特殊预防,即认为中止犯的人身危险性较少或消灭了,因而减免刑罚。

对于刑事政策说,日本学者多不赞同。西田典之指出:"中止犯确实是为了保护法益而作出的一种政策性规定,这一点不容否认,但如果这纯粹只是一种政策性规定,则难免导致对于不知道政策者便无须给予中止犯恩典这一结论。"②

2. 法律说

法律说主张中止犯必须减免刑罚的根据在于中止行为本身的法律性质。刑罚是犯罪的后果,探讨刑罚减免之根据应当求之于犯罪成立要件,即犯罪违法性和责任。其具体观点又有所不同,可以分为:

(1) 违法性减少消灭说。该说认为,行为人的主观要素对违法性产生影响,行为人在基于自己的意思而中止犯罪行为时,这种主观要素说明行为的违法性减少、消灭了。违法性减少消灭说从中止犯本身寻求刑罚减免的根据,具有合理性,但此说以承认主观的违法要素为前提,遭到了学者们的批评。韩国学者指出:"首先,违法性一旦发生就无法在事后消灭、减轻;其次,将中止未遂视为消灭、减轻违法性的事由时,共犯当中一人的中止对其他共犯也产生影响,而这酒违背了中止犯的独特性质;最后,违法性消灭时应宣告无罪的判决,而这与刑法规定免除刑罚的精神不相符,难免受到批判。"③

(2) 责任减少消灭说。该说认为,行为人在作出犯罪决定并着手实行犯罪之后,又撤回犯罪的决定,这说明行为人的规范意识起了作用,行为人的非难可能性就减少了。对责任减少消灭说,学者们也提出了批评意见。韩国学者认为:"首先,仅以责任的减少难以说明免除处罚;其次,如果责任消灭,中止未遂的情况下只能宣告无罪,而这与刑法的精神不一致;最后,责任依中止可做调整,但不能说责任被消除。"④而且该观点"常常要求中止行为必须基于悔悟等伦理动机,这将使中止犯的成立范围过于狭小"。⑤

(3) 违法、责任减少说。该说是同时采用违法减少说与责任减少说解释中

---

① 〔德〕弗兰茨·冯·李斯特:《德国刑法教科书》,徐久生译,法律出版社 2006 年版,第 349 页。
② 〔日〕西田典之:《日本刑法总论》,刘明祥、王昭武译,中国人民大学出版社 2007 年版,第 256 页。
③ 〔韩〕李在祥:《韩国刑法总论》,〔韩〕韩相敦译,中国人民大学出版社 2005 年版,第 329 页。
④ 同上。
⑤ 张明楷:《外国刑法纲要》,清华大学出版社 1999 年版,第 280 页。

止犯减免刑罚根据的学说。目前理论上主张该说的有川端博、井田良等。该说认为,行为人放弃犯罪的企图,首先说明行为人的责任减少了;其次,根据着手就产生违法问题,中止则减少了违法;再次,由于存在主观的违法要素,因此违法也导致故意的实效性的丧失;最后,中止犯罪的决议,减少了对法的敌对性,从而是责任减少了。违法、责任减少说是综合违法减少说和责任减少说形成的,因此,其在具有两说优点的同时,也无法避免两说的缺陷。

3. 并合说

并合说认为,仅有刑事政策说或者法律说都不能说明中止犯减免刑罚的理由,只有将上述观点结合起来才能解释对中止犯减免处罚的根据。目前刑法理论上,并合的方法多种多样,主要有:政策说+违法性减少说;政策说+责任较少说;违法性减少消灭说+责任减少消灭说;政策说+违法性减少说+责任减少说;可罚的责任减少说等,在此就不一一论述。

三、中止未遂的成立要件

关于中止未遂的成立要件,各国刑法的规定有所不同。一般认为,中止未遂的成立要件主要有以下几点:一是中止意思;二是中止犯罪;三是犯罪结果未发生;四是中止行为与犯罪结果未发生之间的因果关系。

1. 中止意思

所谓中止意思是指行为人出于己意而中止犯罪。进一步说,就是要求在没有外部障碍的情况下,行为人基于自由的意志决定而中止犯罪。理论上一般称其为"中止的任意性"。行为人主观上是否具有中止的任意性,是中止未遂区别于障碍未遂的关键所在。一般来说,是出于己意还是受外界因素强制而停止犯罪,并不难区分。但是,个体中止意图的产生并非是单纯的自我决定,而是或多或少要受到外界因素的影响。一旦外界的影响达到了一定程度而行为人停止了犯罪,那么,行为人究竟是出于己意的中止还是被迫停止的障碍未遂,其界限往往并不清晰。理论界的观点如下:

(1) 主观说。主观说认为,行为人的中止动机是基于对外部障碍的认识时,就是障碍未遂;除此之外的就是中止未遂。也就是说外部障碍实际上不存在,行为人认为存在而中止时,为障碍未遂;外部障碍实际上虽存在,但行为人认为不存在而中止时,是中止未遂。德国学者弗兰克主张该说,认为"能完成不欲完成者",是中止未遂;"欲完成不完成者",为障碍未遂。也就是我们所说的"能达目的而不欲;欲达目的而不能"。这被称为弗兰克公式。

但是这一学说,存在问题:根据这一学说,行为人虽然暂时中止犯罪,而是等待有利时机时,也成立中止。针对弗兰克公式,木村龟二提出了批评:"……关于弗兰克公式所说的"能"、"不能"的可能性,意味着是伦理的可能性或心理的、物理的可能性是不明确的。例如,儿子向父亲瞄准,但没有开枪,从心理、物理的角度是可能的,从伦理上是不可能的。适用弗兰克公式会得出矛盾的结论,弗兰克公式不能区分中止未遂与障碍未遂……"①

(2) 限定主观说。该说是对上述主观说在动机上进行了限定,认为只是基于广义的后悔这种内心的障碍的场合,才能认定为中止未遂。所以广义的后悔,该说的代表学者宫本英修表述为"悔改、惭愧、恐惧、同情、怜悯以及其他类似的感情"。但不少学者认为该说过于严格,意大利学者杜里奥·帕多瓦尼指出:"这里的自愿性,并不意味着行为人必须有后悔、悔过等值得赞誉的动机。"②韩国学者也指出,该说混淆了自愿性与伦理性,所承认的自愿性范围过分狭窄。③

(3) 客观说。该说认为对没有完成犯罪的原因,应根据社会的一般观念,进行一般的客观的评价,判断是否存在障碍。其具体标准是:如果在这种场合对一般人不会产生强制性影响,而行为人中止了犯罪的,成立犯罪中止。反之,如果该场合能给一般人以强制性影响,则是未遂。此说目前是日本刑法理论的通说。客观说同样遭到了学者们的批评。大塚仁指出:"第一说(注:客观说)在理解属于主观性构成要件要素的根据自己的意思这一要件时,不考虑行为人的主观面,只一般经验为标准,从客观的角度来考虑,必须说这种态度是不得当的。"④

(4) 折中说。该说认为,客观说失之片面,中止未遂的成立具有自身专属性,故必须考虑行为人自己的主观认识内容。具体说,应当以行为人自己的认识为基础,社会一般观念肯定行为人能完成犯罪而中止的,是中止犯;反之,社会一般观念否定行为人能完成犯罪的而停止犯罪的,成立障碍未遂。但是,日本学者山中敬一认为,自己的意思这一本来主观的范畴,为什么有必要客观上以一般人的标准来判断是不明确的。

2. 中止犯罪

中止未遂的成立不仅要求行为人主观上有出于己意而中止实行行为的意图,而且客观上还要求中止了实行行为或者防止了犯罪结果。如前所述,中止未遂有两种基本类型,即着手中止和未遂中止。二者的构成条件是不相同的。着手中止的成立只需行为人停止实施行为即可,它要求的是一种作为的中止行为;而要成立实行中止,行为人必须作出积极的防止结果发生的努力,并且要实际防止了结果的发生。理论上认为,着手中止的成立时间只能在实行行为终了之前,

---

① 马克昌:《比较刑法原理——外国刑法学总论》,武汉大学出版社2002年版,第600页。
② 〔意大利〕杜里奥·帕多瓦尼:《意大利刑法学原理》(注评版),陈忠林译,中国人民大学出版社2004年版,第277页。
③ 〔韩〕李在祥:《韩国刑法总论》,〔韩〕韩相敦译,中国人民大学出版社2005年版,第332页。
④ 〔日〕大塚仁:《刑法概说》(总论),冯军译,中国人民大学出版社2003年版,第220—221页。

而实行行为终了后,只可能成立实行中止。因此,实行行为何时终了,对于区分着手中止和实行中止至关重要。

(1) 主观说。该说认为行为是否终了,应以行为人的犯罪计划和认识内容为标准。如果行为人认为实施的行为足以使犯罪结果发生而没有必要继续实施犯罪行为,即便事实上他的行为不会导致犯罪结果发生,实行行为也被认为已经终了;同样,如果行为人认为某种因素的出现使实行行为已不可能继续下去,即使继续实行行为在事实上是完全可能的,也认为实行行为已经终了。

(2) 客观说。该说认为应以行为的外部形态或者对结果发生地客观危险性为标准,区别行为是否终了。在行为人已经着手实施侵害行为的情况下,考虑侵害行为的力度及被害方的具体情况,如果认定客观上已存在发生结果的现实危险性,则实行行为终了。这种情况下,不论被害方受到何种程度的侵害,行为人均不可能因单纯放弃犯罪行为而成立犯罪未遂。

(3) 折中说。该说认为应将行为时的客观情况与行为人的主观内容综合起来进行客观判断。在日本,由于主观说和客观说只是重视了实行行为的一个方面,缺陷是明显的。折中说与实行行为的构造一致,因而理论上得到多数学者的支持。

3. 犯罪结果未发生

成立中止犯,是否要求没有发生结果,是一个有争议的问题。有一种意见认为,行为人基于自己的意思,为防止结果的发生而作出了真诚的努力,即使结果发生,也说明行为人的责任减少了,应认定为中止。但是,日本刑法理论通说认为,成立犯罪中止,必须犯罪结果未发生。因为日本等国家刑法是把中止犯规定为广义未遂犯的形式之一,既然发生了结果,就不能认为是未遂,因而也不可能认定为中止。

4. 中止行为与犯罪结果未发生之间的因果关系

这也是刑法理论上有争议的问题。根据《德国刑法典》第 24 条第 2 款规定:"数人共同实施同一行为的,其中主动阻止行为完成的,不因犯罪未遂而处罚。如果该行为没有中止犯的努力也不能完成的,或犯罪的未遂与中止犯以前参与的行为无关,只要行为人主动努力阻止该行为完成的,即应不予刑罚。"德国刑法理论普遍否认中止行为与犯罪结果未发生之间必须存在因果关系。耶赛克指出:"根据该规定,如结果非因行为人的中止而未发生,例如,行为人不知道其行为属于不能未遂,或者由于第三人的独立介入而使结果未发生,只要行为人主动且真诚努力避免结果发生地,即可认定中止。"[①]

在日本,由于刑法对此未明确规定,理论上有肯定说和否定说的争论。通说

---

① 〔德〕耶赛克、魏根特:《德国刑法教科书》,徐久生译,中国法制出版社 2001 年版,第 655 页。

认为,成立中止犯要求行为人的中止行为与结果不发生之间具有因果关系,即结果之所以不发生,是因为行为人的中止行为所致。当然,要求行为人的中止行为与结果不发生之间具有因果关系,并不排斥他人的协助;但是,如果主要是他人的行为防止结果的发生,行为人只起协助作用的,则不能认定为中止犯。

第五节 预 备 犯

一、预备犯的概述

日本学者对预备犯的定义分为形式上的和实质上的两种:前者表述为"为实现某种犯罪采取谋议以外的方法实施的准备行为";后者表述为"预备是未达到着手的实行行为,是以实行犯罪为目的而实施的对完成犯罪起实质作用的行为。……不具有这种程度的危险性的行为,不能说是预备。"[1]

在大陆法系国家刑法理论中,与预备犯相关的是阴谋犯的概念。日本学者认为,阴谋是指"二人以上就实行一定的犯罪进行商谈、达成合意"。与预备的区别在于,阴谋行为的参加者必须为二人以上,也就是说阴谋行为必须存在于共同犯罪之中。至于预备和阴谋的关系问题,多数学者认为,由于刑法是将阴谋与预备作为两种行为进行规定的,应当将阴谋与预备加以区别:从事实看,阴谋是二人以上在预备行为之前的阶段进行谋议,因而与预备不同。不过,从阴谋的观念本身来看,不一定要求阴谋必须在预备行为之前。[2]

以日本和德国为代表的大陆法系国家刑法在总则中均未无预备犯的一般规定,只是在分则中对少数严重犯罪的预备犯规定了处罚条款。

二、预备犯的种类

对于预备犯,可以分为独立预备犯与从属预备犯;自己预备犯与他人预备犯。

1. 独立预备犯与从属预备犯

这是根据预备犯的性质所作的分类。所谓独立预备犯,是指刑法分则明文规定了预备行为具体的构成要件的情况。从属预备犯,是指对于预备行为并未在分则中单独描述其构成要件,只是将其作为相应实行犯的基本构成要件的修正形式进行处罚的情形。这个分类法引起了理论界对预备行为有无实行行为性的争论。存在肯定说、否定说和折中说三种观点。通说肯定说认为预备罪是以基本构成要件的修正形式进行规定的,因而预备罪有自身固有的构成要件,实现

---

[1] 张明楷:《未遂犯论》,法律出版社和日本成文堂联合出版1997年版,第435页。
[2] 张明楷:《外国刑法纲要》,清华大学出版社1999年版,第282页。

这种构成要件的行为,就应认定为实行行为[①]。

2. 自己预备犯与他人预备犯

这是根据目的行为的主体所作的分类。所谓自己预备犯,是指行为人以自己(或与他人共同)实行犯罪为目的,实施预备行为所购成的预备犯。例如,当刑法规定"以犯前款罪为目的的预备,处……"时,一般只限于以本人实行犯罪为目的,因而是自己预备犯。当刑法独立规定了某种预备犯的构成要件,预备犯的成立不要求以行为人本人实施犯罪为目的,为他人实行犯罪实施预备行为也能成立预备犯的,是他人预备犯。

不过,自己预备犯不一定都是从属预备犯,他人预备犯也不一定都是独立预备犯。例如《日本刑法典》第78条内乱预备罪,虽然是从属预备罪,但也可以是他人预备罪。

三、预备犯的中止

所谓预备犯的中止,是指行为人在实施预备行为后,任意中止其后实行行为的情况。有的国家刑法将中止未遂视为广义未遂犯的一种,而"已经着手实行犯罪"是未遂犯的成立要件之一,于是就出现了行为人在预备阶段出于己意而中止预备行为时,能否适用刑法关于中止犯减免刑法的规定。理论上有肯定说与否定说之争。否定说认为,刑法规定的中止犯只有在着手实行后才能成立,在处罚着手之前的预备犯情况下,没有中止犯的观念。肯定说认为预备犯也有自己的实行行为,因此着手实行预备行为后出于己意而中止预备行为的,当然成立预备犯的中止。否则会刑罚处罚的不均衡。目前肯定说为通说。但是即便承认了预备犯的中止,但在对其适用减免刑罚的规定时,还是存在问题的:究竟应以即遂犯的法定刑为基准,还是以预备罪的法定刑(德日等国家的刑法对预备罪规定了独立的法定刑)为基准进行减免呢?就此问题目前还没有形成统一的结论。

---

① 指实行行为的相对性。

第十章 共　　犯

第一节　共犯理论概述

犯罪是一种复杂的社会现象，在社会生活中，犯罪往往不是仅由一人实施，数人协力实施的情况也不少，前者是单独犯，后者构成共同犯罪。单独犯在刑法上的评价比较简单，按照刑法典分则所规定的犯罪构成为依据进行评价即可。共同犯罪则相对复杂的多。在共同犯罪中，各参与人所扮演的角色往往不同，对犯罪所起作用也迥然相异，对他的评价如果像单独犯那样，给予同一的违法评价，以同样的法定刑处罚，显然是不妥当的。正因如此，自从刑法学诞生以来，共犯就成为刑法理论研究一个永恒的问题。

一、共犯的基本概念和分类

所谓共犯，是指二人以上共同实现犯罪，这是最广义的共犯的概念，共犯是与单独犯相对的概念，基本构成要件以单独犯为前提，而共犯则是复数的行为人参与犯罪行为的形态，共犯的构成要件是一种修正的构成要件或扩张的构成要件。共犯可以从不同角度分类，常见以下两种分类：

（一）任意的共犯与必要的共犯

所谓任意的共犯，是指在法律上预定为单独犯的犯罪，由二人以上共同实施的情况。所谓必要的共犯，是指刑法分则或者其他刑罚法规所规定的，必须由二人以上共同实行的犯罪。必要的共同犯罪这一概念最早是由德国刑法学家许策（Schuetze）于1869年提出来的，这一概念一直是刑法学学理上的概念，并未在刑事立法中加以定义或者解释。[①] 刑法总则所规定的共犯，不包括这种必要的共犯。一般认为，必要的共犯包括对向犯与多众犯。对向犯（对立的犯罪）是指，二人以上的行为相互以存在对方的行为为要件的犯罪，如重婚罪、贿赂罪。多众犯（众合犯、集合犯、集团犯）是指，以多数人向着同一目标的共同行为为成立条件的犯罪，例如，《日本刑法典》第106条规定，"多众聚集实施暴行或者胁迫的是骚乱罪"，这就是多众犯。除了上述对向犯与多众犯以外，还有人提出了会合犯的概念，是指不要求二人以上的行为之间存在对向关系，也不要求像多众犯那样具有集团的性质（这里的集团与我国刑法理论所说的集团不是一个意

[①] 《德国刑法典》，徐久生、庄敬华译，中国法律出版社2000年版，第49—50页。

思,只是意味着多人行为的目标同一)的犯罪。

(二)普通共犯与片面共犯

1. 普通共犯

又称双面共犯,指共同行为人之间互相存在意思联络的共犯,即共同行为人互相知道彼此一起共同实施某种犯罪。通常所说的共犯均属于这种情况,因而称为普通共犯。

2. 片面共犯

又称单面共犯,指共同行为人中一方知道自己与另一方共同实施犯罪,而另一方则不知道他人与自己一起共同实施犯罪。这种情况能否称为共犯,在理论上还存在肯定说与否定说的争论。肯定说认为,共同实施的意思是犯人的心理的事项,其互相交换或共犯者的双方有此交换,不过是外界的事项。所以,作为共犯的主观要件的此意思,在其片面的场合,也可成立,在这种场合,对于有此意思的一方,产生共犯的效果。否定说则认为,因为作为共同成立要件的意思联络必须是相互的,例如甲知道乙的犯意,单方面参与乙的犯罪这种片面的共犯的场合,不成立共犯,从而甲的参与,除了其本身独立成为某些犯罪的场合外,甲为无罪。但多数学者赞成肯定说,并且某些国家的刑事立法在刑法总则中将片面共犯明文加以规定。

二、正犯与共犯

正犯,又称实行犯,即实行犯罪的人。具体说是指直接实施犯罪构成客观要件的行为,或者利用他人作为工具实行犯罪行为的人。根据共同犯罪人之间是否有分工,对共同犯罪形式进行划分,可分为简单共同犯罪和复杂共同犯罪。简单共同犯罪,简称共同正犯(共同实行犯)指二人以上共同直接实行刑法分则规定的某一具体规定犯罪的构成要件的行为。例如:甲、乙各向丙刺一刀将丙杀死。复杂共同犯罪,简称复杂共犯,指各共同犯罪人之间存在着犯罪分工的共同犯罪,这种分工具体表现为:组织犯对整个犯罪活动予以组织策划、指挥领导;教唆犯使他人产生犯罪意图,并不实施犯罪实行行为;实行犯直接实施具体犯罪构成要件的行为;帮助犯对犯罪的实施、完成和保持犯罪后的不法状态,提供物质和精神上的帮助。① 1975年(联邦德国刑法典)第25条规定:"(1)自己实施犯罪,或通过他人实施犯罪的,依正犯论处。(2)数人共同实施犯罪的,均依正犯论处。"如何区分正犯与共犯(狭义的共犯),主要有以下几种学说:

---

① 陈兴良 李汝川:《刑法总论》(第1版),当代世界出版社1999年版,第135—136页;高铭暄、马克昌主编:《刑法学》(上编),中国法制出版社1999年版,第296页;张明楷:《外国刑法纲要》,清华大学出版社1999年版,第299页。

(一) 从因果关系论立场来区分正犯与共犯,有客观说和主观说两种

客观说以因果关系的原因说为基础,认为实施的行为是造成犯罪结果发生的原因者为正犯,是造成犯罪结果发生的条件者为共犯。由于该说把造成结果发生的原因的行为与实行行为等同起来,是不妥的。现在客观说几乎已无人采用。主观说以因果关系的条件说为基础,认为所有的条件对于结果的发生是同等原因,因而根据因果关系不可能区分正犯与共犯,区分正犯与共犯只能以行为者的意思为标准。主观说又有故意说与目的说之别。故意说认为,以实施自己行为的意思而实行犯罪的,叫正犯,以共同实施他人行为的意思而实施犯罪的,叫共犯。目的说认为,为了自己的目的实施犯罪行为的,叫正犯,为了他人的目的实施犯罪行为的,叫共犯。通说认为,主观说完全不顾行为人的行为,而仅仅根据主观因素区分正犯与共犯,不可能将两者区分清楚。

(二) 以构成要件为根据来区分正犯与共犯,有扩张的正犯概念说和限制的正犯概念说两种

扩张的正犯概念说认为凡对构成要件要素的结果的发生给予任何协力的人,都是正犯。或者说,一切共犯本质上都不失为正犯。刑法对数人协力实施犯罪的,之所以区分为正犯、教唆犯和从犯,在于限制本来应视为正犯的人,以便对他们在刑罚适用上有所区别。限制的正犯概念说认为,属于构成要件所固有的行为,称为构成要件的核心的行为;要件以外的行为,称为构成要件的外域的行为。实施前者是正犯,实施后者是共犯。此说的最大不足是忽视了正犯与共犯在主观因素上的区别。

(三) 以目的的行为论立场来区分正犯与共犯

该说主张,以目的的行为支配的存在,为正犯概念的标志,通过有无目的的行为支配来区分故意行为中的正犯与共犯。认为正犯与共犯的区别仅仅存在于故意行为中,在过失行为中,对忽略必要的注意而导致构成要件结果的人,均以正犯论处,所以不存在正犯与共犯的区别。至于何谓目的行为支配,又有不同的观点,例如,德国的威尔兹尔注重于目的的实现意思,玛拉哈则重视符合构成要件的事实之目的的统制,即客观的行为支配说。此说虽然力图把行为人的主观要素和客观要素综合地加以考虑,但用以区别正犯与共犯仍是困难的。因为正犯固然存在目的的行为支配,即使教唆者和帮助者,关于其共同犯罪行为,也存在目的意识的支配。不过,此说仍为德国刑法学界的通说。

三、间接正犯

(一) 间接正犯的概念

所谓间接正犯,指利用他人为工具而实行犯罪的情况。就利用他人实行犯罪之点来说,间接正犯与共犯相类似;但被利用的他人,在间接正犯的场合一般

不构成犯罪,在共犯的场合则构成犯罪,因而两者又有根本的区别。既与共犯不同,又非直接正犯,因而就间接实行犯罪上命名,称之为间接正犯。间接正犯也叫间接实行犯、他手正犯,是针对直接正犯而言的,间接正犯是正犯的一种,"正犯之概念,从广义言,系以刑法分则各本条所定之构成要件为其法的根据,凡实施犯罪之行为者,皆为正犯,并不问其实现构成要件,系出于自己之手,抑利用他人之手,称前者为自手正犯,也称直接正犯;称后者为他手正犯,也称间接正犯。"①1974年《日本刑法修改草案》第26条第2款规定:"利用非正犯的他人实行犯罪者,也是正犯。"

间接正犯既是利用他人实行自己的犯罪,所以,如何具体地认定,往往从两方面展开论述:一是利用者方面,在这方面有"工具理论"(利用他人作为工具者是间接正犯)、"行为支配论"(支配他人行为者为间接正犯)等。二是被利用者方面,在这方面,或者认为被利用者的行为不具备犯罪构成要件;或者认为被利用者是正当行为者或过失行为者或无责任能力者等而被作为工具;或者服从于利用者的行为支配,因而构成间接正犯。

间接正犯在刑法上有无承认的必要,在学说上存在着争论。

客观主义的刑法理论认为,共犯即教唆犯和从犯从属于正犯的犯罪而成立。正犯不构成犯罪时,教唆犯和从犯即不构成犯罪,因而也就没有处罚的根据。有责任能力人利用(教唆或帮助)无责任能力人或无犯罪意思人实施犯罪时,由于实施犯罪的人无责任能力或无犯罪意思,从而不构成犯罪;依照共犯对于正犯从属性的理论,利用他人犯罪者,他人不构成犯罪,因而也就没有处罚的根据。另一方面,这种行为与利用工具犯罪无异,如果不加处罚,又与犯罪应予处罚的法理不合,于是不把利用者即教唆者或帮助者叫做教唆犯或帮助犯,二名之曰间接正犯,借以调和客观主义共犯理论的矛盾。而在主观主义的刑法理论看来,共犯是数人共犯一罪,只要行为共同,即属共犯,无所谓从属性;共同犯罪人中,即使有无责任能力人或无犯罪意思人,对于共犯的成立则不发生影响。因而利用(教唆或帮助)无责任能力人或无犯罪医死人的行为实施犯罪,仍不失为共犯,自应按共犯负责,丝毫没有承认间接正犯的必要。1988年修订的《韩国刑法典》第33条规定,对间接正犯,依共犯处罚。即"对于因某种行为不受处罚者或者按过失犯才处罚者,予以教唆或者帮助而使其犯罪行为发生结果的,依照教唆犯或者帮助犯处罚。"当前在日本,不少学者都把间接正犯认为是正犯的一种。如西原春夫说:"间接正犯与直接正犯同样是正犯的一种形态。"

---

① 高铭暄主编:《刑法学原理》(第二卷),中国人民大学出版社1993年版,第423页;陈兴良:《共同犯罪论》,中国社会科学出版社1992年版,第92—94页;曾宪义:《中国刑法案例与学理研究》(第1版),法律出版社2001年版,第121页;陈兴良:《刑事法评论(第2卷)》(第1版),中国政法大学出版社1998年版,第207页。

间接正犯需要根据固有的正犯概念论证其正犯性,换言之,确定能够包含间接正犯的"正犯"概念是必要的。如何论证,学者间意见不一,主要有行为支配说、实行行为性说、规范的障碍说。我们认为,由于"行为支配"的观念不明确,行为支配说确实难以说明间接正犯的正犯性。实行行为性说,从间接正犯的行为的性质具有与直接正犯的实行行为相同的性质,因而认定间接正犯的正犯性,无疑是正确的;但它没有结合间接正犯的特殊性来分析,似有所欠缺。规范的障碍说,从间接正犯是利用他人作为工具犯罪这一特点分析,以被利用的他人是否成为规范的障碍性为标准加以论证,这就弥补了实行行为性说的缺陷,具有说服力;只是对规范的障碍缺乏清楚的说明,不免使人有美中不足之感。

(二)间接正犯的成立范围

间接正犯在如下场合成立:

(1)利用无责任能力者。这是间接正犯最典型最基本的形态。日、德刑法学者认为,具有责任能力是责任的前提条件,从而无责任能力者的行为时无责任的行为,利用无责任行为的场合,就成为解释间接正犯的根据。例如教唆精神病人伤害自己的仇人,或教唆幼年人偷窃别人的财物等,都是间接正犯。因为被利用者的精神状态有严重障碍或者还不成熟,因而缺乏辨别是非的能力,其身体的活动,只不过是被人作为一种工具来使用,所以利用者具有正犯性。

(2)利用缺乏构成要件的故意。这就是所谓利用不知情者的间接正犯。例如医生为了达到杀人的目的,将装有毒药的针交给护士为被害人注射,构成杀人罪的间接正犯。被利用者不知情的原因,也可能是由于受到利用者的欺骗无法了解真相,也可能是由于自己的过失而造成。在被利用者无过失的情况下,构成间接正犯,虽为主张间接正犯的学者所公认,但在被利用者有过失的情况下,是否能够成间接正犯,还有不同的看法。一部分学者持否定说,如德国刑法学者毕克迈耶(Birkmeyer)。另一些学者持肯定说,如德国刑法学者弗兰克(Frank)。此外,还有人采取折中的见解。

(3)利用有故意的工具。所谓有故意的工具,指被利用者有责任能力并且故意实施行为,但缺乏目的犯中的必要目的(无目的的有故意的工具),或者缺乏身份犯中所要求的身份(无身份有故意的工具)的情况。利用这种被利用者的行为,能否认为是间接正犯。其理由是,为了成立共犯,则以其全体成员具备全部构成要件要素为必要,从而,利用有故意的工具,既不能成为教唆犯,也不能成为共同正犯。

所谓利用无目的有故意的工具,即以一定目的为犯罪构成要件的犯罪,利用者有该种目的而利用无该种目的的人实施犯罪的情况。所谓利用无身份有故意的工具,即以一定身份为犯罪构成要件的犯罪,利用者有该种身份而利用无该种身份的人实施犯罪的情况。

(4) 利用适法行为。适法行为是本来不构成法律规范禁止对象的行为,既不具备构成要件要素的行为和原是禁止对象但个别场合被认为正当化的行为,即存在正当事由(违法阻却事由)的行为。前一种情况能够构成间接正犯,固不待言;即使后一种情况,一般也认为能够构成间接正犯,利用被利用者的正当防卫行为、紧急避险行为、职务上执行上级命令的行为而犯罪的场合,被利用者的行为虽然没有违法性,但利用这种行为的行为,依然具有违法性,构成间接正犯。日本的审判实践也持这种观点。

(5) 利用非刑法上的行为。刑法上的行为时基于意思支配可能的态度,因而像反射运动或睡眠中的行动,像非基于意思支配可能的活动或在绝对的强制力之下的行动,都不是基于自由意思决定的活动,从而都不能认为是刑法上的行为。利用他人的这一类行为,能否构成间接正犯,意见也不一致。有些学者持否定说,如德国学者弗兰克、麦兹卡等。有些学者则持肯定说,如日本学者西原春夫。

四、共犯的本质

关于共犯的本质,形成了几种学说的对立。

(一) 犯罪共同说与行为共同说

犯罪共同说认为,数人共同实施特定的犯罪,才能认定为共犯。其理论根据是:按照构成要件的理论,犯罪首先必须是就相同的犯罪类型的共犯。因此,共同正犯的成立,要求二人以上的行为符合某个构成要件。这样严格限定共犯的成立范围,有利于实现刑法的保障机能。犯罪共同说中又分为完全犯罪共同说与部分犯罪共同说。完全犯罪共同说认为,所有的共同正犯者所实施的行为在罪名上必须是同一的,即共同犯罪在同一罪名上成立共同正犯,但如果一方行为人只有实施轻罪的故意,则依轻罪法定刑处断。但是,如果这样来处理的话,就使罪名与法定刑相分离,被认为是不妥当的。部分犯罪共同说以犯罪共同说为前提,认为二人以上虽然共同实施的是不同的犯罪,但当这些不同的犯罪之间具有重合的性质时,则在重合的限度内成立共犯。多数学者认为,部分犯罪共同说不至于使罪名与法定刑分离,不至于损害构成要件的定型性。

行为共同说认为数人以各自的犯罪意图实施相同的行为时,就成立共犯,换言之,只要行为相同就可以成立共犯。例如,甲以杀人意思、乙以伤害意思,共同加害于丙时,就构成共同正犯。当然,定罪还是分别定杀人罪与伤害罪。这里所说共同行为,不是从构成要件意义上所说的共同行为,而是在构成要件之前的自然意义上所说的共同行为。因而被称为构成要件之前的行为共同说。此外,还有一种构成要件的行为共同说,即共犯的成立不要求整个犯罪行为是共同的,只要求有一部分犯罪行为是共同的,就成立共犯。这一观点认为,既然是通过共同正犯或其他正犯的行为引起法益侵害的危险性的行为（教唆犯、帮助犯），就应当承担责任，那么，共同的对象就不要求限于实行行为，应当从实质的观点来看有无引起法益侵害的危险性。因此，应在法益重合的限度内，承认共同正犯。

（二）共犯从属性论与共犯独立性论

共犯从属性说认为，正犯者已经着手实行犯罪，是成立狭义的共犯的要件，如果正犯者没有着手实行犯罪，就不成立狭义的共犯。共犯独立性说则认为，狭义的共犯根据其自身固有的行为而成立，并不要求有正犯者的实行行为。教唆、帮助行为本身是行为人反社会性格的表征，对结果的发生具有原因力，因此，在没有正犯者的实行行为时，也构成犯罪。教唆、帮助行为本身的着手，就是共犯的实行着手，当对方拒绝实行犯罪时，教唆、帮助行为构成未遂犯。此外，共犯独立性说认为，共犯从属性说以他人是否实行犯罪，来决定教唆、帮助行为本身是否构成犯罪，这种思维方法本身就是不妥当的。况且，刑法规定处罚教唆、帮助自杀，而不处罚自杀行为本身，就说明共犯的独立性。

第二节　共犯的分工分类法

共同犯罪人的分类，是指按照一定的标准，对共同犯罪人进行分类，以便确定各个共同犯罪人的刑事责任。西方国家刑法对共同犯罪人采用的分工分类法，即以犯罪分子在共同犯罪中的分工为标准对共同犯罪人进行分类，是建立在共同犯罪人从广义上说包括正犯（实行犯）与共犯（帮助犯、教唆犯，前苏联等国刑法还包括组织犯）这种共同犯罪观念的基础之上的。正犯（其犯罪行为为实行行为）在《刑法分则》有明文规定，对正犯可以直接依据《刑法分则》处罚，而共犯（其犯罪行为为非实行行为）则是由《刑法总则》加以补充规定的，对共犯只能直接依据《刑法总则》处罚。由这一特点所决定，西方国家刑法关于共同犯罪的立法重点就不能不放在共犯的定罪上，即《刑法总则》关于共同犯罪的规定主要是为了解决共犯定罪的法律依据问题。

一、分工分类法

世界上大多数国家对共同犯罪人的分类都采用分工分类法。此分类法又存在以下三种不同的立法例：

1. 二分法

这种分类法始于1810年的《法国刑法典》。该刑法典为了解决各共同犯罪人定罪的法律依据问题，依据分工分类法对共同犯罪人分为正犯与从犯两类，从犯又包括教唆犯与帮助犯，在不依据一定的标准对共同犯罪人再作分类的情况下，对从犯处以与正犯相同之刑，以解决各共同犯罪人量刑的法律依据问题。该分类法虽然过于简单化,而且对正犯与从犯采取所谓责任平等主义使其意义大为逊色,但它毕竟开启了以共同犯罪的分工作为共同犯罪人分类标准的先河,具有一定的历史意义。

2. 三分法

1871年的《德国刑法典》在继承1810年的《法国刑法典》上述立法例的基础上,又有所发展与完善。该法典为了解决各共同犯罪人定罪的法律依据问题,依据分工分类法对共同犯罪人分为正犯、教唆犯与从犯(帮助犯)三类。该法典也在不依据一定的标准对共同犯罪人再作分类的情况下,对教唆犯之刑依被教唆的人(正犯)之刑而决定,对从犯的处罚采取得减主义,以解决各共同犯罪人量刑的法律依据问题。该法典不仅在共同犯罪人的分类上实行三分法,较之《法国刑法典》的二分法有所进步,而且对共同犯罪人的处罚实行区别对待,较之《法国刑法典》的平等主义也有所前进。正由于该法典的上述优点,其共同犯罪人的三分法不仅至今为大多数大陆法系国家刑法所沿用,而且社会主义国家早期的刑法关于共同犯罪人的分类也是以该法典为蓝本的。① 例如,1919年的《苏俄刑法指导原则》和1926年的《苏俄刑法典》都将共同犯罪人分为实行犯(正犯)、教唆犯和帮助犯。

3. 四分法

四分法是指为了解决各共同犯罪人定罪的法律依据问题,依据分工分类法将共同犯罪人分为组织犯、实行犯、教唆犯和帮助犯四类的分类方法。1952年的《阿尔巴尼亚刑法典》即采此种立法例。1958年的《苏联和各加盟共和国刑事立法纲要》在1919年的《苏俄刑法指导原则》将共同犯罪人分为实行犯、教唆犯和帮助犯的基础上,增加了组织犯,并对其从重处罚,这就形成了共同犯罪人分类的四分法,即组织犯、实行犯、教唆犯和帮助犯。1960年的《苏俄刑法典》和其他加盟共和国刑法典,都采纳了这种分类方法。② 该分类法也在不依据一定的标准对共同犯罪人再作分类的情况下,以各共同犯罪人在共同犯罪中的犯罪性质和参与程度作为对各共同犯罪人的一般处罚原则,以解决各共同犯罪人量刑的法律依据问题。例如,1960年的《苏俄刑法典》规定:"法院在处刑时,应当考虑每一个共犯参加犯罪的程度和性质。"

二、对分工分类法之评析

分工分类法从直观的共同犯罪人的分工作为分类的标准,比较客观地反映

---

① 侯国云:《刑法理论探究》,中国政法大学出版社2005年版,第436页。
② 俄罗斯联邦总检察院编:《俄罗斯联邦刑法典释义》,黄道秀译,中国政法大学出版社2000年版,第84页。

了共同犯罪人在共同犯罪中从事什么样的活动,便于解决各共同犯罪人定罪的法律依据问题。但该分类法也存在如下缺陷:

1. 不能圆满地解决各共同犯罪人的量刑问题。由于该分类法没有揭示各共同犯罪人在共同犯罪中起了什么样的作用,也没有再以作用分类法对共同犯罪人作分类,只能附带地解决各共同犯罪人的量刑问题,不利于正确解决各共同犯罪人的量刑问题。这与罪刑法定原则所要求的明确性原则相悖,不能不说是该立法例在量刑问题上存在的一大缺陷。

2. 三分法使组织犯失去科学的定罪与量刑依据。在日、德等大陆法系国家刑法中,由于组织犯这一共同犯罪人的概念和种类并不存在,日、德刑法直接将其作为正犯进行惩罚,通常只能分别情形以教唆犯或帮助犯处罚。但由于教唆犯、帮助犯的成立与处罚从属于正犯,以致对此类共同犯罪人打击不力。[①]

第三节 共犯的处罚原则

一、共同正犯的处罚原则

对于共同正犯处罚时遵循以下原则:

1. 各共同正犯都作为正犯处罚。如1975年《联邦德国刑法典》第25条第2款规定:"数人共同实施犯罪者,均依正犯论处。"其他国家刑法也有类似规定。据此,共同正犯的全体成员,都作为正犯追究刑事责任,各依本条之刑处断。

2. 对共同正犯的处罚采取"一部实行全部责任"原则,共同者中一人的行为即使未遂,由于他人的行为产生危害结果时,共同者的全体成员都负既遂的责任。

3. 对共同正犯的处罚也要贯彻个人责任原则;刑罚的加重减免事由等,只有对具备这些事由的各行为者,才能加以考虑。因而根据各人的具体情况,各共同正犯适用的刑罚可能并不相同。

二、狭义共犯的处罚原则

狭义的共犯即教唆犯和从犯(帮助犯)。

1. 教唆犯

教唆犯,即教唆他人实行犯罪的情况,具体是指故意使其他有责任能力者产生犯罪的决意,由此致其他人实行犯罪的人。教唆犯分为间接教唆,再间接教唆和"连锁的教唆",未遂的教唆和教唆的未遂。

---

① 郝守才:《共同犯罪人分类模式的比较与优化》,载于《现代法学》2007年第5期。

很多国家的刑法规定,对教唆犯,判处正犯的刑罚,即适用对正犯规定的法定刑处罚;当然,必须被教唆者实际上被处罚时,才可能处罚教唆犯,但对教唆犯量刑时,还应考虑教唆犯本身的情况。轻微犯罪的教唆者,如无特别规定,则不予处罚。《日本刑法典》第 64 条规定:"仅应判处拘留或科料之罪的教唆犯和从犯,如果没有特别规定的,不处罚。"

间接教唆,与教唆犯同样按照正犯论处,再间接教唆和"连锁的教唆"应否处罚,还有争论,但多数学者持肯定态度。

2. 从犯

从犯,或称帮助犯,指故意帮助正犯实行犯罪的人。从犯与教唆犯、共同正犯是有区别的。

对从犯如何处罚,有不同的立法例,但多数国家规定为减轻处罚。如《泰国刑法典》第 86 条规定:"于他人犯罪前或犯罪时,以任何方法帮助或便利其犯罪者,为从犯,依该罪法定刑三分之二处罚之。犯罪人不知帮助或便利之情者,亦同。"对从犯的教唆犯,按照从犯,比照正犯的刑罚减轻判处。对轻微犯罪的帮助或教唆帮助,自应不予刑罚处罚。

第十一章 罪 数 论

第一节 罪数论概述

一、罪数论概述

(一) 罪数论的概念

罪数,简单来说就是指犯罪的个数;也有人将其称为一罪与数罪。罪数论就是用以研究犯罪个数或者犯罪单复的理论,也是探讨如何决定犯罪的个数以及在成立数罪时(犯罪的竞合)如何科刑的理论。① 德国刑法理论中一般冠之以"犯罪行为的单复"(einheit und mehrheit von straftaten)②,也有用竞合论(konkurrenz)对其指称。但是其中的"实质竞合"(realkonkurrenz)并不是典型的罪数论部分,而是数罪并罚的内容③,这一点在日本刑法理论中也同样适用,《日本刑法典》中将有关罪数以及数罪并罚统括于犯罪论部分,其中最后部分就是有关罪数论的内容。因此,《日本刑法典》教科书中罪数的部分总是将并合,也就是数罪并罚部分包括在内。④

之所以对罪数进行研究,其终极目的是为了实现对犯罪的准确、恰当惩罚。从法律效果来说,刑法上的犯罪构成要件通常是预先设定为一个以既遂的形态实行一罪(一人一罪原则)⑤,因而可以直接援引刑法的规定进行惩罚。虽然规定明确具体,但对数罪的处理并没有因此而变得简单且易行。首先,罪数判断并非是简单地判断犯罪构成符合与否以及次数之问题;其次,即便认定成立数罪,对于罪刑规范如何进一步确定与适用,也仍然不能以简单相加的方式进行处理。

罪数论,历来是大陆法系中最为复杂的内容之一,且复杂程度超过了我们的想象。罪数不仅仅是个别犯罪的简单整合与相加,而且还涉及诸多关涉刑法根基与基础的内容。从内容上来说,罪数论部分不仅仅包括对犯罪个数的确定,同时还包括以此为基础的处罚方法之确定。

宏观来看,犯罪个数仅仅是一系列思维过程的结论。作为一种思维来说,结

---

① 陈家林:《外国刑法通论》,中国人民公安大学出版社 2009 年版,第 636 页。
② Hans-Heinrich Jescheck, Thomas Weigend, Lehrbuch des Strafrechts(Allgemeiner Teil), Duncker und Humblot, 1996, p.707.
③ 〔德〕施特拉腾韦特、〔德〕库仑:《刑法总论 I》,杨萌译,法律出版社 2006 年版,第 428、446 页。
④ 〔日〕大谷实:《刑法总论讲义(新版)》,日本成文堂 2000 年版,第 524 页。
⑤ 〔日〕野村稔:《刑法总论》,全理其、何力译,法律出版社 2000 年版,第 445 页。

论的重要性不言而喻,而关键的部分仍然在于结论之前的诸多内容,如判断的标准、判断的方法、判断需要遵循的原则,以及作为结论表现的诸多形态和对不同具体形态所采取的具体处理方法等。

(二)罪数论的地位

罪数论探讨具体事实在刑法上成立一罪还是数罪,以及在法律上如何处断。其在刑法理论体系上的地位,也一直存在争议。罪数论的地位,就是罪数论在整个刑法体系之中应该属于何范畴。也就是将罪数论归属于犯罪论,还是将其归属于刑罚论,或者认定其应该是二者的结合体的问题。归结起来,分成如下的几种观点:

1. 犯罪论

认为罪数论应该属于犯罪论的观点,是基于一罪与数罪之分别,含有犯罪之道义及法律的本质存在。所以罪数论往往被置于犯罪论部分进行研究与讨论。一般地说,罪数论应该被认定属于犯罪论部分。因为罪数论是以犯罪成立条件为基础再稍许详细地说明具体运用与处理,所以其性质应该归结为考虑了刑罚论的犯罪论,即需要是以可罚性评价为前提的犯罪成立论。[①]

2. 刑罚论

也有学者认为罪数论从根本上来说应该属于刑罚论。认为从终极的目标来说,区别一罪与数罪的最后目的仍然是决定如何适用刑罚。因此,以目的之多样化为前提,犯罪概念以及标准无法一元一义地加以决定;行为之单复,亦与基于犯罪观之行为概念无关,而应以其与既判力之关系,依政策限定之刑罚权的个数为其指标。[②]

3. 结合体论

认为罪数论的内容根据其具体的性质分属于犯罪论与刑罚论。严格来说,罪数论应该分成两个不同的部分。第一,适用单一的刑罚法规还是有必要适用复数的刑罚法规进行评价;第二,作为前一问题讨论的结果,如果需要适用复数的刑罚法规进行评价,那么在科刑上应该如何处理。严格说来,第一个问题属于犯罪论的问题,第二个问题属于刑罚论的部分。不过,大陆法系刑法理论的通说并未将罪数论的内容予以拆分后分别放在犯罪论中和刑罚论中进行研究,而是将其作为一个整体进行讨论。[③] 因为,如果单纯从某一个方面进行分析,很难做到不对其进行肢解并重复。正是出于以上的考虑,将该部分内容独立出来,单独

---

① 〔日〕山中敬一:《刑法总论 II》,日本成文堂1999年版,第899页。
② 甘添贵:《罪数理论之研究》,作者自版2006年版,第6页。
③ 陈家林:《外国刑法通论》,中国人民公安大学出版社2009年版,第636页。

作为一章进行分析。①

4. 规范适用论

新近比较具有代表性的观点就是将罪数论归入法律方法中,认为刑法既然在诸多罪数形态之中并没有将成立某个犯罪作为其他犯罪的取舍因素,那么,刑法中的罪数论就应该被简单地界定为属于规范适用的问题。

当然,规范适用也并不是简单的逻辑运算。相反,其中包含着诸多深刻的理念与刑法的基本规则。② 换句话说,规范适用也具有不同层次。其中包括了何种情形之下可以在规范选择上可以进行排除与选择,何时在认定符合犯罪的基础上可以再度进行罪名的取舍,等等。但其内容在表现上都是围绕着规范如何适用而展开。

(三) 罪数论的任务

罪数论的任务,也称为罪数论的机能。是指罪数论在刑事法中所能够产生的客观效果与作用。罪数论作为刑法中的一项重要制度与理论,其任务和机能应该同刑法的整体任务具有完全的一致性。同样的,罪数作为一项特殊的刑法制度,自然也有其非常特殊的功能与作用。宏观来说,罪数论的机能与作用可以分成所谓的实体法机能与程序法机能两个不同的组成部分。详细来说,罪数论的任务与机能主要有如下的几个方面。

第一,罪数论具有区分犯罪是一罪或者数罪的功能,因而区分罪数的标准就成为罪数论的首要问题。

第二,罪数论能够提供恰当处罚的根据。在构成一罪的情形下,应该依照何种法定刑进行处罚;以及在数罪的场合如何确定对行为的刑罚,即研究如何确定对行为人处罚应适用的刑法条文与如何确定处断刑、宣告刑。

第三,罪数论能够为刑事法上的一些其他问题提供解决的前提与基础。如公诉事实、时效、既判力等刑事诉讼法上的问题,需要依照罪数论所提供的方法与进路加以解决。例如,如果具体犯罪被评价为科刑上的一罪,根据一事不再理的原则,余罪即不能被起诉;反之,如果是并合罪或单纯数罪,余罪则可以起诉。可见罪数论在解决刑事诉讼程序以及其他刑事制度方面也起着重要作用。③

二、罪数判断的原则与体系

(一) 罪数判断的原则

罪数判断,虽然属于构成犯罪基础之上的进一步分析,但是也仍然需要遵循

---

① 〔意〕杜里奥·帕多瓦尼:《意大利刑法学原理(评注版)》,陈忠林译评,中国人民大学出版社2004年版,第359页。
② 郑逸哲:《刑法基本理解的矫正》,作者自版2008年版,第255—263页。
③ 马克昌:《比较刑法原理:外国刑法学总论》,武汉大学出版社2002年版,第747—748页。

一定的基本原则。这些基本的原则是罪数理论发展过程中不断积累与总结的结论，同时也是刑法基本理念在罪数论中的具体体现。

具体说来，罪数的判断应该遵循的原则，主要有三：禁止重复评价原则、最大评价原则与合目的性原则。

1. 禁止重复评价原则

禁止重复评价原则也被称为禁止双重评价原则，是对全面评价的进一步限定。对于一个犯罪事实来说，刑法规范所提供的标准是用以解构事实的唯一规范依据。所以在认识的层次上，基于依法裁判原理，司法者对于立法者所设之各种犯罪类型，以及处罚效果的规定，均须毫无遗漏地、全部加以评价，以检视具体行为事实是否合于各规定之构成要件。换句话说，只要行为事实符合某一犯罪成立要件，就没有理由否认该罪的成立。①

有学者认为并不能绝对禁止双重评价，所禁止的应该是一行为侵害一法益而触犯数罪名的情形。除此之外，行为侵害数法益的情况，不管是一行为或数行为，不禁止双重评价。② 还有学者认为应该区分重复评价与双重处罚。③ 其实，对行为进行评价仅仅是基本的步骤，关键还在于能够对行为进行恰当的处罚。现代意义上的刑法之观念，如果没有特殊之规定的情形下，对于一个行为之处罚应该限定在一个刑罚后果体系之内。因此，也就不难理解《德国刑法典》在罪数与竞合部分强调对一行为与数行为的界定与区分。罪数对刑罚的制约关系转化为行为数对刑罚的限制。

2. 最大评价原则

将犯罪构成作为评价与解构犯罪事实的工具与标准，并不是说单纯只是"构成要件满足性"就够了，而是要对事实作最大"容纳"的构成要件满足性。在罪刑法定主义之下，刑法上的"容器"只限于立法机关所制作的那些犯罪构成，法官自己没有制造权，只能在"现成的"容器中，去找最大容量的，但可不一定找得到可以完全"容纳"的。所以，正是因为往往找不到能够完全容纳的容器，而只能退而求其次用"最大"容纳的构成要件满足性去作为评价的结论。④

当然，何为最大评价的标准，则仍然有待进一步探讨。但从犯罪构成的形式逻辑关系来看，应当采用特殊法优于普通法的原则。因为特殊法的外延更具体，所以其涵盖的范围也更确定，因而采用这一方法才更符合最大评价原则。

---

① 甘添贵：《罪数理论之研究》，作者自版 2006 年版，第 10 页。
② 黄荣坚：《刑法问题与利益思考》，中国人民大学出版社 2009 年版，第 215 页。
③ 张明楷：《诈骗罪与金融诈骗罪研究》，清华大学出版社 2006 年版，第 327 页。
④ 郑逸哲：《法学三段论法下的刑法与刑法基本句型（一）：刑法初探》，作者自版 2005 年版，第 654 页。

3. 合目的性原则

所谓合目的性原则,是指从规范目的出发,合理、恰当地对行为人的犯罪个数进行认定并适用刑罚的原则。刑法的整个运行过程中,对罪数的确定仅仅是其中的一个过度与中介,全部的指向仍然是刑罚后果。所以,从根本上来说,适用刑法来认定犯罪之个数,应与刑法规范保护目的之实现间,须具有均衡性,使合于目的之要求;倘若认定的犯罪个数,已逾越刑法之规范保护目的,即属评价过剩,自然应当禁止。同样的,对于被告人与被害人之间应当采取平等之原则,亦不得处罚不足。①

总而言之,无论对罪数如何进行界定与分析,最后所判处的刑罚应该受到公平与正义观念的检视,不能处罚不足,也不得处罚过剩。当然,合目的性原则具有甚为抽象的宏观特征,且与刑法中的基本理念直接相连,适用上应该被严格限制。只有在上述方法均受到适用而仍然无法满足正义观念的时候,才允许适用合目的性原则。

(二) 罪数判断的标准

标准者,就是衡量事物的准则,罪数个体标准,也被称为犯罪个体标准,即刑法理论和实践中用以确定犯罪单复之标准,对此,学者意见并不完全同一。理论上的学说一般包括意思标准说、行为标准说、法益标准说、构成要件标准说以及个别化说等不同学说。

1. 意思标准说

意思标准说也被称为犯意说,顾名思义,也就是主张以行为人的犯罪意思为标准区别一罪与数罪。作为犯罪来说,是行为人出于反社会的目的将行为付诸实施;所以,犯罪的行为与结果不外是犯罪人的反社会性格的具体外化的表现而已。因此,只有行为人的主观意图才能真正体现犯罪的本质,因而也应当将行为人的犯罪意思之数作为判定罪数的标准。

但是,将犯罪故意或者犯罪意图作为评价的标准仍然存在诸多质疑。因为罪数是客观上受到的评价,仅仅以主观的犯意之数为标准不可能决定。而且,依照该观点,没有犯罪意图的过失犯罪就无法决定罪数,显然也是比较荒谬的。

而且,依照犯意说的观点,智慧型的罪犯虽然实施一连串的犯罪行为,但因事前计划周详而只有一个犯意,也只能认定成立一个犯罪;而智商较差的罪犯,因为其在每一个阶段之后才开始考虑下一步的行为,则因为有数个犯罪的意思而成立数罪。② 这显然与刑法的正义观念相违背。

---

① 甘添贵:《罪数理论之研究》,作者自版 2006 年版,第 11—12 页。
② 同上书,第 35 页。

2. 行为标准说

行为标准说，也就是行为说，主张以实现犯罪意思的行为之数为标准区别一罪与数罪。如前所述，既然犯罪经由行为而对社会生活发生影响，则犯罪的单复判断就应该以行为数的判断而定。对此，也有学者持完全不同的观点，认为用行为去界定罪数并不妥当。如前所述，行为个数仅仅能够对刑罚的个数与程度进行充分限定。大陆法系的德国与《日本刑法典》基本上采用此种进路对罪数问题进行分析。

但是，行为单复的界定本身也是一个十分棘手的问题。就行为单数来说，也存在着诸多不同标准，有所谓的自然的行为单数、构成要件的行为单数、法的行为单数和社会意义的行为单数等不同标准。[①] 而且，犯罪构成标准说所遇到的诸多问题，也会发生在行为标准之下。[②] 况且，虽然说无行为则无刑罚，但是也并不能够得出有一行为必然有一个刑罚的结论。

所以，行为标准也无法一劳永逸地解决罪数问题。相反，由于其本身存在诸多争议，也导致标准本身存在着诸多含混之处。

3. 法益标准说

法益说则认为刑法存在的正当性根据就是保护法益，法益侵害也被认为是犯罪的本质。所以，罪数的判定应该从犯罪的本质层次进行区分与界定，就是以行为结果所侵害法益个数作为判定罪数单复的标准。

法益标准说将行为所侵害之法益个数作为判断罪数的标准，自刑法之本质与目的角度来说，是合理的。但是，单纯强调法益的个数，忽略了对于同一法益侵害之不同行为的样态。而且，就法益本身的分类来说，是采用三分法还是二分法，也会对法益个数的确定起到关键性的制约作用。

所以，在法益概念以及涵盖范围仍然存在争议的前提下，将罪数的判定交给法益标准评价，仍然会产生巨大的分歧。

4. 构成要件标准说

也被称为犯罪构成说，主张以符合的构成要件数为标准区别一罪与数罪。刑法的存在机能与作用并非仅仅是正义的宣示功能，更主要还在于其能发挥罪刑法定的作用，实现对公民权利保障的效果。而实现这一效果的，就是刑法所规定的犯罪构成。犯罪构成一方面对行为进行了描述，同时也限定了国家对公民进行惩罚的限度条件。

所以，对于行为人的犯罪事实来说，应该以行为符合构成要件之数为决定犯

---

① 柯耀程：《变动中的刑法思想》，中国政法大学出版社 2003 年版，第 275—280 页。
② 张淼：《罪数个体标准的反思》，载《河南师范大学学报（哲学社会科学版）》2008 年第 3 期，第 135 页。

罪之数的标准。即一行为一次符合构成要件时为一罪，数次符合构成要件时为数罪。该方法简单易行，而且简洁明了。

但是，犯罪构成本身以及犯罪构成之间的关系等方面仍然存在制约判定罪数的障碍。首先，犯罪构成本身就是各方面要件的整合，所以并不具有单一标准的简单直接性；其次，犯罪构成之间本身也存在着多种关系，如包括、交叉与对立关系。所以，虽然从形式上来看同时符合多个犯罪构成，但是就本质来说则不一定成立数罪。

5. 个别化说

既然上述诸标准都无法单独完成判定罪数的使命，就应当综合采用上述方法去实现对犯罪个数的判断，应该根据罪数的不同种类采取不同的区分标准。

上述的诸多标准，都是以"单一标准"来区分罪数的。如果仅仅以一罪与数罪的单一对立关系来看，这种方法是正确的。但是，罪数本身是复杂的，存在不同的种类，以一个标准对所有的罪数进行区分，则相当困难。所以，应该针对不同形式的罪数内容采用不同的标准进行区分。①

6. 综合说

综合说主张综合考量法益、意思、行为等决定罪数。由于罪数之问题，不外是就一定之犯罪事实，在该犯罪所定之法定刑范围内，对于犯人科刑一次为已足，或以重复科刑为必要之问题，决定罪数之原理，应以此为内涵。因此，罪数论必须构筑在实质的犯罪观念上，而非在形式的构成要件论上。从而，考量罪数时，应以结果（法益）为中心，同时综合斟酌意思、行为等要素。② 综合说确实能够弥补单一标准的不足，但是其缺陷也十分明显，就是将各方面要素综合之后导致根本没有非常明确的判断标准。

（三）罪数的体系

罪数的体系就是指依照罪数判断的标准对罪数论的内容进行区分与解构之后所形成的罪数分类以及每一分类所包括的具体内容的整体。

罪数的体系，应该以标准的认识方法逐步展开而加以构建。而对罪数以及刑罚发生影响的诸多因素中，认识层次标准的确定、法律的拟制性以及隐含性规定、刑罚目的之实现等均会在不同的层次对罪数单复的判定发生一定的影响。因此，按照从形式到实质、从规范到目的的进路，罪数的体系应该分成认识上的一罪、评价上的一罪和处断上的一罪。

首先，从认识层面上来说。可以分成认识上的一罪与认识上的数罪；其次，在认识层面的结论基础上，可以对认识上的数罪再进一步分成评价上的数罪与

---

① 张明楷：《刑法学》，法律出版社 2007 年版，第 363 页。
② 陈子平：《刑法总论》，作者自版 2006 年版，第 254 页。

评价上的一罪;最后,针对评价上的数罪,可以基于合目的性原则,再度分成处断上的一罪与处断上的数罪。在整个体系中,仅仅是认识一罪中的单纯一罪不属于罪数论所讨论的范围,其他的部分均属于罪数或者竞合论,其中最后的处断数罪则是数罪并罚或者实质竞合的内容。

认识上的罪数(形式)	评价上的罪数	处断(科刑)上的罪数
认识上的一罪	评价上的一罪	处断上的一罪
认识上的数罪	评价上的一罪	处断上的一罪
	评价上的数罪	处断上的一罪
		处断上的数罪

第二节 实 质 一 罪

实质的一罪也称本来的一罪、犯罪成立上的一罪,是指被评价为一次符合构成要件的事实。具体包括认识上一罪的特殊形态以及法律上一罪等不同形态。具体来说,包括单纯一罪与法定一罪两种不同的情形。

一、单纯一罪

具体说来,单纯一罪包括继续犯、法条竞合犯、加重结果犯。但是,对于结果加重犯的论述一般相对简单,下面仅对继续犯与法条竞合犯进行说明。

(一)继续犯

一般来说,只要行为人之行为发生构成要件该当结果,犯罪即告既遂。因此,犯罪行为与结果导致的不法状态之间往往处于前后相继的状态。而继续犯则是指以一个犯罪之意思与行为,持续的侵害一个法益,其实施之状态须继续相当之时间始成立犯罪者,亦即其不法状态系在持续状态中者,谓之继续犯。①

在德、日刑法理论中,对继续犯的论述并不太多,即使有所提及,也往往在构成要件行为单数部分进行说明而已。认为在继续犯情况下,犯罪行为造成一种违法状态,该违法状态由行为人所维持,并因其继续而且不间断地实现犯罪构成要件。②

对于继续犯,虽然有观点认为应该属于包括的一罪,但通说仍然将其认定为单纯一罪的特殊情形。而且,现在通行的做法也不再对其进行单独而且详尽的描述与界定,仅仅作为犯罪构成类型的一种特殊行为表现,在罪数标准或者行为

---

① 黄村力:《刑法总则比较研究(欧陆法比较)》,作者自版 1997 年版,第 253 页。
② Hans-Heinrich Jescheck, Thomas Weigend, Lehrbuch des Strafrechts(Allgemeiner Teil), Duncker und Humblot, 1996, p.713.

特征中进行顺带说明而已。

(二) 法条竞合犯

所谓法条竞合,又称法规竞合、法条单一,是指一个事实看起来有适用数个法条的可能性,但从构成要件相互间的逻辑关系分析最终只能适用一个法条的情况。

对于法条竞合的性质,也有学者认为其根本不属于罪数论的内容,而是刑法上的规范适用方法。从三段论的角度来说,并不涉及多次适用不同规范对犯罪事实进行评价的情形,而仅仅是针对大前提的诸多选项进行"最优化"选择而已。因此,有人认为法条竞合犯并不是真正意义的罪数论之内容。

在大陆法系的刑法理论中,一般认为法条竞合包括如下的四种情形,即特别关系、补充关系、吸收关系和择一关系。

1. 特别关系

所谓特别关系,是指发生竞合的两个以上法条属于一般法与特殊法的关系。这种一般与特别的竞合关系,既可以存在于普通法律与特别法律之间,也可以存在于同一部法律中的普通条款与特别条款之间。

因为特殊法是以普通法为基础的进一步演化,所以针对具有特殊意义的行为,而普通法则是基于一般情形的处理。当法条之间具有特别关系时,应当按照"特别法优于普通法"的原则进行处理。

2. 补充关系

所谓补充关系,是指只要其他构成要件不被适用时,某一构成要件就可以被适用的情形。这里的补充构成要件,后退于被优先适用的基本的构成要件之后。[①] 一种观点认为补充关系并非包括关系,而是交叉关系。补充关系的实质基础在于,复数的刑法规范从不同的方面对攻击同一法益行为进行界定。[②] 在适用补充关系时,应该采用"基本法排除补充法"的原则。

3. 择一关系

所谓的择一关系,是指发生竞合的两个以上法条具有排他的关系,从形式上来看能够适用于一个行为的数个构成之间处于互不两立的关系,适用其中一个则排除另外一个的适用的情形。

从某种意义来说,法条竞合均属于择一关系。对于择一关系,《德国刑法典》中基本上持否定态度,一般认为,两个具有互斥性的构成要件不可能构成法条竞合。[③] 而日本刑法学界则基本上持肯定观点。

[①] 马克昌:《比较刑法原理:外国刑法学总论》,武汉大学出版社2002年版,第769页。
[②] 〔日〕山中敬一:《刑法总论》,日本成文堂2008年版,第982页。
[③] 许玉秀:《当代刑法思潮》,中国民主法制出版社2005年版,第762页。

4. 吸收关系

吸收关系是指发生竞合的两个以上的法条在构成要件评价上具有一方被他方所包括或者吸收的关系。法条之间存在吸收关系，则被吸收的犯罪就失去了独立存在的根据与理由，而只能按照被吸收之罪进行定罪处罚。

二、包括一罪

所谓包括的一罪，是指构成要件评价的包括性之问题。构成要件的评价包括性，进一步可以分成所谓的同质包括性与异质包括性。具体来说，包括一罪的内容有集合犯、连续犯、吸收犯与结合犯。其中的吸收犯与法条竞合犯中的吸收关系存在颇多重合之处，大陆法系刑法基本上并没有对其进行探讨，所以在此略掉。

（一）集合犯

集合犯属于犯罪构成要件评价包括性之中的同质包括。一般来说，作为构成要件行为所预想着反复实施数个同种类行为的犯罪，称为集合犯。其中包括常习犯和职业犯乃至营业犯等。① 从教义史的理由出发，竞合论中值得一提的还有集合犯。很多犯罪构成要件中，职业性、习惯性或者业务上的犯罪行为，要么是构成犯罪的情节，要么是加重处罚的情节。过去，根据单独行为之间的相互关系，法院也认为成立行为单数，但后来考虑到，在刑事政策上以及程序法上出现的错误结果，比连续犯中的还要严重，因而德国刑法学界放弃了该种观点。理论界对此也持赞同态度。② 集合犯的概念，并非分则所定而具有抽象性质之犯罪类型，性质上，实属于具体行为事实的罪数类型。分则所定犯罪类型中，于立法时，本即预定其有反复实施之性质，而侵害同一个法益者，例如集合犯中所包括的具体内容为：常业犯、伪造犯、收集犯、散布犯、贩卖犯等，从行为预设来说均有多次的反复性之预设。③ 对于集合犯，德国学者认为其应当属于自然意义上的行为单数，短期内多次实现同一构成要件的行为，由于可以认定为系属于侵害程度上的数量增加，所以仍然应该确定为一个犯罪。

集合犯之所以确定为一罪，系因为从一般意义来说，该行为具有反复性的特征，因之以一罪进行规定并加以处理。

（二）连续犯

所谓的连续犯是指基于一个概括的故意，连续实施多个侵害行为，而且数个行为触犯同一罪名的犯罪形态。对于连续犯的本质问题，一直存在着一罪与数

---

① 〔日〕大塚仁：《刑法概说·总论》，冯军译，中国人民大学出版社2003年版，第45页。
② 〔德〕施特拉腾韦特、〔德〕库仑：《刑法总论Ⅰ》，杨萌译，法律出版社2006年版，第434页。
③ 甘添贵：《罪数理论之研究》，作者自版2006年版，第63—68页。

罪的争论。如果刑法规范对连续犯及其处罚进行了专门规定,则连续犯均被认为系属于一罪的范畴。但是,日本新近的法律修订对刑法中连续犯的规定明确加以废除,导致了在理论上再度出现争议。

成立连续犯,主观上需要具备特殊的犯罪意图,一般将其概括为"单一之整体故意"、"概括意思"、"连续之意思"、"一贯之意思"。从其含义上来说,应该是指各个具体犯罪均被包括在其整体犯意之中。

在概括犯意的支配之下,行为人在客观上必须反复实施数个独立之犯罪行为,而且其反复实施的数个独立行为,均触犯同一罪名。日本原有的立法例中规定,对于连续犯,需要加重其刑,幅度为二分之一。意大利对连续犯的处罚则规定,对连续犯的处罚是在数罪中最严重之罪应处之刑罚的基础上再"加重至该刑罚的三分之一"。

从立法例上来说,《日本刑法典》中曾经对连续犯进行了特殊的规定,而《德国刑法典》一直以来均没有进行特殊的说明,仅仅交由学界和实务界进行界定。① 日本在新近的修法中将连续犯的规定予以删除。其原因主要有二:

其一,旧《日本刑事诉讼法》第486条所谓的被告不利益再审制度被废止。因为针对连续犯,需要从整体上进行判断其犯罪成立,而且受到一事不再理原则的约制,因而导致不公平现象的出现。其二,基于判例中的特殊处理,所以对连续犯的规定加以删除。② 连续犯的规定被删除之后,对于该种情形应该如何处理,也仍然值得探讨。一种观点认为想象竞合犯的范围会发生适当扩大。

(三)结合犯

而所谓的结合犯,则是指行为人所实施的数个行为在刑法规范上来说均为独立的犯罪,但是刑法基于特定的目的将其结合成一罪的情形。刑法规范中,结合犯的构成要件之中包括了数种构成要件性行为,所以也是法律上的一罪。

结合犯(复合犯)的特点是将不同的犯罪结合为一个新的犯罪,被结合的那些犯罪或者都成为新的犯罪的构成要件,或者一个成为构成要件,一个成为从重情节。③ 对此,意大利刑法理论采用了复合犯的概念,复合犯中有所谓的"可能"与"必然"的复合犯之区分,其中可能的复合犯就是指在实施某种犯罪的过程中,行为又构成了另一种犯罪,而后一种犯罪相对前一种犯罪而言,又是一个"特殊的构成要件"。④ 对于可能的复合犯的论述,应该属于处断一罪中的牵

---

① Hans-Heinrich Jescheck, Thomas Weigend, Lehrbuch des Strafrechts(Allgemeiner Teil), Duncker und Humblot, 1996, p.712.

② 甘添贵:《罪数理论之研究》,作者自版2006年版,第219—220页。

③ 〔意〕杜里奥·帕多瓦尼:《意大利刑法学原理(评注版)》,陈忠林译评,中国人民大学出版社2004年版,第365页。

④ 同上。

连犯,从中也可以看出牵连犯与结合犯之间的差异之处。

法律之所以承认结合犯,是因为在多数情况下,结合犯的数个行为通常在同一机会实施,或者某种行为作为其他行为的手段实施,根据这种情况,能发现犯罪人强度的反社会性,且被害法益也是较重大,所以法律将数行为结合成为一罪即结合犯,它与一般的并合罪的情况相比可能处罚更重。[①] 所以,对于结合犯,均可以直接按照法律规定的后果进行惩罚。

第三节 处断一罪与并合罪

一、处断一罪

处断一罪则包括想象竞合犯、牵连犯。

（一）想象竞合犯

想象竞合犯也被称为观念的竞合,是与实质竞合相区别的犯罪形态,指一个行为触犯两个以上罪名的情况。成立想象竞合犯,应该具备两个条件。

1. 一个行为

所谓一个行为,具有不同的标准,一般来说是指在社会观念上作为事物自然状态的行为是一个。成立想象竞合犯,前提必须是一个行为的重合性质,数个行为即使在某时点上互相重合,也不能成为观念的竞合。

一个行为在不同的犯罪构成之中的外延也并不完全相同,而想象竞合犯必然涉及不同犯罪之构成要件。在不同的构成之内,行为在何种程度上发生重合才可以认定是一个行为的重合,存在不同的争议。对此问题,主要有主要部分重合说、一部重合说、着手一体说和不能分割说等不同的观点。[②]

想象竞合犯是由于一个行为,换言之是由于一个意思决定而引起了复数的法益侵害,与复数的意思决定场合相比,评价其责任相对较轻,因此一般认为,与并合罪相比,要处以较轻的处断刑。[③]

2. 触犯两个以上的罪名

成立想象竞合犯的前提必须是一个行为触犯两个以上的罪名。所谓触犯两个以上的罪名,是指在构成要件的评价中实质上符合两个以上的构成要件,成立两个以上犯罪的情况。所以,只是外观上触犯两个以上罪名属于法条竞合而非想象竞合。

法条竞合与想象竞合的区别之处在于评价的周延性上。对于法条竞合犯来

---

① 马克昌:《比较刑法原理:外国刑法学总论》,武汉大学出版社 2002 年版,第 764 页。
② 陈家林:《外国刑法通论》,中国人民公安大学出版社 2009 年版,第 652 页。
③ 〔日〕山口厚:《刑法总论》,日本成文堂 2007 年版,第 378 页。

说,无论用哪个规范进行评价均能够实现对犯罪事实的完全解构,不会出现事实上的剩余;而想象竞合犯正好相反,对于一个行为所形成的犯罪事实来说,无论选择任何一个规范进行评价都无法实现对其完全无遗漏的处罚。因此,对于想象竞合犯来说,要么同时适用数个规范来实现对其所有要素的完整解构,要么就选择其中的一个而放弃其他。根据刑法的基本原理,对于一行为只能通过一个刑罚来进行惩罚,所以只能选择其中的一个而放弃其他规范的适用。

因此,对于想象竞合犯来说,应当"按照最重之刑处断"。其旨趣是,观念的竞合虽然是数罪,但是,因为是由一个行为进行的,在科刑上,把它们都包括在数罪中最重的刑之中,以一罪处断。此外,需要说明的是,所谓"处断",只是就刑而言的,其旨趣不是说轻的犯罪被重犯罪所吸收而丧失独立性。因此,即使重的犯罪中没有规定没收,在其他罪中规定有没收时,可以附加判处没收,也可以并科两个以上的没收。①

对于想象竞合犯的处罚,也有学者认为"从一重处断"并非"从一重罪刑",而是"从一重罪"处断。即认为是犯罪之间的吸收,而非刑罚之间的吸收。②

（二）牵连犯

牵连犯,简而言之是"属于犯罪的手段或者结果的行为触犯其他的罪名"的情形;详而言之,即数个行为虽然各自符合不同的构成要件而成立数罪,但各个犯罪之间存在着一个行为是另一个行为的手段,或一个行为是另一个行为的结果的关系。

界定牵连犯的关键所在,就是手段、结果关系的精确判断。对此问题,存在所谓的客观说与主观说的对立。日本的判例认为所谓犯罪的结果是指由于某犯罪产生的当然结果,因此,在牵连犯中某些犯罪与属于手段或者结果的犯罪之间必须存在密切的因果关系。如果,犯罪人现实上所实施的两个犯罪只是偶然处于手段、结果的关系上时,不能说是牵连犯。主观说站在采用意思标准说的近代学派的立场上,认为只要行为人主观上认为是犯罪的手段或者结果,就应该认定成立牵连犯。③

所谓成立牵连犯所要求的"触犯其他罪名",是指数个行为各自符合不同的构成要件,成为犯罪。属于犯罪的手段或者结果的行为是不可罚的事前行为或者不可罚的事后行为,被主要的犯罪所吸收,不成立独立的犯罪时,当然不成立牵连犯。④

牵连犯在犯罪成立的角度来说,应该属于数罪。无论从认识的角度,还是从

---

① 〔日〕大塚仁:《刑法概说:总论》,冯军译,中国人民大学出版社2003年版,第425—426页。
② 黄村力:《刑法总则比较研究（欧陆法比较）》,作者自版1997年版,第264页。
③ 〔日〕大塚仁:《刑法概说:总论》,冯军译,中国人民大学出版社2003年版,第426页。
④ 同上书,第427页。

刑法规范的角度，牵连犯都不具有一罪的特征。但是，由于行为人所实施的数个犯罪之间具有牵连关系，就应该从合目的性的角度认定数罪并罚是对行为人的过度惩罚。如果数个行为之间处于目的、手段或者原因、结果这种关系之时，也应着眼于其犯罪意思活动的单一性，作为准照于一个行为的犯罪，按照科刑上的一罪来处断。① 而且，在客观上来说，成立牵连犯，仅以犯人的主观方面是将一罪作为另一罪的手段或者结果来实行是不够的，而且要求在数罪之间手段或者结果行为应该存在罪质上的常例关系才是必要的。所以按照一个犯罪来进行惩罚也并没有什么不妥。

二、并合罪

（一）并合罪

1. 并合罪的概念

作为并合罪，也被称为数罪并罚、实质竞合，是指没有经过确定裁判的两个以上的犯罪。也就是数次违反刑法构成了数个独立罪名且未构成法条竞合时，就构成了实质竞合或数罪。

在就某罪已作出处以特定刑罚以上的确定判决时，则仅限于将该罪与其判决确定之前所犯的罪作为并合罪。对于并合关系的判定，则是处于是否存在同时进行审判的可能性为标准，具有同时审判的可能性的，应基于整体考虑而决定处断刑。② 一个行为人犯数罪时，本来即使对其各罪分别处分也无妨，但是，在它们处于能够被同时审判的状况下时，在刑的适用上，把这些罪一起处理更为合理。而且，实际上，对即使没能同时审判的数罪，在事后的判断中认为存在同时审判的可能性时，与被同时审判的犯罪进行权衡，在某种程度上把他们一起处理也是适当的。可以认为，刑法从这种趣旨出发，规定了并合罪的观念。③

1. 并合罪的适用

对于并合罪，则需要进行刑罚上的并合处理。对于并合罪刑罚的合并适用，因为各个犯罪所处刑罚的不同，会发生同种刑罚并合与不同性质刑罚之间的并合问题；此外，还有主刑与附加刑的并合问题。

如果干脆地添加已触犯的具体刑罚，对实质竞合的处理就会很简单。但这可能导致极端的不公正，特别是剥夺自由的时间越长，处罚就越严重，而罚金刑的数额越高，则越难满足基本的生活需要；更确切地说，这也不可避免地产生从刑事政策上看毫无意义、非常不利于罪犯改造的结果。因此，法律应该遵循的基

---

① 〔日〕西田典之：《日本刑法总论》，刘明祥、王昭武译，中国人民大学出版社2007年版，第350页。
② 同上书，第351页。
③ 〔日〕大塚仁：《刑法概说：总论》，冯军译，中国人民大学出版社2003年版，第430页。

本原则应该是,通过适当提高判处刑中最重的刑罚,而处以总和刑。①

从宏观来说,对并合罪的处分,有三种主义。第一是吸收主义,认为要根据各罪中最重的法定刑来处断;第二是加重单一刑主义,认为要对最重的犯罪的法定刑进行一定的加重,把其作为并合罪的刑罚;第三是并科主义,认为要对各罪分别确定刑罚,一并执行。②《日本刑法典》规定中,除去死刑对其他主刑的吸收关系外,最主要的就是限制加重处罚方法。即在并合罪中,有两个以上的应当处以有期徒刑或监禁罪的时候,将其中最重罪的法定刑上限,再加上相当于该上限的一半刑期,所得之和作为上限。但是,不得超过各个罪的法定刑的上限之和,而且根据法律的规定,也不得超过30年。③

《德国刑法典》规定,对于总和刑的确定,一般分成三个步骤。即① 对每一个具体犯罪科处具体的刑罚;② 确定最重的具体刑罚;③ 根据特定的加重原则提高该刑罚。

(二) 数罪

与单纯一罪相对应,数罪就是指单纯数罪,也就是在犯罪实际竞合的场合,不成为并合罪的数罪情况。单纯数罪的场合,根据各个犯罪的情况成立犯罪,并分别按照各个犯罪的法定刑处理。当然,也需要考虑构成累犯的情形。

---

① 〔德〕施特拉腾韦特、〔德〕库仑:《刑法总论 I》,杨萌译,法律出版社2006年版,第447页。
② 〔日〕大塚仁:《刑法概说:总论》,冯军译,中国人民大学出版社2003年版,第431页。
③ 〔日〕大谷实:《刑法总论讲义(新版)》,日本成文堂2000年版,第526页。原文为20年,该著作在日本刑法修改之前出版,日本刑法已经将数罪并罚的上限修改为不得超过30年。

第十二章 刑罚概述

第一节 刑罚的概念

一、大陆法系刑法学者对刑罚概念的表述

"困难始于界说",刑罚的概念是刑罚论开篇首要解决的问题。大陆法系的刑法学者对刑罚概念的表述有如下几种:

(一)德国学者李斯特的表述

刑罚是刑事法官根据现行法律就犯罪人的犯罪行为给予犯罪人的惩罚,以表达社会对行为及行为人的否定评价。因此,刑罚的概念有两个内容:(1)行为人侵害了受法律保护的利益,如生命、自由、财产等;(2)刑罚同时又是对行为及行为人显而易见的指责。[①]

(二)日本学者牧野英一的表述

所谓刑罚是国家对不法行为科处行为人法律上的法益剥夺。分说之如下:(1)刑罚建立在国家与个人的关系上。个人间的关系如损害赔偿制度,国家间的关系如战争。(2)刑罚是对不法行为的制裁。国家征收租税、征用土地,进行征集,不是刑罚。(3)刑罚是法益的剥夺。作为对不法行为的措施,国家采用的甚多,其中一个方法是剥夺法益,施以刑罚。刑法将一定的法益剥夺称为刑。因而在此特别称为刑的名称之下所承认的制度为形式意义上的刑罚。[②]

(三)日本学者宫内裕关的表述

所谓刑罚,是对以犯罪为要件的犯罪行为人由法院施加的国家强制手段,是以一定的害恶为内容的手段。第一,刑罚是国家强制手段的一种形式。刑罚是一种国家权力形态,从而刑罚的形态受国家权力的形态制约。且作为国家的强制手段,与其他社会的强制手段不同。第二,刑罚存在于犯罪与法规的关联性之下。犯罪从形式上是刑罚不可缺少的要件,刑罚是犯罪的法律效果。刑法通常以"实施××行为,科处××刑罚"的形式,表现这种关系。这种犯罪与刑罚的法规关联性,反映了罪刑法定主义原则的一个侧面。第三,犯罪与刑罚这种法规的关联性引导出犯罪与刑罚实质的关联性。即对犯罪的刑罚是对犯罪的消极评

[①] 〔德〕李斯特:《德国刑法教科书》,徐久生译,法律出版社2000年版,第401页。
[②] 转引自马克昌:《比较刑法原理》,武汉大学出版社2002年版,第822—823页。

价、非难,并且刑罚将一定的害恶加之于犯罪行为人。从而,其害恶必须与实施的犯罪严重性、非难性相照应、成比例(比例原则)。第四,刑罚以害恶为内容。就是说是对行为人法益的强制剥夺,它涉及市民的生命、自由、名誉、财产等。现行刑法,主刑规定有作为生命刑的死刑、作为自由刑的惩役、监禁、拘役三种,财产刑规定有罚金、科料两种,附加刑规定有没收。现行刑法是否认为没收是刑罚的一种(财产刑),由于《日本刑法典》第19条第2款规定,即使"犯罪以外的人"所有也可能没收,根据对犯罪行为人的害恶这个意义,能否称为刑罚是有问题的,这个场合不如说具有保安处分的性质。[①]

以上学者对刑罚概念的表述各有侧重,反映出刑罚的基本特点,对正确理解刑罚的本质、刑罚权都有重要作用。

二、刑罚的概念

大陆法系国家刑法学者对刑罚的认识反映出刑罚所具有的基本特征:

(一)刑罚以犯罪为前提,是犯罪的直接法律后果

刑罚的前提是犯罪,犯罪的法律后果是刑罚,没有犯罪就没有刑罚,或者说行为人没有实施犯罪,就不能给予刑罚处罚。这是基本的罪刑关系。因此,无论任何人,只要他没有实施法律规定为犯罪的行为,就不能成为刑罚的对象。只有经过国家确认有犯罪行为的人,才能对其适用刑罚。

刑罚是犯罪的直接法律后果,但又不是唯一的法律后果,一些大陆法系国家刑法规定,在具备一定条件时,可以免除犯罪人的刑事处罚或者不实际执行刑罚。

刑罚本身也是一种社会现象,因此,刑罚与社会的政治、经济、文化等要素有着密切的关系。随着时代的变迁,刑罚制度也在不断发展变化。

(二)刑罚是剥夺或限制犯罪人某种法益的制裁措施

刑罚是一种国家施于犯罪人的强制性方法,它以剥夺或限制犯罪人某种法益为内容,这种制裁措施所剥夺或限制犯罪人的法益内容主要为生命、人身自由、财产和某种社会资格。

(三)刑罚由法律规定,并由国家实施

适用刑罚是国家审判权的一项重要内容,是法院代表国家对犯罪人施以的强制处罚。因此科处刑罚必须依照刑法规定,不得擅自超越法律的规定。

刑罚的适用主体是国家。尽管外国刑法理论认为犯罪可以分为对国家利益的犯罪、对社会利益的犯罪与对个人利益的犯罪,但对任何一种犯罪适用刑罚,

---

① 转引自马克昌:《比较刑法原理》,武汉大学出版社2002年版,第823页。

都必须是国家作为适用主体,绝不允许个人或者其他机关作为适用刑罚的主体。①

(四)刑罚的承担主体是犯罪人

在大陆法系国家,传统的原则是刑罚的承担主体只能是自然人,不能是法人或者集体,因为对集体的惩罚被认为是违反责任主义的。虽然现在也有一些国家在行政法中规定法人可以成为刑罚的承担主体,但在刑法典中仍然维持着传统的做法(法国新刑法除外)。②

综上所述,我们认为,刑罚是国家法律规定的,国家对犯罪人施加的限制或剥夺其一定法益的强制措施。

第二节 刑罚的本质

本质是指事物的内部联系。它由事物的内在矛盾构成,是事物比较深刻的一贯的和稳定的方面。③ 本质是决定一个事物区别于其他事物的最根本的特点。刑罚的本质是大陆法系国家刑法学研究中的一个重要内容。

刑罚的本质,即刑罚的根本性质,或者根本属性,它是实践中适用刑罚的根据。关于刑罚本质的研究,长期以来形成三种理论,其中报应刑论和目的刑论存在尖锐对立。(1)报应刑论,认为刑罚的本质是对犯罪的报应;(2)目的刑论,认为刑罚的本质是预防犯罪、保护社会利益等;(3)折中论,认为刑罚的本质中既有报应的因素,又有教育、改善、预防的性质。

一、报应刑论

报应刑论最早出自先民的神义报复说,来源于原始社会氏族部落里"以眼还眼、以牙还牙"的血亲复仇制度,这是一种单纯的报应说。然而,近代刑罚报应论与古代单纯报应说有很大不同,主要的代表人物是康德、黑格尔和宾丁和吉川经夫。

(一)康德关于报应刑论的表述

康德认为罪刑关系就是因果报应关系,犯罪行为是原因,刑罚就是结果,刑罚是对犯罪人恶性的报应。康德的刑罚报应思想主要体现在如下两方面:

(1)认为刑罚是绝对报应。康德认为:"一个人的生命权不能仅仅被作为达到某种其他目标的手段而受摆布……他的内在人格(即他作为一个人的权

---

① 张明楷:《外国刑法纲要》,清华大学出版社1999年版,第358页。
② 同上。
③ 辞海编辑委员会:《辞海》,上海辞书出版社1980年版,第1247页。

利)保护他免受这种摆布,即使的确可以谴责说他丧失了他的文明人格。在对他或他的同胞施以刑罚的任何考虑之前,我们必须找到他应受刑罚的罪行。"①

(2) 主张等害报应甚至同态复仇。康德认为,刑罚不仅应在被害人所受犯罪之苦的程度之上与犯罪相匹配,而且也应该与犯罪的形式和方法相一致,即对非法侵占财产的犯罪处以罚金,对殴伤他人身体的犯罪处以肉体上的打击,对谋杀罪应处以死刑;对强奸犯应处以宫刑。② 据此,康德的这种同态复仇理论被称为"等量报应刑论"。

(二) 黑格尔关于报应刑论的表述

黑格尔从辩证法的角度理解刑罚的本质,他认为:"犯罪行为不是最初的东西,非肯定的东西,刑罚是作为否定施加于它的,相反地,它是否定的东西,所以刑罚不过是否定的否定。现在现实的法就是对侵害的扬弃。"③

作为辩证法代表人物的黑格尔,从事物否定之否定规律的角度认识刑罚的本质,认为犯罪和不法行为是对法律秩序的否定,而刑罚则是对法律秩序否定的否定,即对法律秩序的肯定,是对社会公平和正义的倡导,这就是刑法实施的正当性理由。

黑格尔主张的刑罚是对犯罪的报复,但与康德不同的是,他不主张绝对等量或同态的复仇,而是主张等价值的报复。因此,黑格尔的报应刑理论被称为"等价报应刑论"。除了在杀人的场合必须剥夺杀人者的生命外,对于其他犯罪不能使用同态的报复,而应具有"适应侵害价值的相等性"。

(三) 宾丁的表述

宾丁是继康德和黑格尔之后,另一位从规范论的立场出发对刑罚进行论述的德国学者。宾丁认为,国家发动刑罚旨在维持法律秩序,故其关于报应刑的思想被人们称为法律报应主义。他指出,犯罪是对刑法规范的违反,而刑罚法规对违反刑法规范的行为规定了具体的法律后果——刑罚处罚;这就意味着,犯罪是对刑法规范的违反,刑罚则是对将规范否定的犯罪的否定。在宾丁看来,犯罪人所应受到的刑罚之苦的大小,应当与法律秩序被犯罪损害的大小成正比例。④ 宾丁的这种理论被称为"法律报应主义"。

(四) 吉川经夫的表述

日本刑法学者吉川经夫认为,刑法以对犯罪的报应为本质,以痛苦、害恶为内容。他认为:"从法律上看,刑罚作为对犯罪的法律效果,是国家对犯罪行为人科处的法益剥夺。作为国家对犯人实施犯罪这种恶行的非难表现,于此报以

---

① 〔德〕康德:《法的形而上学原理》,沈叔平译,商务印书馆1991年版,第164—165页。
② 赵秉志:《外国刑罚原理》,中国人民大学出版社2000年版,第266页。
③ 〔德〕黑格尔:《法哲学原理》,范洋、张企泰译,商务印书馆1961年版,第106页。
④ 赵秉志:《外国刑罚原理》,中国人民大学出版社2000年版,第267页。

刑罚这种害恶。在这个意义上,刑罚区别于与伦理上无色的社会防卫措施的保安处分。这样,刑罚是以对受刑人剥夺其财产、或其身体的自由、有时其生命为内容的,它对科处刑罚者来说,明显地是非常的痛苦。刑罚是一种害恶,必然伴随痛苦这一现实,必须直率地予以承认。正因为刑罚是以害恶为内容的,所以它常常被比喻为双刃之剑,对科处刑罚,要求应当极为慎重。"①

二、目的刑论

目的刑论是刑事社会学派的理论主张,认为刑罚实施的正当性理由在于预防犯罪、保护社会利益。因此,理论上被称之为相对主义。目的刑论的主要代表人物是龙勃罗梭和李斯特。

(一)龙勃罗梭关于目的刑论的表述

意大利学派的创始人龙勃罗梭较早提出了社会防卫的思想。他认为,犯罪是对社会的侵害,刑罚是社会防卫的手段,只有从社会自卫的立场来认识问题,刑罚才有合理存在的理由。在他看来,国家对犯罪人科处刑罚只是为了保护社会利益;不能把报应作为惩罚的根据,对犯罪人科处刑罚是为了使其将来不再犯罪危害社会。基于此种认识,龙勃罗梭还提出了刑罚个别化的思想——对犯罪人的处罚方式与轻重应当根据行为人的不同具体情况来决定;(1)对"生来犯罪人"应当终身监禁或处死刑,根除犯罪隐患;(2)对常习犯应当同对"天生犯罪人"一样处理;(3)对患有激情性精神病和偶发性精神病犯罪人可以判处罚金;(4)对患有精神病的老年犯与少年犯,应当送农场或感化院。②

(二)李斯特关于目的刑论的表述

系统提出目的刑思想的是德国学者李斯特。1882年,李斯特在德国马布克大学发表了"刑罚的目的观念"的划时代意义讲演,系统阐述了他的目的刑思想。他认为,刑罚虽然渊源于原始复仇即血亲复仇,但是刑罚的本质却具有社会性;随着社会的发展,刑罚已由第三者团体冷静、慎重地适用于当事人团体发展到由国家适用于犯罪人;当在历史的进程中这个作为仲裁人的第三者团体演变成国家时,国家对犯罪的处罚便法律化了,并且通过法律的本质——目的的指导合理化、客观化了。所以刑罚不应是报应意义上的刑罚,而应当是目的意义上的刑罚。由于目的意义上的刑罚以保护、维持法律秩序为目的,故刑罚可称为目的刑或保护刑。③

---

① 〔日〕吉川经夫:《四订刑法总论》(补订版),法律文化出版社1996年版,第308至309页。
② 转引自马克昌:《刑罚通论》(修订版),武汉大学出版社1999年版,第30页。
③ 转引自赵秉志:《外国刑罚原理》,中国人民大学出版社2000年版,第268页。

三、折中论

折中论在报应刑论和目的刑论的基础上采取折中主义,一方面主张刑罚的本质是对犯罪的报应或者正义的报应,另一方面又承认刑罚具有目的性或功利性。折中论又被称为并合论或综合论。主要代表人物是德国学者迈耶、日本学者植松正等人。

(一) 迈耶关于刑罚折中论的表述

迈耶认为,刑罚分为刑的规定、刑的量定及行刑三个阶段,而刑罚运作的这三个阶段又分别具有报应、法的维持和目的刑意义。具体言之,国家创制刑法时对轻重不同的犯罪规定轻重不同的刑罚,这是基于报应的思想而对犯罪作出的反映,因而具有报应的意义;法官通过刑事审判对行为人之行为进行法的评价,对构成犯罪的依法予以确认并量定刑罚,这就具有维持法律规定和尊严的意义;国家的行刑机关依法对被判刑的犯罪人进行教育改造,使其回归社会,这又具有预防犯罪的意义。①

(二) 植松正关于刑罚折中论的表述

日本学者植松正认为:"刑罚的本质是报应还是改善(教育),虽然存在学说上的争论,但报应与改善绝不是二者择一的排他关系。报应是刑罚本质的核心,改善也是刑罚的重要机能之一,两者不是互相排斥的观念,是出色的并存思想。不,毋宁说只有使两者并存,刑罚的真正价值才能发挥。"②

(三) 草野豹一郎关于刑罚折中论的表述

日本学者草野豹一郎认为:"当今,无论是司法实践还是公民的法律意识都与报应思想有着极为密切的关系,但刑罚的本质并非仅在于报应,而应视为母系刑论与报应刑论的结合,其一,目的刑论的真正实现有赖于刑罚给犯罪人造成一定的痛苦;其二,只有使犯罪人造成一定痛苦才能起到改造犯罪人的作用,收到特殊预防之效;其三,刑罚必定是对犯罪人的生命、身体自由或财产的剥夺,所以难以否认其给犯罪人造成的痛苦,而且一般预防也是通过对犯罪人科处一定刑罚来达到警戒或威吓潜在犯罪者之目的的。"③

(四) 大塚仁关于刑罚折中论的表述

日本学者大塚仁认为:"刑罚根据形式的观点,作为对犯罪的法效果,是由国家科处犯人的一定法益剥夺。围绕其实质的意义,虽然有绝对主义、相对主义、并合主义与分配主义的对立,但是按照并合主义,刑罚既是对犯罪的国家的、

---

① 赵秉志:《外国刑罚原理》,中国人民大学出版社2000年版,第269页。
② 转引自马克昌:《刑罚通论》,武汉大学出版社1999年版,第33页。
③ 转引自赵秉志:《外国刑罚原理》,中国人民大学出版社2000年版,第269页。

道义的报应，又应当认为是以一般预防与特别预防为目的的。并且刑罚在根据静态的观点考察的同时，也必须根据动态的观点考察。"①

第三节 刑 罚 权

一、刑罚权的概念

所谓刑罚权，即国家运用刑罚的权力，具体指国家就犯罪对犯罪人进行处罚的权能。刑罚权属于公权的范畴，它是国家主权的一部分，其基本内容是指国家动用刑罚处罚犯罪的权力。从抽象的角度来说，当犯罪发生时，国家就可以处罚犯罪人，这就是一般的刑罚权；从具体的角度来说，当发生具体的犯罪时，国家就可以处罚具体的犯罪人，这就是个别的刑罚权，也被称为刑罚的请求权。

《日本宪法》第 31 条规定："对于任何人非依法律所定程序，不得剥夺其生命或自由，或科以其他刑罚。"《意大利宪法》第 25 条第 2 款规定："不根据犯罪以前业已生效的法律，不得对任何人可以刑罚。"②这些规定实际上是从宪法的角度肯定了国家刑罚权的存在根据。

二、刑罚权的根据

刑罚的基本特征之一就是刑罚的严厉性。国家对犯罪人使用刑罚，是不需要考虑犯罪人是否同意的。那么，国家适用刑罚的根据是什么，对此问题，大陆法系刑法学者对此有不同的回答。其理论根据主要以下几种：神权论、社会契约论、功利论和混合论。

（一）神权论

刑法中神权论的学说来源于君权神授理论，出自远古时代人类对刑罚权的解释，近代大陆法系国家也有学者支持。神权论主张刑罚权是上天之神赐予的，是正义的体现，而国家秩序是神意的发现，侵犯它就是亵渎神灵，神就会委托其世俗的代表，即国家对犯罪之人进行惩罚。德国学者斯塔尔的观点具有一定代表性："神之秩序，发现于素洁，是为国家。身体健全，财产保护，家族秩序，国家存立，寺院存续，莫非神明秩序之基础，有破坏此秩序者，曰犯罪。神明对此破坏秩序之犯罪人，命令俗界之权力代表者（即国家），加之以刑罚，是即国家刑罚权之所由来也。"③

---

① 〔日〕大塚仁：《刑法概说（总论）》（改订版），日本有斐阁 1986 年版，第 449 页。
② 转引自马克昌：《比较刑法原理》，武汉大学出版社 2002 年版，第 827 页。
③ 转引自赵秉志：《外国刑罚原理》，中国人民大学出版社 2000 年版，第 272 页。

(二) 社会契约论

社会契约论亦称民约说。古希腊哲学家伊壁鸠鲁提出此说后,被欧洲资产阶级启蒙思想家洛克、卢梭等广为传播。但是,贝卡利亚以社会契约论对刑罚权根据的解说,得到最广泛的承认。他在《论犯罪与刑罚》中明确指出:"原始人类,本属战争状态。只因为人们后来都厌恶战争而渴望和平,才各自就天赋自由之权利中,割让一部分,以契约的方式委托给他人(即主权者),并让其承担保护职责。于是,主权者对于违反契约者,有处罚之权。因此,刑罚权的渊源,只不过是人们所割让的自由权之一部分的总和而已。"[①]

(三) 功利论

刑罚功利论又称为必要论。边沁和龙勃罗梭是这一理论的代表人物。边沁从功利主义出发,认为"社会秩序,端赖国家维持,国家为维持社会秩序计,所以有必要行使刑罚权之必要。"[②]龙勃罗梭以达尔文的进化论为理论依据,对社会犯罪进行了分析。他认为,社会作为一种客观存在之物,受着进化论的支配,因此,为了社会自身进化起见,对于侵害其生存的犯罪人,有打击与抑制的必要,而国家的刑罚权正是从这种必要性中产生的。

[①] 转引自何秉松:《刑法教科书》,中国法制出版社 2000 年版,第 528 页。
[②] 转引自王觐:《中华刑法论》,中华书局 1933 版,第 3 页。

第十三章 刑罚的种类

第一节 刑罚种类概说

刑罚因犯罪而生,故无犯罪则无刑罚,因此,犯罪的特征就决定了刑罚的特征。种类繁多的犯罪决定了刑罚的非单一性;危害性的大小也决定了适用刑罚的严厉程度的差异。各国刑法由此规定了种类多样、宽严相济的刑罚方法。而每种具体的刑罚方法在内容上、适用条件上各自均有所区别。

根据不同的分类标准,刑罚主要有生命刑、身体刑、自由刑、财产刑、资格刑等几种分类。此种分类以受刑人被剥夺的法益不同为标准。所谓生命刑是指剥夺受刑人生命的刑罚方法,也称为极刑、死刑。所谓身体刑是指伤害受刑人身体的刑罚方法,如笞刑。所谓自由刑是指剥夺或限制受刑人自由的刑罚方法,如有期徒刑、无期徒刑、管制等。所谓财产刑是指剥夺受刑人一定数额财产的刑罚方法,如罚金、没收财产等。所谓资格刑是指剥夺受刑人某种资格的刑罚方法,如剥夺政治权利。

随着法治社会的人道化发展,除了极少数国家之外,身体刑已经为各国所禁止,即使保留也已经在性质上完全不同于原来的身体刑。同时,死刑的存废也开始引起社会各界的关注,争议颇大,迄今为止,保留死刑的国家在逐步减少,而保留死刑的国家,无论是在适用条件、范围还是程序上,都开始了更为严格的规定,同时采用各种方式的刑事政策减少死刑的适用。

一、主刑、附加刑

以是否可以附加适用,可以把刑罚方法分为主刑和附加刑。主刑是指只能独立适用,不能附加适用的刑罚方法。一般而言,每种具体的犯罪只能判处一种主刑,两种主刑不能同时存在,也不能以附加适用的形式变相存在。附加刑是指既可以独立适用,也可以附加适用的刑罚方法。附加刑一般情况下是以附随主刑的补充适用而存在,有时也独立适用,一种犯罪行为可以判处一个或一个以上的附加刑。各国在主刑和附加刑的范围划分上存在不同的做法,以罚金刑为例,有的国家将其列入主刑范围,有的国家将其列入附加刑范围。例如,《德国刑法典》把罚金刑规定为主刑。①

二、国事刑、普通刑

以刑罚所适用的犯罪行为是否为国事犯为标准,可以把刑罚方法划分为国事刑和普通刑。国事刑是指对国事犯的刑罚方法。普通刑是指对普通犯的刑罚方法。这种刑罚种类的划分在日本刑法学家大塚仁所著的《刑法概说》中有阐述,"对政治犯(国事犯)科处的刑罚称为国事刑(peine politique)……作为国事刑,考虑受刑人应受尊敬的动机,应该科处名誉拘禁(custodia honesta)。"②

三、重罪之刑、轻罪之刑、违警罪之刑

刑法方法可以分为重罪之刑、轻罪之刑和违警罪之刑,这种分类对应于刑法将犯罪行为划分为重罪、轻罪、违警罪。法国新旧刑法都进行了重罪、轻罪、违警罪的犯罪类型划分,同时规定了适用于重罪、轻罪、违警罪的刑罚方法。在日本,此种刑罚方法的分类是根据刑法所规定的具体的处罚内容进行的。"所谓重罪之刑,是指死刑、无期或者6年以上的惩役或者禁锢(刑施第33条);所谓轻罪之刑,是指未满6年的惩役或者禁锢或者罚金(刑施第35条);所谓违警罪之刑,是指拘留或者科料(刑施第31条)。"③

第二节 生 命 刑

一、生命刑概述

生命刑也称死刑,是剥夺受刑人生命的刑罚方法,又被称为极刑(capital punishment)。死刑是一种传统的刑罚方法,长期以来占据刑罚方法的重要地位。它产生于原始、朴素的"同态复仇"理念,在奴隶社会和封建社会被统治阶级作为重要的统治手段而普遍运用。1764年,在《论犯罪与刑罚》一书中,贝卡利亚第一次对死刑的存在提出了质疑性的批判,要求废除死刑或者至少应该严格限制死刑的适用,得到广泛认可和支持。也由此展开了一系列跨世纪的死刑存废问题的激烈争论,并持续至今。目前世界各国在死刑的存废问题上仍未能统一,做法各有异样。尽管如此,在死刑的执行方式上却开始有了趋同的势头,以另一种方式表征了人类文明的进步。

---

① 〔德〕李斯特:《德国刑法教科书(修订译本)》,徐久生译,法律出版社2006年版,第409—410、433页。
② 〔日〕大塚仁:《刑法概说》(总论第三版),冯军译,中国人民大学出版社2003年版,第508页。
③ 同上。

二、死刑的存与废

"死刑存废的问题,不单是刑罚制度的问题,而是哲学的、历史的问题;不仅是刑事法学者关心的问题,而且成为所有阶层人们都关心的问题。"[①]这个问题至今仍未有定论,但对于死刑这一刑罚方法的发展却产生了巨大的影响。自1764年贝卡利亚提出废除死刑,20年后的1786年,托斯卡纳(今意大利西部的一个区)就首先废除了死刑,成为世界上第一个废除死刑的国家。19世纪末20世纪初,世界范围内第一次掀起了废除死刑的高潮,第二次世界大战后,废除死刑的浪潮再次袭来,20多个国家先后废除了死刑。在有的国家或地区,死刑经历了先废再立,立后再废的反复变化,不管是对于一个国家或者整个世界而言,死刑废除的历史进程辗转颠覆,道途曲折却趋势明朗。

主张废除死刑的理论观点很多,总结起来大致有以下几种。

其一,死刑是残酷、野蛮的刑罚方法,违反人道主义。这是废除死刑论的最基本的理论观点之一。

其二,死刑的威慑力有限,不能很好地达到预防犯罪的目的。

其三,死刑是对受刑人生命的剥夺,一着不慎则错误无法挽回。

其四,死刑不具有刑罚的教育功能。刑罚是使受刑人能够得到改造并最终复归社会的教育工具之一,死刑的适用有悖于教育刑的精神。

其五,死刑适用之后,无法弥补被害人的损失,同时也给受刑人的家庭带来残缺。

其六,死刑是对人权的侵犯,人类最基本的权利是生命权。

主张保留死刑的理由如下。

其一,"杀人偿命,欠债还钱,天经地义"。这是保留死刑最基本的传统理由之一。

其二,刑罚的严厉程度应当与犯罪的危害程度相对应,对于危害极大的犯罪应当适用极刑。

其三,死刑适用可能会出现错误,但并不因此可以成为废除死刑的理由,因为任何刑罚方法的适用都有可能会出现错误。

其四,死刑是最有效威慑犯罪的刑罚方法。

其五,死刑具有抚慰受害人心理的作用,这是其他刑罚方法所无法替代的。

其六,对于主观恶性极大、无回归社会可能性的犯罪分子,适用死刑是最合适的做法。

---

① 张明楷:《外国刑法纲要》(第二版),清华大学出版社2007年版,第372页。

三、死刑的现状与适用

死刑的存废之争还在继续,社会发展中任何一种因素的变化或发展都可能激起社会各界对死刑存废问题的再次审视。它的影响不仅表现在刑法学的理论研究上,而且对于刑事立法、刑事司法也发生直接的作用。

目前尚且无法精确的统计保留死刑和废除死刑的国家和地区,一是由于废除死刑的情况比较复杂,比如,在美国,有的州保留死刑,有的州废除了死刑;在阿根廷,有的罪保留了死刑,有的罪废除了死刑。二是各国家地区的废除死刑是不断变化和发展的,有的国家和地区在废除死刑上反反复复。但就总体趋势而言,废除死刑的国家和地区总数已经超过保留死刑的国家和地区。①

在保留死刑的国家,死刑适用的范围、对象、条件、程序等方面都有着严格的限制,旨在正确适用死刑。第一,死刑只适用于恶性犯罪。在日本,死刑适用的范围是:内乱罪的首谋者(第77条第1款第1项),诱致外患罪(第81条),援助外患罪(第82条),对现住建筑物等放火罪(第108条),使爆裂物爆炸罪(第117条),侵害现住建筑物等罪(第119条),颠覆火车等致死罪(第126条第三款),交通危险、使火车、电车颠覆、破坏等致死罪(第127条),降毒物等混入水道致死罪(第146条),杀人罪(第199条),强盗致死罪(第240条),强盗强奸致死罪(第241条),另外在特别刑法中规定死刑的还有5种犯罪。② 这12种犯罪共同的特点是危害性极大,都是对国家、财产或人身生命造成重大损害的犯罪。第二,死刑适用的对象有限制,把特殊群体排斥在外。在德国,"根据《帝国刑法典》与《少年法院法》的规定,在犯罪未遂、帮助犯和行为人为少年情况下,不得科处死刑;""精神病患者和孕妇不得被执行死刑。"③第三,死刑交由级别高的法院审判,并充分保证被告人的上诉、申诉权利。在日本,"根据法务大臣的命令执行死刑。原则上必须在判决确定之日起的6个月以内执行"。④ 但是,如果有要求上诉、请求再审等情况时,从申请之日至手续终了之日的期间,不计入上述6各月的期限内。这样,有的犯罪人在被判决死刑后十几年才执行。第四,死刑的实际执行受到限制。在保留死刑的国家里,死刑的实际执行数比死刑的实际判决数要少得多。下表是日本昭和年间(部分时间)死刑宣判数和死刑执行数

---

① 据统计,1984年55个国家判处了2068人死刑,1985年61个国家判处了1489人死刑,1986年67个国家判处了1272人死刑,1987年62个国家判处了1185人死刑,1988年58个国家判处了1240人死刑,1989年62个国家判处了2826人死刑,1990年54个国家判处了2005人死刑,1991年62个国家判处了2703人死刑,1992年62个国家判处了2697人死刑,1993年61个国家判处了3282人死刑。转引自张明楷:《外国刑法纲要》(第二版),清华大学出版社2007年版,第377页。
② 转引自马克昌:《比较刑法原理——外国刑法学总论》,武汉大学出版社2002年版,第770页。
③ 〔德〕李斯特:《德国刑法教科书(修订译本)》,徐久生译,法律出版社2006年版,第414、416页。
④ 〔日〕大塚仁:《刑法概说》(总论第三版),冯军译,中国人民大学出版社2003年版,第548页。

对比统计表,可以看出在死刑执行上的限制。

日本昭和年间死刑宣告与死刑执行人数表[①]

年份	第一审宣告死刑的人数	执行死刑的人数
1976	5	17
1977	4	12
1978	9	4
1979	6	3
1980	7	1
1981	9	1
1982	2	1
1983	11	1
1984	5	1
1985	6	1
1986	9	3
1987	5	2
1988	6	2
1989	10	2
总计	94(人)	51(人)

随着刑罚方法的人道化的发展,联合国经济和社会理事会在《保障将被处死刑者人权的保护措施》明确规定,执行死刑应当尽可能地减少不必要的痛苦,在这一原则精神的指引下,各国的死刑执行从方式、期限、场所等方面均有了很大的改进。死刑的执行方式也开始趋向统一,日本采用绞首方式处死犯人,美国则采用电气、注射毒药等方式执行死刑,而南美诸国多采取枪决的方式;同时,死刑的执行场也开始转变为非公开。执行日期也有了限制,如日本法律规定,在节假日不得执行死刑。

第三节 自 由 刑

自由刑是指剥夺受刑人自由的刑罚方法。这是一种狭义的概念。广义的自由刑还包括了限制受刑人自由。但通常所说的自由刑是指狭义的自由刑。

自由作为一种权利,是在资本主义制度建立之后规定下来的,也由此从资本主义社会开始被作为一种刑罚方法出现,因其既可以对于犯罪人的行为进行报应,又可以实现对犯罪人的教育而迅速成为主要的刑罚方法。在此之前,尽管已经存在剥夺自由的刑罚,却占据着微弱的地位,起主要作用的刑罚方法仍是生命

[①] 转引自〔日〕大塚仁:《刑法概说》(总论第三版),冯军译,中国人民大学出版社2003年版,第514页。原文所用年份为昭和纪年,昭和元年为1926年。

刑和身体刑。

一、自由刑的种类

各国刑法虽然都规定了自由刑,但在分类问题上并不一致。

(一) 终身自由刑、有期自由刑

以被剥夺自由的期限是否终身为标准,可以将自由刑分为两种:终身自由刑和有期自由刑。如《德国刑法典》第38条规定:"(1)自由刑有其期间,但法律规定为终身的不在此限。(2)有期自由刑最高为15年,最低为1个月。"终身自由刑是德国现行法律中最重的刑种。与死刑一样,虽然监禁终身的自由刑很少得到比长期自由刑更具威慑的效果,但是,在死刑被废除后,终身自由刑可被理解为国家决意惩罚犯罪的象征,它是对于故意严重侵害法益的犯罪行为的否定。

有期自由刑可以根据期限的长短再分为普通自由刑和短期自由刑。普通自由刑是指以确定的期限但又非短期地剥夺受刑人人身自由的刑罚方法。如《意大利刑法典》第23条规定:"有期徒刑的期限为15日至24年。"短期自由刑是指在短期内剥夺受刑人人身自由的刑罚方法,如拘役。短期自由刑的期限并非一致的,其上限和普通自由刑的下限不一定简单相接。仍以《意大利刑法典》为例,第25条规定:"拘役刑的期限为5日至3年。"在日本,短期自由刑的期限是"1日以上不满30日"(《日本刑法典》第16条)。

(二) 徒刑、监禁

根据受刑人在剥夺自由期间是否强制劳动为标准,可以把自由刑分为徒刑、监禁。徒刑,也叫惩役或劳役,是指对受刑人在被剥夺自由期间要被强制劳动。监禁,也叫禁锢或名誉拘禁,是指将受刑人的活动范围限定在某个固定的场所内,即剥夺受刑人自由,但不需要从事劳动。现在,许多国家刑法都同时规定了这两种自由刑,如日本、法国等。两种刑罚方法的基本区别就在于是否强制受刑人劳动,适用监禁刑时,如果受刑人要求劳动,也可以从事劳动,此时二者可以等同。因此,有人主张二者仅留存其中一种即可,即主张自由刑的单一化。自由刑单一化问题最早见于1872年在伦敦召开的"国际刑法及刑务会议"第一次会议上[①],历经多年的辩论和发展,目前有些国家已经实现自由刑的单一化,如荷兰、德国等。

二、短期自由刑

在自由刑中,受到批评最多的是短期自由刑。这里首先要明确的是"短期"

[①] 参见马克昌:《比较刑法原理——外国刑法学总论》,武汉大学出版社2002年版,第776—777页。

代表的时间究竟有多"短",即短期的期限是多少。这个问题自1872年第一次国际监狱会议以来一直争论至今,有一周说、两周说、六周说、三个月说、六个月说及一年说,甚至还有人认为短期自由刑的最低刑期应为6小时或12小时。分歧的根源在于设定短期自由刑刑期的参照标准,这种标准先后经历了从"以弊害为基准"到"以处遇效果为基准"的变化,加上各国具体国情的不同和学者们研究侧重的差异,同时反映了社会各界对刑期变更的希冀和批判。

(一) 短期自由刑的弊端

短期自由刑虽然对初犯者、机会犯人、过失犯具有一定犯罪预防和矫正功能,同时提高了监狱的利用率,但是,其弊端也是有目共睹的:(1)剥夺自由的时间仍不足以对受刑人进行充分的教育;(2)短期自由刑时间短、严厉性弱,威慑力弱;(3)短期自由刑的受刑人大多为初犯,适用这种刑罚会使他们丧失对拘禁的恐惧感,也有损于自尊,未能达到预防犯罪的目的。"短期的自由刑不仅对受刑人的改善不起作用,而且,也难期待一般预防的效果。"[①]国际上多次以如何避免短期自由刑的弊端为议题召开会议并进行过讨论,也提出过以罚金、科料、刑罚的缓执行等措施替代短期自由刑,但仍未能很好地解决问题。

(二) 短期自由刑的改良

短期自由刑的弊端是明显的,尽可能少的宣告短期自由刑可以避免其弊端。《德国刑法典》第47条第1款规定:"法院根据犯罪和行为人人格具有的特殊情况,认为只有判处自由刑才能影响行为人和维护法律秩序时,可判处6个月以下的自由刑。"除此之外,采取替代性的方法、手段也是短期自由刑改良的途径。

替代短期自由刑的措施很多,迄今为止已有十几项,如:起诉犹豫;执行犹豫、宣告犹豫;裁判上的谴责;罚金刑;缓刑;笞刑;不定期刑;资格限制;在宅拘禁;强制劳动;剥夺市民权;善行保证;限制居住;禁止出入饮食店等。除了从制度上探讨短期自由刑的改良之外,短期自由刑的执行手段也是尝试的一个方面。比利时在1963年采用了夜间及不劳动日收容的半拘禁制度,《德国少年裁判法》规定了周末拘禁。

三、不定期刑

(一) 不定期刑的概念与沿革

不定期刑是指宣判时没有确定自由刑执行的期限,行刑时根据受刑者服刑的具体状况,由裁判机关或者行刑机关来决定刑期的制度。受刑人服刑的状况是决定刑期长短的根据,服刑成绩差,拘禁时间就延长;反之,拘禁期间则会相应缩短。不定期刑有绝对不定期刑与相对不定期刑之分:完全不确定刑期的,是绝

---

① 〔日〕大塚仁:《刑法概说》(总论第三版),冯军译,中国人民大学出版社2003年版,第517页。

对不定期刑;确定刑期的上限和下限或其中之一的,是相对不定期刑。绝对不定期刑,"由于未定刑期,在与罪刑法定主义的关系上采用它是值得怀疑的。"[①]因而,绝对不定期刑已经为当代刑法所抛弃。

适用不定期刑对受刑人进行拘禁的规定最早存在于1532年颁布的《加罗林纳法典》中,随后在1813年的《巴伐利亚刑法典》、1814年的《奥尔登堡刑法典》都规定了不定期刑。近代不定期刑制度始于1869年美国密歇根州的《三年法》,该法最早采用对妓女可以判处以3年为限度的不定期刑。[②]

德国从19世纪末开始,以李斯特为代表的新派理论主张"根据犯罪人的不同情况,给予不同处遇以防再犯"。[③] 认为有必要对常习犯人采取不定期刑的观点虽遭到旧派的反对,最后仍在1933年刑法修改中被确定下来。

在日本,大正十一年(1922)的旧《少年法》(第8条)设有对少年的不定期刑,新法(第52条)也承袭了这一规定。在《日本刑法典》改正工作中,昭和二年(1927)刑法改正预备草案以来一贯提议引进不定期刑,昭和四十九年(1974)刑法改正草案(第58、59条)也采用不定期刑。反对的呼声强烈,论者坚持认为按照责任主义原则,刑罚与责任相统一,自由刑必须用一定的刑期来衡量相应的责任,而不定期恰是违反这一原则的做法。

(二)不定期刑的争论

刑法学新派与旧派在不定期刑的适用的争议上,随着时间的推移各自有着不同的变化。"二战"前,新派学者认为不定期刑是必要的,其理论基础为行为人责任和刑罚应具有教育功能;旧派学者否定不定期刑,依据是行为责任和刑罚应具有报应功能。"二战"后,新派、旧派对不定期刑的态度不再以派别为界限,旧派中开始出现了积极支持不定期刑的学者,新派中也陆续开始有论者怀疑不定期刑的合理性。是否支持不定期刑已经不再以学派的理论立场为基础,而是逐渐的取决于论者对于不定期刑对责任主义的理解,取决于是从重视保安的角度出发还是从重视改善的角度出发。

赞成不定期刑的理由如下:其一,刑期的不确定对受刑人具有威慑效果;其二,对于不能重返社会的犯罪人,可以继续拘禁以实现刑罚的目的;其三,刑罚执行期间可以根据处遇进度来决定,这对于社会和受刑人都是百利而无一害的,且可以适当纠正刑罚不均衡的现象;其四,对于初犯、尚不具有危险人格的犯罪人,可以通过自己的努力缩短受刑期限,从而促进弃恶从善;其五,对危险的犯罪人与常习累犯,可以确保长期的监禁,防止再次危害社会;其六,不定期刑是实现矫

[①] 〔日〕福平田、大塚仁:《日本刑法总论讲义》,李乔等译,辽宁人民出版社1986年版,第215页。
[②] 参见张明楷:《外国刑法纲要》(第二版),清华大学出版社2007年版,第385—386页。
[③] 马克昌:《论刑罚的本质》,载《法学评论》1995年第5期,第3页。

正受刑人犯罪行为目的最适当的方法。

反对不定期刑的论者同样据理力争,此学派坚持理由如下:其一,根据实务调查,不定期刑的刑罚效果并非理论估计的那么乐观;其二,不定期刑的受刑者因缺乏对于刑期长短的认识而易导致精神上的焦虑,这不利于思想上的矫正;其三,不定期刑易为受刑人所操控,仅仅为了缩短刑期而并非真正的用心改造,从而增加刑罚的不公正的产生;其四,不定期刑往往适用于那些贫困者、受到社会不公正待遇的人,因而容易造成社会的不公平;其五,不定期刑违反责任主义原则,刑期往往超过受刑人应该科处的刑罚期限;其六,不定期刑违反罪刑法定原则,侵犯受刑人的权益。

(三)对少年犯和常习犯的不定期刑

少年犯和常习犯是犯罪人中特点突出的两类人。少年犯表现为人格尚未完全发展,通常为初犯,可塑性强;常习犯表现为主观恶性大,具有犯罪性格,难以改善。如何处罚这两类犯罪人是刑事政策、刑法上的重要问题。有的国家队少年犯和常习犯采用了不定期刑。

《日本少年法》第 52 条第 1 款规定了不定期刑,对审判时不满 20 岁的人,应以 3 年以上惩役、监禁处断时,在该刑罚幅度的范围内确定最高刑期与最低刑而宣告之,即宣告相对的不定期刑,但上限不得超过 10 年,下限不得低于 5 年。行刑如经过最低刑期,无论何时都可能作为期满释放。行刑经过最高刑期时是否释放,或者尚未经过最高刑期是否释放都要经过裁量。

《日本刑法典》改正草案第 58、59 条对常习犯规定了不定期刑。对常习犯采取不定期刑的理由基于两点:其一,对危险性大的罪犯科以长期的自由刑;其二,为使它处于弹性化设立的幅度。有学者认为对常习犯适用不定期刑违反责任主义,有学者则认为对常习犯适用不定期刑不能从一而概地认为是违反责任主义,具体情况要看其具体功效。

第四节 财 产 刑

一、财产刑概说

财产刑是指以剥夺受刑人的财产法益为内容的刑罚。在日本与韩国,规定了三种财产刑,即罚金、科料、没收。罚金与科料没有质的区别,只是量的不同,即罚金的数量高于科料的数量。但是,在主刑与附加刑的分类上,三种刑罚方法在不同的国家分类并不一致。《日本刑法典》与《意大利刑法典》都将罚金与科料规定为主刑,《德国刑法典》将没收财产规定为主刑。

需要指出的是,虽然《德国刑法典》将"财产刑"作为一种刑罚名称而进行了规定,但通常而言,"财产刑"只是理论上以剥夺财产法益为内容的各种刑罚的概括称谓,并非一种独立的刑种。鉴于罚金与科料没有本质上的区别,只是数量上有差异,财产刑实际上只有两种,即罚金和没收。

二、罚金刑

（一）罚金刑概述

罚金刑发端于原始的赔偿金制度,历史比自由刑悠久,通常认为是从古希腊赔偿金制度或日耳曼民族的赎罪制度演变而来,尽管一直未受到重视。现在,罚金刑作为对利欲性犯罪的财产刑以及作为避免短期自由刑弊端的替代刑,地位开始愈显重要。1950年在海牙召开的第12届国际刑法与监狱会议,肯定了罚金刑作为短期自由刑的代替手段所具有的积极意义。标签论产生之后,罚金刑本身所具有的刑事政策意义开始突显,与缓刑制度、保护观察制度一起作为社会处遇措施而使用。许多国家在刑罚缓和化、行为非刑罚化、非犯罪化的过程中,刑罚体系的中心逐渐由过去的自由刑移向罚金刑。

历来被认为只是适用于轻罪才具有意义也没有重视罚金刑,为什么现在被大量适用呢？首先,随着经济的发展,物质财富开始增长,贪利犯罪的数量剧增。罚金刑是通过给犯罪人财产的剥夺而施加痛苦,从而压制其犯罪,达到犯罪预防目的的刑罚方法,自然会随着贪利性犯罪的增加而被频繁的适用。其次,法人越来越多地作为独立人格存在于社会生活中,伴随的是法人犯罪的增多,罚金刑作为比较合适的刑罚方法因此备受青睐。如1994年生效的法国新刑法专门规定了对犯罪法人的刑罚,其中首要的仍是罚金刑。再次,经济、技术的发展导致社会关系复杂化,人们对生活质量的追求越来越高,促生大量新的生产领域,同时也增加了行动的危险性。犯罪领域内的典型表现就是过失犯罪的增加和与之相应的过失理论的不断发展,"作为对过失犯处置的保安处分虽然被推荐,但现在实际上还是适用罚金刑多"。①

（二）罚金刑之利弊

"罚金刑占有优势的最重要理由,在于罚金刑自身的技能。"②概括起来,罚金刑有如下优点:其一,罚金刑的执行无需将受刑人关押,可以避免犯罪人之间恶性人格的交叉感染;其二,罚金刑并没有不改变受刑人的生活场所,因而不易被社会贴上罪犯标签,给受刑人带来心理压力;其三,罚金刑相比于自由刑,对受刑人形成的冲击较为缓和,处罚财产的惩罚程度远没有剥夺自由强烈;其四,对于贪利性犯罪行为人,罚金刑可以使受刑人感到无利可图而因此达到预防犯罪

---

① 马克昌:《比较刑法原理——外国刑法学总论》,武汉大学出版社2002年版,第791页。
② 张明楷:《外国刑法纲要》(第二版),清华大学出版社2007年版,第391页。

的效果;其五,罚金刑既可以适用于自然人,又可以适用于法人;其六,罚金刑执行成本低,同时可以增加国库收入,弥补犯罪行为给社会带来的损失。

但罚金刑的弊端同样也是显而易见的。其一,对于并不"富裕"的受刑人,罚金刑难以执行,刑罚效果大打折扣;反之,对于较为富裕的受刑人,罚金刑难以起到让其产生丧失财产痛苦的作用,也无法实现刑罚功能;其二,罚金刑对营利性犯罪也没有威慑力,营利性犯罪人可能把罚金当做税金或经营成本;其三,当受刑人不能缴纳罚金时,对其往往采取易科自由刑或留置劳役场,易造成刑罚效果的不公,罚金刑形同虚设。

(三) 罚金刑适用

为了实现罚金刑的功能,在裁量罚金数额时要同时考虑受刑人的个人状态和支付能力。受刑人的个人状态一般是指个人基本情况及对自己行为的心理态度,如果行为人不宜科处罚金刑就应直接科处其他刑罚,否则无法发挥刑罚的作用。如,在日本,对不能缴纳罚金的受刑人,处留置劳役场,而根据其监狱法的规定,对留置劳役场者比照惩役犯对待,原来应该科处的罚金刑实质上就接近于惩役刑。支付能力即受刑人的经济状况。罚金刑裁量时考虑受刑人的支付能力也受到种种反对,如反对者认为,刑罚面前人人平等,不能因为客观情况而改变应该适用的刑罚。而不考虑受刑人的支付能力,罚金刑可能无法执行。为了解决这个问题,1832年《葡萄牙刑法》第41条最先采用了日数罚金制,后来日数罚金刑在其他国家也得到实行。日数罚金刑与受刑人经济状况没有关系,它首先根据行为危害性及其程度决定应缴纳罚金的"日数",然后考虑受刑人的经济能力,决定一日应缴纳的"金额"。日数罚金刑同样也受到非议,各国在适用情况上存在不同做法。

如果被科处罚金刑的受刑人不能缴纳罚金该如何处理?这是罚金刑面对的最大难题。为解决这一难题,可以有罚金执行犹豫、延期缴纳、分期缴纳、自由劳动偿却、社会服务命令制度等诸多方法。

三、没收

没收是指剥夺财物的所有权,将财物收归国有。没收在本质上是否属于刑罚方法尚存争议:有认为没收系保安处分,有主张没收是财产刑之一种,亦有认为没收兼有刑罚与保安处分性质的。从没收的对象上看,各国刑事立法中包括两种情况:一是没收财产,即将受刑人所有的全部或部分财产收归国家所有;二是没收犯罪物品,即没收因犯罪所得之物、犯罪孳生之物、供犯罪使用之物。从刑法对没收规定的方式上看,没收可以分为必要没收与任意没收。所谓必要没收是指法院没有自由裁量权,必须依据法律的规定科处没收;法院对是否科处没收具有裁量权时就是任意没收。从没收的适用方式上看,没收可以分为并科没收、专科没收与单独没收。并科没收是指将没收作为附加刑,只能与主刑同时适用。《日本刑法典》即如此规定。专科没收是指主刑虽因某种原因而免除时,没收仍应科处。单独没收是指对违禁物的没收,即无论行为性质如何,凡是违禁物均予没收。很明显,单独没收已经不属于刑罚方法,因为作为刑罚方法的没收是指对受刑人财产的剥夺。

（一）没收的条件与内容

1. 没收的条件

无论是没收财产还是没收犯罪物品,在符合法律规定的情况下,还必须具备一定的条件。第一,需要没收的物必须存在,如果原物灭失时即无法没收;第二,没收物必须是属于受刑人个人所有,受刑人与他人共有的物通常情况下不能没收;第三,没收物必须是现有物,即没收物只能是截止到刑罚判决生效时受刑人所有之物;第四,没收物必须是有体物,如果是无体物则不可能没收。

2. 没收的客体

第一,没收物必须是组成犯罪行为之物,即作为犯罪行为不可缺少的要素。第二,没收物必须是供犯罪行为所用或意图供犯罪行为使用之物。第三,没收物必须是由犯罪行为产生之物、由犯罪行为取得之物或者作为犯罪行为报酬之物。犯罪行为产生之物,如被伪造的货币。因犯罪行为而产生的"利润"也应归属此类;犯罪行为取得之物,如赌博所赢的金钱;犯罪行为所得的报酬,如受托杀人所得的酬金。第四,对社会具有危险性之物。如违禁物。

（二）追征

追征是指在不能没收的情况下,命令受刑人向国库缴纳一定数额金钱的处罚方法。追征不是刑罚方法,而仅被认为是一种准没收处分。

《日本刑法典》第19条第2款规定:由犯罪行为产生之物、犯罪行为取得之物或者作为这些物的代价取得之物的全部或一部不能没收时,可以追征其价款。不能没收是指判决当时事实上或法律上不可能没收的情况。不能没收是指由于犯罪人消费、丢失、毁损致使该物客观上不存在,或者该物虽然存在但因混合、添附、加工而丧失了物的独立性或者让渡给善意的第三人等。以金钱方式追征的,数额应当与所应没收的物的价值相等;以物的方式追征的,按照该物客观上适当的价格。如《韩国刑法典》第48条第2款规定,犯罪物品无法没收的,"追征与其相当的价额。"但对物的价值根据何时的价格为标准观点不一。一说根据犯罪行为时的价格标准;一说根据没收时的价格标准;一说根据裁定追征时的价格标准。

第五节 资 格 刑

一、资格刑概述

资格刑有广义与狭义之分。广义的资格刑是指剥夺犯罪人在私法上的某些权利以及从事某种职业与活动的权利。狭义的资格刑,是指剥夺犯罪人担任公职或作为公职候选人的资格,以及犯罪人在公法上享有的其他权利。狭义的资格刑也被称作名誉刑。

"作为中世纪刑罚之残余,名誉刑构成了今天刑罚制度中之一种刑罚。"[①]欧洲大陆法系国家的狭义的资格刑,源于罗马法。罗马法基于报应理论,对犯罪人以人格减等[②]的方法降低其法律地位,从而达到报应的目的。因此,狭义的资格刑也被称为名誉刑。随着功利主义等刑罚理论的发展,刑罚正当化的根据由单纯的报应转为报应与预防相结合,学者们认为名誉刑不利于犯罪人回归社会,以羞辱为目的的名誉刑逐渐发展成为资格刑。资格刑的内容也开始逐渐扩大,由最初的限于剥夺受刑人的公权,发展到受刑人的私权的剥夺。

资格刑在各国刑法中表现为多重属性,有的国家的资格刑具有刑罚的性质,有的国家的资格刑具有保安处分的性质。《德国刑法典》第44条把禁止驾驶规定为唯一的附加刑,受刑人被禁止在1个月以上3个月以下的期限内在街道上驾驶机动车,第61条又将剥夺驾驶许可与执业禁止规定为保安处分。可见,在德国,资格刑兼具刑罚与保安处分的性质。在法国,旧刑法将剥夺公权作为重罪之刑,将有期剥夺公权或亲权作为轻罪之刑。法国新刑法仅将剥夺或限制特定权利规定为轻罪之刑。

二、资格刑的种类与内容

根据资格刑的适用方式,可以将其分为必要资格刑和任意资格刑。必要资格刑是指刑法规定必须适用的资格刑,法院只能依据刑法之规定宣告之。如《意大利刑法典》第29条第1款规定:"判处3年以上有期徒刑意味着褫夺公职5年。"任意资格刑是指刑法规定可以适用的资格刑,法院可以自由裁量。

根据资格刑的适用期限,可以将其分为无期资格刑和有期资格刑。无期资

---

① 〔德〕李斯特:《德国刑法教科书》(修订译本),徐久生译,法律出版社2006年版,第439页。
② 在古罗马,作为权利主体的自然人必须具有人格。完整的人格包括自由权、市民权和家长权。只有同时具备上述三种身份权的人才能在政治、经济和家庭等方面享有完全的能力,才享有完全的人格。如果原来享有的身份权有所丧失,人格随着旧发生变化,罗马法称之为"人格减等"(capitis deminutio,也称"人格变更")。参见周枏:《罗马法原论》(上),商务印书馆1994年版,第97—114页。

格刑,又称永远资格刑,是指终身剥夺受刑人某种资格的刑罚方法。如《意大利刑法典》第 29 条规定:"判处无期徒刑和 5 年以上有期徒刑意味着对被判刑人褫夺公职终身……宣告犯罪的惯常性或职业性,或者宣告具有犯罪倾向,意味着褫夺公职终身。"有期资格刑是指剥夺受刑人一定期限资格的刑罚方法。如《德国刑法典》第 45 条规定,资格刑的期限为 5 年以下。但是,《德国刑法典》并未规定无期资格刑。

资格刑的内容丰富,综合各国刑法的规定,可以概括为以下几个方面:

(一)剥夺公权

剥夺公权是指剥夺受刑人在公法上的权利。具体包括担任公职的权利、作为公职候选人的权利、选举权与被选举权、获得各项荣誉的权利等。以俄罗斯联邦共和国为例,该国刑法规定的资格刑中剥夺公权的情况有三种:(1)剥夺担任一定职务的权利;(2)剥夺军衔、职衔;(3)限制军职。

(二)剥夺私权

剥夺私权是指剥夺受刑人在私法上的权利,如监护权。《瑞士刑法典》第 53 条第 1 款规定:"因犯重罪或者被科处自由刑,其教养权或其作为监护人或者保护人的义务因而被破坏的,法官看剥夺其教养权或监护人职务或保护人职务,并宣告其无力行使教养权或担任监护人或保护人。"

(三)剥夺从事一定的职业或营业的权利

其目的在于防止受刑人利用一定的职业或营业从事犯罪活动。如《意大利刑法典》第 30 条规定:"禁止从事某一职业或技艺使被判刑人丧失在禁止期间从事要求具备特别许可、特别资格、主管机关批准或准许的职业、技艺、产业、贸易或行业的权能,并且意味着上述许可、资格、批准或准许的失效。"一般而言,被剥夺的职业或营业是需要经过政府特许的特种行业或应具备特殊资格的职业或营业。

(四)剥夺从事一定活动的权利

剥夺受刑人从事一定活动的权利,即禁止受刑人从事一定的活动。如《瑞士刑法典》第 56 条第 1 款规定:"如果重罪或轻罪是在过量饮用含酒精饮料后实施的,除科处刑罚外,法官还可以禁止被告人在 6 个月至 2 年期间进入出售含酒精饮料的酒店。在特殊情况下,禁止进酒店的命令可限制在规定的区域。"一般而言,被禁止的活动本身具有危险性或可能导致其他危险的发生,如驾驶。

第十四章 刑罚的适用

第一节 法定刑及其修正

一、法定刑

一旦经过法定程序认定某一行为构成犯罪,随之而来的就是如何适用刑罚。法定刑是指"刑罚法规各个分则条款中所规定的刑罚"。[①] 在适用刑罚上,历史上有三种主要方式:

第一,刑罚擅断主义。欧洲中世纪时期,受君权神授等思想的影响,国王及其法官掌握了绝对的适用刑罚权力,法官可以任意裁量刑罚。当时的刑罚适用充满了随意性,从刑期、刑种到行刑方式全都由国王、贵族或者法官自由决断,任意惩罚充斥了社会,各种目不忍睹的刑罚执行随处可见,因受刑罚处罚而残疾的人士遍地皆是,公民对刑法、法官、贵族、国王充满了恐惧。

第二,刑罚绝对确定主义。出于对封建君主、法官恐怖地任意适用刑罚进行必要的约束,资本主义国家建国初期大多采用刑罚绝对确定的立法方式。法官几乎没有任何自由裁量权,在刑罚与犯罪呈现几何般精确对应的情形下,法官只能依照刑法预设的情形以及条件来适用刑罚。此时的法官类似于流水线上的工人,按生产流程工作,几乎没有任何创造性。这是对法官滥用刑罚的规制,但是客观上却又矫枉过正。

第三,刑罚相对确定主义。随着实证主义犯罪学、实证主义法学的兴起,对刑罚绝对确定主义产生了巨大冲击,根据犯罪人具体的犯罪情况差异以及个人情况差异,开始出现法官刑罚自由裁量扩大的趋势。在法律规定的幅度范围内,法官拥有一定的自由裁量权,可以根据案件具体情况在法定刑幅度内进行裁量。

依据现行大陆法系刑事立法例来看,通常采取的是相对确定的法定刑主义,法定刑幅度大小由各国根据实际情况决定。刑罚绝对确定主义开始逐渐退出历史舞台,在各国刑法典中仅是小范围的存在。例如,《日本刑法典》第 81 条的诱致外患罪规定:"与外国同谋,致使其对日本国行使武力的,处死刑。"[②]《意大利刑法典》第 276 条的侵害共和国总统罪规定:"侵害共和国总统的生命、健康或

[①] 〔日〕大谷实:《刑法讲义总论》,黎宏译,中国人民大学出版社 2008 年版,第 467 页。
[②] 《日本刑法典》(第二版),张明楷译,法律出版社 2006 年版,第 37 页。

者人身自由的,处以无期徒刑。"①《德国刑法典》第211条第1款的谋杀罪规定:"谋杀者,处终身自由刑。"第220条a第1款第1项的灭绝种族罪规定,"行为人以完全或者部分的毁灭民族的、种族的、宗教的或者由其民众特性而确定的群体的意图,杀害该群体的成员②"③,法官没有任何选择,只能对构成此罪名的行为人适用法定的唯一刑罚而无任何自由裁量权。

二、法定刑的修正——处断刑

(一) 处断刑的概念

通过定罪,法官选择准确的刑法分则条文,推导出适用于犯罪人犯罪行为的法定刑幅度,但此时的法定刑仅仅是一个罪名可选择的刑种和刑罚幅度的集合,为确定具体量刑期限还需要进一步细化。例如,《德国刑法典》第212条规定:"(1) 行为人不是谋杀者而杀人的,作为故意杀人者处不低于五年的自由刑。(2) 在特别严重的情形中,处终身自由刑。"④此条文中的刑罚即为法定刑。

大陆法系国家中,法官确定了法定刑后,还要考虑刑法典中其他条文对法定刑的加重或减轻情节的规定,经过法官对犯罪行为确定罪名后的指向、刑种的选择、刑罚的加重或者减轻、免除后,最终被确立一个幅度,经修正后确定的刑期方为处断刑。

(二) 加重或减轻法定刑的事由

处断刑是根据刑法典规定之事由对法定刑进行加重或者减轻后得到的刑罚幅度。所以,我们需要关注和了解的是刑法典中规定的加重或减轻事由。

对法定刑的加重和减轻,可分为法律上的事由和裁判上的事由。法律上的事由根据在于法律的明文规定,一般在刑法总则条文中对某种情形的加重或减轻予以明确规定;裁判上的事由则在于法官以事实为基础认定的加重、减轻之自由裁量。

1. 法律上的刑罚加重、减轻事由

法律上的刑罚加重、减轻事由各个国家规定都有差异。下面对各国的加重、减轻事由规定进行分别介绍。

(1) 加重事由

加重事由的规定,大陆法系国家间没有统一。有的国家规定了较多的事由。

---

① 《意大利刑法典》,黄风译,法律出版社2007年版,第102页。
② 本罪由德国联邦刑事法院判决确定强制性适用终身自由刑。
③ 《德国刑法典》,冯军译,中国政法大学出版社2000年版,第132、136页。另请参见《德国刑法典》,徐久生、庄敬华译,中国法制出版社2000年版,第161、165页。
④ 《德国刑法典》,冯军译,中国政法大学出版社2000年版,第132页。另请参见《德国刑法典》,徐久生、庄敬华译,中国法制出版社2000年版,第161页。

如《意大利刑法典》第 24 条规定:"对于以营利为目的而实施的重罪,如果法律只规定处以有期徒刑,法官可以增处 5 欧元至 2,065 欧元的罚金。"①第 61 条规定:"下列情节,当不属于犯罪构成要件或者特别加重情节时,使犯罪变得较为严重:(1)出于卑劣的或者无聊的理由实施行为的;(2)为执行或者掩盖另一犯罪而实施犯罪的,为使自己或者他人或者保佑犯罪产物、收益或代价的,或者为使另一犯罪不受处罚而实施犯罪的;……(11)滥用家庭权力或关系、公务关系、提供劳务的关系、共同生活关系或者接待关系而实施行为的。"②第 99 条规定的累犯:"对于在因某一非过失犯罪受到处罚后又实施犯罪者,可以将本应对新的非过失犯罪科处的刑罚增加三分之一。有下列情形之一的,刑罚可增加至二分之一:(1)新的非过失犯罪具有同样的性质;(2)新的非过失犯罪是在受到前一处罚后的五年内实施的;(3)新的非过失犯罪是在刑罚执行期间或者之后实施的,或者是在被判刑人具有意躲避刑罚的执行期间实施的。……"③第 111 条规定:"指使因其人身条件或者个人身份而不可归罪的或者不受处罚的人员实施犯罪的,对该人员实施的犯罪负责,并且刑罚予以增加。如果属于可因之实行当场逮捕的犯罪,刑罚增加三分之一至一半。如果指使他人实施犯罪的人是对被指使者行使父母权的人,刑罚可增至一半;如果属于可因之实行当场逮捕的犯罪,刑罚增加的幅度为三分之一至三分之二。"④

有的国家规定的加重事由却相对较少。如《日本刑法典》第 46 条规定的对并和罪的法律加重。第 57 条规定的对累犯的法律加重。《日本刑法典》中曾对判决确定后发现再犯的规定加重,但后来对这一条进行了删除。由此可见,加重事由在大陆法系主要集中在累犯或者有卑劣动机的情形。

有的国家则没有规定加重事由,又或者是以前有规定,但后来删除了该规定。例如,"《德国刑法典》总则原本只规定了提高累犯的最低刑期,但后来删除了关于累犯的规定"。⑤

(2)减轻事由

相对于大量的加重事由,《意大利刑法典》也规定数量颇多的减轻事由。第 56 条规定:"对犯罪未遂者的处罚是:……如果法定刑为无期徒刑,处以 12 年以上有期徒刑;在其他情况下,处以有关犯罪规定的刑罚并减轻三分之一至三分之二。如果自愿阻止结果的发生,处以犯罪未遂规定的刑罚并减轻三分之一至一

---

① 《意大利刑法典》,黄风译,法律出版社 2007 年版,第 13 页。
② 同上书,第 27—28 页。
③ 同上书,第 39—40 页。
④ 同上书,第 43 页。
⑤ 张明楷:《外国刑法纲要》(第二版),清华大学出版社 2007 年版,第 406 页。

半。"①此即对犯罪未遂与中止的减轻处罚。第 62 条中规定:"下列情节,当不属于犯罪构成要件或者特别减轻情节时,使犯罪变得较轻:(1) 出于具有特殊道德或社会意义的理由实施行为的;(2) 在因他人非法行为造成的义愤状态中作出反应的;……(6) 在审判前,通过赔偿损失或者在可能情况下通过返还,完全弥补了损害的;或者,在审判前并且在第 56 条最后一款规定的损害或危险后果的。"②第 85 条规定的部分心智丧失,第 91 条规定的产生于偶然事件或不可抗力的醉酒状态,第 96 条规定的聋哑状态,第 98 条规定的不满 18 岁的未成年人犯罪等都属于法律规定的减轻事由。

《日本刑法典》中规定的减轻事由包括必减事由与任减事由。必减事由包括心神耗弱、中止犯、从犯,即第 39 条第 2 款规定的:"心神耗弱人的行为,减轻刑罚。"③第 43 条但书规定的:"但基于自己的意志中止犯罪的,应当减轻或者免除刑罚。"④第 63 条规定的:"从犯的刑罚,按照正犯的刑罚予以减轻。"⑤任减事由包括防卫过当、避险过当、自首、障碍未遂等,即第 36 条第 2 款规定的:"超出防卫限度的行为,可以根据情节减轻或者免除刑罚。"⑥第 37 条第 1 款规定的:"为了避免对自己或者他人的生命、身体、自由或者财产的现实危难,而不得已实施的行为,如果所造成的损害不超过其所欲避免的限度时,不处罚;超过这种限度的行为,可以根据情节减轻或者免除处罚。"⑦第 42 条规定的:"犯罪人在搜查机关发觉前自首的,可以减轻刑罚。"⑧第 43 条前段规定的:"已经着手实行犯罪行为而未遂的,可以减轻刑罚"。⑨

《德国刑法典》中也规定了许多法律上的减轻事由。如第 13 条规定的:"(1) 行为人不防止属于刑法的构成要件的结果,只有当他在法律上必须保证该结果不发生,并且该当不作为与通过作为实现法律的构成要件相当时,根据本法才是可罚的。(2) 其刑罚可以根据第 49 条第 1 款的规定予以轻处。"⑩第 23 条第 2 款、第 3 款规定:"对力图⑪可以科处比完成的行为轻的刑罚(第 49 条第 1 款)。如果行为人处于重大的无知,对根据行为应该实施其上的对象或者所使

---

① 《意大利刑法典》,黄风译,法律出版社 2007 年版,第 25 页。
② 同上书,第 29 页。
③ 《日本刑法典》(第二版),张明楷译,法律出版社 2006 年版,第 21 页。
④ 同上书,第 22 页。
⑤ 同上书,第 27 页。
⑥ 同上书,第 20 页。
⑦ 同上。
⑧ 同上书,第 21 页。
⑨ 同上书,第 22 页。
⑩ 《德国刑法典》,冯军译,中国政法大学出版社 2000 年版,第 11 页。另请参见《德国刑法典》,徐久生、庄敬华译,中国法制出版社 2000 年版,第 47 页。
⑪ 力图为德语直译,相当于我国刑法中的未遂。

用的手段的性质、力图根本不可能达于完成发生了错误认识,那么,法院可以免除刑罚或者根据其酌量轻处刑罚(第49条第2款)。"①第27条第2款规定:"针对帮助者的刑罚,根据针对行为人的刑罚威吓来确定。该刑罚必须根据49条第1款的规定予以轻处。"②当然,《德国刑法典》中还有其他的法律上的减轻事由,这里不再一一列举。

2. 裁判上的加重、减轻事由

裁判上的刑罚加重事由,通常是不被考虑,或者是不被认可的,但特别情况裁判上的加重事由也是能够得到法律的认可,如《意大利刑法典》第133-2条中规定:"当根据犯罪人的经济条件认为最高限度的罚金或者罚款不产生作用,……法官可以将法律规定的罚金或者罚款数额提高至3倍……"③"这一规定理由在于,财产刑的严厉程度与受刑人财力的大小紧密相关:对有钱的富商来说是九牛一毛的数额,对靠菲薄的退休金的人来说就可能是个天文数字。"④

裁判上的减轻事由在各国是被承认的。如《意大利刑法典》第62条-2规定:"除第62条规定的情节外,法官还可以考虑其他一些情节,只要他认为这样的情节可以成为减轻刑罚的合理根据……"⑤《日本刑法典》第66条规定:"有值得酌量的犯罪情节时,可以减轻刑罚。"⑥

三、累犯、惯犯、职业犯、倾向犯

(一) 累犯

1. 累犯的概念

累犯是大陆法系国家刑法上的一个概念。有广义与狭义两说。广义说认为,行为人以前触犯过刑罚,且受到法院的有罪宣告,后又犯罪的,就是累犯。狭义说认为,在广义说基础上,法律规定一些要件并对之加重处罚的,是累犯。广义刑法中累犯范围指涉更大。刑法中对累犯的规定通常是采狭义说。累犯因其前后罪名的不同又可以分为同质累犯和异质累犯。通常认为同质累犯在同种情况下应受更重的处罚。

各国对累犯基本持加重态度,原因有这样两点:第一,累犯者反复犯罪,人身

---

① 《德国刑法典》,冯军译,中国政法大学出版社2000年版,第12页。另请参见《德国刑法典》,徐久生、庄敬华译,中国法制出版社2000年版,第49页。
② 《德国刑法典》,冯军译,中国政法大学出版社2000年版,第13页。另请参见《德国刑法典》,徐久生、庄敬华译,中国法制出版社2000年版,第50页。
③ 《意大利刑法典》,黄风译,法律出版社2007年版,第49页。
④ 〔意〕杜里奥·帕多瓦尼:《意大利刑法学原理》(注评版),陈忠林译评,中国人民大学出版社2004年版,第315—316页。
⑤ 《意大利刑法典》,黄风译,法律出版社2007年版,第29页。
⑥ 《日本刑法典》(第二版),张明楷译,法律出版社2006年版,第29页。

危险性更强,在人格上有着更多的反社会性,需要处以更重的刑罚以消减其人身危险性。第二,累犯者曾经受过刑罚处罚,但是不汲取教训,又重新犯罪,应对其以更严厉的非难,使其承担更重的责任。

在德国,于1986年删除了刑法典中关于累犯及加重处罚的规定。原因在于不能简单地从重新犯罪的事实中推论行为人顽固的反规范性,重新犯罪可能是因为单纯的意志薄弱,也可能是受第三者的影响;对累犯加重处罚,与《德国刑法典》第46条规定的量刑原则相冲突。①

2. 成立累犯的条件

成立累犯,各国规定有较大差异,但是通常要具备如下条件中的一个或几个:

(1) 前、后罪均为故意犯罪。

在到处充满了风险的现代社会,公民过失犯罪的可能性极大提高,且过失犯罪中所体现的公民反社会性更小,对抗社会秩序的意志更弱。所以,即使公民因过失行为受过刑事处罚,也难以避免以后绝对不会再出现类似行为,对前、后罪要求全部或者一项为过失即可构成累犯是不人道的,不符合人性要求的。对累犯要求前、后罪均为故意犯罪,旨在对公民于再次故意犯罪行为中表现的反社会态度、人身危险性加以制约,对其明知故犯加以遣责。《意大利刑法典》第99条中规定了前、后罪均为"非过失犯罪"。《日本刑法典》对此没有进行规定,尽管如此,《日本刑法典》对过失犯罪大多为罚金刑,所以结合下面关于成立累犯的条件,我们也可以推定《日本刑法典》中对前、后罪的要求为故意犯罪。

(2) 前罪已经受到或应该受到一定刑罚处罚,后罪应该受到一定刑罚处罚。

刑罚处罚,既包含着对于犯罪行为的惩罚和批判,又包含着国家对犯罪人执行的刑罚结束后规范自己的外部行为,回归社会的希冀。犯罪人在受到刑罚处罚后,或者被宣告刑罚后不思悔改,再次犯罪的,自然应加重处罚。

日本刑法中对前罪曾判处的刑罚种类有明确要求:第一,需被判处惩役②;第二,因犯与应当判处惩役的罪性质相同的罪而被判处死刑的人被免除执行死刑;第三,因犯与应当判处惩役的罪性质相同的罪而被判处死刑的人,在减刑被减至惩役;第三,因并和罪中受到刑罚制裁,其并和罪中有应当判处惩役的罪,但是因为该罪不是最重的罪而没有判处惩役时,视为被判处过惩役。同时,《日本刑法典》要求后罪应当被判处有期惩役之罪,并且"后犯的法定刑中,可以挂有期徒刑以外的刑罚"③。

---

① 张明楷:《外国刑法纲要》(第二版),清华大学出版社2007年版,第408页。
② 日本刑罚中附加劳动的剥夺自由刑,与不附加劳动的监禁相对应。
③ 〔日〕大谷实:《刑法讲义总论》(新版第2版),黎宏译,中国人民大学出版社2008年版,第469页。

《意大利刑法典》对前、后罪的刑罚种类均没有要求。

（3）前罪刑罚宣告但未执行、执行期间、执行完毕、免除执行一段时间后。

根据《意大利刑法典》第99条的规定,行为人的前罪需要"受到处罚后";"刑罚执行期间或者之后";"被判刑人具有意躲避刑罚的执行期间"。可以看出,《意大利刑法典》对累犯条件规定的较为宽泛,前罪刑罚被宣告后的任意时间内再次犯罪的都可能成立累犯,不必要求前罪的刑罚已经执行完毕。

根据《日本刑法典》第56条的规定,行为人的前罪需要"……惩役……执行完毕或者免除执行";"因犯与应当判处惩役的罪性质相同的罪而被判处死刑……自免除执行之日";"因犯与应当判处惩役的罪性质相同的罪而被判处死刑……因减刑而减轻至惩役,则自执行完毕或者免除执行之日";"已按合并罪受到处罚"。由此可见,在《日本刑法典》中对累犯条件规定较意大利更为严格,如果前罪是被判处的惩役刑,则需要在惩役执行完毕或者免除执行后才可以构成累犯;如果前罪是被判处的死刑,则需要自死刑免除执行之日,或者死刑减为惩役,惩役执行完毕或者免除执行后再次犯罪的才可以构成累犯。在刑罚宣告后脱逃期间的犯罪和在刑罚执行期间的犯罪都不作为累犯处理。

《日本刑法典》对刑罚执行完毕或者免除执行后再犯罪的有时间要求,其中间隔为5年以内。《意大利刑法典》对前、后罪间隔没有要求,仅是在条文中规定前一处罚后5年内再犯罪的刑罚可比法定刑增加二分之一,重于普通的累犯。所以相比之下意大利对累犯圈划定了更大的范围,对累犯的处罚力度更大。

3. 累犯加重法定刑的处理方式

各国对累犯加重法定刑的规定也有差异。根据《意大利刑法典》第99条的规定,不同情形,法定刑增加的幅度有异。

（1）普通累犯的刑罚,可以将新罪规定的刑罚增加三分之一。

（2）前、后罪具有同样性质的,后罪在前罪处罚的刑罚执行期间或者执行完毕(包括赦免)之后5年实施的,后罪是在被判刑人有意躲避刑罚的执行期间实施的,可以将新罪规定的刑罚增加至二分之一。如果同时存在上述规定的数种情形,则刑罚必须增加一半。

（3）累犯者再次累犯的,即我们通常说的"三进宫""四进宫"的,存在第一项规定的情形的,刑罚必须增加一半;同时存在(2)项规定的数种情形,刑罚则必须增加三分之二。

（4）如果属于《意大利刑事诉讼法典》第407条第2款1)项列举的犯罪[①]之

[①] 以恐怖主义包括国际恐怖主义为目的或者以颠覆民主秩序为目的的结社罪;以恐怖主义或者以颠覆民主秩序为目的的侵害罪;破坏、洗劫和屠杀罪;内战罪;以恐怖主义或者以颠覆民主秩序为目的的绑架罪;以结伙方式进行的政治预谋;组建和参加武装团伙;为犯罪而结成集团;黑手党型集团犯罪;屠杀罪;掳人勒赎罪。以上涉及的并非全部是单个罪名,如黑手党型集团犯罪是一类犯罪的集合。

一,则必须对累犯加重处罚,并且在(2)项规定的情况下,所增加的刑罚不得少于对新罪应处刑罚的三分之一。

(5)为防止处断刑毫无约束的被滥用,法律也规定了法定刑增加的上限。因累犯而增处的刑罚不得超过在实施新的非过失犯罪前判处刑罚的总和。当然了,同时也需要符合上文中规定的法定刑加刑规则。

根据《日本刑法典》的第57条规定,再犯的刑罚,是对其犯罪所规定的惩役的最高刑期的两倍以下。当然,依据《日本刑法典》第14条的规定,有期惩役加重时不超过三十年。

《德国刑法典》删除的第48条规定,对累犯"应以6个月为其自由刑之最低限度,法律对该犯罪有较重之最低刑度者,依其规定。法定自由刑最高度仍以原有者为准"。① 这就意味着,在德国,原法定刑的增刑只是增加法定刑的下限,而不增加上限。而日本对法定刑的加重只能是加重上限,下限不得加重。《意大利刑法典》中对法定刑的加重既可以是加重下限也可以加重上限。

(二)惯犯

1. 惯犯的概念

惯犯是指在一定时间内经常犯性质相同的罪,或者经常多次犯不同性质的罪,但是可以认定其有犯罪习惯的罪犯。《意大利刑法典》与《日本刑法典》中均规定了惯犯,德国删除了累犯的规定,自然也不存在惯犯的问题。

2. 惯犯成立的条件

(1)前、后罪种类条件

成立惯犯,通常要求前、后罪种类相同且为非过失犯罪。例如,《日本刑法典》中的赌博惯犯、盗窃惯犯、抢劫惯犯都要求前、后罪为同一种类的犯罪。《意大利刑法典》中也有相同规定。但是依据《意大利刑法典》第103条的规定,如果犯罪人第三次实施非过失犯罪,法官则可以根据犯罪的种类,严重程度,实施犯罪的间隔时间,犯罪人的品行、生活特点,行为的性质、类型、手段、对象、时间、地点等认为犯罪人沉湎于犯罪时,也可以认定行为人为惯犯,而无需考虑前、后罪是否具有相同种类。可见,《意大利刑法典》中对惯犯的认定是相对较宽的。

(2)前罪的数量,总和刑,与后罪的时间间隔条件

在前、后罪为同种类型行为的情况下,各国对于行为发生的次数要求有所不同。意大利要求前罪为已经发生过3次,日本则要求3次以上。在前罪被判处的总和刑期上,《意大利刑法典》中要求的是3次犯罪的总和刑期为5年以上有期徒刑,每次被判处的刑期不计;《日本刑法典》实践中规定的是盗窃惯犯和抢劫惯犯的成立,需"……3次以上受到执行6个月以上的徒刑,或者免除其执行

---

① 张明楷:《外国刑法纲要》(第二版),清华大学出版社2007年版,第408页。

的人,应当科处刑罚的时候,在判处盗窃罪的时候,应当处 3 年以上,在判处抢劫罪的时候,应当判处七年以上有期徒刑"。① 两国刑法都规定前罪与后罪的间隔为 10 年,且《意大利刑法典》规定的更加精确,即先前最后一次犯罪与后罪的间隔为 10 年。

在日本,常习赌博的直接被视为惯犯。因为经常赌博的人有习惯性赌博的倾向,此种类型人员的人身危险性较一般人强。所以,对此的处罚上,在前罪的总和刑、前、后赌博行为的间隔上没有要求。

《意大利刑法典》第 103 条规定的法官认定的惯犯中,给予法官较大的自由裁量,可以对上述条件进行适当变更,或者不需要严格考虑总和刑期之类的条件。

3. 成立惯犯的后果

《日本刑法典》中对此没有明确的规定,只是在实践中惯犯在符合累犯条件时进行累犯加重处罚。《意大利刑法典》中对犯罪人被宣告为惯犯的后果进行了明确规定,除符合条件情况下适用累犯加重外,还可以对犯罪人进行保安处分。同时,《意大利刑法典》中又规定了对于惯犯的宣告可以因其复权而归于消灭的补充。

《意大利刑法典》中还规定了职业犯②与倾向犯③。这在其他大陆法系国家的刑法中是比较少见的。

四、自首、坦白、自白

(一) 自首

1. 自首的概念和意义

自首,指的是罪犯在被搜查机关发现之前,主动投案交代自己的犯罪事实,请求相关机关给予处理的意思表示。

自首是一种任意减轻法定刑的事由,即法官根据自首,既可以减轻法定刑,也可以不减轻法定刑。刑法典中规定以这种方式修正法定刑的国家不多。

自首,能够使搜查机关减少人力、物理、财力的投入,使办案高效快捷,所以从刑事政策上的考虑应对犯罪人的自首行为加以鼓励,同时也因自首至少在形式上显现了犯罪人的悔改,减轻了他刑法上的责任。

---

① 〔日〕大谷实:《刑法讲义总论》(新版第 2 版),黎宏译,中国人民大学出版社 2008 年版,第 470 页。
② 符合惯犯条件的人,经对其综合犯罪的性质、犯罪人的品行和生活特点等考虑,认定惯于依靠、包括只是部分地依靠犯罪所得生活的即为职业犯。
③ 不属于累犯、惯犯、职业犯,但是在实施侵犯他人生命或健康的非过失犯罪时,综合考虑,表现出特别的犯罪偏好,并且这种犯罪偏好根源于犯罪人特有的恶性的,为倾向犯。

2. 自首成立的条件

《日本刑法典》上,对自首成立的条件要求通常有三个:(1)"在搜查机关发觉前"。此时包括搜查机关对犯罪事实完全不知情;搜查机关知道犯罪事实,但是对犯罪人完全不知情。"如果查清了犯罪人以及犯罪事实的话,即便调查机关不知道犯人身在何地,也看做已经发现。"[1](2)积极主动性。成立自首,要求犯罪分子具有主动性,既主动汇报自己的犯罪事实,又主动要求接受处分。询问中被动的回答,不是自首。主动汇报自己的犯罪事实后,又逃离搜查机关控制的,也不属于自首行为。(3)对象特定性。自首的对象不能是任意个人或者组织,只能是搜查官即检察官或者司法警察。

《日本刑法典》中与自首联系紧密的是第 42 条规定的坦白[2]与第 170 条、173 条规定的自白。坦白是亲告罪的犯人,在搜查机关发现以前,向有告诉权的人告诉自己的犯罪事实,并委托其处理的。坦白仅限于亲告罪中,在非亲告罪中,向被害人告知自己的犯罪事实并由其处置的不构成坦白,也不属于自首。自白是指犯罪人非主动地向搜查机关交代了自己的全部或者部分犯罪事实的情况。坦白和自白的共同点在于二者都可以获得减免刑罚。

第二节 刑罚的裁量、宣告、免除

一、量刑

1. 量刑的概念

量刑是指法官在认定犯罪行为以后,选择个罪的法定刑,在有加重或者减轻事由时,根据规则进行加重或减轻获得刑罚幅度,于该幅度内决定对犯罪人的刑罚的过程。从广义的角度来讲,量刑还包括是否免除刑罚、是否缓期执行、是否保安处分等问题。

量刑问题在大陆法系国家长期被忽视,近数十年来学者才开始关注如何科学地裁量刑罚。具体的犯罪行为和情节千差万别,解决好定罪问题仅仅是适用刑法的一半,还有对罪犯如何具体的惩处问题要解决。法律只能对极少数严重的犯罪行为规定绝对的确定刑,其他犯罪行为需要法官在法律规定的范围内根据具体情况进行裁量而作出判决。现代社会法官的自由裁量绝非任意量定,而

---

[1] 〔日〕大谷实:《刑法讲义总论》(新版第 2 版),黎宏译,中国人民大学出版社 2008 年版,第 471 页。

[2] 张明楷教授认为此种情况应翻译成首服。参见张明楷:《外国刑法纲要》(第二版),清华大学出版社 2007 年版,第 409 页。

是要求法官作出合理、公正的量定,这一过程"也反映了主审法官的'个人能力'。"①

2. 量刑的过程

确定法定刑以后,如果法定刑属于非绝对确定刑,则需要选择刑种,在选择好刑种的基础上,再进行量刑的细化,最后得出具体的宣告刑。

首先,确认加、减法定刑的顺序。

现实生活的案件是非常复杂的,往往会出现几个加重法定刑与几个减轻法定刑的情况同时出现的情形,此时需要考虑加重和减轻刑罚的顺序,否则将出现刑罚适用上的巨大差别。《德国刑法典》中由于没有规定加重法定刑事由,故不存在加减顺序的问题;但是在意大利和日本就存在这种问题。

根据《意大利刑法典》第 69 条规定,当加重情节和减轻情节同时出现且法官认定加重情节占优势时,不考虑为减轻情节规定的减刑,制实行为加重情节规定的增刑,反之亦同。当法官认定加重情节和减轻情节均等时,适用法定刑而不进行任何增减。

根据《日本刑法典》第 72 条规定,应当同时加重、减轻刑罚的时候,首先进行最重的再犯加重,其次考虑法律上的减轻,之后进行合并罪的加重,如果此时得出的处断刑过重,则由法官酌量减轻。

其次,对法定刑加重或者减轻。

各国刑法中都规定了在对法定刑增减形成处断刑的限度,通常采用比例制与数额制并行。

(1) 加重法定刑的计算方法

在《意大利刑法典》规定了只有一项加重情节的情况下,对所实施的犯罪在本应科处的刑罚在三分之一幅度内增加。如有数项加重情节的情况下,因加重处罚而适用的刑罚不得超过法律对于犯罪规定最高刑的 3 倍,并且判处有期徒刑不得超过 30 年;判处拘役刑不得超过 5 年;判处罚金不得超过 10329 欧元,判处罚款不得超过 2065 欧元。如果法官基于犯罪人经济条件在行使增刑权时,罚金和罚款的数额分别不超过 3987 欧元和 6197 欧元。

《日本刑法典》中,在加重法定刑的情况下,再犯加重限于惩役的情况,上限法定最高刑期的 2 倍但是不超过 30 年。并和罪加重针对的是惩役、监禁、罚金。惩役和监禁的上限为最重的罪所规定的刑罚的最高刑期的 1.5 倍但是不超过 30 年,并且不得超过各罪规定的刑罚的最高刑期的总和。并和罪中有两个以上

---

① 海尼茨:《整体性法学杂志》63(1951)第 57 页;亨克尔:《"正确的"刑罚》,第 34 页及以下几页。转引自〔德〕汉斯·海因里希·耶赛克、托马斯·魏根特:《德国刑法教科书》,徐久生译,中国法制出版社 2001 年版,第 1039 页。

的罪判处罚金的,加重的上限为各罪规定的罚金最高数额的总和以下。

(2)减轻法定刑的计算方法

《意大利刑法典》规定了只有一项减轻情节的情况下,无期徒刑由20年至24年有期徒刑替代;其他刑罚在1/3幅度内减少。如有数项减轻情节的情况下,因减刑而适用的刑罚,法律为相关犯罪规定的是无期徒刑的,减为有期徒刑不低于10年。其他刑罚的减轻不得少于法定刑罚的四分之一,导致特殊后果的情节则可以减少1/3以上的刑罚。

《日本刑法典》规定,死刑减轻时,减为无期惩役、无期监禁或者10年以上30年以下的惩役或者监禁。判处无期惩役、无期监禁、惩役或者监禁,根据犯罪的性质决定。如对犯援助外患罪的人处死刑、无期或者2年以上惩役,对教唆或者帮助他人自杀的犯罪人,处6个月以上7年以下惩役或者监禁,各具体罪中均有明确规定。

无期惩役或者无期监禁减轻时,减为7年以上30年以下的有期惩役或者监禁。有期惩役或者监禁减轻时,将其最高刑期与最低刑期减去1/2,可以减至不满1个月。拘留减轻时,将其最高刑期减去1/2,但是其底线即1日不能再减,否则有失法律尊严。

罚金减轻的时候,将其最高数额和最低数额减去1/2,可减至不满1万日元,即低于罚金数额1万元的底线。科料减轻时,将其最高刑期减去1/2,但是其底线即1000日元不能再减。

《德国刑法典》中删除了增加法定刑的规定,所以也只有减轻法定刑的方法,故该国刑法典也采取了比例制与数额制结合的方法。在减轻法定刑中,终身自由刑时代之以不低于3年的自由刑;在有期自由刑以及日额罚金时允许至多科处法定刑最高限度的3/4;自由刑在最低限度为10年或者5年的情形中降低至2年;最低限度为3年或者2年的情形中降低至6个月;在最低限度为一年的情形中降低至3个月,其他则降至法律的最低限度。而在某些情况下,法院甚至可以用金钱刑代替自由刑,这就实现了刑种的减轻。

3. 量刑的切入点

在量刑问题上,核心问题是从什么样的切入点进行量刑,这一问题上存在刑事古典学派与刑事实证学派的纷争。刑事古典学派重视犯罪行为本身,认为刑罚需要与客观的犯罪危害结果相均衡,强调的是行为责任。而刑事实证学派重视犯罪人的危险人格,认为刑罚需要与犯罪人的人身危险性相均衡,强调的是行为人责任。在此基础上产生了报应主义与预防主义的冲突,定期刑与不定期刑的矛盾。

现在大陆法系国家主流观点认为,量刑需要在报应基础上适当考虑一般预防与特殊预防,即以行为人的罪责为量刑的切入点,综合考察犯罪事实情节以及犯罪事实之外的情节。

这一观点在各国刑法典中均有一定显现。例如《意大利刑法典》第 133 条第 1 款规定:"在行使前条提到的裁量权时,法官应当根据下列情况认定犯罪的严重程度:(1) 行为的性质、类型、手段、对象、时间、地点和其他方式;(2) 对犯罪被害人造成的损害或者危险的程度;故意或者过失的程度。"该条第 2 款规定:"法官还应当根据下列情况认定犯罪人的犯罪能力:(1) 犯罪的原因和犯罪人的特点;(2) 刑事处罚的前科,尤其是犯罪人在犯罪前的品行和生活;(3) 犯罪时的品行或者犯罪后的品行;(4) 犯罪人所处的个人、家庭和社会生活环境。"①第 1 款是对犯罪人罪责的规定,第 2 款则是出于个别预防的目的对犯罪人之危险人格的考察。

《日本刑法典》中没有设置量刑的概括性规定,但在《日本改正刑法草案》中对量刑切入点进行了规定。草案第 48 条第 1 款规定:"刑罚应该根据犯罪人的责任量定。"该条第 2 款规定:"适用刑罚时,应当考虑犯罪人的年龄、性格、经历与环境、犯罪的动机、方法、结果与社会影响、犯罪人在犯罪后的态度以及其他情节,并应当以有利于抑制犯罪和促进犯罪人的改善更生为目的。"②第 1 款显然是以罪责为量刑的切入点,第 2 款则既考虑了犯罪人的危险人格和受刑后社会化的特殊预防问题,又考虑了"抑制犯罪"这个一般预防的目的。

《德国刑法典》第 46 条第 1 款规定:"行为人的责任是量定刑罚的基础。必须考虑刑罚对行为人在社会中的未来生活所期望发生的作用。"该条第 2 款规定:"在量定时法院要对照考虑对行为人有利和不利的情况。此时要特别考虑:行为人的动机和目标,由行为所表明的情感和在行为时所使用的意志,违反义务的程度,行为实施的形式和所造成的效果,行为人以前的经历、其人的和经济的关系以及行为之后的活动、特别是其补偿损害的努力及行为人实现与被害人和解的努力。"该条 a 款规定:"如果行为人(1) 在努力实现与被害人的和解(行为人与被害人的和解)中补偿了其行为的全部或者绝大部分或者认真地力求了补偿或者(2) 在补偿损失需要他极大的人的付出或者人的放弃的情形中,赔偿了被害人全部或者绝大部分,那么,法院可以根据第 49 条第 1 款处刑罚或者,如果没有科以比一年以下的自由刑或者三百六十日额以下的金钱刑更重的刑罚,免除刑罚。"③从该法典第 46 条第 1 款第 1 句可得出量刑"它不是仅用报应原则,而是仅以下列考虑来为依据,即需要通过一般预防来实现法益保护"。④ 可见

---

① 《意大利刑法典》,黄风译,法律出版社 2007 年版,第 48—49 页。
② 《日本刑法典》(第二版),张明楷译,法律出版社 2006 年版,第 125 页。
③ 《德国刑法典》,冯军译,中国政法大学出版社 2000 年版,第 20 页。另请参见《德国刑法典》,徐久生、庄敬华译,中国法制出版社 2000 年版,第 56—57 页。
④ 〔德〕汉斯·海因里希·耶赛克、托马斯·魏根特:《德国刑法教科书》,徐久生译,中国法制出版社 2001 年版,第 1047 页。

《德国刑法典》中也贯彻了以罪责为量刑的切入点。根据其第 2 句及第 2 款和 a 款的规定,可以认识到德国量刑中也考虑到了刑罚特别预防的需要。

以犯罪人的罪责为量刑的切入点,即量刑中以报应为基础,实现罪责和刑罚的均衡。但是,刑罚绝非为惩罚而惩罚,否则将与一般私人的复仇、以暴制暴没有本质的区分,刑罚制造的痛苦要以维持社会共同体生存的社会秩序为目的,不允许科处对维持这一秩序不必要的刑罚,否则刑罚本身将失去存在的基础。所以,量刑中虽然要考虑犯罪人的危险人格、使犯罪人再社会化、抑制犯罪等预防问题,但是量刑决不能超出罪责相适应的限度。具体言之,就是法官量刑应以行为责任为切入点,考虑行为人责任,根据理性和经验在处断刑幅度内作出刑罚裁决。

尽管法律中规定了量刑的方式、方法等,但由于犯罪的千差万别,不同时间、不同地区、不同法官间对类似案件的量刑还是会出现不同的差异。大陆法系或者世界其他地方出现此种差别是不足为奇的,原因首先在于,类似的犯罪行为在不同的地区发生的频率不同,公民乃至法官对此犯罪产生的社会影响的评价是有差别的,出于一般预防的需要,量刑结果是有差异的。其次,法官的人生经验、个人好恶、学术素养、法律掌控能力也有差别也会对此有影响。最后,基于个别预防的需要,类似的危害结果但截然不同的犯罪人格,可能会导致较大差异的刑罚。所以,只要是在罪责范围内、法律规定的情况下作出的符合理性的、公正的判决就不会导致公众对法官、乃至对法律的质疑。

二、刑罚的宣告

确定处断刑后,法官需以判决书的形式向犯罪行为人宣告刑罚,此时所确定的就是宣告刑,如在判决书中以"判处被告人 19 年有期徒刑"的形式存在。关于宣告刑,有两种方式,一种由法院确定刑罚的种类和数量,然后再在判决中宣告,此为确定宣告刑;另外一种是法院对刑罚的种类和数量部分或者全部不予确定,而由行刑机关此时所确定的确定全部或者部分刑罚种类及数量,此为不确定宣告刑。当今大多数大陆法系国家均采取确定宣告刑的方式,不确定宣告刑仅仅适用于少年犯与职业犯。

在自由刑的宣告上,采取确定宣告刑的,为定期刑;而适用不确定宣告刑的为不定期刑。不定期刑分为相对不定期刑与绝对不定期刑两种。相对不定期自由刑仅确定自由刑的上限或者下限,或者为自由刑划定上限与下限,如"处 20 年以下惩役"、"不低于 5 年的监禁"、"处 7 年以上 18 年以下的惩役",由执行机关在限度范围内依据执行具体情况而决定罪犯出狱的时间。绝对不定期刑责是完全的不确定刑期,由执行机关决定掌握罪犯的执行刑期。通常认为绝对不定期刑是对罪刑法定原则的违背,现已经被大陆法系国家所抛弃。

《日本少年法》第 52 条规定："对少年应当判处长期为 3 年以上的有期徒刑或者监禁的时候，在该刑罚的范围之内，确定长期和短期，予以宣告。但是，在应当判处短期为 5 年以上的刑罚的时候，短期缩短为 5 年。根据前款规定应当判处的刑罚，短期不得超过 5 年，长期不得超过 10 年。在宣告缓期执行的场合，不适用前二款规定。"①对身心未发育成熟的少年犯，适用定期刑，会造成刑罚过剩或者刑罚不足。适用相对确定的法定刑，则能够根据青少年的心理可塑性制定有针对性的社会化措施，这将有利于刑罚目的的实现。判决中宣告的刑罚一经确定，国家在抽象条文中的刑罚权即变为现实的刑罚权，开始发挥它的作用，实现它的目的。

三、刑罚的免除

对于犯罪行为人，出现免除刑罚事由时，法官可以宣布犯罪行为人有罪，但仅仅是不宣告刑罚进而免除执行，这就是刑罚的免除。刑罚的免除，通常只能是由法律规定适用的罪名及相关情节，法官的自由裁量权在这里会受到限制而不能任意适用。

《德国刑法典》第 60 条规定，如行为人因犯罪行为同时给其自身造成其很严重的后果，再对其科处刑罚显属不当的，法院可免除其刑罚。但行为人因其犯罪行为被科处 1 年以上自由刑的，不适用本规定。② 现实生活中，犯罪并不总能给犯罪人带来精神上的愉悦或者满足，因为犯罪行为也会使犯罪人遭受到一定的并非来自刑罚的打击和损失。如犯罪人酒后驾车造成严重的交通事故，这样的行为是应当受到刑罚处罚的。但由于犯罪人本身已负重伤、或者在事故中自己的亲人也丧命，犯罪人因失去亲人而精神失常等，这种打击不比刑罚更轻，没有再进行报应的必要了。但是，如果罪行严重到应该受到一年以上自由刑的惩处时，基于对社会共同体秩序的维护，对正义的追求，国家仍需对其进行处罚，而不能宣告免除执行，判而不罚。

---

① 〔日〕大谷实：《刑法讲义总论》（新版第 2 版），黎宏译，中国人民大学出版社 2008 年版，第 476 页。
② 本条为作者参照《德国刑法典》，徐久生、庄敬华译，中国法制出版社 2000 年版，第 67 页及《德国刑法典》，冯军译，中国政法大学出版社 2000 年版，第 31 页中的条文意译。

第十五章 刑罚的执行

第一节 各种刑罚的执行

刑罚经法院宣告后,抽象的刑罚被现实化,刑罚需要被执行以彻底实现国家刑罚权。刑罚执行并不全部是刑法问题,还涉及刑事诉讼法、行刑法、监狱法等规定。

一、死刑的执行

大陆法系国家基本上废除了死刑执行,保留死刑的国家主要是日本。《日本刑法典》第 11 条规定:"死刑在刑事设施内用绞首的方式执行。已受死刑宣告的人,在执行前应拘禁在刑事设施内。"① 绞首的执行方式为:罪犯两手绑在背后,站在绞架的踏板上,脖子上系上绳索,踏板突然开启,人就坠下去,囚犯身体悬空至少 5 分钟后才可以解开绞绳。

在日本,规定死刑的罪名有 17 个。日本刑事诉讼法中规定,死刑被终审判决以后 6 个月以内,应当由法务大臣签发死刑执行命令。法务大臣的死刑执行令签发 5 日以内,应当执行死刑。但是,在大型节假日不执行死刑,如天皇的生日等。但是上述规定中的 6 个月期限经常被延长,因为在日本,死刑犯可以提出申诉或者要求赦免,而一旦提出这些要求,就需要进入相应的刑事诉讼程序,则难免会使 6 个月的规定被突破。

日本死刑犯被处决前通常要等待相当长一段时间,有资料显示"日本的死刑犯在被处决前,一般要在死囚牢房中度过 5 到 10 年的时间,其中相当一部分死刑犯要在死囚牢房等上 20 到 30 年的时间才被处决。"② 原因在于日本法务部认为《日本刑法典》第 32 条规定的"执行",不但包含绞刑本身,还包含为执行死刑所采取的一切步骤。所以,死刑犯在监狱中等待受刑时死刑执行的开始,而走上绞刑架是死刑执行的结束。这一对法律的解释也得到了日本最高法院的支持。③ 而死刑犯在监狱中的条件几乎没有见过官方报道,能见到的只是少数非主流媒体发布的消息:"日本的死刑犯被单独囚禁在死囚牢房。在狭小的牢房

---

① 《日本刑法典》(第二版),张明楷译,法律出版社 2006 年版,第 10 页。
② 〔德〕约阿希姆·赫尔曼:《日本死刑若刚问题思考》,颜九红译,载《中国刑事法杂志》2003 年第 5 期,第 123 页。
③ 同上。

中,不许走动;除了午间小睡或晚上睡眠外,不许躺下;只可整天坐在固定的位置上,不许倚靠墙壁。不论死刑犯在死囚牢房中等待多少年,都不许与其他犯人交谈,有时甚至不允许对视。死刑犯必须遵守最严格的军纪;典狱官从来不称呼死刑犯的姓名,只以囚号相呼;只许做最简单的工作,如制作纸艺;不许拥有自己的收音机、电视机、电脑、钟表或日历,只许听监狱为之选定的收音机节目;只许拥有少量书籍,但法律、政治方面的报刊书籍不许拥有。有自杀倾向的死刑犯,被囚禁在特别牢房中。牢房中灯光彻夜不息,录像机昼夜监控;窗户用坚硬的铁板钉死,只留一丝缝隙,新鲜空气很少。"①

在法务大臣签署死刑执行命令后则由典狱长安排在 5 日内执行死刑。执行死刑时,除行刑官员以外,要有检察官、检察事务官、典狱长到场,其他任何私人均被禁止参观死刑执行过程。通常,"日本的死囚犯直到处决前一小时左右才会被告知处决的日期和时间。一位前监狱官员称,监狱有时会运用某些诡计,对一些死囚犯说'典狱长想找你谈话',将他们从牢房中骗出来,然后处决。"②执行并验尸完毕后,检察官与典狱长或者其代理人要在检察事务官的执行记录上签字、盖章。官方会及时通知死刑犯的家属或者律师。通常情况下,参与死刑执行的人不得对外描述任何有关死刑执行的见闻或者发表对死刑执行的看法。参与死刑审理的检察官、法官也不会对外泄露任何有关判决死刑案件的细节,政府也会谨慎的发布死刑执行数量的新闻,至于被执行者的个人资料、涉及的案件则讳莫如深。

日本法律中规定,对判决后处于心神丧失状态,或者女犯人正在怀孕的,可以等犯人精神正常后或者女犯分娩后的 6 个月内,由法务大臣签署命令执行死刑。③

二、自由刑的执行

自由刑的兴盛是近代的事情,在封建社会以及奴隶社会时期,占主导地位的是生命刑与肉刑。在那些时代,监狱的主要作用并非执行自由刑,而是为了对犯罪嫌疑人的临时羁押,以及为执行死刑与肉刑而设置的场所,刑罚体系中虽然有自由刑,但是与现代自由刑的宗旨相去甚远。

随着资本主义的兴起,人本主义思想的兴盛,生命刑与肉刑被视为极其残忍的刑罚,而自由刑恰恰能够满足惩罚犯罪且不血腥、残忍的需要,于是自由刑逐

---

① 〔德〕约阿希姆·赫尔曼:《日本死刑若干问题思考》,颜九红译,载《中国刑事法杂志》2003 年第 5 期,第 124 页。
② 〔美〕大卫·约翰逊:《在国家秘密处决之处》,江溯译,载陈兴良主编:《刑事法评论》第 19 卷,北京大学出版社 2007 年,第 122 页。
③ 张明楷:《外国刑法纲要》(第二版),清华大学出版社 2007 年版,第 415 页。

渐取代生命刑与肉刑成为刑罚体系的中心。

自由刑在资本主义初期的执行并非十分完美,监狱内各种条件极其恶劣,成为传染病肆虐,死亡率极高的场所。后来,英国人 John Howard 遍访欧洲大陆各个国家的监狱,他仔细考察并猛烈地批评了这些所谓文明国家的监狱存在的弊端。这使欧洲大陆的民众、学者乃至统治者开始反思监狱的性质、目的、作用和地位,逐步对监狱进行改革。"监狱的晦暗性变成了公民挑衅的一个对象。他们很容易猜想,在那里有各种不公正的事情发生。"①18 世纪末期以后,欧洲大陆的监狱有了巨大的完善,罪犯的生活条件有提高,自由刑逐渐具有矫正犯罪人的功能。

自由刑能够成为刑罚体系的中心,主要在于它在诸刑种中比较充分地实现了报应与预防的结合。通过对罪犯实施监禁,剥夺罪犯的人身自由,同时也能附带剥夺罪犯其他权利,这种惩罚方式使罪犯产生了痛苦,达到了报应的预期。通过对犯罪者的惩罚,对其他意欲犯罪者也形成了威慑,一定程度上防止了其他人犯罪,实现了一般预防的目的。监禁将罪犯与社会隔离,使其与外界的沟通降到最低,这就在某种程度上使针对外界的犯罪成为不可能,同时监狱内的多种措施旨在使罪犯重新回归社会,这也使特别预防成为可能。

依据《意大利刑法典》,监狱中劳动的罪犯有权利获得报酬。除本应清偿的债务外,犯罪人的劳动报酬依下列次序提取:第一,应以损害赔偿名义支付的钱款。第二,国家为维持被判刑人生活而支出的费用。第三,为清偿诉讼费用而应支付的钱款。但是,为了使被判刑人出狱后有一定的生活来源,不至于因为生活没有保障而重新犯罪,无论上述钱款是否能够得到满足,均应为之保留五分之三的报酬额,该款额不受查封或者扣押,因必须支付生活费或赔偿对狱政机关的动产或不动产造成的损失而受到查封或者扣押的,不在此限。

为体现刑罚的人道主义,《意大利刑法典》规定了应当推迟自由刑执行的事由:第一,刑罚针对的是怀孕的妇女。第二,刑罚针对的是分娩不到 1 年的妇女。在上述两种情况中,如果母亲被宣布停止对子女的权力、新生儿死亡、被遗弃或者被托付给母亲以外的其他人,并且只要中止妊娠或者分娩已经超过 2 个月的,不得推迟执行刑罚。第三,如果被判刑人被认定感染上艾滋病、严重的免疫性疾病或者其他特别严重的疾病,以至于其健康状况不允许其再被监禁的,只要监狱卫生部门或者监外卫生部门审核认定,即可推迟执行。

《意大利刑法典》也规定了被判刑人没有实施犯罪的具体危险,可以推迟的事由:第一,已经提出赦免的请求,且不具备应当推迟的情况的。推迟执行自由

---

① 〔法〕米歇尔·福柯:《规训与惩罚》,刘北成、杨远婴译,生活·读书·新知三联书店 1999 年版,第 129 页。

刑的时间总共不得超过 6 个月。第二,被判刑人处于严重的疾病状态的。第三,子女不满 2 岁的妇女。但如果母亲被宣布停止对子女的权力、新生儿死亡、被遗弃或者被托付给母亲以外的其他人,则不得批准推迟执行或者已经批准的需要撤销。

对于执行限制人身自由的刑罚之前或者执行过程中患精神病的犯罪人,法官认为该疾病足以妨碍刑罚的执行时,裁定推迟或者停止执行,并且将被判刑人收容于司法精神病医院或者治疗看守所。如果犯罪人的人身危险性轻,则可以将其收容于普通精神病医院。而当被判刑人可以接受刑罚时,则对被判刑人执行刑罚。

日本自由刑分为惩役、监禁和拘留。惩役和监禁在监狱执行,拘留期限短,在刑事设施内执行。处于人道主义考虑,在一定情形下需要停止执行自由刑。在犯罪人心神丧失的情况下,必须停止执行,由检察官将其交付监护人或者地方公共团体的负责人,送入医院或者其他地方。在行刑明显有损健康,或者有难保生命的危险的时候;犯罪人年满 70 周岁的时候;怀孕 150 天以上的时候;妇女产子不满 60 天的时候;由于行刑有难以挽回的不利的时候;祖父母、父母年满 70 周岁以上,或者身患重病或者残疾,身边没有其他可以照顾的亲属的时候;子孙年幼,身边没有其他可以照顾的亲属的时候;有其他重大事情的时候,根据检察官的命令,可以停止执行。①

德国在 1976 年颁布了《自由刑和剥夺自由的矫正及保安处分法》(简称《刑罚执行法》),德国自由刑的行刑目的是优先考虑行为人的再社会化,在执行完刑罚后可以负责任地生活,不再犯罪,同时也使公民免受进一步犯罪行为的侵害。所以,德国政府努力使囚犯在监狱中的生活尽可能与公众的生活状况相当;积极抵制剥夺自由所产生的有害结果;同时帮助囚犯适应自由生活。

德国被执行自由刑的犯人,被尽可能地安排在开放式监狱执行刑罚,对矫正较好的可以享受在监狱外劳动、自由外出、带领外出等奖励。犯人每年可以享受 21 天的假期,即使是被判处终身监禁的罪犯也有这种权利,因为自由刑是以维护犯罪人的尊严为前提的,需要给罪犯以重回自由社会的希望,这样也可以使罪犯服刑期间能与正常生活保持一定联系,以利于日后在社会上正常生活。德国被执行自由刑的罪犯白天参加集体劳动,晚上在各自的监舍休息。犯人的劳动报酬暂时只有工人和职员法定养老保险的所有被保险者的平均劳动报酬 5%②,但是囚犯必须从其收入中支付给狱方监禁费、赡养费、过渡费、失业保险费,支付

---

① 〔日〕大谷实:《刑法讲义总论》,黎宏译,中国人民大学出版社 2008 年版,第 479 页。
② 〔德〕汉斯·海因里希·耶赛克,托马斯·魏根特:《德国刑法教科书》,徐久生译,中国法制出版社 2001 年版,第 926 页。

所有费用后的资金将被狱方存入犯罪人自己的账户①。

对社会危险性较小、犯罪较轻、刑期较短的罪犯或某些犯罪虽较重但系初犯者的罪犯,德国部分州正在尝试电子脚镣。"其主要特征是:以电子设备为监控工具,通过技术对时间上的安排(主要通过禁闭时间安排表的严格执行)来实现对犯人自由的约束,并以社区去影响和改造该犯人,从而实现使犯人重返社会的目的。它不是家庭监禁,而是对自由的一种限制,是一种被执行人自愿的刑罚执行方式。"②电子脚镣制度能够克服短期自由刑的弊端,节约国家在监狱方面的开支,有利于刑罚目的的实现。总体上看,德国自由刑执行还是比较成功的。

我国台湾地区考虑到短期自由刑的弊端,对于轻微犯罪者执行自由刑时给予一定法律上的变通。其旧"刑法"中规定,行为人犯最高刑为5年以下有期徒刑之罪,且受6个月以下有期徒刑或者拘役的宣告,因身体、教育、职业、家庭关系等正当事由,执行起来确实有困难的,而且行为人因此也能受到教育的,可以将自由刑变更成罚金刑,1元以上3元以下折算一日。其新"刑法"则将刑期折抵罚金的数额进行了调整,以新台币1000元、2000元、3000元折算刑期一日。这种执行方式能够有效避免短期自由刑带来的罪犯标签、交叉感染等弊端,不失为一种有效的自由刑执行方式。

三、财产刑的执行

财产刑是剥夺犯罪人财产利益的刑罚,早在古罗马法和古日耳曼法时期已有雏形。财产刑中最为重要的是罚金刑。罚金刑在大陆法系有深厚的理论支撑,原因在于19世纪末德国刑法学家冯·李斯特等的提倡,通过实施罚金刑以减少短期自由刑带来的弊端。同时,罚金刑的执行在大陆法系国家也是比较灵活的,尤其是不能执行的时候处理方式有比较多的选择。

《意大利刑法典》规定,被判刑人的罚金或罚款可以在任何时间一次性付款,也可以在3个月至30个月内分期支付,但是每次分期付款不少于15欧元。因被判刑人无支付能力而未执行的罚金或者罚款,可依法实行转化,转换标准为每38欧元转换成1日监禁刑。

日本财产刑分为罚金、科料、没收、追征。此四种刑罚的执行需要有检察官的命令,对于该执行,原则上准用有关民事执行的法令,同存在执行力的债务名义上相同等的效力,实质上日本财产刑的缴纳刑事强制力不强,具有一定民事性质。根据《日本刑法典》第18条的规定,不能清缴罚金的人,应在1日以上2年

---

① 潘国和,严海军:《浅谈德国自由刑执行的主要制度》,载《政治与法律》1996年第6期,第58页。
② 王晓霞,孙宝民:《论德国电子脚镣制度及对我国刑罚的影响》,载《国家检察官学院学报》2004年第2期,第122页。

以下的期间内,扣留于劳役场,并科罚金或者罚金与科料并科的,扣留于劳役场的期间不超过3年。不能清缴科料的人,应在1日以上30日以下的期间内,扣留于劳役场,科料并科的,扣留于劳役场的时间不得超过60日。

罚金、科料的判决宣告以后,需要给犯罪人以准备清缴的时间。罚金判决后的30日内,科料判决后的10日内,非经犯罪人本人同意,不得折抵劳役。在罚金、科料和扣留劳役场的日期之间可以进行折抵,罚金、科料的总额经过和扣留日数的比例会得出一个折抵扣留一日的金额。在扣留前缴纳的一部分金钱可折抵与数额相当的日数;在扣留期间缴纳一部分金钱,也可以折抵剩余扣留日数。劳役场附设在监狱内,犯人将在这里从事劳动,直到罚金或者科料数额被折抵执行完毕。

在德国,罚金刑同样由检察院执行。行为人经要求不缴纳罚金的,其罚金将按照民法中的债权一样,从动产和不动产中执行。如果犯罪人既不缴纳罚金,又没有财产可以追收的,则用自由刑取代,依据《德国刑法典》,一日的自由刑相当于一个日额。① 折换自由刑的最低期限为一日。"在司法实践中,常常是在命令执行替代自由刑后才见罚金的。就此点而言,替代自由刑具有强制措施的效果。"② 执行完毕自由刑,罚金刑也视为执行完毕。

为减轻行为人因贫困而不得不受自由刑痛苦的现状,德国刑事诉讼法及判例中认为,如果行为人无法缴纳罚金,也无法按照民法中债的方式执行动产或者不动产的原因在于家人长期生病,无过错的失去工作等,则不再执行罚金刑。另外,对于将被易科执行自由刑的罪犯,如果被判刑人同意,他也可以在社会机构或者环保领域从事无偿的公益劳动。但是,德国尚无法律对公益劳动与自由刑之间的折算作出规定,这一制度也是在州一级单位试行。

第二节 缓 刑

一、缓刑的概念、历史与意义

(一)缓刑的概念

缓刑的概念有广义与狭义之分。广义的缓刑是指国家对较为轻微的犯罪,暂缓发动刑罚权,或者发动刑罚权,但不将其彻底实现的制度,包括微罪处分、暂

---

① 德国刑法中规定了日额罚金制,即按照所确定应缴纳罚金的天数和每天应交付罚金的数额,逐日交付罚金。法院依据行为人的人身和经济的关系确定日额的数额。一个日额至少为二个德国马克,至多为一万德国马克。

② 〔德〕汉斯·海因里希·耶赛克,托马斯·魏根特:《德国刑法教科书》,徐久生译,中国法制出版社2001年版,第935页。

缓起诉、暂缓宣判、暂缓执行。

微罪处分指对轻微的刑事案件，警察机关予以处分，而不提交检察机关进行起诉。暂缓起诉，指检察机关依据法定条件，对轻微的犯罪暂时不起诉，但如果行为人违反了相关规定，则对之起诉的制度。暂缓宣判指法院经审理认为行为人构成犯罪，但是附条件地不予宣告犯罪的制度。暂缓执行即狭义的缓刑，是指法院宣告行为人构成犯罪，但在一定时间内附条件的不执行刑罚的制度。本节所讨论的是暂缓执行，缓刑如果没有特别说明，指的就是暂缓执行。

（二）缓刑的历史

缓刑制度源于英美法系，19世纪中后期，英国和美国先后对有改善可能性的成年犯罪人和少年犯实施暂缓宣判，并附以保护观察。由于这一制度在促使犯罪人再社会化问题上表现了积极的作用，逐渐传播到大陆法系。大陆法系将这一制度进行改造，演变成了缓刑。最先将这一制度法定化的是比利时（1888年），紧接着是法国（1891年），然后是意大利（1904年）。

最初的缓刑是一种缓期执行监禁的方式，暂缓执行的只能是剥夺自由的刑罚。但是有观点认为，"缓刑则常常被视为一种与犯罪（轻微）的严重性和犯罪者人格（初犯）相称的一种制裁措施。宣判中包含如果犯罪人再犯罪就会执行刑罚的威慑，看来是既符合报应的要求，又能满足特殊预防的需要，就这点而言，无论是监禁刑还是财产刑，都显然应该毫无例外地采用缓刑制度。"[①]基于这样的考虑，《意大利刑法典》、日本刑罚中还规定了对财产刑的缓刑。

经过长期实践，缓刑获得了多样的发展。有国家将缓刑视为一种对微罪犯罪人的惩罚，有国家将缓刑视为对一种监外处遇。将缓刑视为监外处遇的国家发展对犯罪人采取了保护观察，即为保证缓刑取得积极效果而由特定公共服务机关采用多种方式管理、控制被判刑人。

（三）缓刑的意义

实施缓刑制度的最大意义在于避免短期自由刑的弊端。短期自由刑自其产生以来便饱受争议，虽然在某种程度上实现了罪刑均衡的报应，但是由于监禁时间短，不可能对罪犯进行有效的矫正。行为人受过短期自由刑的惩罚，便被挂上了犯罪人的标签，这使他很难在社会上立足，严重影响了犯罪人的再社会化。而一个初次犯了轻微罪的人，在入狱之始也许还是个对监狱充满恐惧、仍然有一定良知的人，而一旦出狱后，则可能是一个对各种犯罪技巧都有认知，且良知被侵蚀的危险人物。而缓期执行自由刑则使罪犯能够避免这个弊端。

缓刑的实施，能够使罪犯在考验期保持警觉，争取不被执行刑罚。这是一种

---

① 〔意〕杜里奥·帕多瓦尼：《意大利刑法学原理》（注评版），陈忠林译评，中国人民大学出版社2004年版，第317页。

对犯罪人善行的要求,而这种外在的威慑转变成自我约束一旦形成习惯,则实现了刑罚特殊预防的目的。同时缓刑的实施,缓解了监狱的压力,为国家节约了财政开支。

二、缓刑的条件

（一）适用缓刑的主体条件

刑罚不会毫无原则的宽宥,缓刑并非针对任何人都会实施,各国法律对适用缓刑的主体都有一定的要求。

《意大利刑法典》第163条从正反两方面对可适用缓刑的人规定。正面的规定是法官根据犯罪的严重程度情节和犯罪人的犯罪能力情节推定犯罪人将不再实施犯罪。反面的规定是:以前曾经因重罪受到过监禁刑处罚,即使已经被宣告复权的人;被宣告为重罪或者违警罪的惯犯、职业犯的人;犯罪人被推定为具有社会危险性的人时,在刑罚之外必须附加对人的保安处分[①];已经适用过1次缓刑的犯罪人。

在意大利,还有一种人是非常特殊的,对他可适用监禁刑的缓期执行,这种情况并非规定在刑法条文中,而是在总统令中规定,就是"在不能摆脱吸毒的状态中犯罪被判四年以下监禁刑,包括并处的财产刑,或因同样原因还必须服刑四年以下的人"。[②]

依据《日本刑法典》第25条也从正反两方面对可适用缓刑的人进行规定。正面的规定是以前未被判处过监禁以上刑罚的人;以前虽被判处过监禁以上刑罚,但刑罚执行完毕或者免除执行之日起,5年内未被判处过监禁以上刑罚的人;以前虽被判处过监禁以上刑罚但是又被实施缓刑的人,具有特别条件和情节时,也可以暂缓执行。反面的规定是:缓刑期间内,被实施保护观察的期间再次犯罪的人不得被适用缓刑。

《德国刑法典》第56条规定,法院综合考虑被判决人的人格性、他以前的生活经历、他的行动状况、他行为后的行动、他的生活环境和暂缓执行期待于他的作用后,如果能够断定被判决人已经由判决受到警戒,并且在将来无需刑罚执行的影响也不会再实施犯罪行为的时候,才可以对之适用缓刑。

综合上述国家的法律规定,我们可以看出,能够被适用缓刑的主体都需要有较小的人身危险性,实施缓刑不会为他们再次犯罪制造机会。

---

① 由于意大利已经取消了推定社会危险性制度,所以这一规定形同虚设。参见〔意〕杜里奥·帕多瓦尼:《意大利刑法学原理》(注评版),陈忠林译评,中国人民大学出版社2004年版,第318页。

② 〔意〕杜里奥·帕多瓦尼:《意大利刑法学原理》(注评版),陈忠林译评,中国人民大学出版社2004年版,第318页。

（二）适用缓刑的客观条件

符合主体条件的被判决人除了要具有人身危险性小这一实质要件外，还需要具备适用缓刑的客观条件。

根据《意大利刑法典》第 163 条的规定，缓刑适用规定较为宽泛，如下几种客观情形均可以适用缓刑：

1. 宣告的刑罚不超过 2 年的有期徒刑或拘役；
2. 单处或者与监禁刑并处的财产刑依据第 135 条折抵后①，相当于不超过 2 年的剥夺自由刑的，法官可以裁定罚金刑的暂缓执行；
3. 在与不超过 2 年的监禁刑并处罚金的情况下，当根据第 135 条折抵后的总刑期超过 2 年时，法官可以裁定监禁刑单独暂缓执行；
4. 如果犯罪人未满 18 周岁，则被宣告的刑期或者折合刑期要长于普通犯罪人；及被宣告限制人身自由刑不超过 3 年时；单处或者与监禁刑并处的财产刑依据第 135 条折抵后，相当于不超过 3 年的剥夺自由刑的；在与不超过 3 年的监禁刑并处罚金的情况下，当根据第 135 条折抵后的总刑期超过 3 年时，法官可以裁定监禁刑单独暂缓执行；
5. 如果犯罪时已满 18 周岁未满 21 周岁或者已满 70 周岁，则按照上述第 4 项将年限缩短至 2 年 6 个月；
6. 若罪犯是中止犯，所科处的刑罚不超过 1 年，并在一审宣判前主动地和有效地排除或者减轻损害结果或危险结果，并对相关损失进行了赔偿或者返还；
7. 如果先前科处的监禁刑没有被暂缓执行，则随后科处的刑罚在与先前科处的刑罚相加不超过前述 6 项规定的限度，法官也可以适用暂缓执行。

根据《日本刑法典》第 25 条的规定，有两种客观情形均可以适用缓刑：

1. 被宣告 3 年以下惩役或者监禁；
2. 被宣告 50 万元以下罚金。

根据《德国刑法典》第 56 条的规定，有两种情形可以适用缓刑，一种情况不可以适用缓刑：

1. 判处 1 年以下自由刑；
2. 判处 2 年以下自由刑②；
3. 行为人被判处了 6 个月以上自由刑，如对维护法律秩序实属必要的，则不得缓刑。

综合各国的规定，虽然刑法中关注犯罪人的人身危险性及对犯罪人再社会

---

① 38 欧元折抵一天监禁刑。
② 这种情况运用较少，因为除了具备法官对行为人有利的预测之外，尚需行为人及行为人的人格具备特殊情况。

化的努力,但是整体上看,缓刑的设置仍然以维护社会共同体的生活秩序为主要目的,缓刑仅限于轻微犯罪的情形。不然,对所有的犯罪人,即使是杀人犯也可以适用缓刑,毕竟有些杀人犯的人身危险性可能会比较小。所以,各国刑罚在缓刑问题上展示了以报应为基础,以预防为辅助的原则。

三、缓刑的考验期间

缓刑的设置,能够使罪犯在社会中坚持善行,自我矫正,从而实现再社会化。它不是单纯的免除刑罚,需要对犯罪人进行人格的考验,这种考验有时间限制,在特定时间内对犯罪人的行为也有约束,所以,我们需要对缓刑的考验期加以介绍。

(一) 缓刑考验期的长度

缓刑考验期长度,在不同国家有不同规定。

《意大利刑法典》第 163 条中规定的考验期限[①]:

1. 刑罚如果针对的是重罪,由法官决定在 5 年的期限内决定缓期执行刑罚;

2. 刑罚如果针对的是违警罪,由法官决定在 2 年的期限内决定缓期执行刑罚。

3. 若罪犯是中止犯且符合上文中的条件,法官可以直接确定刑罚暂缓执行 1 年。

依据《日本刑法典》,缓刑的考验期,从判决确定之日起,1 年以上 5 年以下。法院不需要根据原判决刑罚的长短来决定缓刑考验期的长短。

依据《德国刑法典》,缓刑的考验期,从判决确定之日起,2 年以上 5 年以下。在执行过程中,缓刑考验期可以由法院进行调整,并非是绝对确定的。被判刑人的考验期可以在生效后,考验期结束前缩短至 2 年,也可以被延长至 5 年。但是,延长的考验时间不允许被延长至以前所确定的考验时间的一半以上。

《法国刑法典》规定,考验期不得少于 18 个月,也不得超过 3 年。俄罗斯刑法典规定,在判处 1 年以下剥夺自由或更轻的刑罚种类时,考验期不得少于 6 个月,不得超过 3 年;而在判处超过 1 年的剥夺自由时,考验期不得少于 6 个月,不得超过 5 年。

相比较而言,德国的缓刑考验期执行起来是更加灵活的,可以根据被判刑人在缓刑考验期间的表现进行调整。这样更有利于对罪犯进行监督矫正,使其更

[①] 关于意大利刑法中对考验期限的规定,有资料认为是法定主义,有翻译为"刑罚缓期五年","缓期二年执行刑罚",作者认为需要依照法条规定。相关资料参见:张明楷:《外国刑法纲要》(第二版),清华大学出版社 2007 年版,第 419 页;〔意〕杜里奥·帕多瓦尼:《意大利刑法学原理》(注评版),陈忠林译评,中国人民大学出版社 2004 年版,第 319 页;《意大利刑法典》,黄风译,法律出版社 2007 年版,第 61 页。

好地再社会化。

（二）缓刑考验期应遵守的义务

对犯罪人适用缓刑,基础在于犯罪人的人身危险性较低,但是出于各种考虑,在缓刑考验期,犯罪人尚需履行一定义务。这些义务或为民事义务,或作为犯罪人诚心悔过的表现而使其为社会作出一定贡献,或者为防止犯罪人再犯而要求其作为或不作为一定行为。

在意大利,如果有被害人,犯罪人需要履行返还义务、支付以赔偿损失名义清算的钱款、支付暂时确定的赔偿数额、为弥补损害而公布处罚判决等。除此之外,还包括按照法官在判决中规定的方式及期限,消除犯罪的危害或危险后果。同时,在缓刑考验期内,犯罪人如果同意,他也可以在政府的安排下为政府提供一段时间的义务劳动。

在日本,部分初次以及全部再次被执行缓期执行的罪犯于缓刑考验期,要接受被保护观察的义务,即由专门人士对犯罪人进行监督指导、辅导帮助、促成其改过自新,这种保护观察将伴随缓刑考验期。

在德国,刑法对犯罪人规定了三项义务:(1)尽力补偿由犯罪行为所造成的损害;(2)向公益机构或国库缴纳一定金额;(3)协助其他公益机构。又为防止受审判人重新犯罪具体规定了五项"指示",即(1)遵守与居住、进修、工作或自由时间或者与其经济关系秩序项联系的规定;(2)在确定的时间到法院或者其他机关报到;(3)不与会给他提供继续犯罪的机会或者诱惑的确定的人或者确定团体的人交往,不为他们工作、受其培训或者为他们提供住处;(4)不占有、携带或者保管会给他提供继续犯罪的机会或者诱惑的确定的物品;(5)遵守扶养义务。另外,在犯罪人同意的情况下,可以让他接受与身体性攻击相联系的治疗处分或者戒除治疗;让他居住于适当的教养院或者适当的设施。同时也有部分犯罪人将会接受保护观察。

《法国刑法典》规定了被判刑人犯应遵守的14项义务,以及被判刑人犯应当受之约束的五项监督措施。

四、缓刑的撤销

被宣告缓刑的犯罪人,如果在考验期间发现还有犯罪没有处理,或者没有遵守一定的条件,将被撤销缓刑。各国撤销缓刑的规定各有特色,但通常是发现考验期之前的罪没有处理,在考验期犯罪或者屡次严重违反考验期规定的义务等事由。缓刑被撤销后罪犯将被执行宣告刑。

《意大利刑法典》中规定了必须撤销缓刑的事由与裁量撤销缓刑的事由。在缓刑考验期内,必须撤销缓刑的事由是:(1)实施某一应处监禁刑的重罪或者同样性质的违警罪,或者为履行规定的义务;(2)因先前实施的犯罪又一次受到处罚,这后一处罚与暂缓执行的刑罚相加超过了第 163 条中规定的各种限度的;(3) 缓刑的适用是存在阻碍原因的情况下违反第 164 条第 4 款规定的。同时,《意大利刑法典》还规定了一种事由,交给法官根据犯罪人是否会再犯新罪来裁决是否撤销缓刑,即如果犯罪人因先前实施的犯罪又一次受到刑罚惩罚,这次的刑罚于被缓刑的刑罚相加未超过第 163 条中规定的各种限度的。

根据《日本刑法典》第 26 条的规定,缓期执行的撤销同样也分为必撤与裁撤事由。在缓刑考验期内,必须撤销缓刑的事由是:(1) 缓期执行期间又犯罪,并被判处监禁以上刑罚,对新犯罪的刑罚没有宣告缓刑的;(2) 缓刑宣告以前犯有其他罪,被判处监禁以上刑罚,对该犯罪的刑罚没有宣告缓期执行的;(3) 缓刑宣告以前,发现由于其他罪而被判处监禁以上刑罚的。同时还有一些事由,由法官决定是否对犯罪人决定撤销缓刑:(1) 缓刑执行期间,重新犯罪,被判处罚金刑的;(2) 被附保护观察者不遵守应当遵守事项,情节严重的;(3) 在缓刑宣告执行以前,发现其由于其他罪而被判处监禁以上刑罚,缓期执行的。

《德国刑法典》规定了缓刑撤销的事由,但是在缓刑撤销之前如果能够通过给予犯罪人进一步的义务或者指示,尤其是将被缓刑人置于考验帮助人的监督之下或者延长缓刑考验期或者监督期就能足以弥补的,就不需要撤销缓刑。但是如果上述做法无效的话,基于以下原因将撤销缓刑:(1) 在缓刑考验期内重新犯罪,致使缓刑的目的不可能实现的;(2) 严重或者屡次违背指示,或者屡次不服从考验帮助人的监督与指示,因而有可能重新犯罪的;(3) 严重或者缕析违背义务的。

以上为《德国刑法典》中缓刑考验期间如何撤销缓刑宣告,同时还规定了缓刑考验期结束后撤销缓刑宣告的条件,这就是:在免除刑罚的裁定生效后,行为人在缓刑期间实施的严重犯罪被发现的,可以撤销免除刑罚的裁定。但是需要同时具备两个条件:第一,缓刑考验期间实施的故意犯罪需要判处最少是 6 个月的自由刑。第二,发现这一严重犯罪需要在免除刑罚的裁定发生法律效力的 6 个月之内或者缓刑考验期限届满后的 1 年以内。

五、缓刑的法律效果

《意大利刑法典》规定,如果在缓刑考验期内被判刑人没有实施应判重罪的行为或者同样性质的违警罪,并且履行了为其规定的义务的,犯罪消灭,刑罚也不再执行。

《日本刑法典》中规定,在缓刑考验期内缓刑的宣告没有被撤销,并经过缓刑期间的,刑罚的宣告丧失效力。这不仅意味着免除刑罚执行,对将来有影响的宣告刑罚的效果也归于消灭,即本罪不作为犯罪记录。法令上规定的限制资格也因此归于消灭。

德国法律规定，法院未撤销缓刑的，考验期满后法院必须以裁定的形式免除刑罚。但这并不意味着犯罪的消灭，只是刑罚执行被排除，犯罪记录仍将在联邦统计中心保留。

第三节 假 释

一、假释的概念、历史与意义

（一）假释的概念

假释是指被判处自由刑的人，在法院宣告刑的刑期还没有执行完毕前，符合法定条件时则暂时停止执行，依据法律程序提前释放出监禁机构，在社会上执行剩余刑期中，如果遵守一定条件，就认定原判刑罚已经执行完毕的制度。现在大陆法系各国基本确立了假释制度。这一制度在日本被表述为假出狱、假出所、假退院，在德国被表述为余刑的缓刑，在法国被表述为附条件的自由。

（二）假释的历史

假释最初是军事用语，适用于战俘，意为禁止被俘者再拿起武器反抗，战俘如果发誓保证以后不再参战，就可以在战争结束前获得释放，违誓的战俘再次被俘就将被处死。

意大利于1889年在刑法典中规定了这种刑罚制度，日本1880年在其旧刑法中规定了假释制度，法国于1885年确定实施了这一制度，德国于1953年创设了假释制度的雏形，并于1975年正式确立。

（三）假释的意义

自由刑尤其是长期自由刑执行过程中，犯罪人对漫长的执行将会丧失信心而自暴自弃，或者因长期与社会隔离，而无法与正常社会适应，在出狱后往往会遭遇各种困难，甚至再次犯罪。为使罪犯在监禁设施中有自我矫正的动力，增加其出狱希望，因此需要设立假释制度。罪犯提前出狱适应社会生活，在一段时间的考验期限内不能放纵自己，还必须自我约束，否则将面临重新入监的压力。这段自我约束中适应社会的体验有利于罪犯向正常社会的过渡。

二、假释的条件

关于假释的条件，各国规定有较大的相似之处，基本上从刑种、已执行的刑期、受刑者的表现及其他方面限制条件。

1. 刑种的限制

各国刑法都规定，无期或者有期惩役、监禁均能被假释。《意大利刑法典》第176条规定了被判处监禁的人和被判处无期徒刑的人可以获准假释；《日本刑法典》第 28 条规定,被判处惩役或者监禁的人,可以准许假释;《德国刑法典》第 57 条和第 57 条 a 规定了有期自由刑和无期自由刑可以暂缓中止余刑。这样规定的原因主要在于缓解自由刑尤其是长期自由刑给罪犯带来的不适应。同时,《日本刑法典》第 30 条比其他国家还多了一种规定,即被判处拘留的人、不能清缴罚金或者科料而被扣留的人,也可以被准许假释。这反映了日本刑罚在这方面的变通,因为罚金刑易科成为自由刑本身的合理性是值得怀疑的,对此种罪犯进行假释,能够减少针对因罪犯贫穷而使其受更多痛苦的批评。而罚金刑等财产刑由于没有自由刑的这种弊端,对其则不存在假释问题。

2. 行刑期限的限制

假释是在对罪犯进行一定考察后有条件释放,这种考察绝非三五天即可,需要一个足以让人信服的时段。对这个时段,有的国家规定了具体年限制,有的国家规定了比例制,有的则采用了混合制。

对于有期自由刑:《意大利刑法典》第 176 条规定,普通被判处监禁的人需至少服刑 30 个月或者至少服满所判刑期的一半并且剩余的刑期不超过 5 年。如果是较为严重的累犯,为获准假释至少服刑 4 年且至少服满所判刑期的 3/4。《日本刑法典》第 28 条规定,需要有期自由刑的执行经过 1/3。《日本刑法典》第 30 条规定,被判处拘留的人、不能清缴罚金或者科料而被扣留的人,可以随时被准许假释出所。《德国刑法典》第 57 条对不同的罪犯有不同的规定,对普通罪犯,需要执行被判处的刑罚的 2/3,且至少是被执行了 2 个月;对于刑期在 2 年以下且是初犯的,有期自由刑余刑的暂缓执行可以在有期自由刑执行的一半之后,且至少被执行 6 个月。

对于无期自由刑:《意大利刑法典》第 176 条规定,罪犯需至少服刑 26 年。《日本刑法典》第 28 条规定,需要执行至少 10 年的自由刑。《德国刑法典》第 57 条 a 规定,对被判处终身自由刑的罪犯,要求至少被执行 15 年的自由刑后才可以假释。

3. 行刑者的表现

总体上,各国均要求罪犯欲获得假释,需要有悔改的标新。《意大利刑法典》要求罪犯在刑罚执行期间表现良好,令人确信有所悔改。《日本刑法典》要求罪犯在受刑期间有悔改表现,学说认为悔改的表现是指,具备改造愿望、有悔改的行为、没有再犯之虞、社会舆论认为其已经可以出狱。[①]《德国刑法典》要求较为详细,要求法院作出暂缓余刑执行时,考虑犯罪人的人格性、他以前的经历、其行为的情况、在再犯时被威胁的法益的重要性、犯罪人在执行中的行动、他的生活环境和暂缓所期待于他的效果。对于无期徒刑罪犯的假释,《德国刑法典》

[①] 〔日〕大谷实:《刑法讲义总论》,黎宏译,中国人民大学出版社 2008 年版,第 483 页。

还要求被判刑人不具备需要继续执行刑罚的特别严重的罪责。这样,不仅需要考察犯罪人在监禁机构中的表现,还包括他在入监之前的表现。

4. 其他条件

《意大利刑法典》第 176 条规定,获准假释以履行因犯罪而承担的民事责任为条件,除非被判刑人证明自己出于不能履行该责任的状况。第 177 条中规定,被判刑人不得再次获准假释。《德国刑法典》第 57 条规定,如果犯罪人对法院命令应追缴的与犯罪有关的物做了不充分的或者虚假的说明,则不得实施余罪缓刑。

三、假释的决定机关

假释的决定机关在意大利和德国由法官决定,在日本则比较特殊,由"行政机关"即地方改造保护委员会决定。地方改造保护委员会作为假释决定机关,负责假释核准与撤销的决定。法国由刑罚执行法官在征求了刑罚实施委员会的意见后,作出予以假释的决定。

四、假释的考察期间

(一)假释考察期的长度

通常情况下,有期自由刑的假释考验期为剩余刑期,无期徒刑假释的考验期为 5 年。剩余刑期与罪犯在监禁设施中服刑的长短有关,服刑越长,则假释考验期越短。

(二)假释考察期应遵守的规定

假释考验期,犯罪人并非绝对自由,需要遵守一些规定。不能犯罪是必需的,除此之外,各国还有自己的特殊规定。《意大利刑法典》第 230 条规定,当被判刑人获准假释时,应当适用监视自由。但是"应暂缓执行监禁性保安措施。"[1]在日本,对于被假释出监禁机构的,"必须附加保护观察,并且使其遵守应当遵守的一般规定以及地方改造保护委员会所规定的特别遵守事项。"[2]《德国刑法典》规定,被假释的罪犯需要置于考验监督者的监督和管理之下。

五、假释的撤销

假释考验期间,犯罪人应严格约束自己的行为,以行动表示自身人身危险性减小或者消失,如果重新犯罪、违反假释期间应遵守的规定或者有其他事由,则

---

[1] 〔意〕杜里奥·帕多瓦尼:《意大利刑法学原理》(注评版),陈忠林译评,中国人民大学出版社 2004 年版,第 328 页。

[2] 〔日〕大谷实:《刑法讲义总论》,黎宏译,中国人民大学出版社 2008 年版,第 483 页。

将被撤销假释。原因在于,犯新罪证明服刑人的人身危险性仍然巨大,如果继续假释,那么无疑等于在社会上安置了一颗定时炸弹,遑论矫正罪犯。违反应遵守的事项,表明行为人没有真诚悔过,自我控制能力下降,有犯罪的可能性。

撤销假释的事由,各国规定不一,有繁有简。《意大利刑法典》中规定的较为简单,包括二种情况:第一,被假释的人实施了某一重罪或者与这一重罪性质相同的违警罪;第二,违反了监视自由的义务。《日本刑法典》中规定了四种情况可以撤销假释:第一,在假释期限内又犯罪,被判处罚金以上刑罚的;第二,假释前犯有其他罪,被判处罚金以上刑罚的;第三,对假释前因其他罪被判处的罚金以上刑罚应当执行的;第四,在假释期间没有遵守应当遵守的事项的。《德国刑法典》中,假释被视为缓刑的一种,其撤销事由等同于上文所述自由刑缓期执行的事由。

撤销假释后,剩余刑罚将继续执行,在监禁设施外的期间不作为自由刑执行处理。

六、假释考验期经过后的法律效果

犯罪人顺利通过假释考验期,各国均视为刑罚执行完毕,免除执行。《日本刑法典》中虽没有明文规定者免除执行,但是学说认为"现行刑法规定,无论有无关押,都视为刑期的进行,因此,当然承认期间届满的效力"。①《意大利刑法典》中规定除刑罚消灭外,法官在处罚判决中或者随后的决定中适用的人身保安处分也将被撤销。德国由于将假释表述为"余刑的缓刑",体系上也将假释视为缓刑的一种,所以,假释考验期经过后的法律效果等同于自由刑缓刑执行,即按其第56条 g 的规定,"在考验时间期满后免除刑罚"。

---

① 〔日〕大谷实:《刑法讲义总论》,黎宏译,中国人民大学出版社2008年版,第484页。

第十六章 刑罚的消灭

第一节 刑罚消灭概述

一、刑罚消灭的概念

刑罚消灭一般是指基于具体犯罪的成立而发生的个别刑罚权,因一定的事由而消灭的情况。该事由则称为"刑罚消灭事由"。须注意的是,刑罚消灭事由与刑罚阻却事由是两个性质不同的概念,前者指就已经发生的刑罚权使之消灭的事由,后者指从一开始就使刑罚权不发生,即自始不使刑罚权发生的事由。

在刑罚消灭事由中具体可以分为裁判确定前的观念的刑罚权消灭事由与裁判确定后的现实的刑罚权消灭事由。裁判确定前的观念的刑罚权消灭事由实质上是指追诉审判权的消灭,对于现实的刑罚权消灭事由又可以具体分为"刑罚执行权"消灭事由与使"刑罚宣告效力"本身丧失的事由。

二、刑罚消灭事由的具体种类

刑罚消灭事由主要有:(1)犯人的死亡与作为法人的犯人的消灭;(2)恩赦;(3)时效;(4)刑罚执行的终了;(5)假释期间届满;(6)刑罚执行犹豫期间①届满;(7)刑罚的消灭(复权)。其中,(1)至(3)如果是在裁判确定前则与观念的刑罚权消灭相关,在裁判确定后则与现实的刑罚权消灭相关。在后一场合,(1)、(3)关系到刑罚执行权的消灭,(2)则视具体情形与刑罚执行权和刑罚宣告效力的消灭都有关系。(4)至(7)虽然都关系到现实的刑罚权的消灭,但是,(4)、(5)关系到刑罚执行权的消灭,(6)、(7)关系到刑罚宣告效力的丧失。②与此同时,有的日本学者,比如西原春夫等在介绍与论述了刑罚消灭的一般理由外,又单独论述了前科的消灭。③ 前科消灭与复权在相关资格与权利恢复这一点上可以说体现的是同一问题,而且前科的消灭与复权也被认为是一种刑罚消灭的制度。④ 但考虑到复权制度本身的特殊性,即与一般意义所讲的刑罚消

---

① 指缓刑期间。
② 参见〔日〕大塚仁:《刑法概说(总论)》(第三版),冯军译,中国人民大学出版社2003年版,第500页。
③ 参见〔日〕西原春夫:《刑法总论(改定准备版)》(下卷),日本成文堂1995年版,第537—540页。
④ 参见张明楷:《外国刑法纲要》(第二版)清华大学出版社2007年版,第426页。

存在显著不同,故将复权制度作为刑罚消灭的一项特殊事由进行单独论述。

第二节 刑罚消灭的一般事由

一、犯罪人死亡与作为法人的犯罪人消灭

在今日的刑法中,由于刑事责任的一身专属性,刑事责任专属于犯人于一身,因而,作为自然人的犯罪人死亡与作为法人的犯罪人消灭时,国家的刑罚权也消灭。在这种场合,不能执行已经宣告的刑罚,而且,还处在裁判前时就不允许进行刑事追诉。在道义主义的立场上,只有在存续着具有规范意识的主体人格时,才应该追及刑事责任。[1]

由此可见,作为犯罪主体的消灭导致的刑罚消灭,根据具体时间标准可以具体区分为两种情形,一是裁判前的犯罪主体消灭;二是裁判后而刑罚具体执行前犯罪主体的消灭。意大利刑法学者杜里奥·帕多瓦尼在论述《意大利刑法典》中有关犯罪主体导致的刑罚消灭时也是区分这两种情况进行论述的,称为消除犯罪的具体原因与具体的消除刑罚的原因,并认为犯罪人在判罪前死亡是具有最大效力的消除犯罪的原因,而犯罪人在判决后死亡是一种与前述情形类似的消除原因。[2]

一般来说,对于犯罪主体消灭的场合,裁判前犯罪主体消灭的,自然不会发生刑罚权适用的问题,但如果是裁判后而刑罚具体执行前犯罪主体消灭,自由刑与资格刑等具有人身专属性的刑罚也会随之消灭不会存在什么问题,但对于罚金、科料、没收、追缴等带有财产性质特点的刑罚是否随之消灭由于各个国家的不同规定就会呈现出不同的结局。虽然作为一般原则,刑罚权不论处于上述何种情况都会发生刑罚权消灭的结果,但存在例外情况,有些国家的法律规定,在应当执行罚金、没收等情况下,如果犯罪人在判决确定后死亡的,也应执行罚金与没收。例如《日本刑事诉讼法》第 491 条规定:"依据关于没收或租税以及其他捐税或专卖的法令的规定所宣判的罚金或追征,受刑罚宣告人在判决确定后死亡时,可以就继承财产执行。"而且对于犯罪的法人如果是在判决确定后由于合并而消灭时,《日本刑事诉讼法》第 492 条规定一般也应对合并后的法人执行财产刑。

---

[1] 参见〔日〕大塚仁:《刑法概说(总论)》(第三版),冯军译,中国人民大学出版社 2003 年版,第 500 页。

[2] 参见〔意〕杜里奥·帕多瓦尼:《意大利刑法原理》(注评版),陈忠林译评,中国人民大学出版社 2004 年版,第 346—351 页。

二、赦免

赦免一般是指基于行政权使刑罚权的一部或全部消灭的制度。也有的学者认为赦免是指放弃刑事追诉及基于确定判决之处罚的制度。①

（一）赦免制度概况

纵观各国宪法、刑法以及刑事诉讼法等对赦免制度的规定，各国对于赦免制度的规定与要求并不相同。日本的恩赦法规定的恩赦制度主要包括大赦、特赦、减刑、刑罚执行的免除和复权五种。德国的赦免制度主要区分为一般赦免和特别赦免两种形式，一般赦免由议会以法律的形式来执行，特别赦免权则由总统来行使。意大利则在《宪法》第 79 条、第 81 条等条款中规定了赦免制度，其具体区分为，免罪性赦免与免刑性赦免。②《法国刑法典》第 133-7 条、第 133-8 条、第 133-9 条、第 133-10 条、第 133-11 条规定了特赦与大赦制度。《韩国宪法》第 79 条与赦免法(1948 年 8 月 30 日法律第 2 号)同时规定了大赦与特赦制度。从各国的规定来看，大赦与特赦制度则是各国法律所共同规定的制度，因此本节我们主要介绍大赦与特赦制度。

（二）赦免制度的性质

对于赦免制度的机能与性质，日本学者大谷实做过如下评述，认为恩赦制度具有如下机能：(1)适应本人的行状或社会感情的变化缓和刑罚宣告的效力；(2)结合社会的变化或法令的废改修正刑罚权；(3)利用国家的庆典和国丧体现刑事政策；(4)救济误判等。③ 日本刑法学者大塚仁也做过类似评述。④ 韩国刑法学者金日秀对此也做了比较深入的探讨，他认为赦免具有国家元首的特典与恩典的性质，对于想通过刑法的实现来维持和平的共同体秩序来说，仅根据刑罚的执行或追诉权的严厉适用是不可能的。反而根据社会环境的变化灵活的适用已经具体化的刑罚权，才能够适应法理念、法价值的实现，缓和法内部的紧张关系。正如拉德布鲁赫所言，赦免制度是从法外世界照耀进来并能窥视法世界冰冷阴暗的亮丽光线，是在法世界发生的无法则的奇迹。赦免是溶化冷酷的刑法实现的爱的法律，也是引导在绝望中彷徨的受刑者前途希望的法律。但是，当因政治上的得失或廉价的怜悯而导致赦免制度的滥用时，也有损害关于正义的一般人的健全的法感情、危害法的安定性的危险。⑤

---

① 参见〔韩〕金日秀、徐辅鹤：《韩国刑法总论》(第十一版)，郑军男译，武汉大学出版社，第 776 页。
② 参见〔意〕杜里奥·帕多瓦尼：《意大利刑法原理》(注评版)，陈忠林译评，中国人民大学出版社 2004 年版，第 347—352 页。
③ 参见〔日〕大谷实：《刑法讲义总论》(第 4 版)，日本成文堂 1994 年版，第 569—570 页。
④ 参见〔日〕大塚仁：《刑法概说(总论)》(第三版)，冯军译，中国人民大学出版社 2003 年版，第 500—501 页。
⑤ 参见〔韩〕金日秀、徐辅鹤：《韩国刑法总论》(第十一版)，郑军男译，武汉大学出版社，第 776 页。

(三) 赦免制度的种类

1. 大赦

大赦是指国家一般性的放弃针对实施特定犯罪或一般犯罪之人的刑事追诉或处罚的制度。大赦具有最高的赦免效力,其适用对象也最为广泛。大赦令一经颁布,已受到罪刑宣告的,其宣告归于无效。而未受到罪刑宣告的,其追诉权则归于无效。

2. 特赦

特赦是指国家对于受到确定判决的受刑者放弃执行,免除其全部或部分刑罚执行的制度。据此,特赦将丧失刑之宣告的效力,产生免除刑之执行的效果。当然,由于各国法律的具体规定不同,特赦的具体法律效果也存在一些不同,在有的国家,比如日本其1947年的《恩赦法》第5条规定,特赦具有使有罪宣告丧失效力的功能,即既赦其刑也赦其罪。

三、时效

(一) 时效的法律性质

关于时效的法律性质在学理上存在诸多不同的观点,第一种观点认为时效具有实体法的性质,属于实体法的内容;第二种观点认为时效具有程序法的性质,属于程序法的内容;第三种观点认为时效具有"混合的"法制度特征,兼具有实体法与程序法的特点。德国刑法学者耶塞克就坚持第三种观点,认为时效是一种兼具有程序法与实体法的特性,因为时效既不能仅被解释为实体法制度也不能仅被解释为诉讼法制度。[①]

(二) 时效制度存在的根据

关于法律规定时效制度的根据,理论上存在着多种学说。第一种观点是改善推测说,认为既然犯罪后长时间没有再犯罪,可预想犯罪人已经得到改善,没有对其进行处刑的必要。第二种观点是证据湮灭说,认为犯罪证据因时间流逝而失散,从而使案件难以达到正确处理案件的目的。第三种观点是准受刑说,认为犯罪人犯罪后虽然没有受到刑事追究,但在犯罪人的逃亡过程中,长期的逃避与恐惧所造成的痛苦与执行刑罚没有多大差异,可以视为已经执行了刑罚。第四种观点是规范感情缓和说,认为随着时间的经过,对犯罪的规范情感得以缓和,不一定要求对犯罪人给予现实的处罚。第五种观点是尊重事实状态说,认为没有追诉犯罪或没有执行刑罚的状态已经持续了很长时间后,事实上就形成了一定的社会秩序,如果此时再行追诉或执行刑罚,反而有损现有秩序的稳定,有

---

① 参见〔德〕汉斯·海因里希·耶塞克、托马斯·魏根特:《德国刑法教科书》,徐久生译,中国法制出版社2001年版,第1088页。

损刑法维护社会秩序的目的。因此为了尊重现实已经形成的秩序状态设了时效制度。

(三) 时效制度的种类

1. 追诉时效

追诉时效又称为公诉时效,是指法律规定的对犯罪人行使追诉权的有效期限。因此,超过追诉时效,国家的公诉权即告消灭,追诉时效消灭的是观念的刑罚权。关于刑法中的追诉时效制度大致包括以下几个问题:

(1) 追诉时效的适用范围

关于追诉时效的适用范围在大陆法系国家刑法中,由于各国规定的不同,具体的适用范围也存在诸多不同。从大陆法系刑法的具体规定来看,大致表现为两种情形:一是有的国家将追诉时效制度适用于一切犯罪行为,没有犯罪类型的限制,如《意大利刑法典》对追诉时效适用的具体规定;二是有的国家将某些严重的犯罪行为排除在追诉时效制度的适用范围之外,如《德国刑法典》第78条规定,灭绝种族罪和谋杀罪不受追诉时效制度的限制。

(2) 追诉时效的期限

对于追诉时效期限的具体规定,各个国家刑法具有不同的规定。综合起来,主要表现为两种情形。其一是以罪种为标准来确定追诉时效的期限,比如《俄罗斯刑法典》第78条规定,"实施犯罪的人,自实施犯罪之时起经过下列期限的,免除刑事责任:(A) 实施轻罪的,经过两年;(B) 实施中等严重犯罪的,经过6年;(C) 实施严重犯罪的,经过10年;(D) 实施特别严重犯罪的,经过15年。"其二是根据犯罪的法定刑的长短来具体确定追诉时效的期限,比如日本相关刑事法规定,经过如下的期间,就完成追诉时效:(A) 对相当于死刑的犯罪,经过15年;(B) 对相当于无期的惩役或者禁锢的犯罪,经过10年;(C) 对相当于长期为10年以上的惩役或者禁锢的犯罪,经过7年;(D) 对相当于长期为不满10年的惩役或者禁锢的犯罪,经过5年;(E) 对相当于长期为不满5年的惩役或者禁锢或者罚金的犯罪,经过3年;(F) 对相当于拘留或者科料的犯罪,经过1年。①

(3) 追诉时效的中止与中断。

追诉时效的中止是指法定追诉时效期间因某些事由的发生而暂停进行,一旦事由消灭,时效期间即继续进行。比如1930年《意大利刑法典》(2006年3月修订)第159条的规定。追诉时效的中断是指法定追诉时效期间因某些事由的出现而停止继续进行,已经经过的时效期间归零,时效期间重新计算的制度。从

---

① 参见〔日〕大塚仁:《刑法概说(总论)》(第三版),冯军译,中国人民大学出版社2003年版,第503页。

各国刑法的具体规定来看,主要体现为两种情形:其一是犯罪人在追诉期限内再犯新罪的,追诉时效中断。比如1999年《越南刑法典》第23条第3款规定。其二是犯罪人在追诉时效期限内被司法机关采取刑事措施的,追诉时效中断。比如《德国刑法典》第78条c比较详细地规定了追诉时效中断的具体事由,具体包括开始审讯被告人、法院命令扣押或搜查、提起公诉、指定审判日期、法院委托在国外进行调查等12项,均可导致追诉时效的中断。①

2. 行刑时效

行刑时效又称为刑罚时效,是指法律规定的刑罚执行的有效期限,即刑罚在宣告确定之后,在行刑时效届满没有受到执行的,原判刑罚就不再执行,就完成了刑罚的时效。

(1) 行刑时效的适用范围

行刑时效的适用范围,各个国家刑法的具体规定并不一致。有的国家规定,行刑时效制度适用于一切犯罪与刑罚,比如《日本刑法典》第32条的规定。有的国家刑法则规定行刑时效不适用于某些严重的犯罪,比如《德国刑法典》第79条规定,灭绝种族罪不受行刑时效的限制。2002年修订的《奥地利刑法典》第59条规定,如果犯罪人被判处终身自由刑、10年以上有期徒刑的,不适用行刑时效。

(2) 行刑时效的期限

对于行刑时效的期限,不同的国家根据自身的不同情况作出了不同的具体规定,从各国的具体规定来看,大概表现为两种情况:一是根据宣告刑的不同类型决定行刑时效的期限,比如《日本刑法典》第32条规定(A)对于死刑,经过30年;(B)对于无期的惩役或禁锢,经过20年;(C)对于10年以上有期的惩役或禁锢,经过15年;(D)对于3年以上不满10年的惩役或禁锢,经过10年;(E)对于不满3年的惩役或禁锢,经过5年;(F)对于罚金,经过3年;(G)对于拘留、科料及没收,经过1年。二是根据所犯之罪的轻重决定行刑时效的期限,比如《法国刑法典》第133-2条至133条-4规定,因重罪宣告之刑,行刑时效为20年;因轻罪宣告之刑,行刑时效为5年;因违警罪宣告之刑,行刑时效为2年。

(3) 行刑时效的中止与中断

一般认为,行刑时效的中止是指在行刑时效期限之内,因出现某种法定情形导致行刑时效中止计算,待法定情形消除后,行刑时效继续计算。如《日本刑法典》第33条规定,依照法令缓期执行或者停止执行刑罚的期间,不算入时效期间。

---

① 参见马克昌主编:《外国刑法学总论》(大陆法系),中国人民大学出版社2009年版,第470页。

行刑时效的中断是指在行刑时效期限之内,因发生法定事由而导致时效期间中断进行,待法定的中断事由消除之后,行刑时效期间重新计算。如《日本刑法典》第34条规定,死刑、惩役、监禁和拘留的时效,因为了执行刑罚而拘捕受刑罚宣告的人而中断。罚金、科料和没收的时效,因实施执行行为而中断。行刑时效的中断不同于行刑时效的中止,行刑时效的中断是使已经经过的时效期间完全丧失效果。因而,为了完成时效,需要重新计算全部期间。

第三节 复　　权

一、复权的概念

一般认为复权是指将因有罪宣告而丧失了的资格或权利予以恢复的制度。从制度构建的本质来看,可以说复权制度与前科消灭制度解决的是同一问题,它们之间不存在质的区别。[①] 复权制度的存在旨在激励犯罪人尽快悔过和积极改造,进而成功的回归社会。因为,即使以前被判过刑罚的这种事实永远不能抹去,但前科的事实伴有各种资格限制、资格停止,如果法律上没有经过一段期间后将之消灭的制度,就会使受刑罚宣告的人承受过于苛刻的负担,并且妨碍他们改善更生、复归社会。[②]

二、复权的种类

根据各个国家刑法对复权适用的具体条件的规定来看,复权制度在各国刑法上主要体现为两种类型:一种是法律上的复权,由立法者在刑法典中明确规定被剥夺权利和资格予以恢复的具体条件,不需要司法官进行具体的司法裁量。如《日本刑法典》第34条之二规定,监禁以上的刑罚已经执行完毕或者被免除执行的人,经过十年,未被判处罚金以上刑罚的,刑罚宣告丧失效力。罚金以下的刑罚已经执行完毕或免除执行的人,经过五年,未被判处罚金以上刑罚的,亦同。被宣告免除刑罚的人,在宣告确定后,经过二年,未被判处罚金以上刑罚的,免除刑罚的宣告丧失效力。另一种是裁判上的复权,需要根据法官进行裁判上的宣告,否则复权制度无从启动。这种裁判上的复权也存在不少的立法例,比如《意大利刑法典》第178条以下、《瑞士刑法典》第76条以下、《德国刑法典》第45条b的规定等。《日本刑法典》没有规定裁判上的复权制度。

---

① 参见张明楷:《外国刑法纲要》(第二版),清华大学出版社2007年版,第426页。
② 参见马克昌:《比较刑法原理——外国刑法学总论》,武汉大学出版社2002年版,第868页。

三、复权的时间条件

对于复权的时间条件,从各国刑事立法的具体规定来看,主要体现两种立法例。一种是要求犯罪人丧失权利与资格的时间必须达到原期限的一定比例才能使用复权的制度。如《德国刑法典》第45条b的规定,资格、能力或权利的丧失期间已经经过一半时,法院才可以恢复犯罪人依法丧失的资格或权利。另一种则要求犯罪人丧失权利与资格的时间必须达到法定的期限才能适用复权制度。根据《意大利刑法典》第178条的规定,适用此种措施的前提是从主刑执行完毕或者被消除的那一天起,经过至少5年;但对于《刑法典》第179条第2、3款的规定,如果被判刑人是累犯、惯犯、职业犯、倾向犯的情况,则至少需要经过10年。[①]

四、复权的实质条件

由于复权制度的存在旨在激励犯罪人尽快悔过和积极改造,进而成功的回归社会。因此犯罪人的悔过自新与积极改造就成为适用复权制度的一个必备要件,各国刑法也是如此规定与限制的。如《意大利刑法典》第179条第1款要求被判刑人必须提供"有效的证明并有一贯的良好行为"。若属于《刑法典》第179条第4款规定的情形,即被判刑人被适用保安处分或未履行因犯罪而生的民事义务的情况,则不应复权。《德国刑法典》第45条b规定复权的适用条件是"可期望被判决人将来不再实施故意的犯罪行为"。

五、复权的程序性条件

复权的程序性条件主要指针对裁判上的复权制度来说的。对于复权制度的程序性条件从各国的刑法规定来看主要表现为两种适用模式:一种是经受刑人或检察官向相应的法院提出申请,接到此申请的法院作出决定对此进行宣告。如《韩国刑法典》第82条以及《韩国刑事诉讼法》第337条1项与2项的规定。另一种则是不需要作出申请,而是由法院直接依职权进行裁决。如《德国刑法典》第45条b规定,在具备法定条件时,法院可以根据法律的具体规定直接恢复受刑人所丧失的资格或者权利。

[①] 参见〔意〕杜里奥·帕多瓦尼:《意大利刑法原理》(注评版),陈忠林译评,中国人民大学出版社2004年版,第352页。

第十七章 保安处分

第一节 保安处分概述

一、保安处分的概念

保安处分作为一种法律思想,最早发端于古罗马,但作为一种刑事理论和刑事法律制度,则是近代资本主义发育成熟并正在迈向金融垄断的新时代、犯罪浪潮席卷西方社会、刑事古典学派的理论面临诘难的情况下产生的。

保安处分有广义与狭义之分。广义的保安处分是指为防止犯罪的危险,保持社会治安,对一切具有犯罪危险性的人或有可能被用于犯罪的物进行安全化的处置。即包括对人的保安处分与对物的保安处分。

狭义的保安处分,是指以行为人所具有的社会危险性为基础,为了维持社会治安,在对其进行社会保安的同时以改善、治疗行为人为目的的国家处分。其中包括剥夺自由的保安处分(收容保安处分)与限制自由的保安处分。

理论上还存在一种最广义的保安处分,是指为了防卫社会安全,防止犯罪的危险对一切被认为有害的特定的人或物所采取的刑事司法或行政处分,以及为了保护或者矫正行为人,而采取的改善、教育、保护措施。这个意义上的保安处分,包括对物的保安处分和保护处分。这种保安处分,并不以犯罪行为的存在为前提。[①]

二、保安处分的特征

从现代各国的保安处分制度来看,保安处分具有以下特征:

(一)保安处分以特殊预防为主要目的

刑罚的目的包括特殊预防与一般预防,而保安处分作为刑罚的辅助性措施,主要着眼于特殊预防,因为其主要通过矫治、医疗性处分、隔离性处分等方法来使行为人改变其危险性格并重新适应社会。可见,保安处分追求的显然是特殊预防的价值。[②]

(二)保安处分具有辅助性

刑罚是与责任相适应的报应,从而按照特别预防的观点看时,刑罚由于有来

---

① 参见张明楷:《外国刑法纲要》(第二版),清华大学出版社2007年版,第427页。
② 参见赵秉志:《外国刑法原理》(大陆法系),中国人民大学出版社2000年版,第346页。

自其本质方面的制约，所以保安处分作为对它的补充制度考察而出现。刑法除刑罚之外，尚须建立其他特别法律效果，以达到预防危险的目的。这种特别法律效果就是以社会危险性而非以罪责为基础的保安处分。所以是保安处分与刑罚二者相辅相成，或者可以说与刑罚配合使用，从而共同发挥预防犯罪的重要作用。

（三）保安处分在本质上不同于刑罚

刑罚的本质属性是剥夺或限制犯罪人某种权益，使其遭受一定的损失和痛苦，是国家统治阶级为了抑制犯罪所采用的强制手段。而保安处分虽然也会给被处罚人造成一定痛苦，但由于其严厉性和强度远不如刑罚，因此，一般认为，保安处分在本质上具有矫正性、治疗性、教育性的特点。

三、保安处分的功能

从保安处分制度产生的时代背景、特征及其存续的理论基础看，一般认为保安处分制度有以下两方面的功能：

第一，防卫社会功能。防卫社会是保安处分产生的源动力，也是处于垄断的资本主义时期的统治者极力推崇保安处分的重要缘由，更是社会防卫理论发展并运用于实践的必然结果。

18世纪末，德国刑法学者克莱因（Klein）比较系统地提出了保安处分理论，克莱因主张刑事立法的正当根据在于维护公众的安宁与幸福，因此有必要在刑罚之外再根据行为人的犯罪危险性，设立相应的保安处分。19世纪末，李斯特站在社会防卫论的立场上复活了克莱因的保安处分理论，按照社会防卫论的观点，刑法的目的在于保卫社会安全，因此凡对社会有危险的人，不待其实施犯罪便采取防卫措施，即保安处分。[①] 正如李斯特所言，对犯人科处刑罚，不是以已然犯罪为绝对目标，而是另有目的——预防未然之罪，保护社会利益。可见，防卫社会是保安处分的重要功能。

第二，教育感化功能。保安处分以新派教育刑论为根基，主张根据不同人的品格施以不同的处罚，并针对不同人的犯罪原因、生活环境等施以不同的保安处分，这种处理方式明确地把预防犯罪，促使犯罪人重新回归社会作为刑罚的首位目的，突出了特殊预防，把特殊预防置于一般预防之上，显然，其教育感化功能不言而喻。通过保安处分对犯罪人实行教育感化，并使之不再危害社会是保安处分理论能战胜传统的报应刑论并成为代表现代刑法发展方向的锐利武器。

保安处分的防卫社会和教育感化功能是相辅相成的。它们之间存在着目的与手段的关系。对犯罪人施以保安处分时要实现保卫社会的功能则必须先对犯

[①] 参见曲新久：《刑法的精神与范畴》，中国政法大学出版社2000年版，第351页。

罪人进行教育感化,而对犯罪人进行教育感化的目的就是防卫社会。

第二节 保安处分的沿革

一、古代的保安处分制度

通常认为,保安处分的立法萌芽于罗马法。在罗马公法中,就有"关于在疯狂病发作的状态下,杀害其生母的成年人,应如何处分"的问题。因为疯狂病人缺乏刑罚适应能力,对其适用刑罚起不到威慑、胁迫、恫吓的效果,所以需要采取保护、医疗等监护措施,以保障社会的安全。"这种以防卫社会为目的、有别于刑罚的监护措施,实际上初具现代保安处分制度之雏形。"[①]但是这些记载中涉及保安处分观念的仅是只言片语,且也仅只是在法学家的探讨中出现,还没有上升为法律的形式,所实施的措施也只是消极的预防,因此可以说这些观念与现代保安处分制度有着较大的差别。

中世纪,德国中部的古斯拉法律和神圣罗马帝国的卡洛林纳刑法典也具有类似保安处分的规定。例如,古斯拉法律有"对无意识的犯罪者科以保安拘禁"的专门规定,1532年的《卡洛林纳刑法典》第176条则规定:"对于一些预想实施犯罪行为的人,而缺乏使其不实施犯罪保障的场合,科以不定期的保安监置。"该法典第195条中也有与第176条相类似的保安处分条款。德国南部的法律有"把精神病者用小舟投弃于河川"的明文规定。由此可见,罗马法和中世纪法上的保安处分,大多是侧重于消极防卫的隔离措施,与近现代新派教育刑论指导下的保安处分有本质的不同。[②] 可以看出,这些保安处分只是与刑罚没有太大区别的不定期的拘禁或者是消极的遗弃而已,这与以社会防卫论和教育刑论为理论基础的现代保安处分制度还是不能同日而语的。

二、近代保安处分制度的产生和发展

"最早主张与刑罚具有区别意义的保安处分的学者是克莱因"[③],他认为德国司法实践中早已存在对可能再犯罪的犯罪人实施不定期的、严格的监督或在劳役场所采取强制措施的做法,本质上说并非刑罚而是保安处分。因此应对行为者的犯罪危险性进行评量,如果行为者缺乏主观上的罪过,不能加以伦理上的非难时,如对无责任能力的精神病患者可以科处保安处分。当刑罚不能消除罪犯的再犯危险性时,可以对罪犯附加适用保安处分,这时的保安处分应看做是刑

[①] 陈兴良:《本体刑法学》,商务印书馆2005年版,第727页。
[②] 参见苗有水:《保安处分与中国刑法发展》,中国方正出版社2001年版,第50页。
[③] 〔韩〕李在祥:《韩国刑法总论》,韩相软译,中国人民大学出版社2005年版,第547页。

罚执行中的内容。即认为保安处分和刑罚是不同的,但两者也是相关的,保安处分可以对刑罚起到辅助补充的作用。克莱因制定的1794年《普鲁士国家普通邦法》可以说是刑罚和保安处分二元制立法方式的肇始。但由于当时克莱因的理论有违反刑罚正义之嫌①,所以,他关于保安处分的思想观点并没有引起理论界的共鸣。

之后,在欧洲大陆逐渐出现了保安处分的零星立法规定。如英国1860年通过的《犯罪精神病人监置法》,法国1885年通过的关于累犯和少年犯处置规定的刑法修正案。

1893年瑞士刑法学者时任德国柏林大学刑法教授的斯托斯(Carl Stoos, 1849—1934)起草的瑞士联邦刑法预备草案(史称"斯托斯草案")最早展现了现代保安处分制度的轮廓。当时,犯罪问题严重,尤其是累犯、青少年犯罪、流浪者的增加,使人们认识到传统的刑罚制度已经不适应同犯罪作斗争的需要,促使人们对刑事古典学派的理论进行反思。而保安处分也就在这个时候受到大陆法系各国的重视。特别是经过菲利、李斯特等学者的努力,保安处分的影响日益扩大。早在1882年,李斯特在"马尔布赫大学提纲"中首先提出著名的"刑法的目的思想",特别强调社会防卫,主张用对行为人可以产生个别预防作用的目的刑替代报应刑,应该将犯罪人改造成新人,使其重返社会后不再实施犯罪行为,从而达到防卫社会之目的。但李斯特并不主张在刑罚外另设保安处分,刑罚就是纯粹的保安刑法,区分二者是没有必要的,坚持一元论的思想。此刑事政策思想对保安处分理论的完善及其完整制度体系的建立有着重要意义,对后来的保安处分立法影响深远。1921年著名的"菲利草案"就是对李斯特一元论思想的成功应用。

菲利从社会防卫论、"保护刑论"出发,指出:"迄今为止一直被认为是救治犯罪疾患最好措施的刑罚的实际效果比人们期望于它的要小。"为此,菲利提出必须将实证刑罚制度建立在对罪犯实行不定期隔离原则的基础之上。这一原则认为,刑罚不应当是对犯罪的报应,而应当是社会用以防卫罪犯威胁的手段这样一种理论的必然结果。② 这就是刑法学中的刑罚论所称的社会责任论。1921年,菲利起草完成《意大利刑法预备草案》(史称"菲利草案"),它继承了李斯特的社会防卫论,是保安处分和刑罚一元论立法的典范,在保安处分制度发展史上留下了光辉的一页。草案的核心精神否定了传统的刑法观念,有机地将保安处分和刑罚结合起来,形成一种新型的一元论刑事制裁体系,即保安处分体系。虽然菲利草案在1927年被洛可(Rocco)的采用二元论体制的《意大利刑法草案》

---

① 当时以刑罚刑论作为解释的刑罚正义理念在理论上占主导地位。
② 〔意〕菲利:《犯罪社会学》,郭建安译,中国人民公安大学出版社1990年版,第60页。

代替,但它对后来的立法产生了不可磨灭的影响,如苏维埃俄国、古巴、墨西哥、比利时、瑞典等国家纷纷仿效,后文详述保安处分立法模式中有更多介绍。

三、保安处分制度的完善及其发展趋势

1930年通过的洛可起草的《意大利刑法典》是保安处分制度立法成熟化、完备化的标志。该法典"无论是在保安处分的内容、种类还是在立法技术上,都居三十年代各国保安处分制度立法之首"。[①] 其重要性和先进性体现在首次将保安处分的适用对象分为人和物,对人又分为监禁性的和非监禁性的两种,对物的保安处分包括没收和善行保证。监禁性的保安处分分为司法感化院收容、看守所收容、司法精神病院收容和农垦区或劳动场收容。非监禁性的保安处分主要有禁止出入出售酒精的商店、禁止在特定地域逗留、驱逐出境和监视居住。将罪刑法定原则引入保安处分。规定适用保安处分的前提是行为人具有因违法行为而表现出来的人身危险。对有犯罪危险性行为人适用的是不定期自由刑,只规定了适用保安处分的最低期限。高超的立法技术使此法典成为各国刑事立法的蓝本。如1932年《波兰刑法典》和《法国刑法草案》、1934年《罗马尼亚刑法草案》、1935年《中华民国刑法典》和1937年《瑞士刑法典》都是以1930年《意大利刑法典》为样本的立法。

在二战期间,纳粹法西斯分子打着国家利益和民族利益的幌子,肆意扩大保安处分的适用范围,把保安处分作为镇压、迫害无辜民族、群众和革命者的手段,成为对人权进行践踏和蹂躏的工具。这与保安处分的适用是以具有较大的或然性的犯罪危险性的做法不无关系,因为适用保安处分过程必然的包括"危险性的推定",不可避免会有间杂的唯心主义成分,从而导致保安处分的功能由预防蜕变为镇压,"对那些不应负责任但被推定有危险的犯罪人的工具,保安处分无异于一种反常的刑罚制度的代品"。[②] 但是我们不能因此而把保安处分等同于法西斯主义,应该注意到保安处分制度的科学内涵和合理因素。

二战后,保安处分不仅为大陆法系国家立法普遍纳入,还被一些社会主义国家的刑事法律所借鉴并沿用。如"1968年的《罗马尼亚社会主义共和国刑法典》,1976年《南斯拉夫社会主义联邦共和国刑法典》都明确规定了保安处分制度"[③]。另外在1958年通过的《苏联和各加盟共和国刑事立法纲要》里设置了对违法未成年人的矫正措施和对吸毒、酗酒者以及精神病人的强制医疗措施。虽

---

① 蒋明:《西方保安处分制度发展演变述略》,载《吉林公安高等专科学校校报》1999年第4期。
② 〔意〕杜里奥·帕多瓦尼:《意大利刑法学原理》(注评版),陈忠林译评,中国人民大学出版社的2004年版,第331页。
③ 参见田承春:《保安处分与我国刑法现代化》,载赵炳寿等主编:《刑事法问题研究》,法律出版社2005年版,第199页。

然在英美国家至今也不存在保安处分这一概念,但"在英美国家,缓刑和保护观察制度发挥着保安处分的功能,理论上通常被认为是保安处分"[1]。

最后,保安处分制度的形成及其发展,都离不开国际刑法会议对它的强有力的支持和推动。国际刑法及监狱会议于1872年在伦敦首次召开,此次会议以及后来召开的若干次会议,就乞丐、职业的放荡者、少年犯、累犯、精神病人、酗酒者和无赖者等的处置问题,做了深入的探讨。达成了很多共识并设置了相应的保安处分。如1885年罗马会议,就少年犯父母的责任以及法官的权限和对流浪者的处置等问题进行了讨论;1895年在巴黎研究了对游荡无职业者应该适用的保安处分;1910年华盛顿会议决议认为,应该将常业犯、惯犯与普通犯作不同对待,少年犯须进行迁善教育,在政府的委托下慈善机构可以监督假释者,强令游荡无职业者工作等;1930年的布拉格会议认为,保安处分是保卫社会的有效方式,可补刑罚之不足,对有犯罪危险的行为者,通过科处保安处分使之消除危险或者使之隔离于社会,并对可以采取的保安处分措施作了具体明确的规定。其他的国际刑法会议也分别对保安处分作出了各种促进性决议如1926年布鲁塞尔国际刑法学会的决议写入了希望性条款,认为让刑罚作为唯一的制裁手段,对预防有犯罪危险的未成年人、精神病人、有犯罪倾向和习惯的人实施犯罪行为是不够的,因此希望刑法典中规定保安处分制度,并规定了适用保安处分的标准和机关。1928年在罗马召开的国际刑法统一会议,讨论了保安处分的性质、效力、种类及其执行方法和渊源,并对保安处分与刑罚和缓刑的关系作了深入探讨,最后形成的决议里有15个关于保安处分的条文。[2] 在这些国际会议的影响下,各国把保安处分作为代替或补充刑罚适用的制度规定在刑法典或是其草案里,对保安处分制度的发展和完善起到了推波助澜的作用。

第三节　保安处分的种类

大陆法系各国刑事法典规定的保安处分种类并不统一,而是各有特色,我们先从保安处分的对象来看总体上都有哪些内容,再分别介绍大陆法系的四个代表国家即法国、意大利、日本和德国的情况。

一、概述

总的来看,可根据保安处分对象的不同将其分为对人的保安处分和对物的保安处分两大类。

---

[1] 曲新久:《刑法的精神与范畴》,中国政法大学出版社2003年版,第374页。
[2] 参见陈兴良:《刑法哲学》,中国政法大学出版社2004年版,第491页。

1. 对人的保安处分

是指以人为实施对象的保安处分。主要包括剥夺自由和限制自由两种。

(1) 剥夺自由的保安处分,是指将被处分人收容于一定的设施内进行治疗、教育、改善的处分。主要有:① 强制治疗,又称监护处分、疗护处分、监护隔离处分、医院限居、收容于精神病院。主要适用于限制责任能力或无责任能力的精神病人。② 禁戒处分,也称为矫正处分、收容矫正处分和禁绝处分。其主要适用对象有嗜毒者、酗酒者和其他有恶癖者。③ 强制工作,又称管训处分、劳作处分,是针对一切出于懈怠与游荡成性、邪恶从事正当工作而导致犯罪的人的一种保安处分。④ 保安监禁,又称保安拘禁、预防拘禁、保安监置、预防处分,对有着特殊危险的累犯、已受刑罚但未能矫正其人格的常业犯和习惯犯以及自由刑执行完毕后仍然有可能实施严重犯罪行为的人实施的,对其隔离的拘禁措施。⑤ 少年保护,也称司法感化院之收容,是对未成年人适用的特别的保安处分。

(2) 限制自由的保安处分,是指不将被处分人收容于一定设施内,而是限制其某一方面或在某个区域内的行动自由,以预防其再犯的处分措施。① 主要有:① 保护观察,也称行为监督、保护管束、监视自由,是指不对犯人进行收容,而是放在社会中对其行为予以监督,如违反规定的条件,再将其强制收容的具有心理强制作用的保安措施。② 禁止执业,又称剥夺营业权或者禁止从业,指行为人在滥用自己从事的职业或者在违反职业义务的情况下,故意实施犯罪行为,被禁止在一定期间或者永久从事该营业或者职业的一种保安处分。③ 禁止出入特定场所,是指规定行为人不得涉足对戒除其不良病癖有妨碍的或是能诱发其犯罪危险性的场所的一种保安处分。这种处分主要适用是习惯性酗酒或者在习惯性酗酒状态下犯罪者。④ 限制居住,也称限制居住自由,是指规定犯罪人在一定期间内禁止居留在特定区域或者不能私自离开指定居所的一种保安处分。这种处分主要针对具有一定区域性质的罪犯和政治性罪犯。⑤ 驱逐出境,又称国外追放、对外国人的追放,是指对于在本国境内犯罪的外国人,除了科处刑罚以外,又在刑罚执行完毕或赦免后强制其离境或遣送其回国的处分措施。这种处分一般适用于外国人或者无国籍人。

2. 对物的保安处分

是指对物进行的保安处分。主要有没收和善行保证两种。

(1) 没收,又称特别没收,是指为了消除犯罪人再犯的条件,而将有可能诱发其犯罪危险的或者是与其犯罪有关的物品予以收归国有的一种保安处分。被没收的一般是为犯罪行为所使用或者是犯罪活动所得之物品,有时也包括非犯罪人的违禁品。

---

① 参见苗有水:《保安处分与中国刑法发展》,中国方正出版社 2001 年版,第 83 页。

（2）善行保证，又称良好行为的担保，是指责令犯罪人提供一定数额的金钱或有价证券，或者以实物作抵押，或者提供保证书作为将来不再实施犯罪行为的保证的一种保安处分。如果再有犯罪，其提供和保证的财物将收归国有。

二、法国的保安处分制度

《法国刑法典》中主要依据两种标准对保安处分进行分类，一是按照为实现预防性保护而采取的手段来分，二是根据对个人自由权利的妨碍程度进行的分类。法国刑法中剥夺自由的规定主要是指"将未成年人送进教育机构，将酗酒者或吸食毒品的人送进戒毒治疗所，都会发生制定法上的对人的自由的剥夺；在行政措施方面，将患精神病患者送进精神病院，对性病患者强制住院治疗，对等待驱逐的外国人或等待解送至边境的外国人进行扣留"。[①] 下面主要介绍第一种标准的分类。

法国刑法依照对保安处分所预定的目的，或者按照采取手段的性质，对保安处分主要分为以下两大类：

（一）按照采取的手段所预定的目的

这主要是指通过组织与安排"个人再适应社会"，或者简单地排除个人实行犯罪的手段与条件，便可以实现预防。

在司法实践中，仅仅实施一项保安处分措施的情况比较少。而且大多数措施的目的都是为了是犯罪人重新适应社会。例如，对酗酒的人进行治疗、对未成年人进行再教育等都属此列。

（二）按照采用的手段的性质

1. 监护性救助措施

有些个人在接受监视的同时，还经常需要帮助、照顾、支持，而这种监视往往并非通过警察而是由犯罪人的亲属或者社区来进行。只有通过这种方式，对犯罪人进行引导、规劝，才能使其重新适应社会。例如，将未成年人交给他们的父母，或者交给可以信任的人（1945 年 2 月 2 日关于《青少年犯罪的法令》第 10 条与第 16 条），就属于此类措施。[②]

2. 教育措施

在某些情况下，需要对犯罪人采取一些措施进行教育，这种教育可以是文化知识的教育，也可以是职业、道德、社会方面的教育。典型的是对未成年人、对犯游荡罪的人、乞丐、妓女等采取的教育措施。而《法国刑法典》第 132 条第 45 款

---

① 〔法〕卡斯东·斯特法尼等：《法国刑法总论精义》，罗结珍译，中国政法大学出版社 1998 年版，第 524 页。
② 同上书，第 521 页。

第 1 项也规定了在对犯罪人实行附考验期的执行与假释,当事人有接受教育或职业培训的义务。

3. 治疗措施

对某些犯罪人有身体或精神上的疾病时,应对其进行治疗。这种治疗可以在专门的治疗中心进行,也可以在医院进行,一些情况下也可以在自由条件下治疗。例如,将未成年人安置在得到授权的医疗机构或医疗教育中心进行治疗;对附救助措施的禁止居留及附考验期的缓刑时患有疾病的人也可采此措施。

4. 排解措施

是指为防止犯罪或再犯,而禁止行为进行某一行为抑或剥夺其某项权利的措施。例如,没收,禁止当事人出入零售商店与赛马场、禁止其从事某项职业等。

5. 监视措施

是指对行为人规定一些"积极义务",强迫其为某些行为的措施。例如,定期向警察机关报到,对自己的活动进行汇报;住所、雇主变更时的汇报义务等。

6. 公共安全措施

这一类措施大多带有"隔离"性质,意在使行为人同社会生活相隔,避免其实施危害公共安全的行为。例如,有行政决定将精神病患者送进精神病院,既是一种治疗措施,也是一种公共安全措施。但在实施此种措施时,应当注意保护行为人的人格与人权。

三、意大利的保安处分制度

《意大利刑法典》中保安处分有三类[①]:

(一) 对人的保安处分

分为监禁性处分和非监禁性处分两类,也可以称为剥夺自由和限制自由两类。

第一,对人的监禁性处分:(1) 收容于农业劳动经营和劳动所,这主要是为惯犯、职业犯,有犯罪倾向者以及其他具有某些特殊情况的人而设立;(2) 收容于治疗或监护所。这主要是适用于部分刑事责任能力或习惯性酗酒的人:(3) 收容于司法感化院。这种方式是针对无刑事责任能力的未成年人的。

第二,对人的非监禁性处分:(1) 保护管束,是指由法官确定一系列"避免新犯罪机会"的规定,然后将受处分人交公共安全机关管束的措施。保护管束根据犯罪的严重性适用,同时也适用于"准犯罪"和一些法律有专门规定的情况。(2) 禁止在某个(某些)市(乡、镇)或某个(某些)省内居留。这一措施适

---

① 〔意〕杜里奥·帕多瓦尼:《意大利刑法学原理》,陈忠林译,法律出版社 1998 年版,第 381—383 页。

用于犯危害国家安全罪、破坏公共秩序罪或特定地方的社会道德条件有密切联系的犯罪的人，最低执行期为1年。（3）禁止出入酒店，该措施适用对象为习惯性酗酒者或在习惯性醉酒状态下实施犯罪的人，最低期限为1年。（4）驱逐出境，主要适用于犯罪到达一定严重性或犯危害国家安全罪的人。

（二）对财产的保安处分

1. 良好行为保证金（cauzione di buona condotta）

这一措施要求受处分人像罚款金库提供一定数额的保证金，或者提供抵押或者连带担保，时间为1年以上5年以下。如果受处分人没有犯重罪或应处拘役的轻罪，保证金原额退还。如果相反，保证金则收归罚款金库。

2. 没收

是指将某些与实施犯罪有关的物品收归国有。如果用于犯罪或犯罪所得的物品属于与犯罪无关的人所有，则不得没收；如果因制造、适用、持有、转让而构成犯罪的物品，属经"行政当局批准的"非犯罪人所有，也不属于没收范畴。

（三）预防性措施

这是意大利关于保安处分比较独特的一点。预防性措施主要适用于尚未实施犯罪或者曾经实施过犯罪，但对公共安全有危险的人。但这一措施并不属于刑法的范畴。为了防止公共安全机关的专权，保证对这种措施适用的司法控制，这种措施的适用现在由1956年1423号法律调整。该法律后来屡经修改：1965年575号法律又专门规定了适用于黑手党分子的预防性措施，1990年、1992年和1993年的法律对后者也进行了不少的补充和修改。

四、日本的保安处分制度

《日本刑法典》中没有规定保安处分，现行法上实际存在以下实质上的保安处分：

（一）辅导处分

《日本刑法典》中没有规定保安处分，现行法上唯一伴有剥夺自由的保安处分是对卖淫妇女的辅导处分。它是由《卖淫防止法》规定的，对于犯有劝诱卖淫等罪的20周岁以上的女子，在缓期执行徒刑以及监禁的时候，可以附加辅导处分的制度。（《卖淫防止法第17条第1款》）。① 辅导处分是将被处分者收容于妇女辅导院中，提供改造所必要的生活指导及职业训练，对妨碍妇女改造的身心障碍进行医疗。辅导处分的期间是6个月，经地方改造委员会准许，可以假释，出院后的剩余期间须附加保护观察（防止卖淫法第26条）。②

---

① 〔日〕大谷实：《刑法总论》，黎宏译，法律出版社2003年版，第408页。
② 〔日〕大谷实：《刑事政策学》，黎宏译，法律出版社2000年版，第154页。

(二) 保护观察

所谓保护观察,是通过对对象人进行指导监督、辅导援助,实现其在一般社会环境中改造复归目的的制度。是针对接受缓期执行宣告,或者实行假释者交付保护观察时,其保护观察是带有限制自由的保安处分。保护观察的方法等由《犯罪者预防改造法》、《缓期执行者保护观察法》等加以规定。执行保护观察,按规定应由保护观察官来实施,但实际上,其中大部分工作是由从民间选任的志愿者来做。

(三) 紧急改造保护

紧急改造保护是以(1)自由刑执行终了,或者免除执行的人;(2)宣告缓期执行自由刑,但判决尚未生效的人;(3)被宣告缓期执行自由刑,但没有附加保护观察的人;(4)从妇女辅导院中出来的人以及辅导处分执行终了者,为对象而实施的。另外,(5)接受暂缓起诉处分的人,在根据刑事程序接触对人身的限制后,为了防止其再犯罪的危险,也必须对其采取改造保护措施。通过实施安排居住等暂时性的保护,以及收容在一定设施中,调整改善环境等继续保护措施,帮助其成为守法的善良公民,以更快实现改造目的。紧急改造保护由保护观察所的所长亲自实施,或者委托改造保护法人实施。①

(四) 优生手术

对有"明显犯罪倾向"的"遗传性精神病质显著者",为防止该疾病的遗传,从社会公共利益方面考虑,有必要对其实施"破坏生殖器官,使其不能生殖"的优生手术,可以实施优生手术。②

(五) 对精神病人的强制入院

都道府县的知事,在认为精神病人如步入院进行治疗或者被保护的话,便会因精神病而可能伤害自己或者他人,经两名以上的指定医生诊断并且结果一致时,即便本人及其保护人不同意,也可以采取措施让其进入指定医院。③

(六) 对团体的规制处分

《破坏活动防止法》第7条规定,对实行暴力活动的团体,公安审查委员会有充分的理由认定,该团体明显地具有在将来反复实施作为团体活动的暴力主义的破坏活动之虞时,可以禁止该团体的活动,并且指定该团体解散。④

(七) 对物性的保安处分

对物性的保安处分有对产出物件、组成物件、供用物件的没收,但现行法是

---

① 〔日〕大谷实:《刑法总论》,黎宏译,法律出版社2003年版,第408页。
② 〔日〕大谷实:《刑事政策学》,黎宏译,法律出版社2000年版,第155页。
③ 〔日〕大谷实:《刑法总论》,黎宏译,法律出版社2003年版,第408页。
④ 〔日〕大谷实:《刑事政策学》,黎宏译,法律出版社2000年版,第155页。

将其作为刑罚加以规定的,因此,它并非形式上的保安处分。①

五、德国的保安处分制度

2002年最新修订的《德国刑法典》以专门一节规定矫正与保安处分,主要有以下几类②:

(一)带有剥夺自由的保安处分

1. 收容于精神病院(第63条)

实施违法行为时处于无责任能力或限制责任能力状态的,法院在对行为人及其行为进行综合评价后,如果认为该行为人还可能实施违法行为因而对公众具有危险性的,可命令将其收容于精神病院。安置于精神病院的目的,在于保护公众免受持续危险的患有精神疾病的行为人的侵害,同时给后者提供矫正其疾病的可能。

2. 收容于戒除瘾癖的机构(第64条)

这属于禁戒处分,也称为矫正处分,主要适用于病癖性违法犯罪者,如酒精或麻醉剂中毒者和性变态者。立法者通过规定收容于戒除瘾癖的机构表明其追求的首要目的是矫正而非保安。为此,只有当收容于戒除瘾癖的机构适合于通过治疗(而非单纯关押行为人)来实现保护公众的目的,始可命令安置于戒除瘾癖的机构。如果治疗自始无收效希望,则不作出此等命令。

3. 保安监督(第66条—第66条a)

指收容有犯罪习性及有危险性者于预防所的处分,主要适用于有再犯某种严重罪行重大嫌疑的人、危险性常习犯人或者其他危险性犯人。它是保护公众免受累犯侵害的"刑事政策的最后一个紧急措施",目的仅仅是为了隔离行为人而设立,但不反对在执行过程中应当为被安置的人的社会化作出努力。

(二)不带有剥夺自由的保安处分

1. 行为监督(第68条—第68条b)

因实施了法律特别规定应予以行为监督的犯罪行为而被判处6个月以上的自由刑,如果行为人仍存在继续犯罪危险,法院除判处刑罚外还可命令行为监督。此等处分一方面使被判刑人接受监督机关和缓刑考验帮助人的"帮助和照料",另一方面可通过许多指示对行为人的生活进行干预,以及对违反指示科处刑罚。目的在于通过对有问题的行为人进行积极的支持和照料来预防犯罪。

---

① 〔日〕大谷实:《刑事政策学》,黎宏译,法律出版社2000年版,第156页。
② 参见马克昌:《比较刑法原理》,武汉大学出版社2002年版,第964页;《德国刑法典》(2002年修订版),徐久生、庄敬华译,中国方正出版社2004年版。

2. 吊销驾驶执照(第 69 条—第 69 条 b)

该等处分的目的是为了保障交通安全。适用该处分的前提条件是:行为人实施了违法行为,并且因此被证明不适宜驾驶机动车辆。

3. 禁止执业(第 70 条—第 70 条 b)

该处分的目的是为了与行为在特定领域的危险性作斗争;这里涉及与被判刑人营业或职业活动有关的犯罪行为的预防问题。如认为职业禁止的法定最高期限仍不足以防止行为所造成的危险的,可永远禁止其执业。

第四节 保安处分的理论基础和模式争议

一、保安处分的理论基础

保安处分的理论基础,包括哲学基础、法哲学基础以及刑事基础理论。

(一)实证主义哲学是保安处分的哲学基础

19 世纪上半期法国人孔德(Auguste Comte 1798—1857)开创了近代西方哲学的一大流派——实证主义。"实证"一词来源于拉丁文 Positivus,本意为"确实的"。孔德在其著作《实证哲学教程》中将其哲学称呼为"实证主义"。实证论者公开宣称自己是"科学的哲学家",只承认经验现象或经验事实,认为科学只是经验现象或经验事实的记录和描写,并不能反映事物的客观规律和本质,探索和追求事物的本质是徒劳而无用的。实证主义以其反理性的色彩与从柏拉图到黑格尔的概念哲学和思辨哲学形成对立。它把以往的一切以物质与精神的关系为研究对象、以思辨为主要方法的哲学均贬低为虚妄地探索事物之本质的形而上学。[1] 孔德就宣称"自己发现了一条伟大的根本规律"。"这条规律就是:我们的每一种主要观点,每一个知识部门,都先后经过三个不同的理论阶段:神学阶段,又名虚构阶段;形而上学阶段,又名抽象阶段;科学阶段,又名实证阶段。"[2] 因此,实证主义认为自己是哲学的终结。

实证主义对保安处分的影响主要集中在三个方面:一是将保安处分的对象转向行为人。李斯特曾说"应受处罚的不是行为,而是行为人","认为应该以犯人的性格、恶性、反社会性为标准,个别地量定刑罚"。[3] 犯罪行为不过是危险性、反社会性格的表征。认为犯罪行为产生的原因应当包括两个因素,"一个是罪

---

[1] 参见苗有水:《保安处分与中国刑法发展》,中国方正出版社 2001 年版,第 18 页。

[2] 〔法〕孔德:《实证哲学教程》,转引自洪谦主编:《西方现代资产阶级哲学论著选辑》,商务印书馆 1964 年版,第 25 页。

[3] 马克昌主编:《比较刑法原理》,武汉大学出版社 2002 年版,第 44 页。

犯的个人原因,一个是罪犯的社会的、外界的,尤其是经济的因素"①。行为人理论的最关键内容是对于行为人人身危险性的确定,旨在针对不同的行为人采取不同的处分措施。保安处分着眼于对已犯者的改善,且更注重对未犯罪者的预防,因此,就需要依据不同行为者的人格、生存环境、实施犯罪行为的主客观状况等来进行个别化的处遇,这也正是实证学派刑罚理论的题中应有之义。二是否认了自由意志的存在,用现代实证研究方法武装起来的近代心理学认为人是没有自由意志的,并证明人的任何行为都是其人格与其所处的环境相互作用的结果。菲利认为,所谓的自由意志只是人们内心抱有的幻想而已,自由意志论、道义责任论和刑事古典学派所持有的其他玄学观点一样,在保护社会免受侵害的需要面前,完全丧失了实际价值。② 因此,菲利在否定了道义责任论的基础上,提出了社会责任论。三是认为刑罚应该是教育而不是报应,以教育、感化、矫正和改造的方法改善行为人,使之复归社会,从而达到预防行为人再犯罪的目的,这就是现代的教育刑论和特别预防论。"作为个别预防论首要基石的是社会责任论。这一基石的奠定以犯罪必然论和犯罪非自由意志论的提出为前提"③。这可以说是一棵树上开了三朵花,成为保安处分理论的核心内容和理论基石。

我们认为,刑事实证学派把抽象的犯罪研究转向具体的实证的行为人研究,把刑法学探索的范围扩大到刑事古典学派从未涉足的领域,揭示了犯罪的社会原因,强调各犯罪人人格的差异,从而提出刑罚个别化和强调特别预防都是值得肯定的观点,提倡目的刑、摒弃报应刑,注重犯罪人的社会复归,这应该说是历史性的进步。但是有些刑事实证学派学者的观点,如菲利的观点是比较激进或是极端的,他们否定绝对的意志自由,主张彻底的决定论,把犯罪行为完全排除在研究对象外,只强调特别预防而忽视了一般预防的作用,这是脱离了实际情况,全盘否定刑罚存在的价值,未免太过偏激。虽然有着严重的缺陷,但在刑法发展中的作用确实不可忽视。二战后的现代刑法理论一般认为,犯罪人在实施危害行为时一方面固然受制于环境,但在一定限度内仍具有某种程度的自由意志。这便是所谓的相对的意志自由论,是两派刑法理论走向折中调和的产物。例如斯托斯就是主张保安处分和刑罚并存的二元论立法的首次实践者,既没有彻底否定旧派的道义责任基础,又吸收了新派的目的刑论。从此,刑事制裁理论走上了真正科学化的道路,近现代的各种刑法制度和原则开始形成。

(二) 社会法学派的思想是保安处分的法哲学基础

社会法学派以实证主义哲学为指导,是从属于实证主义法学派的一个分支,

---

① 〔德〕李斯特:《德国刑法教科书》,徐久生译,法律出版社2000年版,第9页。
② 苗有水:《保安处分与中国刑法发展》,中国方正出版社,第24页。
③ 邱兴隆:《个别预防论的四大立论》,载《甘肃政法学院学报》2000年第2期。

它主张用社会学的观点和方法来研究法律问题,社会法学派与19世纪以强调自由放任和个人主义为特点的自然法学的思想截然不同,主张法律应该更多地保护社会利益或是实现社会和个人利益的协调发展。法国社会学家涂尔干(Emile Durkheim 1858—1917)被认为是法社会学的创始人。1893年,涂尔干在他的第一部巨著《社会劳动分工论》中运用"社会连带形式"的原理分析了法的不同类型以及与社会的关联,开创了严格意义上的法社会学传统。在他的影响下,法国人狄骥(Leon Duguit 1859—1928)提出了颇有影响的社会连带主义法学。

1. 社会连带主义思想

社会连带主义的基本主张是:由于人们在社会上有共同的和不同的需要,所以存在同求和分工两种连带关系。社会连带关系既是普遍存在的社会事实,又是一切社会规则的基础。法是从社会诸关系中产生的客观规范,是为社会目的服务的,它高于并先于国家而存在。主张以国家公务的概念取代传统的国家学说,政府行为应该以促进公务的目的而定,同时反对个人权利而强调个人应尽的社会连带关系的义务。① 社会连带主义思想对保安处分的直接推动作用主要体现两个方面:首先,个人应尽社会连带关系的义务,犯罪就是行为人义务的违反,行为人的行为在客观上对社会法益即社会上人人相互协作的连带关系造成了损害,国家就应该对行为人适用保安处分予以处罚,而不管行为人是不是具有犯罪构成要件说所要求的主观意志要素。其次,社会连带主义的理论认为,犯罪的产生存在着社会的原因,社会应对个人的不法行为承担部分责任,个人不应该对不法行为承担全部责任,因此,除了对犯罪人给予惩罚外,还应对其适用改善、治疗、教育、矫正措施以使其回归正常的社会生活。

2. 实用主义的法哲学

实用主义具有典型的美国特色,它反对固定不变、抽象的原则,认为法律的价值在于它的适用效果,把"有用的即是真的"作为信条。它把现实的生活需要看做是法律的灵魂,认为法律的生命在于经验而不在于逻辑,主张扩大法官的自由裁量权。虽然美国不存在保安处分的立法,但其不定期刑制度和各种旨在矫正的行刑措施弥漫着浓厚的教育刑精神,实现了大部分与保安处分相同的功能。实用主义法哲学对保安处分的促进作用主要体现在两个方面:首先,实用主义强调法律的社会预防和社会监督作用。认为适用效果是法律的价值所在,因此其学者一般着眼于采用教育、感化、矫正和治疗的意在消除再犯动因的特殊预防,这正是保安处分理论的重点。其次,提出实用主义的经济主义原理,就是以牺牲最小的法益来保护全体法益的最大效果。因此,为了预防犯罪、保卫社会,保安处分是必须的,此时个人利益就要让位于社会整体利益,但同时个人利益是组成

---

① 参见张宏生等主编:《西方法律思想史》,北京大学出版社2000年版,第356—362页。

社会整体利益的肢体,也必须得到社会的尊重,因此不能无限地、没有必要地遭受剥夺和限制个人权益。再者,过剩的刑罚意味着浪费,着眼于事前预防的保安处分比事后惩治的刑罚更加符合经济原则,不定期的、灵活机动的处分措施也比凝固不变地执行法定原则的处分措施更有利于消除被处分者的社会危险性。

3. 现实主义法哲学

现实主义法哲学从实证主义哲学和行为主义出发来解释法律。主张削弱法律规范的约束力,真正的法律应该存在于当政的官员尤其是法官的行为中,因此法官应拥有无限的自由裁量权。它强调研究法官在审判活动中的行为以及法官造法的意义,主张法律必须因人、因事、因时而制宜,立足于社会本位以追求法律的不确定性和实效性。这些理论冲破了犯罪构成说的束缚,以实现刑罚运用的高度灵活性和弘扬法官的自由裁量权为目的,从而对保安处分制度和理论的发展起到以直接的支撑作用。同时,这些理论也成为保安处分、不定期刑的思想基础。

(三) 新社会防卫论是保安处分的刑事基础理论

新社会防卫论者认为保护社会免受犯罪之害,应该是刑法的任务或目的。二战后,出于对战争的反思,开始关注和保障人的基本权利,于是,社会防卫运动应运而生。它一方面反对纯报复性的法律,另一方面也在积极寻求既保护社会又保护个人的新措施。其代表人物有意大利律师兼法学家格拉马蒂卡(Filippo Gramatica 1901—1979)和法国刑法学家安赛尔。

1. 格拉马蒂卡的社会防卫论

格拉马蒂卡于1945年建立社会防卫研究所,1949年成立了由他担任主席的国际社会防卫协会。他在《社会防卫杂志》上发表了大量论文,论述了他的社会防卫理论。并于1961年结集出版了《社会防卫原理》一书。他主张用社会防卫法代替刑法,社会不应牺牲个人来保护社会,而应当既保护个人又保护社会。社会的防卫重心是个人的利益和权利,而不仅仅是保障社会的安全。对个人的这种防卫不应该只是保障市民的人身和财产安全,社会防卫最重要、最本质的目的是改善这些反社会的人并使之复归社会。他还主张全盘否定刑罚的存在价值,建立一元化的保安处分体系。这种处分是专为被处分人的利益而设,完全不使其忍受痛苦。因此他认为应对整个刑法体系进行反思,主张取消传统的犯罪概念,用"反社会性的指标及其程度"来取代;用"社会防卫法"代替传统"刑法";用"社会防卫程序"代替刑事诉讼程序;用专家代替法官。根据他的设想,国家应该用一种与传统刑罚迥异的全新措施即社会防卫处分来应对犯罪,即基于生物学、心理学和社会学等科学知识之上的涵盖治疗、教育和改善等一整套的措施。应该说格拉马蒂卡理论对个人的尊重,改善行为人以使之复归社会等一系列观点都对整个国际社会刑法的改革和保安处分的发展具有促进意义。但他的否定刑罚、抹煞其一般预防作用等过激的观点是脱离实际的,而且很有可能使整个刑事司法限于主观主义的泥潭,具有很大的冒险性,因此受到了广泛的批判。

2. 安赛尔的新社会防卫理论

安赛尔曾任国际社会防卫协会主席,著有《新社会防卫论》(1954年)一书。安赛尔学说的核心是人道主义的刑事政策运动,认为"犯罪人有复归社会的权利,社会有使犯罪人复归社会的义务认为能够把犯罪人教育改造成为新人,复归社会,是真正的最高的人道主义"。[①] 因此,安赛尔所主张的社会防卫,主要途径是预防犯罪,通过预防来抵制诱发犯罪的因素,包括特殊预防和一般预防,此外还有非犯罪化和非刑罚化等手段。他激烈地批判了格拉马蒂卡的社会防卫思想,认为其主张维护罪犯的人格却完全抹煞了刑罚的功能,属于思想过激。同时他也不赞同菲利、李斯特、普林斯等为了加强社会防卫而扩大国家刑罚权的观点。所以,安赛尔主张把刑法和保安处分都作为社会防卫的手段,既遵守罪刑法定原则同时又注重犯罪人的人格,既要承认刑事责任,又要承认人身危险性,既承认意志自由论又强调社会防卫论,其理论博采众长使两派走向了综合和折中,认为适用保安处分时应遵守法定原则。这是对刑法上的争论焦点进行了调和,减少了理论的片面性而增加了科学性。这种理论在对待犯罪人的态度上是积极的,体现了现代刑事政策的人道主义倾向,因而对现代刑法和保安处分的发展产生了广泛而深远的影响。

二、保安处分的模式争议

在保安处分的理论中,最复杂的是它与刑罚的关系问题。实际上也是关于保安处分的性质界定的问题。在这个问题上,存在一元论与二元论之争。主要涉及的是保安处分与刑罚在本质上是否相同的问题,即保安处分与刑罚是不同的处分(二元主义),还是同质的处分(一元主义)?相应地,在立法则表现为:是采纳将保安处分与刑罚并存的二元立法模式,还是采用将二者合二为一的一元立法模式?

(一)刑罚与保安处分二元主义

二元主义,是强调刑罚与保安处分的区别并坚持在适用中予以严格区分的保安处分理论。坚持此种观点的学者主要是立足于道义责任论与报应刑论的刑事古典学派者,他们认为,国家仅凭刑罚不足以达到预防犯罪、保卫社会之目的,必须有保安处分与刑罚相互为用;保安处分与刑罚在本质上和形式上都存在着

---

① 马克昌主编:《比较刑法原理》,武汉大学出版社2002年版,第53页。

严格的区别,两者应当并列,相辅相成,而不能相互取代。①

二元主义认为刑罚与保安处分具有以下区别:

第一,刑罚与保安处分目的不同。刑罚的直接目的是报应,国家对犯罪人适用刑罚就是为了通过给犯罪人加以恶害的痛苦,来恢复被打破平衡的社会正义。这种恶害的痛苦要大于犯罪行为所带来的快乐,消除罪犯的再犯可能,与此同时,通过震慑作用实现犯罪的一般预防;保安处分则是通过消除行为人的犯罪危险性,从而达到防卫社会的目的,这与刑罚的消极的、事后的预防不同,它以事前的、积极的预防为特征,是一种侧重特别预防的社会防卫措施。

第二,刑罚与保安处分的法律属性根本不同。刑罚是司法处分,是犯罪行为的直接后果,属刑法范畴;保安处分则属于行政处分,是行政法上制裁和预防的手段。两者具有质的区别,仅因两者在保护社会共同生活秩序上都起到一定程度的积极作用,才对保安处分在刑事制裁体系中的地位予以承认,才认为两者可以统一规定于刑法典中。②

第三,刑罚与保安处分适用的原则不同。刑罚的适用要坚持罪刑法定、罪刑均衡、主客观相统一等原则,坚决杜绝无罪施罚、重罪轻罚、轻罪重罚和法外用刑等现象的出现。保安处分的适用则不讲究与犯罪事实相均衡,甚至不以存在犯罪事实为前提,适用机关主要是根据行为者犯罪危险性的大小和对其改善的难易程度来自由裁量执行处分的时间长短及其处分的撤销,遵守的是不定期原则。

第四,刑罚与保安处分适用条件和对象不同。虽然刑罚与保安处分均以存在犯罪行为为前提,但是,刑罚是以刑事责任为根据,讲求刑事责任能力,针对的是精神正常、达到刑事责任年龄的犯罪人;保安处分可以适用于任何具有犯罪危险性的行为人,特别是那些责任能力有欠缺或者低龄犯、虞犯少年等刑罚不适应者。刑罚适用的前提条件是行为符合犯罪构成,同时以行为的违法性、有责性为必要条件;而保安处分的适用不要求行为业已构成犯罪,其基本条件是行为人具有一定程度的人身危险性。③

第五,刑罚与保安处分在适用效果上不同。刑罚包含着"社会谴责"的内涵是理所当然的,这种谴责,可以有效地阻止大部分人走上犯罪的道路,犯罪学的研究成果也证明了这点。保安处分则不具有这种道德上的社会谴责。如果把保安处分和刑罚合而为一,对不应受道德谴责的行为予谴责是不合理的,反之,如果该受谴责,而公诉裁判却不予谴责,那么出现的效果是一方面道德谴责的公众意识会慢慢消失;另一方面,在当代的思想观念下,受害人及其亲属会采取"私

---

① 参见苗有水:《保安处分与中国刑法发展》,中国方正出版社2001年版,第40页。
② 同上。
③ 同上书,第41页。

人自助"的方法追求心理的平衡,重新回到同态复仇的状态。

上述关于二元主义的观点,在刑事古典学派中较为盛行。主要代表人物有德国刑法学家毕尔克迈耶(Karl Birkmeyer 1847—1920)和瑞士刑法学家斯托斯。毕尔克迈耶认为,保安处分是为了预防具有犯罪危险性的人实施侵害社会的行为保安处分的适用不以犯罪行为为前提,不存在犯罪行为,有时也可以适用保安处分。

斯托斯是二元论立法模式的首次实践者,1893 年,他起草并公布了《瑞士刑法第一预备草案》,即著名的斯托斯案,承认保安处分的价值,认为犯罪的预防比报应更有价值,因此,该案在内容上把保安处分作为刑罚的补充在刑法典中一并规定下来。同时,他又坚持罪刑法定、责任主义的理论,这就使得从刑罚的客观主义向主观主义迈进了一步。具有刑罚与保安处分双重体系的斯托斯立法草案对各国刑事立法产生深远的影响,比如 1909 年的《德国刑法典预备草案》及 1933 年《德国刑法典》、1927 年的《日本刑法改正案》、1932 年的《波兰刑法典》和 1934 年的《法国刑法典》。不仅采用二元论立法模式,而且把保安处分和刑罚作为并列的、平行的预防犯罪的措施写入刑法典。[①]

（二）刑罚与保安处分一元主义

一元主义与二元主义针锋相对,突出刑罚与保安处分的共同性[②],认为刑罚与保安处分都是为了达到社会防卫的目的的手段,因而两者之间没有质的差别,将保安处分统一于刑罚体系或者是将刑罚统一于保安处分,形成"社会防卫法"、"保安刑"或"制裁",从而实现处罚的一元体系。刑事实证学派的教育刑论是一元论的理论基础,因此坚持一元论观点的往往是刑事实证学派的学者。他们着眼于行为人的危险性,刑法的使命是对这种危险性施加社会保安处分,或者教育、改善行为人[③];另外,对那些特殊的、犯罪反复危险性高的行为人适用刑罚,并不能完成刑罚防止犯罪、保护国民利益的任务,在犯人的改善、感化、治疗和社会复归方面都存在问题。随着人道主义的发展,一切刑事制裁都应该以改造教育犯罪人使其弃恶扬善为己任,不能把对犯罪人的恐吓和报复作为目的。[④]

一元主义的具体理由如下:

第一,刑罚与保安处分作为刑事制裁两大支柱,从其根本目的上来说,都是为了预防犯罪,从而维护良好的社会秩序。所以两者上并没有本质上的区别。

第二,在处罚方式上,刑罚为了使犯罪人回归社会,不可避免地要采用限制

[①] 参见陈兴良:《刑法哲学》,中国政法大学出版社 2004 年版,第 494 页。
[②] 参见苗有水:《保安处分与中国刑法发展》,中国方正出版社 2001 年版,第 42 页。
[③] 参见张明楷:《外国刑法纲要》(第二版),清华大学出版社 2007 年版,第 430 页。
[④] 参见崔玉敬:《保安处分制度研究》,山东大学 2006 年硕士论文,第 20 页。

或剥夺自由的方法,因此,采二元论对保安处分和刑罚分别安排不同的剥夺或限制自由的制度是有困难的。比如保安处分中的保安拘禁、保安监护等处分与监禁刑在形式上就近似,同样有被限制或剥夺自由的痛苦,再如在刑罚执行终了,如果法官认为被收容者还具有再犯的危险,可再附加保安拘禁,这时在执行上的区别不过是"打开了这一监门,进入另一个监门"。① 另外,采用一元论后,"所谓的'决定论'还是'自由裁决论'这一含糊不清的问题也就不用再提了"。②

第三,基于报应刑论的罪刑均衡是不可能实现的,不定期刑的采用使报应刑论所主张的定期的处遇逐渐失去了基础,因此不应承认刑罚与保安处分的差别。③

第四,刑罚与保安处分从法律属性上来说都属于司法处分,都以强制性为特征,只是强制的力度和处罚的程度上有不同,并没有质的不同。

第五,在适用依据上,保安处分是以犯罪行为人的人身危险性为标准来判处处分,现代社会的刑罚也一样不能不同时考虑犯罪人的人身危险性,而非仅仅考虑犯罪行为的客观危害事实和行为人的主观恶性,因而,二者是没有区别的。缓刑、不定期刑和假释等已在刑事立法上反映出将犯罪人的素质、经历、环境与状况等犯罪行为以外的情况予以考虑的量刑态度。

一元主义的代表人物还有菲利、李斯特、安赛尔和牧野英一等刑法学家。1921年,菲利起草并发表了《意大利刑法预备草案》,这是一元主义立法的先驱。李斯特④在1882年提出"刑法目的思想",这为保安处分一元论奠定了理论基础,其一元主义观点相对于菲利来说比较温和,他追求社会利益与个人自由的调和,追求社会防卫与人权保障的协调发展,即"只有全体利益和个人自由的调和才是社会秩序的最高课题"⑤。牧野英一认为,"现行刑法,必需从新派的目的刑论、主观主义的立场来进行把握,而报应刑论、客观主义是处罚行为人的过去的理论,应当抛弃"。⑥ 他对毕尔克迈耶的二元论观点给予了系统而尖锐的批评,认为保安处分与刑罚一样给行为人以恶害,例如就强制性来说,强制的矫正处

---

① 参见陈兴良:《刑法哲学》(修订三版),中国政法大学出版社2004年版,第496页。
② 〔法〕卡斯东·斯特法尼等:《法国刑法总论精义》,罗结珍译,中国政法大学出版社1998年版,第441页。
③ 参见张明楷:《外国刑法纲要》(第二版),清华大学出版社2007年版,第430页。
④ 也有学者认为李斯特在事实上追随所谓刑同同保安处分要加以区别的二元论,虽然他提出刑罚和保安处分作为对犯罪人的教育、改造的一个手段来说性质相同,二者可互相替代,将来的发展方向,应该是专向两者不加区分的一元论。他在《德国刑法教科书》中谈到刑罚与保安处分的概念和性质问题时没有走到将两者合二为一的地步。参见〔日〕大塚仁:《刑法中的新旧两派理论》,转引自马克昌主编:《近代西方刑法学说史》,中国人民公安大学出版社2008年版,第239页。
⑤ 《外国刑法研究资料》(第三辑),北京政法学院刑法教研室1982年版,第24页。
⑥ 黎宏:《日本刑法精义》,中国检察出版社2000年版,第12页。

与自由刑在性质上没有区别。

在菲利草案之后,采用一元论的立法主要有1922年和1926年的《苏维埃俄国刑法典》、1926年《古巴刑法草案》、1929年《墨西哥刑法典》、1930年《比利时社会防卫法》以及1959年的《瑞典保护法草案》。

从目前的情况看,"将刑事制裁一元化为保安处分,将刑罚解消在保安处分之中的保安处分一元论,不是今日世界的趋势。毋宁说,刑罚与保安处分的二元主义才是世界的趋势。"①这种二元主义的做法,后来被德国、奥地利、法国、意大利、瑞士等国的刑法典所传承。此外,1930年比利时制定的《对精神病患者及唱戏犯人的社会防卫法》是在刑法典以外以单行法规的形式规定了保安处分。②

第五节 保安处分适用的实体规定

一、保安处分适用的条件

保安处分的适用条件,就是指法院对行为人处以保安处分的依据。从世界各国的立法实践来看,保安处分的规定各有特色,适用条件也各不相同。但保安处分的本质属性决定了它们的同一性,具有共同适用的要件。从现代各国关于保安处分的规定来看,保安处分的适用条件大体上有两种模式。一种是把保安处分作为刑罚的补充措施,适用条件是行为人有违法行为并且行为人具有法律规定的特殊性格。西班牙、德国和奥地利就是采用此模式。另一种是将保安处分和刑罚作为两种并列的制度规定于刑法典,适用条件是实施了法律中规定的加罚行为并且具有犯罪危险性。在例外情况下,虽未实行犯罪行为,如对不能犯和教唆的未遂等,也可适用保安处分。《意大利刑法典》是其典型代表。可以看出两种模式都要求在客观上有违法行为,在主观上具有人身危险性。

(一) 适用保安处分的客观条件:须有违法行为

这是指,在客观方面,被适用保安处分的当事人必须实施了犯罪行为或其他危害行为。如果没有违法行为,一般不能对行为人适用保安处分,因为只有"能说明行为人具有侵害社会的危险性的犯罪行为才是适用保安处分的条件","违法行为所具有的意义主要是危险性的征表,当然对适用保安处分也具有基础作用"③。这种行为既可以适用于行为人在无责任能力、限制行为能力状态下实施的根据刑法规定不予处罚的行为,也可以适用于行为人在完全责任能力状态下

---

① 〔日〕山中敬一:《刑法总论》(第二版),日本成文堂2008年版,第1075页。
② 张明楷:《外国刑法纲要》(第二版),清华大学出版社2007年版,第430页。
③ 同上书,第435页。

实施的刑法意义上的违法行为。

在保安处分的理论上,是否应该以违法行为的存在为前提适用保安处分存在争议。李斯特认为:"保安处分不一定要与实施了应受处罚的行为联系在一起,因而超越刑罚概念,如将无人管教但仍未犯罪的儿童和少年收容于教养所,或者将对公众有危险的单位犯罪的精神病人安置于精神病院等,即属于此等情况。但如果保安处分与应受刑罚处罚的行为的实施联系在一起,那么,它就完全具有了刑罚的特征,而且是从报应理论的立场出发。"① 因此,在李斯特看来,无论任何人,只要认为其主观上具有社会危险性,即使在客观上没有实施危害行为,也可以对其实施保安处分。日本刑法学者牧野英一反对李斯特的观点,他认为,缺少客观危害行为的限制,任由法官根据犯罪行认为人的主观危险性来决定适用保安处分,无疑扩大法官的自由裁量权,不利于保障国民人身自由和维护法制原则,同时也使法律的严肃性荡然无存。也就是说保安处分必须以一定的危害行为为要件。实践中,牧野英一的主张为大多数国家的保安处分立法所接受。现代各国保安处分立法中绝大多数把具有违法行为作为适用保安处分的前提条件。如《德国刑法典》第63条中,规定了在实施收容于精神病院、收容于戒除瘾癖的机构等六种保安处分时,必须以被处分人有不法行为为前提条件。《意大利刑法典》第202条明确规定:"只有实施了被法律规定为犯罪的行为并且具有社会危险性的人,才可以适用保安处分。"② 但是有的国家从保护个人和保卫社会利益的刑事政策出发,也允许对没有违法行为,但有社会危险性的行为人适用保安处分。如精神病人、流浪者、虞犯少年等。日本1948年颁布的少年法令就规定了对虞犯少年的保安处分。

(二) 适用保安处分的主观条件:人身危险性

在主观方面,保安处分的适用必须以行为人具有人身危险性为前提。所谓人身危险性是指行为人将要实施犯罪或者再次实施犯罪行为,但尚未把犯罪行为付诸行动的一种未然的犯罪倾向。有学者形象地通过一系列的推理演绎归纳出人身危险性在保安处分制度中的地位:人身危险性——行为人——社会责任论——教育刑论——特殊预防——不定期刑——保安处分。③ 这样就与刑事古典主义的社会危害性(法益侵害)——行为——道义责任论——报应——一般预防——罪刑相适应——刑罚形成鲜明对比。因此,人身危险性是保安处分的理论基石和保安处分制度的基础,仅有一定的违法事实存在而没有人身危险性的,不能科以保安处分。保安处分的目的是预防犯罪,消除行为人的犯罪危险性

---

① 〔德〕弗兰茨·冯·李斯特著:《德国刑法教科书》,徐久生译,法律出版社2000年版,第402页。
② 黄风译注:《意大利最新刑法典》,法律出版社2007年版,第75页。
③ 赵秉志主编:《刑事政策专题探讨》,中国人民公安大学出版社2005年版,第469—473页。

对社会的威胁,重点在于对被预防者未来犯罪可能性的预防而不是惩罚行为人过去的行为,是一种特殊防卫,所以,保安处分的适用必然以人身危险性为前提条件。

人身危险性是一个非常核心的概念,在保安处分的发起与适用中起着定性和定量的作用。然而,历来被认为是保安处分制度的"阿喀琉斯之踵"①,保安处分适用最大的问题在于人身危险性评估的不准确。这主要是因为人身危险性是一个主观的概念,因此法官如何科学正确地进行评估,并在此基础上正确、适当适用保安处分措施是具有相当的难度。此外,行为人的人身危险性是一个动态的概念,因而,立法者就不可能在刑法中明确规定一个期限,"命令"行为人在这一期限内消除人身危险性。于是,适用保安处分的前提——人身危险性以及适用保安处分的目的——消除人身危险性以预防犯罪之间的关系就会导致处分的不定期,即对被处分人适用保安处分期限的长短,根据消除其人身危险性的实际需要而具体确定,但不定期处分的最大特点在于容易产生侵犯人权的恶果。

从各国立法实践看,对人身危险性的认定和评估主要存在三种模式:

1. 裁判自由裁量主义。即由法官或检察官根据不同案件的具体情况,自由裁量人身危险性质有无及其程度,而刑法条文对危险性的表征不做描述或列举。例如《德国刑法典》第 64 条关于嗜酒者、嗜毒者的处分规定,就只是简单地概括了两者的人身危险性,而具体的有无实施严重犯罪行为的危险,则由法官裁量。

2. 法定主义。即法律明文规定了保安处分适用的对象,如精神病人、酗酒者、吸毒者、卖淫妇女、流浪者、假释者、缓刑者、乞丐等,并对各类行为人规定了具体的适用条件、衡量其危险性的标准,以及具体适用的保安处分措施,法官只需依法律的规定去认定即可。例如,《意大利刑法典》第 203 条第 2 款规定:"具有社会危险性的人身特点,根据第 133 条列举的情节推论。"第 133 条所规定的情节有:行为的性质、类型、手段、对象、时间、地点和其他方式,对犯罪被害人造成的损害或者危险的程度,故意或过失的程度,犯罪人的犯罪动机、性格、犯罪前的品行和生活状况、犯罪后的品行和态度、犯罪人所处的个人、家庭和社会生活环境等。②

3. 折中主义。指对危险性的表征在法律中作一般性规定,由法官根据各种具体情况对行为人危险性的性质和程度作出判断。其优点是通过对行为人及其违法行为的各种情况进行全面的调查和分析,能比较准确地确定行为人的人身危险性。此观点得到了德国刑法学家李斯特以及日本学者团藤重光、大谷实等的支持。这种模式的缺点在于需要投入较高的司法成本,因此削弱了其司法的

---

① 阿喀琉斯之踵(Achilles' Heel),指致命的弱点,要害。
② 张明楷:《外国刑法纲要》(第二版),清华大学出版社 2007 年版,第 434 页。

实践性。各国立法中大多见于适用于少年犯、假释者、缓刑者的保安监置和少年保护。在日本,对少年适用保安处分,家庭法院必须根据教育学、心理学、医学及其他专业知识,针对少年及其有关人员的素质、经历、环境、品行进行调查,判断其人身危险性,然后决定是否适用保护处分。《德国刑法典》第63、64、66条规定就是如此。

二、保安处分适用的对象

从主要国家保安处分立法的情况来看,保安处分的适用对象主要包括两个主要方面:一是以人为对象的保安处分;二是以物为对象的保安处分。一般而言,各国的保安处分都是以人为主要适用对象的,通常包括无责任能力人、限制责任能力人、缺乏刑罚适用性的人、少年犯人、特殊危险者和法人。

(一)以人为对象的保安处分

这里作为保安处分适用对象的"人"最大的特征是具有一定人身危险性,且这种危险性已经达到一定的程度,即可能实施危害社会的犯罪行为,破坏社会共同生活秩序,而不管其是否具有责任能力。纵观各国的刑法规定,保安处分的适用对象主要包括以下几类人:

1. 无责任能力和限制责任能力的精神病患者。无责任能力的精神病患者是犯罪主体,因此不能适用刑罚。而限制责任能力的精神病患者,可以相对减轻刑罚,但因其对刑罚的感受力较弱,因此,适用刑罚并不一定能消除其再犯罪的危险性。所以,为了消除其再犯危险就必须适用以治疗、矫治和隔离为手段的保安处分。存在保安处分立法的国家,几乎都把精神病患者作为保安处分的适用对象。例如,德国、奥地利和意大利。

2. 特别危险的人,包括累犯、惯犯和常业犯。这些人具有刑事责任能力,但缺乏刑罚对他们的改造和威慑能力比较微弱。几乎所有规定保安处分的国家都将这种犯罪恶性严重、再犯倾向明显的犯罪人列为保安处分的对象。如《德国刑法典》第66条规定,行为人因故意犯罪被判处2年以上监禁,并且此前曾两次被判处1年以上监禁刑的(或此前因一个或数个犯罪已执行2年以上监禁刑或剥夺自由的矫正及保安处分的),综合考虑犯罪人及其犯罪行为,认为具有对他人精神、身体、财产造成严重损害的重大犯罪倾向,对社会有危险的,法院应加处保安拘禁。1948年英国的《刑事审判法》将常习犯分为两个级别,年龄在21至30岁的常习犯可以适用矫治训练,期间为2年以上4年以下;年龄在30岁以上者可以适用预防监禁,期间为5年以上14年以下。

3. 不适用刑罚的人。这里所指的并不包括无责任能力和限制责任能力的精神病患者,而是指本来具有刑事责任能力,但由于某种特殊原因而丧失了一定的刑罚感受力,仅对其适用刑罚不能消除其人身危险性的人。一般包括习惯性卖淫者、吸毒者和酗酒者等。《德国刑法典》第 64 条规定,行为人有过度服用酒精饮料或者其他麻醉剂的病癖,如因此引起或者在昏醉中有违法行为,并因违法行为而被判有罪,或者是没有被判有罪是因为行为人是无责任能力人或是不能否定其是无责任能力人,并且行为人还具有因此病癖作出严重违法行为的危险,法院应该对此行为人适用禁戒处分。《意大利刑法典》第 221 条规定,因习惯性醉酒或沉湎于麻醉剂之使用而犯罪并受徒刑之宣告,如未宣告其为剥夺自由之保安处分者,收容于治疗监护所矫正。《罗马尼亚刑法典》第 113 条第 1 款规定,因疾病、酒精中毒、药物中毒或者其他类似物质中毒或其他类似物质中毒而引起社会危险的犯罪者,可强迫定期进行医疗,直至恢复正常。日本 1957 年的《卖淫防治法》规定,在一定条件下可以对卖淫妇女适用辅导处分。

4. 未成年犯。又叫少年犯,"未成年人"和"少年"是内涵相同的法律概念,由于各国立法各异,很难从年龄上予以划一地界定。由于年龄较低的缘故,少年犯在心理上和生理上不够成熟,可塑性比较大,对其实施的犯罪行为不宜适用刑罚,适用以救助、监视、教育、感化、医疗、改善和矫治为主要内容的措施更容易消除其人身危险性,使其回归社会,这样也有利于保护未成年人权利,是完全意义上的改善处分。所以,立足于社会防卫的观点,少年犯一般都被各国立法作为保安处分的重点适用对象。例如,英国在其 1969 年《儿童少年法》确认了对于儿童和少年排除适用刑罚的原则;1982 年的《刑事审判法》废除了拘禁刑和少年犯教养院。此外,《意大利刑法典》第 224 条第 1 款规定,未满 14 岁的人犯法定罪行并具有人身危险性,应当评估其行为的严重程度,综合考虑其家庭情况,才可将其收容于司法感化院或者适用保护管束处分。第 225 条第 1 款规定,满 14 岁未满 18 岁的未成年人犯罪并且有人身危险性,依照 224 条第 1 款规定来确定对其适用保安处分,在刑罚执行完毕后,将其收容于司法感化院或者适用保护管束处分。被判处保安处分的未成年人,不仅包括犯罪的未成年人,而且包括"虞犯少年",即还未实施危害行为但存在明显人身危险性倾向的少年。如日本的少年保护处分就适用于"有实施触犯刑罚法令行为之虞的少年"。

5. 法人。关于保安处分的适用对象包不包括法人,争议很大。否定说认为法人不具有犯罪能力,当然也不能成为保安处分的适用对象。肯定说认为,法人的活动领域越来越广泛,也将日益成为经济活动和社会活动的主体,法人也可能从事违法的社会活动,社会危险性也已经相对很明确,因此法人也有犯罪危险性,所以当然可以对法人适用保安处分。在实践上,存在把法人作为保安处分适用对象的立法例。如 1893 年的《瑞士刑法第一预备草案》和 1926 年的《捷克斯洛伐克刑法草案》规定的禁止营业的保安处分,都把法人作为适用对象。1934年的《法国刑法修正案》第 89 条规定解散法人和停止法人活动的保安处分。日本的刑法中也规定了对团体的规制处分,在单行法规中对法人根据具体情况采取权能剥夺(全部或部分)、禁止营业、警察监视、解散法人等措施。

(二) 以物为对象的保安处分

对于保安处分是否适用于物,对特定物的保安处分与刑罚有无区别,各国立法不尽相同。通说认为,对特定物的没收处分不是旨在消除犯罪人的人身危险性而是为了消除诱发犯罪、促进犯罪或维护犯罪后的不法状态的物质条件而适用的,因此,此种保安处分的本质内容与刑罚并无差别。例如《日本刑法典》规定的对物的保安处分,就包括对产出物件、组成物件、供用物件的没收,并且是作为刑罚加以规定的,因此,不能简单地认为此种没收处分是形式上的保安处分。

第六节 保安处分的适用程序

保安处分如果想要通过限制、教育、改造手段预防行为人实施犯罪,消除其人身危险性,使之成为一个对他人和对社会都不具有危险的人,实现其使行为人再社会化的目的,必须要有一套完善的执行体制。

一、适用保安处分的原则

保安处分的使用原则大体上与刑法的适用原则相类似。一般来说,行为人实施了违法行为,若有证据表明行为人具有再犯罪的危险性时,就具备了适用保安处分的一般要件。但由于保安处分的特殊性与相对独立性,保安处分的适用还要遵循以下几个原则:

(一) 必要性原则

必要性原则,是指只有源于行为人的危险性,并基于社会安保的需要,才可以适用保安处分;行为人的危险性,必须是现实而明确的,而且只有对其使用保安处分才可以排除社会危险性;如果可以采用其他方法来消除行为人的危险性,就不需要适用保安处分,就要适用其他方法。这是因为虽然保安处分的强度不及刑罚,但其仍会对人的人身自由权利产生危害,所以,保安处分的适用必须坚持必要性原则。

(二) 伦理性原则

坚持必要性原则,就需要考虑伦理的容许性。① 刑法存在的合理理由在于其具有维护社会安全的有效性与目的性。而刑法同时也是以伦理为基础的法律规范,保安处分既然属于刑法的法律效果,因此,在适用保安处分时,在考虑有效性和目的性的同时,还要考虑伦理的容许性。

---

① 张明楷:《外国刑法纲要》(第二版),清华大学出版社2007年版,第436页。

（三）相当性原则

相当性原则又称为比例原则，是对如何适用保安处分起限定作用。是指保安处分的适用必须同行为人的社会危险性以及社会安全需要相当，也就是说，保安处分应当与所要防卫的危险程度及所预期的预防目的成比例关系。这样，既可以避免法院以保障社会安全为借口，滥用保安处分，损害公民的人身自由权利，又可以使法院在适用保安处分时，可以充分根据行为人的危险程度，采用合理的保安处分措施，达到保障社会安全的目的。

二、保安处分的期间与时限[①]

（一）保安处分的期间

由于各国立法所规定的保安处分种类并不相同，所以适用保安处分的期间的规定也各有不同。主要有以下五种情形：

1. 规定具体的处分期间，但同时规定经合法请求可以变更处分期间。如《韩国保安观察法》第 5 条规定：保安观察处分的期间是 2 年，但法务部长经检察官的请求和保安处分审议委员会的议决，可以变更期限。

2. 规定第一次保安处分的最高期限，而对第二、三……次处分期限不作规定。第二、三……次处分期限由法院依据行为人改善状况决定。如《德国刑法典》第 67 条规定："第一次交付保安监督的，不得超过 10 年……如无最高期限的规定……法院对被处分人进行考查后，认为不执行处分也不致再实施违法行为的，可立即对收容处分缓刑交付考验。"

3. 不规定具体期限，由司法机关根据被处分者的改善与治疗状况而定。例如，《德国刑法典》对"收容于精神病院"的保安处分就没有规定处分期限。

4. 规定最高期间，不规定最低期间。如果行为人在被执行处分过程中表现出已改恶从善，不对其继续执行保安处分也不会实施违法行为时，那么对行为人就不再继续执行保安处分。

5. 同时规定最高期限与最低期限，而且法院可以缩短最高期限；在特定情况下可以对行为人进行无期限处分。如现行《德国刑法典》第 68 条 C 规定之行为监督的期限："（1）行为监督的期限至少为 2 年，至多为 5 年。法院可以缩短最高期限。（2）法院可以命令超过第 1 款第 1 句所规定的最高期限的无期限的行为监督，如果被判决人不同意第 56 条 C 第 3 款第 1 项所规定的指示，或者不服从接受治疗或者戒除治疗的指示……"

（二）保安处分的时限

保安处分的时限，通常指保安处分执行的有效期限。关于保安处分的执行

[①] 赵秉志主编：《外国刑法原理》，中国人民大学出版社 2001 年版，第 351—352 页。

时限,各国立法规定并不相同。在此我们以《德国刑法典》为例加以说明:

1. 采取许可制度。所谓许可制度,就是指如果保安处分在发生法律效力后经过法定时间而未予执行,原则上不再执行,但认为对行为人有必要再度执行的,必须获得法院的许可。此种情况下的"法定时间"为3年。如现行《德国刑法典》第67条规定:"如果命令在发生法律效力后经过3年尚未开始收容的执行……只有法院命令时才允许执行收容。"应当注意的是,此种时限仅适用于"较后开始收容",即"先于同时被命令的收容执行自由刑"的场合。

2. 无时限限制。此种规定只适用于"安全保管"的处分。《德国刑法典》第79条第4款规定:"安全保管的执行不失效。"

3. 其他措施的时限为10年。但是,如果被命令予以行为监督或者第一次收容于戒除设施时,期限数额为5年。①

三、保安处分的执行

如果采用刑罚与保安处分的二元主义,那么当保安处分与刑罚竞合时,应如何处理?保安处分与刑罚可以同时宣告,但并不意味着必须要执行刑罚,也要执行保安处分。这也是理论界存在争议的问题,各国和地区也有不同的立法例。对此存在着并科主义、代替主义和择一主义的区别。

(一) 并科主义

根据刑罚和保安处分本来是毫不相同的两种制度的二元主义的考虑,以责任为基础科处刑罚,以危险性科处保安处分,二者应当实行并科。但是,到底是先执行保安处分还是刑罚呢?

1. 保安处分先于刑罚执行。这种顺序是二者执行的常态,如先执行吊销驾照,再执行对交通肇事人的刑罚。此外,这种顺序还适用于戒除一定瘾癖或者治愈一定疾病的保安处分措施与刑罚的执行中。《奥地利刑法典》规定,收容于安置精神病违法者的机构,或收容于安置于需要戒除瘾癖的违法者的机构,应先于自由刑执行。且该处分执行期间折抵刑期;我国台湾地区"刑法典"规定,凡明知自己有花柳病等传染病而与他人为猥亵或者奸淫之行为,导致将此等传染病传给他人,应当在刑罚之外科处强制医疗的处分。在执行顺序上,先执行强制医疗处分,将被判刑人收容于医院、麻风病院进行强制医疗,强制医疗处分的期限不确定,直至其康复出院,而后再执行原判刑罚。

2. 保安处分在刑罚执行完毕(主要是主刑执行完毕甚至部分已执行完毕)之后执行。《意大利刑法典》规定,与监禁刑并处的保安处分,在监禁刑执行完毕或者以其他方式消灭后执行;与非监禁刑并处的保安处分,在处罚判决成为不

---

① 参见赵秉志主编:《外国刑法原理》(大陆法系),中国人民大学出版社2000年版,第352页。

可撤销的后执行。

(二) 替代主义

替代主义是指如果刑罚与保安处分发生竞合,将被并科的刑罚或保安处分一方付诸执行,由于其执行而没有必要再执行另一方时,即免除另一方执行的制度。反过来,已经执行一方后,在有必要的时候才执行另一方。

对于精神异常的被执行人,由于其不具有刑罚感应能力,并且对自己和其他受刑人都会有一定的危险,因此对于这些人来说,刑罚的执行已经是不可能,这种情况下,只有实行保安处分才能起到真正的矫正作用。如《德国少年法院法》中规定,如果将少年收容于精神病院或者戒除瘾癖的机构后,法官认为判处的惩戒措施或少年刑罚已无必要的,则不得判处惩戒措施或少年刑罚。

《日本改正刑法草案》采取了有条件的替代主义,其第110条规定:"已经被执行刑罚的人,如果认为没有必要执行保安处分,裁判所可以解除保安处分。已经被执行保安处分的人,如果认为没有必要刑罚,裁判所可以免除刑罚的全部或者部分。"

(三) 择一主义

择一主义是指,在宣告阶段只能选择刑罚或保安处分的其中一种,也称为判决中的替代主义。实际上是以宣告保安处分来代替刑罚的制度。在宣告阶段以保安处分代替刑罚时,就不进行刑罚的宣告和执行,有少数国家采取了择一主义,如《挪威刑法典》第39条。

我们同意替代主义的观点,虽然如果采取刑罚与保安处分二元论的立场,从理论上说应当实行并科主义,但从实际上看,替代主义更为妥当。因为,刑罚与保安处分尽管在本质上存在不同点,但在执行上有共通之处,在刑罚执行阶段也具有治疗和预防的要素,很难实行并科主义。从保安处分的目的看,如果执行一方就达到目的,也就没有必要执行另一方。以免造成司法资源的浪费,也对公民的人权构成威胁。所以,替代主义比较符合实际,也不违背保安处分的初衷。

下编 英美法系刑法学概论

第十八章 英美刑法概说

第一节 英美刑法的渊源

英美法系是中世纪来在英国法律的基础上发展而来的,继美国独立后仿形英国法。为此,英美法系的刑法主要以英国刑法和美国刑法为典型代表。此外,以英国刑法为沿革发展而来的加拿大、澳大利亚、新西兰、印度等国的刑法也基本属于这一范畴。因此,探幽英美刑法发展的足迹与脉络,当然要以英国刑法的发展为开端。

一、英国刑法的渊源

英国的刑法,起源于中世纪的普通法,其形成、发展与英国法的创立和发展同步。公元一世纪左右,不列颠群岛是罗马帝国的一个省。从5世纪中期起,撒克逊、盎格鲁等部落侵入不列颠并相继建立了自己的王国。至公元10世纪,才逐渐形成统一的英吉利王国。在此阶段,撒克逊、盎格鲁习惯法是日耳曼法的组成部分,因此这一时期的英国法律和法兰克等王国的法律在内容与特点上十分相近。

11世纪中期,诺曼人开始侵扰英国。1066年,在威廉公爵带领下入侵并迅速将其征服,确立了封建制度,强化了中央集权。由于原来的撒克逊、盎格鲁习惯法分散琐碎,其法典也只是一些非体系的汇编,给统一管理全国带来极大不便。为此,亨利二世时代进行了较大的司法改革,扩大了王室法院和巡回法官的管辖权,削减了封建领主的审判权。各地巡回法官回到伦敦后,对案件审理中相关的习惯法加以提炼、整合,最终形成了通行全国的普通法。

普通法在法官的判决中表现为大量的判例汇集。因其源于习惯具有保守性的特点,致使普通法院的法官往往拘泥于成例而怠于变通。随着社会的发展,普通法已不能很好地适应案件审理的需要。为此,当事人即恢复自古以来的习惯请求国王审判案件。1329年,理查二世命令大法官去裁决此类案件,此时,大法官审理案件可以不受僵化的法律约束,而是基于公平正义,根据自己对案情的判断进行裁决。这种通过大法官的实践活动形成的法律体系即为"衡平法"。实际上,衡平法是罗马法在英国不系统的、片段的运用。但"英国法对罗马法的接受不像欧洲大陆各国从基本原则到体系、制度、术语都予以接受,而只接受某些基本原则和基本思想,不接受其体系、制度和术语,并且这种接受是枝节的、时断时续的,缺乏前后一贯的联系"。[①] 因此,英国法有着明显不同于大陆法的特点。

英国刑法体系长期保有封建性、分散性、杂乱性等特点。19世纪,国会制定了一系列刑事立法,但一直没有形成一部系统的刑法典。因此,直到现在,普通法仍然是英国刑法的重要渊源。如果制定法没有明示或默示规定更改普通法,则普通法继续有效。

二、美国刑法的渊源

美国刑法在19世纪以前主要援用英国普通法。19世纪以后,美国联邦国会和各州的议会都制定了单行刑事法律,并对传统的英国普通法刑法原则进行了修正,从而使刑法体系日益完善。由于美国是典型的联邦国家,其法律体系复杂,刑法渊源多种多样。除联邦的法律体系外,50个州和首都哥伦比亚特区还有各自独立的法律体系,每个法律体系都是由制定法和普通法组成的刑事法律制度。制定法中,除联邦和各州立法机关制定的刑事法律外,还有行政机关制定的包含刑罚规范的法律文件,如行政条例、城市法令、地方法规等。

(一) 联邦宪法

按照联邦宪法的规定,在刑事立法方面,国会享有宪法明文列举的立法权,包括:制定关于伪造合众国证券和流通货币的惩罚规则;规定和惩罚在公海中所犯的海盗罪与重罪及违反国际公法之罪;宣告和惩罚叛国罪;通过剥夺公权的法案、追溯既往的或损害契约义务的法律等。除宪法列举属于联邦立法范围以外的一切刑事立法权,凡宪法未禁止州行使的,均由各州议会行使。

联邦宪法直接规定了"叛国罪"的构成要件和审判程序。《宪法》第3条第3款规定:"背叛合众国的叛国罪,只限于发动反对合众国的战争,或者依附合众国的敌人,给敌人援助。无论任何人,非经该案证人2人证明或经其本人在公开法庭供认,不得受叛国罪的裁判。"联邦宪法规定的叛国罪以及同叛国罪相关的犯罪的司法管辖权属于联邦法院。

联邦宪法还规定了对特殊犯罪主体的"弹劾程序"。《宪法》第2条第4款规定:"总统、副总统及合众国文官,受叛国罪、贿赂罪或其他重罪与轻罪的弹劾和定罪时,应受免职处分。"对于总统和副总统的弹劾,要求众议院提出弹劾议

---

① 张旭:《英美刑法论要》,清华大学出版社2006年版,第2页。

案，由参议院在联邦最高法院首席法官主持下通过事实和法律的审判，对弹劾案作出判决。

（二）普通法

在司法实践中，联邦法院以判例形式吸收和运用普通法制度。到19世纪后许多州都制定成文法，有些州通过制定法对普通法上的某些罪加以规定，使制定法成为刑法的主要形式；有些州则仍保留了较多的普通法传统。

（三）联邦刑事立法

除了宪法列举的立法权以外，联邦国会还利用"默示权"，依据宪法规定的商务条款、征税权、战争权、公民权利和管理邮政的权力等，制定了大量的联邦刑事法规。最早的联邦刑事立法始于1790年的《治罪法》，该法包括叛国罪、海盗罪、伪造罪、伪证罪、贿赂罪、公海上谋杀和其他违反国际公法的犯罪。此后，随着联邦制定单行刑事法规日益增多，美国对单行刑事法规进行了整理和编纂。1877年制定的《联邦修正法律》是第一部刑法典形式的法律，该法删除了一些过时和相互矛盾的法律规范，第一次给谋杀和过失杀人罪下了定义，区分了重罪和轻罪的刑罚，并增加了妨害选举和公权罪这一新的罪名，这也是南北战争消灭了奴隶制，黑人获得解放、取得选举权在法律上的体现。1909年，国会通过了《编纂、修正、改订联邦刑事法规的法律》，其适用范围较1877年的法律广泛，增加了妨害国际贸易和州际贸易罪与妨害邮政罪。1948年，美国将联邦刑事法规进一步整理和编纂，编成《美国法典》第18篇，即"犯罪与刑事诉讼"篇。自1948年后，该篇经过数百次修改，是美国现行有效的联邦刑法典。

20世纪50年代以来，美国开始了刑法改革运动，目的是制定一部真正的刑法典。1962年，美国法学会提出《美国模范刑法典》，可以为联邦和州刑法的修改和制定提供范本。此后，多数州以《美国模范刑法典》为蓝本制定了刑法典。1966年，美国国会建立"全国蓝本刑法改革委员会"，于1971年提出《联邦刑法典（草案）》，但法典的批准遇到了巨大困难，至今仍未正式颁布。

（四）州的刑事立法

美国的刑事立法权主要在各州，绝大多数犯罪都由各州刑事法律管辖。联邦政府只是在涉及民权、税收、邮政、商业等问题上制定了一些刑事法律。此外，针对联邦官员和联邦财产的犯罪也受联邦法律管辖，这是因为，宪法规定，除联邦享有的立法权外，其他一切立法权均由各州行使。从19世纪起，多数州的立法机关制定了刑事法规，其中许多法规是普通法的法典化。如1820年制定的路易斯安那州刑法典，1865年制定的纽约州刑法典。各州的刑事立法有两种情况：一种是将全部罪都规定在所制定的刑法典中，刑事控告完全根据刑法典进行，法官不能通过判例创造新的罪名；另一种是将部分罪规定在制定法中，对其他犯罪的控告仍然依据普通法。

第二节 英美刑事立法的发展

一、英国刑事立法的发展

英国历史上,在 1066 年诺曼公爵威廉征服英国以前的时期,被称为古英国时期。在这一时期,此起彼伏的王国战争使英国缺乏坚强有力的中央政权,长期封建割据,未能产生全国统一的刑事立法,日耳曼民族的法律与习惯在司法实践中得到广泛应用。

1066 年,诺曼公爵威廉登上英国王位,成为普通法形成与发展的重要历史开端。在强大的中央政权支持下,通过长期的巡回审判实践,英国各地的习惯法开始趋向统一。但在普通法形成之后的一段时期内,呆板僵化成为其重大弊端。在此背景下,试图弥补普通法缺陷的衡平法应运而生并迅速发展。但作为实体规则,两类法律仍然保持各自的鲜明特征,并未由此走向完全融合。

1640 年,英国爆发资产阶级革命并最终确立了资产阶级法律制度。尽管英国仍然坚持革命前普通法、衡平法、制定法并存的法律形式,但制定法的地位较以往有了很大程度的提升,逐渐成为英国刑法一个重要的法律渊源。由此,英国的刑事法律体系日趋完善,有力推动了资本主义经济的快速发展。但总体上,在 17 世纪中叶至 19 世纪初的一百多年间,英国刑法的发展与法院的司法活动仍然密切相关。法院通过司法判决确认一些新罪名,如 1664 年创设共同谋杀罪;1727 年创设伪造文件罪;1801 年创设卖淫罪等。

从 19 世纪初开始,英国议会加强了刑事立法,司法判例的作用趋弱。英国近代的刑事立法主要有 1817 年的《煽动性集会法》、1825 年的《犯罪法》、1861 年的《侵犯人身罪法》,1908 年的《关于习惯犯罪的法律》、1911 年的《间谍活动法》、1913 年的《伪造文件法》和 1916 年的《窃盗法》。这些刑事法令弥补了普通法的不足,较中世纪的刑法有了很大进步。

第一次世界大战后,为镇压工人运动和应付经济危机的需要,英国颁布了一系列镇压性的单行法规,如 1920 年的《政府机密法》,规定任何人在禁区及其附近干扰警察或军队的活动,即构成泄漏官方机密罪;1935 年的《煽动叛乱法》,规定凡企图怂恿王国军队成员背弃义务者,或出版煽动性书籍,或以帮助、教唆、劝告、建议的手段实施上述行为者,均处刑罚;1936 年的《公共秩序法》,规定侮辱性言论和可能妨害社会治安的行为,均属犯罪行为。

第二次世界大战后,英国进行了一系列刑事立法,对犯罪的规定进行了改革。其中 1968 年的《盗窃罪法》统一了有关盗窃罪的规范,废除了重偷盗罪与轻偷盗罪的划分;1971 年的《滥用药品法》将毒品分为海洛因、吗啡、鸦片三类,称为"管制药品",凡生产、种植、供应、持有、吸食者,皆构成滥用药品罪;1971年的《劫持罪法》规定使用武力或任何威胁手段劫持或控制飞行中的飞机者,构成劫持罪。

在现代,英国的刑法主要由制定法所规定,只有在制定法没有规定的场合,才由判例法加以补充;1972年以来,则不再允许通过司法判例创立罪名[①]。不过,英国在刑法领域,还没有一部全国统一的刑法典,而只有一些单行法规。虽然这些法规输入了许多新内容,但其中许多规定是重申原先普通法规则,使之明确化和系统化,同时,它们的适用,要受到法官解释的限制。

二、美国刑事立法的发展

美国刑法虽源于英国普通法,但早在殖民地时期就有以制定法形式规定犯罪和刑罚的倾向,而且也有些是依据地方习惯和《圣经》中的一些原则,突出地强调维护宗教道德。独立后,美国的刑法在一定程度上接受了英国的普通法。但美国更倾向用制定法规定犯罪和刑罚。1787年宪法就对叛国罪作了规定,后来,国会制定了许多有关刑法的法律。19世纪末以来,为使刑法系统化和现代化,分别于1877年、1909年和1948年对联邦系统的所有刑法法规进行了整理和修订,将其列入《美国法典》的第18篇。1966年,联邦刑法改革委员会受托起草《联邦刑法典》。该委员会于1971年完稿。但该草案因被众议院司法委员会否决至今仍未正式公布。

19世纪末20世纪初,许多州制定了刑法典或有关刑法的法规、条例。除了囊括大部分普通法罪名外,还增添了一些新的犯罪种类。20世纪50年代以来,威斯康星(1955)、伊利诺伊(1961,1974年修订)、特拉华(1973)、犹他(1973)、新泽西(1979)等二十多个州制定了全面的刑法典。另外一些州也修改了先前的刑法典。现代刑法典一般都有总则分则之分。到1980年为止,在新制定或新修改的刑法典中,有24个州废除了普通法罪名,禁止法官依据普通法创立新罪名。但这些法典与大陆法系国家的刑法典相比,仍缺乏系统性和逻辑性。

另外,为了统一各州的刑法规定,使刑法术语规范化,美国法学会于1923年开始起草《美国模范刑法典》,至20世纪60年代才公之于世。这部刑法典分四部分,共有176条。第一部分为总则;第二部分为具体犯罪;第三部分为处罚和矫正;第四部分为矫正机构。在每一条文后,都附有评注。在体系结构上这部刑法典比各州的刑法典更具系统性和逻辑性;概念术语也更加明确。它虽没有直接效力,但对各州刑法典的制定和修改具有十分重要的影响。

---

① 格劳斯和詹尼:《刑法导论》,1980年英文第9版,第11页。

第十九章　犯罪的概念与分类

第一节　犯罪概念

一、"犯罪"概念

（一）"crime"、"offense"、"criminal offense"、"delinquency"及"deviance"等词之语义辨析

英美刑法中常以"crime"、"offense（offence）"、"criminal offense"、"delinquency"、"deviance"、"traffic infraction"及"violation"等词来表述中文语境下之犯罪涵义，有时某些词汇可互换使用。

1. "crime"、"offense"及"criminal offense"等语义辨析

犯罪（crime）又称"刑事过错"（criminal wrong），依《布莱克法律词典》（*Black's Law Dictionary*）解释，系指法律确定可罚性或违背刑事诉讼法定责任之行为。① 而在解释"offense"（犯罪/过错）时，《布莱克法律辞典》认为系指违反法律之行为或犯罪（crime），对于后者而言通常为较轻之罪。② 《纽约州刑法典》（*New York Penal Law*）第10条规定，"offense"系指依该州之内任一法律、地方法规条例（ordinance）或任一由法律授权之政府机构通过的命令（order）、规则（rule）或规章（regulation）而可判处一定期限监禁或罚金之行为。③ 《澳大利亚刑法典》（*Criminal Code Act of 1995*）谈及犯罪构成要件、抗辩事由时使用"offence"，在刑事责任、具体罪名时则采用"crime"。

对于"crime"、"offense"及"criminal offense"等词之关联度，有英美学者指出，三词殊途同归、词义类似。其中，"offense"可涵盖任一"crime"及"misdemeanor"，或在一定情形下可作为"重罪"（felony）及"轻罪"（misdemeanor）之同义词；或表征较轻之"crime"；或无需起诉但可通过简易审或没收财产（剥夺权利）予以刑罚之行为。④ 亦有学者主张，"crime"通常系指社会危害性较大的不法行为，而"offense"则主要针对相对较轻的不法行为。

---

① Garner A. Bryan, *Black's Law Dictionary* (8th edition), West Publishing Company, 2004, p.399.
② Ibid., p.1110.
③ New York State Penal Law, §10.
④ 转引自 Garner A. Bryan, *Black's Law Dictionary* (8th edition), West Publishing Company, 2004, p.1110.

此外，对于"暴力犯罪"（crime of violence），依《美国法典》（United States Code，简称 U.S.C.）第 18 编第 1 章第 16 条规定，系指使用、意欲使用或威胁使用暴力对抗他人人身或财产之罪行，或实施犯罪过程中、本质上属于重罪并涉及使用暴力对抗某人或他人财产而造成显著风险之其他罪行。①

相比之下，"petty crime"、"traffic infraction"、"traffic offense"及"violation"等词大体上为犯罪情节显著轻微、社会危害性较小的不法行为。其中，"traffic infraction"及"traffic offense"通常系指交通违规，情节一般较轻微。至于"违警罪"（violation），《纽约州刑法典》第 10 条之规定，系指除却交通违规之外、可判处 15 天监禁之罪行。② 依《美国法典》第 18 编第 1 章第 19 条规定，"petty crime"系指二等轻罪（class B misdemeanor）、三等轻罪（class C misdemeanor）或违犯（infraction）。③

2. "delinquency"、"deviance"及"juvenile crime"等语义辨析

除上述明显表明犯罪涵义词汇之外，"deviance"、"deviant behavior"及"delinquency"等词亦部分具有"犯罪"之义。其中，"deviance"与"deviant behavior"系指"偏差行为"或"越轨行为"、"delinquency"通常专指"未成年人偏差/犯罪"。

《美国法典》在定义"juvenile delinquency"时，意指 18 岁以下未成年人违反美国刑法（包括联邦刑法与州刑法）之不法行为，而该行为一旦由成人实施则可认定为犯罪（crime）。④ 又如《得克萨斯家事法典》（Texas Family Code）将"delinquent conduct"限定为这样四种行为，亦即违反美国联邦或得克萨斯州刑法而需要入监服刑之不法行为，但交通违规不在此限；违背少年法院合法令状之行为，但少年法院所禁止的可判处罚金刑之行为、离家出走、逃学旷课等不在此限；违反市法院或司法法院⑤法令而构成藐视法庭之行为；未成年人醉态驾车发生的第三起及以上之不法行为。⑥ 由此可推知，立法机关更多将"delinquency"视为未成年人犯罪。而《布莱克法律辞典》将"juvenile delinquency"解释为"由未成年人所实施的反社会行为，特别是若行为人为成年人则可能受到刑罚，但未成年人则通常会受到仅适用于未成年人之特定法律处罚"。⑦

近些年由于保守主义在英美刑事领域泛滥及未成年人偏差行为"有罪化"（criminalization）倾向的抬头，"未成年人犯罪"（juvenile crime/youth crime）一词

---

① 18 United States Code, §16.
② New York State Penal Law, §10.
③ 18 United States Code, §19.
④ 18 United States Code, §5031, 1997.
⑤ 司法法院,justice court,系美国地方法院（州法院系统）初级法院之一种，主要受理小额索赔、违反交通法律等轻微刑、民事案件。
⑥ Texas Family Code, §51.03.
⑦ Garner A. Bryan, *Black's Law Dictionary* (8th edition), West Publishing Company, 2004, p.884.

使用频率攀升。两相比较,"juvenile crime"更多专指由未成年实施之犯罪行为,并不一定涵盖未成年人偏差行为;"juvenile delinquency"不但包括传统刑法意义上的未成年人犯罪,还包括离家出走、夜不归宿、逃学旷课等未成年人偏差行为。

(二)"犯罪"之通用概念

与侵权、违约等民事不法行为通常被视为对私人利益之侵犯不同,犯罪通常被视为对社会公众及国家之对抗。一般来说,犯罪系法律为保护社会大众而禁止之作为(act)或不作为(omission);一旦违反,行为人将受到国家起诉并被处以罚金、拘禁或其他限制自由之惩罚。①

虽然传统上英美法系各法域均曾专注于判例法,但成文刑法对犯罪概念影响日盛。在多数法域,秉承"法无明文规定不为罪"法则,犯罪被明确为违反刑法、应受刑罚之不法行为。如《新加坡刑法典》(*Penal Law of Singapore*)第40条规定,犯罪是依该法典应受刑罚之行为。②

二、犯罪构成要件

(一)犯罪构成要件概述

在英美刑法中,犯罪构成要件至少要包含两个主要内容,即"犯罪意图/犯意"(mens rea)、"犯罪行为/犯行"(actus reus)。其中,犯罪行为又可包括"因果关系"(cause 或 causation)及"社会危害"(social harm)两部分。据此,亦有学者将犯罪构成要件分解为犯罪意图、犯罪行为、因果关系及社会危害等四部分;也有学者将因果关系及社会危害合二为一,将犯罪构成要件分为犯罪意图、犯罪行为及社会危害等三部分,将因果关系视为社会危害应有之意。

(二)一般犯罪构成要件

1. 犯罪意图

"无犯意则无犯人"(non reu nisi mens sit rea)为英美刑法理论中最为重要的定理。"犯罪意图"大体相当于大陆刑法之犯罪主观方面,系指自愿实施不法行为的犯罪意思(guilty mind)。

不同英美法域对"犯罪意图"具体涵义的理解略有差异。《美国模范刑法典》把"犯罪意图"规定为"蓄意"(purposely/intentionally)、"明知"(knowingly)、"轻率"(recklessly)与"疏忽"(negligently)四类情形,其中"purposely"与"intentionally"词意相当。③ 以"有意"为例,《美国模范刑法典》第2.02条指出,行为人对所实施之行为或达到之目的、所具有的明确意识的主观状态,或行为人知晓、

---

① George E. Dix, *Criminal Law* (5th Edition), Thomson/West, 2002, p.1.
② Penal Law of Singapore, §40.
③ Model Penal Code, §1.13.

确信或期待危害结果之发生的主观状态。①

《澳大利亚刑法典》(Australian Criminal Code Act 1995)第5.1条明确将上述四类犯罪意图归类于"过错要件"(fault elements)。② 以"有意"为例,该过错要件表明行为人意图从事该行为、行为人确信某情景依然存在或即将发生、行为人意图推动结果之发生或意识到该行为依事件发生之平常发展即将出现。③ 以"明知"为例,该过错要件表明行为人知晓该情景或结果依事件发生之平常发展依然存在或即将出现。④ 以"粗心"为例,该过错要件表明行为人意识到某情景已然存在或即将出现之显著危境,且知晓该情景下其无法承担这一危境。⑤ 再以"疏忽"为例,该过错要件表明行为人缺乏常人(reasonable person)之谨慎,且该危境导致行为要件依然发生或即将出现。⑥

2. 犯罪行为

犯罪行为大体上相当于大陆法刑法之犯罪客观方面,通常系指因行为人之自愿导致社会危害出现的严重不法行为,为犯罪活动之外在表现。

一些英美刑法学者主张,犯罪行为由涵盖自愿行为(voluntary act)、因果关系及社会危害组成。就自愿行为而言,除极个别特例外,除非行为系属自愿,否则行为人无罪。而"自愿行为"之"自愿"(voluntary)可简单界定为意志活动(volitional movement)。"痉挛"(spasm)、"癫痫"(seizures)及"无意识或熟睡时身体之动作"(bodily movements while unconscious or asleep)等行为通常被视为非自愿活动。而习惯性行为(habitual conduct),即使被告人并不知晓行为意义时,仍可被视为自愿。⑦

3. 因果关系及社会危害结果

因果关系,包括"实际之因果关系"(actual causation)与"大体之因果关系"(proximate causation)等两类。至于"社会危害"(social harm),通常包括"错误行为"(wrongful conduct)、"错误结果"(wrongful results)或两者兼具。

(二) 其他犯罪构成要件

虽然英美刑法均承袭英国,但这并不意味着发展过程中会一成不变。除上述分类外,一些法域尚有其他分构成要件分类。如《澳大利亚刑法典》第3.1条

---

① Model Penal Code, § 2.02.
② Australian Criminal Code Act of 1995, § 5.1.
③ Australian Criminal Code Act of 1995, § 5.2.
④ Australian Criminal Code Act of 1995, § 5.3.
⑤ Australian Criminal Code Act of 1995, § 5.4.
⑥ Australian Criminal Code Act of 1995, § 5.5.
⑦ LexisNexis., LexisNexis Capsule Summary-Criminal Law: Actus Reus, Retrieved August 1, 2010, from http://www.lexisnexis.com/lawschool/study/outlines/html/crim/crim03.htm.

规定,犯罪行为通常由"行为要件"(physical elements)及"过错要件"构成。①

尽管如此,言及犯罪构成要件时,大多数英美国家刑法大都得以延续"犯罪意图"及"犯罪行为"概念。

第二节 犯罪分类

一、普通法系之罪名

不同于以成文法为主的大陆法系,英美法系曾以案例法见长,即便成文法地位及作用日重,判例法之"遵循先例"(stare decisis)原则延续至今。在普通法发展的各个主要阶段,法官而非议会生造并定义诸多犯罪概念,大部分经不断修正后沿用至今。一直到16世纪,许多罪名在法官手中应运而生,包括"谋杀罪"(murder)、"自杀罪"(suicide)、"过失杀人罪"(manslaughter)、"入室盗窃罪"(burglary)、"纵火罪"(arson)、"抢劫罪"(robbery)、"盗窃罪"(larceny)、"强奸罪"(rape)、"鸡奸罪"(sodomy)、"故意伤害罪"(mayhem)及轻罪罪名,包括"侵犯罪"(assault)、"殴打罪"(battery)、"不实监禁罪"(false imprisonment)、"诽谤罪"(libel)、"伪证罪"(perjury)及"恐吓陪审员罪"(intimidation of jurors)等。②

从1930年起,美国联邦调查局每年将全美一万六千多个规模各异的警察局所呈报的刑案纪录数据编辑出版。这份报告被称为《统一犯罪报告》、《犯罪报告汇编》、《制式犯罪统计报告》、《全美刑案报告》或《标准刑案报告》(*Uniform Crime Report*,简称UCR),每月由从执法机关、个别刑案转报到或由其他各州所转报汇整而成。《统一犯罪报告》将犯罪分为两类:指数犯罪(index crime)和非指数犯罪(non-index crime)。前者收录罪名包括凶杀罪(homicide)、暴力强奸罪(forcible rape)、抢劫罪、加重侵犯罪(aggravated assault)、入室盗窃罪、财产盗窃罪(larceny-theft)、汽车盗窃罪(motor vehicle theft)及纵火罪(arson)等八种犯罪。前七种罪名在该报告创设之初便被囊括,纵火罪则是在1979年由国会要求而被添加其中。

《犯罪分类指南:暴力犯罪侦查与分类之标准系统》(*Crime Classification Manual: A Standard System for Investigating and Classifying Violent Crimes*)系美国联邦调查局下属全美暴力犯罪分析中心(National Center for the Analysis of Violent Crime)长达十年的研究结晶。这本书自1992年出版以来,便已然成为美国研究暴力犯罪的扛鼎力作。其中,所涉及之犯罪类型大体上涵盖常见罪名,包括

---

① Australian Criminal Code Act of 1995, §3.1.
② Wayne R. Lafave, *Principles of Criminal Law*, West Group, 2003, pp.60—62.

谋杀罪、纵火罪、性犯罪、计算机犯罪、网络犯罪及入室盗窃罪等。

二、普通法系下之犯罪传统分类

依据目的、标准和条件的不同，犯罪行为可以分为不同类型。其中，最为重要的犯罪分类(classification of crime)是将犯罪分为重罪(felony)与轻罪(misdemeanor)。其余的犯罪分类还包括简易程序罪(summary offence)与可公诉罪(indictable offence)、法律禁止之罪(malum prohibitum crime)与本身邪恶之罪(malum in se crime)、不名誉罪(infamous crime)与非不名誉罪、背德罪与非背德罪、普通法罪(common-law crime)与制定法罪(statuary crime)等，不一而足。① 需要说明的是，这些分类并不互相排斥，在一定条件下会有重合之处。

（一）重罪与轻罪

依普通法，犯罪类型除叛国罪(treason)外可简单地划分为重罪与轻罪。因其恶性，叛国罪另行单列。但严格意义上说，叛国罪仍属重罪之列。② 这种划分主要是通过刑事成文法完成的，如《得克萨斯州刑法典》(*Texas Penal Code*)第12.02条明确规定，该州犯罪类型分为重罪及轻罪③；又如《纽约州刑法典》第10条之规定，犯罪包括重罪及轻罪。④ 之所以将某一罪行确定为重罪或轻罪无非出自下述原因：因实体刑法而就、因程序刑法而就及刑法领域外之法律因素而就。⑤

1. 重罪

一般来说，重罪系指被判处死刑或监禁刑的罪行，通常包括入室盗窃罪、纵火罪、抢劫罪、强奸罪、盗窃罪、谋杀罪、过失杀人罪与故意伤害罪等较严重罪行。

在重罪之下，不同法域根据不同情况又有细分。依照普通法及成文法的不同，重罪可分为普通法重罪(common-law felony)及成文法重罪(statutory felony)。按照罪行危害程度，重罪又可分为一级重罪、二级重罪及三级重罪等。以《得克萨斯州刑法典》为例，重罪系指由法律规定、应受死刑及监禁刑惩罚之罪行。⑥ 该《刑法典》第12.03条规定，重罪可分为死刑罪(capital death felony)、一级重罪(first degree felony)、二级重罪(second degree felony)、三级重罪(third degree felony)及州监所重罪(state jail felony)等五级。⑦ 又如《纽约州刑法典》，第55.05条

---

① Wayne R. Lafave, *Principles of Criminal Law*, West Group, 2003, pp. 28—29.
② Joshua Dressler, *Understanding Criminal Law* (3rd edition), Matthew Bender & Company, 2003, pp. 2—3.
③ Texas Penal Code, §12.02.
④ New York State Penal Law, §10.
⑤ Wayne R. Lafave, *Principles of Criminal Law*, West Group, 2003, p.29.
⑥ Texas Penal Code, §1.07.
⑦ Texas Penal Code, §12.04.

将重罪细分为一等重罪(class A felony)、二等重罪(class B felony)、三等重罪(class C felony)、四等重罪(class D felony)及五等重罪(class E felony)等五级,其中一等重罪又分为一级甲级重罪(class A-I felony)与一等乙级重罪(class A-II felony)等两类。①

2. 轻罪

一般而言,轻罪系指依法被死刑或监禁以外的罪行,重罪以外的罪行通常均属轻罪。

一如重罪,在轻罪之下,不同法域根据不同情况又有细分。以《得克萨斯州刑法典》为例,轻罪系指由法律规定或应受罚金或(及)拘留所监禁惩罚之罪行。② 轻罪可分为一等轻罪(class A misdemeanor)、二等轻罪(class B misdemeanor)及三等轻罪(class C misdemeanor)等三级。③ 又如《纽约州刑法典》,第55.05条将轻罪细分为一等轻罪、二等轻罪及未分类轻罪(unclassified misdemeanor)等三级。④

3. 重罪与轻罪在司法实践中的认定

大多数英美成文刑法典中很难发现将特定某种罪名直接标签为重罪或轻罪,其认定标准依量刑标准而定,特别是刑期长短及关押地点。⑤ 当然,这并非排除某些刑法典明文规定何种犯罪行为为重罪或轻罪。

(二)简易程序罪与可公诉罪

在《刑事犯罪法》(*Criminal Law Act of 1967*)出台后,英国废除了重罪与轻罪的划分,取而代之是简易程序罪(summary offence)与可公诉罪(indictable offence),以及混合罪(hybrid offence)、监管罪(regulatory offence)及较轻罪(lesser included offence)。加拿大等国亦先后采取这一犯罪类型划分。

1. 简易程序罪

简易程序罪又被称为"轻微罪"(petty crime)或"简易定罪罪"(summary conviction offence),系指在某些普通法法域内不需要起诉而进行简易审判的罪行。如英国《刑事犯罪法》第5条第2款规定,若被告人故意虚假报警致使警力浪费,最高可被判处6个月监禁以及单处或并处200英镑罚金。⑥ 在澳大利亚昆士兰州,简易程序罪系指性质不甚严重而可由治安法官审判的罪行,包括驾驶罪(driving offence)、对公众造成滋扰罪(creating a public nuisance)、非法侵入罪

---

① New York State Penal Law, §55.05.
② Texas Penal Code, §1.07.
③ Texas Penal Code, §12.03.
④ New York State Penal Law, §55.05.
⑤ Wayne R. Lafave, *Principles of Criminal Law*, West Group, 2003, p.29.
⑥ Criminal Law Act of 1967, 5(2).

(trespassing)、涉嫌非法持有赃物罪(unlawfully having suspected stolen property)及拥有涂鸦之用的喷雾罐罪(having a spray can for graffiti)等。①

据《美国法典》,某些轻微罪可采取建议程序审理,如蔑视法庭罪(contempt of court)。② 在美国一些州,如弗吉尼亚州,规定所有的罪行都必须给予被告人一定机会获得陪审团审理的权利,即便是违规停车的罚单。③

2. 可公诉罪

与简易程序罪相对,可公诉罪系指预审(preliminary hearing)后仅可因公诉或大陪审团起诉而审判以确定案件表面上是否证据确凿或的罪行。在美国,与该术语最相近的概念是重罪。④ 在可公诉罪案件庭审中,被告人一般都有获得陪审团审理权,除非当事人主动放弃这一权利。如《加拿大刑法典》(Canadian Criminal Code)第471条规定,"除非法律另有约定,任何被提起可公诉罪的被告人都应被由一位法官及陪审团组成的法庭受审"。⑤ 一旦被提起公诉,被告人必须按时出庭受审。

3. 混合罪

许多罪被视为混合罪,检察官既可运作简易程序也可提起公诉,在简易程序罪及可公诉罪间取舍裁量。

(三)法律禁止之罪与本身邪恶之罪

按照犯罪本身是否为法律所禁止及自身恶性程度,英美刑法又将犯罪分为"法律禁止之罪"与"本身邪恶之罪"。在所有犯罪分类中,这种分类最为古老并延续至今。

1. 法律禁止之罪

"法律禁止之罪"(malum prohibitum crime),系指法律明文规定的禁止性罪行。"malum prohibitum"意为"wrong [as or because] prohibited",包括不法言论。在美国刑法学家乔治·E. 迪克斯(George E. Dix)看来,"法律禁止之罪"之所以被禁止并不是因为其不道德,而是出于规范一般性社会保障。他以行车道为例,机动车辆朝向行驶时必须严格固守驾驶方向;法律禁止车辆逆行,否则构成法律禁止之罪。⑥

---

① Legal Aid Queensland, What Is A Summary Offence? Retrieved May 2009, from http://www.legalaid.qld.gov.au/Publications/Factsheets + and + guides/Self-help + kits/Have + you + been + charged + with + an + offence/What + is + a + summary + offence.htm.
② 18 United States Code, § 19.
③ Wikipedia, Summary offence, Retrieved January 31, 2010, from http://en.wikipedia.org/wiki/Summary_offence.
④ Indictable Offence, Retrieved July 31, 2010, from http://en.wikipedia.org/wiki/Indictable_offence.
⑤ Canadian Criminal Code, § 471.
⑥ George E. Dix, *Criminal Law* (5th Edition), Thomson/West, 2002, p.1.

2. 本身邪恶之罪

"本身邪恶之罪"（malum in se crime），系指与生俱来（inherently）即具有危险性（dangerous）、邪恶性（bad）及不道德性（immoral）之罪行。包括通常受到传统道德谴责的犯罪，如杀人罪、放火罪、奸淫罪、盗窃罪等。"malum in se"原意为"wrong in itself"，包括道德上卑鄙的犯罪。因其与生俱来的不道德性，普通法重罪被视为"本身邪恶之罪"。

3. 法律禁止之罪与本身邪恶之罪在司法实践中之认定

司法实践中，英美法院常常为区分"法律禁止之罪"与"本身邪恶之罪"大费周章。尽管法院多倾向于将普通法罪归类于"本身邪恶之罪"，而将制定法罪纳入"法律禁止之罪"范畴，但是这种划分并不是放之四海而皆准的，因为某些制定法罪亦可归于"本身邪恶之罪"之中。鉴于"法律禁止之罪"与"本身邪恶之罪"在司法实践中认定难题，美国刑法学家韦恩·R. 拉菲（Wayne R. Lafave）主张大凡对生命及人身造成危险之犯罪可视为"本身邪恶之罪"，其余犯罪则可列入"法律禁止之罪"。①

一般来说，英美法院将殴打罪、抢劫罪、盗窃罪、对财产之恶意伤害罪（malicious injury to property）、醉态驾驶罪（driving while intoxicated）、公众场所酗酒罪（public drunkenness）、携带毒品罪（possession of drugs）、堕胎罪（abortion）及试图自杀罪（attempted suicide）等犯罪视为"本身邪恶之罪"。与此相对应，法院倾向于认定超速驾驶罪（driving over the speed limit）、无证驾驶罪（driving on a suspended or revoked license）、未能让出路权罪（failure to yield the right of way）、逃离事故现场罪（leaving the scene of an accident）、酒后或吸毒后驾车罪（driving under the influence of intoxicants）、出售酒精类饮料罪（sale of intoxicating liquors）、在公共场所醉态闹事罪（public intoxication）、无证狩猎罪（hunting without permission）、销售无记名证券罪（selling unregistered securities）、虚假公证罪（false notarization of a document）、携带秘密武器罪（carrying a concealed weapon）、公共场所射击罪（shooting in a public place）、损毁国旗罪（defacing the flag）、持有老虎机罪（keeping slot machines）、逃税罪（evasion of taxes）及不付费却通过缴费门罪（passing through a toll gate without paying the toll）等犯罪为"法律禁止之罪"。②

（四）不名誉罪与非不名誉罪

不名誉罪（infamous crime）系指涉及欺诈（fraud）或诓骗（dishonesty）之罪行，除此之外的罪行为非不名誉罪。美国联邦宪法及一些州宪法均明确要求对

---

① Wayne R. Lafave, *Principles of Criminal Law*, West Group, 2003, p.31.
② Ibid., p.31.

不名誉罪应由检察官提起公诉;换言之,此类犯罪可归类于公诉罪。在有些州,一旦出现吊销律师资格(disbarment of attorneys)、剥夺公民选举权(disenfranchisement of voters)及取消陪审员或公职资格(disqualification of jurors or public officeholders)等不良后果时,有可能构成不名誉罪。[①]

三、其他犯罪分类

按照犯罪行为侵犯对象的不同,犯罪又可分为人身伤害罪(crime against person)、财产罪(crime against property)、危害公共秩序罪(crime against public order)及危害居住安全罪(crime against security of habitation)等。

---

① Wayne R. Lafave, *Principles of Criminal Law*, West Group, 2003, p.33.

第二十章　犯罪的本体要件

第一节　犯 罪 行 为

一、犯罪行为的概念

英美法中的犯罪行为表述为拉丁文 actus reus，意为"罪恶的行为"。①该拉丁文广义上指的是除犯罪心态以外的所有要件，包含犯罪行为、犯罪结果、犯罪事实状态、犯罪情节等，类似于我国犯罪构成要件中的犯罪客观方面要件。在有些译著中，actus reus 被翻译成犯罪要件，指行为、附随情状或者行为的结果，包含于犯罪定义所描述的被禁止行为中等。② actus reus 的具体含义以及其中的确切要素在英国刑法学者中还有争议。"共识的地方在于：犯罪行为的基本组成部分可以分为行为、结果和情况。"③本节将从 actus reus 中的行为这一要素进行理解，即狭义的角度，专指意志支配下的犯罪行为，对犯罪结果、犯罪情节等不做介绍。

二、犯罪行为的构成要素

犯罪行为不仅仅指的是外在的肌肉运动，如掏出一把刀，用气流使声带震颤，发出"把钱交出来"的声音；也不仅仅是一个人躺在床上，幻想着用枪扫射无辜人群，但却没有任何行动。犯罪行为是通过内心世界的意志引导了外部的肌肉变化，从而使被刑法保护的事物的状态或秩序发生改变的过程。

国家用刑罚手段保护其确认的事物的状态或者秩序，从极端角度讲，任何犯罪的意志都应该惩罚，因为它们都有成为犯罪的可能。但是这样会使国家刑罚权无限扩张，最重侵犯公民的人权，导致国家刑罚权的最终崩溃。而单纯惩罚无意志的肌肉的运动，也没有价值，无论是自动状态（automatism）、被身体强迫的行为、催眠行为还是病症行为都不是人能够控制的，惩罚这类行为并不能使行为人下次避免，无法收到预防的效果。所以，刑罚惩罚的犯罪行为，必须是行为与意志的共同体。

---

①　储槐植：《美国刑法》（第三版），北京大学出版社 2005 年版，第 36 页。
②　《美国模范刑法典及其评注》，刘仁文、王祎等译，法律出版社 2005 年版，第 20 页。
③　王雨田：《英国刑法犯意研究——比较法视野下的分析与思考》，中国人民公安大学出版社 2006 年版，第 29 页。

三、犯罪行为的不同形式

犯罪行为形式的分类中存在着争议,即持有是否为一种形式。

(一) 作为

作为,《美国模范刑法典》中表述为 act 或者 action,英国刑法中表述为 act。美国刑法中指的是自愿的身体动作,该动作不是反射动作或者痉挛;不是在无意识或者睡眠中的身体动作;不是处于催眠状态中的动作或者由催眠的暗示所引起的动作;也不是基于行为人的意思活动或者意思决定而做出的有意识或者习惯性的其他身体动作。

(二) 不作为

不作为,即 omission,这在英国与美国的表述无异,指的是消极的身体不动作,不实施某种行为即构成犯罪。不作为分为纯正的不作为和不纯正的不作为。构成犯罪行为的不作为,以具有法律上、契约上、共同危险行为过程中的义务为前提,不为法律上要求的义务,不管采用了何种方式均构成犯罪。如在英国,"交通肇事引起损失或者伤害;肇事者必须将其姓名、地址告诉给任何有合理根据要求他这样做的人或在 24 小时之内报告警察。……有法律义务扶养孩子,不给孩子适当的食品、衣服、住处、医疗帮助,同样构成犯罪。……警察没有正当理由或可得宽恕时,不履行其责任,致使一个公民被踢死,没有维护好社会秩序,被认为构成普通法上的轻罪。"[①]另外,对于重大道德义务,如认识到他人处于危难境地,对他人施加援助并不会对自己产生危险的情况下,行为人不加救助,造成危险境地中的人死亡的,英美法系国家也在尝试加以刑事法律制裁。

(三) 持有

持有,《美国模范刑法典》中表述为 possession,英国刑法中表述 state of offences 或者 state of affairs。有些犯罪外在形式复杂,难以归入作为或者不作为的范畴,法律上或者案例中规定,不论行为人有何种行为,只要具备某种规定的状态,具备对某种物品的实际控制就构成犯罪,例如对毒品、赃物的占有。有人认为这是一种独立于作为与不作为的第三种形态,但是也有人从多种角度认为这种状态可以归入到作为或者不作为中间。

持有的性质和地位在英国存在广泛争议,西顿、史密斯与霍顿认为犯罪可能包括根本不要求任何行为的"状态";威廉姆斯、威尔森、塞姆斯特和沙利文都没有说明持有是属于独立于作为、不作为的"第三种行为"。[②]

---

① 〔英〕J. C. 史密斯、B. 霍根:《英国刑法》,李贵方等译,法律出版社 2000 年版,第 53—54 页。
② 详见王雨田:《英国刑法犯意研究——比较法视野下的分析与思考》,中国人民公安大学出版社 2006 年版,第 27—28、42—44 页。

《美国模范刑法典》第5.01犯罪未遂条和第5.06持有犯罪工具;武器条中对持有进行了描述,这可以看做是对持有作为一种特殊的犯罪形式的认可。第5.01中规定,"持有供实施实质犯罪所用的物品,并且该物品专门为非法目的的使用而设计,或者在具体的情况下,不可能用于合法的目的;如果在具体的情况下,物品不可能用于合法的目的,而在预期实施犯罪的场所或者附近持有、收集或者制作工实施实质犯罪所用的物品",而一旦这种持有可被认定属于"行为人相信自己的作为或者不作为是完成犯罪所欲达成的犯罪的行为过程中的实质性步骤,而蓄意作为或者不作为"的,则"构成犯罪未遂"①。

根据本条的规定,持有行为是一种作为或者不作为,并不单独构成持有的罪名,而是构成某一实质性犯罪的未遂。例如,行为人在银行运钞车到达之前先行到达银行门前,因行为诡异被警方搜查,发现其车中有大量手雷、冲锋枪等。后经法定程序认定这是抢劫银行的实质性步骤,则行为人此时对手雷、冲锋枪等武器的实际控制并不是第三种形态,而是作为的一种形式,是判断构成犯罪未遂的条件,证据充分的条件下构成抢劫罪的未遂。

第5.06条规定了如何推定持有的物品是犯罪工具,从持有武器的状态推定犯罪的目的。如果行为人不是在家里或者营业场所持有武器,行为人不是经许可的持有武器,该武器不是通常用于合法的体育活动的,则只要行为人在其身上或者身边,在其占用的车辆内或者在刻意立即使用的情况下,持有枪支或者其他武器的,就可以推定行为人持有武器是用于犯罪目的,构成轻罪。在这一法条中,我们仍然可以看出,持有武器不是一种单独的犯罪,而是为认定具备实施某种犯罪目的而服务的。

在英美刑法中,纯粹的持有型犯罪为数很少,持有毒品罪算作一例。持有毒品被视为犯罪,更多的是出于刑事政策的考虑,为打击毒品犯罪、减轻公诉机关的举证压力而不得不作出的无奈之举。此种情形下,发现了事实即等于在很大程度上证明了事实,增加了刑罚的威慑力量。

我们认为,持有既可以理解为一种作为,也可以理解为一种不作为。在行为人主动获取特定物并加以控制的话,持有表现为作为。非主动性获取特定物,有按照法律要求将具有社会危害性之物交由政府控制的义务,不履行此义务即为不作为。所以,在持有特定物的不同情况下有不同的解释,不必将其独立作为一种犯罪行为的形式。

四、法人团体犯罪

(一)法人团体犯罪概述

从行为主体区分,犯罪行为除自然人行为之外还有法人团体(corporation

---

① 《美国模范刑法典及其评注》,刘仁文、王祎等译,法律出版社2005年版,第77—78页。

crime)行为。

法人团体是否构成犯罪,在刑法理论中一直存在争议。历史上,法人团体制度最早发源于古罗马,在罗马统治者颁布的一些法律中,承认公共团体或由国家兴办的团体的独立人格,以后法人团体制度逐渐发展。形式上,法人团体作为制定法上的概念,首先是在 1794 年《普鲁士邦普通法典》中出现,并被 1896 年《德国民法典》采用,法律赋予法人从事民商事活动的能力,承认其为民商事活动的主体。

"1889 年,英国一项法律解释'人'的概念时指出,人除自然人外,在不违背法律规定的情况下,包括法人。现代美国的刑事立法已有法人犯罪的规定,而且这方面的判例为数也不少。"①而英美法系的另一个重要国家——加拿大在其刑事法典中也确立了法人犯罪的条文,该法典中规定:"'每人''人''所有人'及类似用语包括女王、公共团体、法人组织、社团、公司与郡县、郊区、城市及其他地区有权作为或者享有物权的居民。"②

(二) 法人团体犯罪的概念

法人团体犯罪就是法人团体实施的违反刑事法律的犯罪。它和当个自然人犯罪的差别是很明显的,问题主要在于它和共同犯罪的异同。二者相同之处在于都是团体犯罪,非单纯的个人行为。最大的差异首先在于法人团体是合法登记的组织,共同犯罪人是非法组织。其次,法人团体犯罪往往由少数几个人策划,以法人名义实施,并非法人团体中的每个成员都会知晓或参与。共同犯罪是团体中每个成员都有参与的意识与行动。最后,法人团体犯罪被追究刑事责任时仅处罚其中参与犯罪的骨干和法人团体,通常不会导致团体的解散。共同犯罪则追究每个犯罪人的刑事责任,其团体则因每个成员都受到刑罚惩罚而解散。

(三)《美国模范刑法典》中规定的法人团体、非法人团体及其代理人犯罪的责任

1. 犯罪主体

《美国模范刑法典》2.07 条③第 4 款规定了法人犯罪中相关主体的界定问题:

第一,法人。指的是不包括执行政府计划的政府机构或者为执行政府计划

---

① 储槐植:《美国刑法》(第三版),北京大学出版社 2005 年版,第 39 页。但也有材料认为:"1827 年英国议会颁布的《关于进一步改善刑事案件的处罚的法令》中第一次明文规定'人'应该包括法人,法人和自然人一样都可以成为一切犯罪的主体。……美国的法律直接渊源于英国法律,初期受布莱斯通的影响,在刑法上也不承认法人犯罪,直到 1887 年颁布的《洲际贸易法》中才第一次明文规定法人犯罪及其刑事责任。"(晏妮:《我国单位犯罪与美国纽约州法人犯罪之比较》,载《台声·新视角》2005 年第 12 期,第 106 页。)

② 《加拿大刑事法典》,卞建林等译,中国政法大学出版社 1999 年版,第 5 页。

③ 《美国模范刑法典及其评注》,刘仁文、王祎等译,法律出版社 2005 年版,第 34—36 页。

而由政府设置的实体。法人团体犯罪主体中排除了政府机构，因为对政府机构中公务员的犯罪可以由一般刑法规定，对政府机构惩罚的刑罚价值很小，因此要加以排除。

第二，代理人。指的是董事、高级职员、职员、雇员或者其他被授权代表法人或者团体实施行为的人员，以及非法人团体的成员。能够以法人名义实施犯罪的就是指上述人员。

第三，高级管理职员。指的是法人或者非法人团体的高级职员，合伙中的合伙人，或者，法人或者团体中具有职责、行为可被合理视为代表法人或者非法人团体的决策的其他代理人。高级管理职员在法人团体、非法人团体犯罪中往往有更多的机会，对他们加以明确界定，有利于正确认知法人犯罪的条件。

2. 法人承担刑事责任的情形

第一，犯罪行为由法人的代理人在其职责或者雇佣范围内代表法人实施。此时的犯罪要求是违警罪或者是模范刑法典以外明确要求法人承担责任的制定法规定的犯罪。但是，如果该规定犯罪的法律对代理人的行为范围或者法人负责人的情形有特别规定的，适用特别规定。在这里，特别规定优于本条这种一般规定。

第二，不作为犯罪。如果法律规定法人必须积极履行某种特定义务，法人不予履行的，则构成犯罪。如法人必须按法律规定纳税，不纳税及构成法人犯罪。

第三，董事会、高管的行为。如果董事会授权、要求、命令、实行或者轻率地容忍犯罪的实行，或者高级管理职员在其职责或者雇佣范围内代表法人实施了上两种犯罪的，需要承担刑事责任。如果董事会或者高级管理职员代表法人实施了偷税等不作为或者走私等作为犯罪的，均构成犯罪。

第四，绝对责任。除非有例外规定，对犯罪规定有绝对责任的，则对法人要求其承担绝对责任。

3. 非法人团体承担刑事责任的情形

第一，犯罪行为由非法人团体的代理人在其职责或者雇佣范围内代表非法人团体实施。此时的犯罪要求是模范刑法典以外明确要求非法人团体承担责任的制定法规定的犯罪。但是，如果该规定犯罪的法律对代理人的行为范围或者非法人团体负责人的情形有特别指定的，适用特别规定。在这里，特别规定优于本条这种一般规定。非法人团体在这种情形下的犯罪与法人相比少了一种规定，即不要求是违警罪。

第二，不作为犯罪。如果法律规定非法人团体必须积极履行某种特定义务，该团体不予履行的，则构成犯罪。

4. 在法人、非法人团体实施犯罪行为过程中行为人的个人责任

第一，名义问题的影响。在法人犯罪过程中，个人以法人或者非法人团体名

义,代表或促成该犯罪行为实施时,相当于行为人以自己名义或者自己实施了行为一样的责任。

第二,轻率的后果。在法人或者非法人团体中的首要负责人,在履行法律规定的义务时,如果是因为轻率地未实施法律规定要求的行为,则其责任相当于法律直接对这首要负责人施加该义务时一样的责任。

第三,责任承担的制裁。如果行为人对法人或者非法人团体的行为负刑事责任,则其承担责任的程度和等级相当于自然人犯此罪时应受的刑罚惩罚。

上述情况,说明对法人团体犯罪,责任分配中十分重视高管个人的责任。法律通过对高管个人施加责任,使高管在代表法人或者非法人行为过程中严谨地注意自己的行为,不能滥用权利,否则将承担刑事责任。

5. 法人、非法人团体可进行抗辩免责的事由

如果高级管理职员在职责或者雇佣范围内为防止犯罪的发生已经给予了适当注意(due diligence),并且能够拿出足够证据时,则尽管法律规定这种行为是犯罪,也可以作为抗辩免责的事由不加追究刑事责任。

第二节 因 果 关 系

一、因果关系概说

因果关系(causation)是英美刑法学中颇有争议的问题。某人的行为是否构成犯罪,除非其为行为犯,否则将需要证明危害结果与行为之间存在引起与被引起的关系。而案件的纷繁复杂决定了因果关系不可能是一个简单的引起与被引起可以解释的。

在早期的英美法系中,因果关系并不是重点内容,无论在英美法系刑法学的经典著述——《肯尼刑法典》还是在英国被誉为刑法学方面的"杰出的首要读本"——鲁伯特·克罗斯、菲利普·A. 琼斯、理查德·卡德所著《英国刑法导论》都无法发现对因果关系的论述。原因大概在英美法系为判例法系,案件判决以遵循先例为原则,法官的任务在于从纷繁的案例中寻找案件如何解决的途径,而对结果与行为之间的因果关系则不够重视。20世纪中期以来,英美法系国家对因果关系研究增加,出现了大量的论文和专著。

二、英美法系因果关系特色

(一) 从案例中、实践中提炼

英美法系的遵循先例原则使法官和学者更加关注已经发生的事实,这种事实具有不可重复性。而因果关系则是哲学上的问题,具有普遍性和一般性,对有

重复性的情况尤其有指导意义。这种特殊性与一般性的冲突使英美法系的法官选择了在案例中间提炼指导性原则,而不是在抽象的因果关系中寻求解决犯罪嫌疑人的刑事责任之途径。而事实上,抽象的因果关系理论也在解决不同案件中表现出了它的局限性,几乎没有一种因果关系理论能够解决所有的刑事案件。而一个具体案件的解决,则是在大量的先例中归纳总结出来,实用主义的做法对哲学的抽象几乎采取了摒弃的态度,只要这种总结出来的具体原则能够解决问题,则不考虑其在哲学上是否站得住脚。

(二) 通行的因果关系说

英美法系中,关于因果关系的学说主要有五种[①]:

第一,条件说。凡是对结果的发生有不可或缺性的条件都是结果发生的原因。其推论方式为,如果没有 A(B、C…)就没有 Z,则 A(B、C…)就是 Z 的原因。这是最早的一种因果关系理论。其优点是不会将应追究责任的行为排除在刑事责任的客观基础以外。缺点是过于宽泛的条件使刑事责任的追究无从下手,与犯罪结果发生有关的条件实在数不胜数。但这一学说是其他所有学说的基础,是其他学术发展的本源。

第二,原因说。合乎规律地、必然地引起结果的那些现象才是结果发生的原因。其推论方式为,如果有 A(B、C…)才有 Z,则 A(B、C…)就是 Z 的原因。这种学说的优点是能够有效排除对结果没有影响的行为,但是缺点也在于此,对有些可能追究刑事责任的行为也排除在外。

第三,相当说。该学说是指凡是与结果的发生有相当关系的条件就是结果产生的原因。相当因果关系说是较为有影响力的一种理论,相当说内部又存在着两种倾向,即衡量相当关系的标准上是采用一般人的经验为基准进行客观考察还是采用行为人在行为时的能力为基准进行主观上的考察。

第四,法定原因说。该学说是指行为人所实施的导致法律保护的他人利益受到侵害,法律认为行为人应当负责任的行为就是法定原因,原因需要具有法律意义。

第五,双层次原因说。该说把原因分为两层:第一层为事实原因(cause in fact),其本质更接近于条件说中的理论。该理论能够解决较为简单的犯罪事实,但对复杂的犯罪事实则无能为力。第二层为法律原因(cause in law),这一层次的选择主要为了解决第一层次范围过宽的缺陷。"在每一案件中都会存在许多事实原因,因果关系原则的目的就是限制刑事责任于其中一个(有时超过一个)责任者。这就需要其他的限制原则,通常被表述为'法律'原因,以求将

[①] 以下5种观点主要参考储槐植:《美国刑法》(第三版),北京大学出版社2005年版,第43—46页。

其从纯粹的事实因果关系中区别出来。"①在选择哪些事实原因上升为法律原因中也存在广泛争议。

(三) 法律原因说中的主要观点

如何筛选事实原因,成为法律原因说中的难点问题,判例或者学说中有很多争议,主要观点如下:

第一,近因说。近因说源于民法中的因果关系理论,英美刑法中没有人给近因下一个准确的定义。我国学者认为近因说是指"没有被介入因素打破因果链的,当然地或者盖然地引起危害结果的事实原因。"②介入因素是在先行行为与最后结果之间的因素,它可能会打破因果链,也可能对因果链没有影响。介入因素主要有三类,自然事件、他人行为、受害人自身行为。如何认定近因,需要考察介入因素和先行行为之间是独立的还是从属的,介入因素是异常的还是正常的。如果介入因素是独立的,是异常的,则先行行为不是结果的近因,反之则相反。近因说(proximate causation)一度在美国十分流行。

第二,普通因果观念说。③ 此说认为刑法中的因果关系是一种纯事实判断,这种判断必须的个案中以普通民众的认知为标准。因果关系来源于民众在日常生活中形成的相对近似的认知标准,尽管这种标准不是十分清楚,但是应该在具体案件中由陪审团来进行判断。如果民众普遍认为行为人不应该对结果承担任何责任时,则否定了行为与结果之间的因果关系存在。在这种情况,只要一般民众认为行为人的行为具有造成某种结果的危险,即使行为人在行为时基于各种理由没有预见到这种危险确实存在的情况下,也可以认定其行为与结果之间存在因果关系。

第三,通常危险原则。该说认为只要行为人的行为没有使被害人处于更为危险的境地,则此行为就不是该结果的法律原因。④ 例如,A 故意开车撞向 C,C 大腿骨折被送往医院。在这种情形下,如果 C 有特殊的宗教信仰,其信仰不允许其接受输血这样的治疗,以致流血过多死亡,则 A 的行为与 C 的死亡之间不存在法律因果关系,A 的行为只是导致了 C 的腿部受伤而非致死的伤害。如果 C 在治疗过程中由于身体虚弱,各器官机能下降无法接受手术而死,则 A 的行为属于导致被害人处于更危险的境地,与 C 的死亡有法律上的因果关系。

---

① 〔英〕迈里斯·柯里蒙那:《刑法》(英文版),麦克米兰教育出版有限公司1989年版,第44页。转引自张绍谦:《刑法因果关系研究》,中国检察出版社1998年版,第8页。
② 储槐植:《美国刑法》(第三版),北京大学出版社2005年版,第46页。
③ 张绍谦:《刑法因果关系研究》,中国检察出版社1998年版,第11页。此说与"合理预见原则"近似,该说指如果一般理性的人认为被告人的行为有造成某种结果的危险,那么,当这一结果发生时,就应当认为被告人的行为是该结果发生的法律原因。参见储槐植,汪永乐:《刑法因果关系研究》,载《中国法学》2001年第2期,第151页。
④ 储槐植,汪永乐:《刑法因果关系研究》,载《中国法学》2001年第2期,第151页。

第四，政策说。① 政策说将法律因果关系置于刑罚目的与刑事政策的视野下进行考察。是否将行为人的行为与危害结果联系起来，确认它们之间存在法律因果关系，需要考虑刑罚的功能与效果、刑法保护的法益、政治控制的紧张与否、行为人的人身危险性等因素。出于政策的因素，需要对行为人施加刑罚惩罚时，则认定行为人的行为与结果之间存在因果关系，反之则相反。

从上述论述中我们可以看出，英美刑法中对因果关系的认定存在很大争议，显现了刑法中因果关系的复杂性。实践中如何解决，仍然要依靠法官的智慧。

(四)《美国模范刑法典》中的规定

《美国模范刑法典》第 2.03 条规定了行为与结果的因果关系，在具体的示范性法条中展示了美国刑法学界对因果关系的认识。

该条规定下列情况中，行为是结果的原因：

第一，行为先于结果，没有该行为不会发生该涉案结果。这是条件说在条文中的反映，在英美刑法中被表述为"but-for"方式。此种方式假定没有危害行为就不会有危害结果。但是，这种判断是不足够认定因果关系的，尚需要其他条件约束。

第二，行为与结果的关系符合本法或者规定犯罪的法律所附加的因果关系要求。这是对事实原因的筛选，即行为与结果之间是否存在因果关系，还要看具体的法律规定。法律中的规定，则是受当时社会形势、刑罚目的来指引，我们认为这就是政策说的表现。

第三，蓄意或者明知情况下引起特定结果，实际结果与行为人的计划或者预期范围内，毫无疑问，行为与结果之间具有因果关系。但是行为人的计划、预期与结果发生了偏差，则因果关系的判断则只在三种情况中成立：

(1) 根据具体情况，实际结果与计划或者预期的结果的区别仅在于受伤害或者损害的人或者财产不同。

(2) 计划或者预期的对人或者对财产的伤害或者损害比实际情况更严重或者更广泛。

(3) 实际结果的发生包含着行为人的计划或者预期的种类相同的伤害或者损害，不是过于间接或者过于偶然，以至于对行为人的责任或者犯罪的轻重无关系。

这是行为在蓄意或者明知的情况下，行为与结果之间因果关系的判断标准。这种规定实际是近因说的反映，如果行为与结果之间有介入因素，介入因素对行为人的责任或者犯罪的轻重没有或者没有适当影响的情况下，行为是结果的原因。这种表述虽然没有使用近因说的文字，而采用了计划或者预期与实际结果

---

① 张绍谦：《刑法因果关系研究》，中国检察出版社 1998 年版，第 16 页。

的关系表述,但是法庭对"不是过于间接或者过于偶然"的判断仍需要近因说中的判断标准加以裁定。

第四,以轻率或者疏忽引起特定结果作为犯罪要件时,实际结果处于行为人认识的危险或者应该认识的危险范围内,毫无疑问,行为与结果之间具有因果关系。但是,如果实际结果超出了这一范围,则除非以下3种情况,否则因果关系不成立:

(1) 实际结果与可能发生的结果的区别仅在于受伤害或者损害的人或者财产不同。

(2) 可能发生的伤害或者损害比实际情况更严重或者更广泛。

(3) 实际结果的发生包含着与可能发生的种类相同的伤害或者损害,实际结果的出现不是过于间接或者过于偶然,以至于对行为人的责任或者犯罪的轻重没有影响或者适当影响。

这是在轻率或者疏忽的心态下实施的行为与发生的实际结果之间的因果关系判断标准。该表述同样是没有使用近因说,而与蓄意或者明知情况下因果关系的判断采用了相同的标准,即从心态与结果发生之间的关系来判断行为与结果之间的因果关系。

第五,严格责任情况。对于法律规定的绝对责任犯罪,如果以发生特定结果作为犯罪的构成要件,当实际结果不是行为人的行为所可能发生的结果时,行为与结果之间不存在法律上的因果关系。而一旦经法庭判断,行为能够导致结果的发生,则不论行为人是蓄意、明知、轻率或者疏忽,则认定行为与结果之间存在法律上的因果关系,一律构成犯罪。

第三节 犯罪心态

拉丁文 mens rea 一词为英美法系刑法学中的一个重要词汇,在中国有不同的译法:"犯罪意图"、"犯罪思想"[①],"犯罪心理"[②],"犯意"[③],"心理状态"[④],"犯罪心态"[⑤]。综合各种译文,我们采用"犯罪心态"的译法。

犯罪心态是指,行为人实施危害社会的行为时具有的刑法规则明示或者默示要求具备的心理状态。英国刑法中的犯罪心态与美国刑法中的犯罪形态有所

---

① 欧阳涛等主编:《英美刑法刑事诉讼法概论》,中国社会科学出版社1982年版,第33页。
② 李韧夫:《犯罪过错论》,吉林大学出版社1994年版,第17页。
③ 〔英〕J. C. 史密斯、B. 霍根:《英国刑法》,李贵方等译,法律出版社2000年版,第62页。王雨田:《英国刑法犯意研究——比较法视野下的分析与思考》,中国人民公安大学出版社2006年版,第1页。
④ 刘生荣编译:《美国刑法大纲》,载赵秉志主编:《刑法评论》(第1卷),法律出版社2002年版,第261页。
⑤ 储槐植:《美国刑法》(第三版),北京大学出版社2005年版,第53页。

差别,我们将分开论述。

一、英国刑法中的犯罪心态

(一) 理论上的纷争

英国刑法中犯罪心态的问题十分复杂,理论上、立法上以及司法实践中都没有明确规定什么是犯罪心态,犯罪心态的种类有哪些。但法官们可以在各种案例中寻找判决依据,并不会发生适用上的严重障碍。英国刑法学界对犯罪心态的认知也无法达成一致,对犯罪心态的种类有各种认识。有观点认为,犯罪心态一般的情况下有故意、放任和明知是犯罪。故意又分为直接故意、间接故意、潜在的故意、特定的故意;放任分为主观意义上的放任和客观意义上的放任;过失分为没有理智行动导致危害结果的过失和没有进行一般调查询问导致危害结果的过失[①]。也有些学者如特纳、格兰维尔·威廉姆斯、里查德·布克斯顿、霍尔等人坚持认为,罪过形式只包括故意(含"明知")和轻率两种[②]。有学者认为犯罪心态分为蓄意、轻率、疏忽[③]。大陆有学者认为在英国犯罪心态[④]包括三种:故意、轻率与过失[⑤]。而每部著作或者文章中,对犯罪心态的内容规定也有不同。由此可见,英国刑法中,关于犯罪心态的种类这一基本问题的争论颇多,这在一定程度上阻碍了刑法理论的前进,给刑事司法带来了巨大不便。《英国刑法典草案》试图结束这种混乱的局面,在其中对犯罪心态内部的种类和概念进行了整合。

(二)《英国刑法典草案》中的规定

英国刑法典草案(the draft Criminal Code Bill)第18条中规定的犯罪心态有三种:

1. 知道

行为人在行为时对某一情状要素具有知道(knowledge)……不仅在他意识到该要素存在或将存在时,而且还包括在他有意避免采取可以使其确认对该要素存在或将存在的认识的措施时。

实践中,法官将知道解释为具有三种形式:实际知道(Actual Knowledge);推定知道(Constructive Knowledge);恶意的视而不见(Willful Blindness)。实际知

---

① 鲁伯特·克罗斯、菲利普·A.琼斯、理查德·卡德:《英国刑法导论中》,赵秉志等译,中国人民大学出版社1991年版,第30—44页。
② Richard Buxton Q. C., Some Simple Thoughts on Intention, *Crim. L. R.* [1988], p. 487. 另见 R. A. Duff., "Mens Rea, Negligence and Attempts", *Crim. L. R.* [1968], p. 653. 转引自储槐植、杨书文:《英国刑法中的"轻率"》,载《比较法研究》2000年第4期,第427页。
③ 〔英〕J.C.史密斯、B.霍根:《英国刑法》,李贵方等译,法律出版社2000年版,第64—83页。
④ 原文为罪过形式。
⑤ 储槐植、杨书文:《英国刑法中的"轻率"》,载《比较法研究》2000年第4期,第427页。

道,指的是不能存在任何怀疑,要求行为人知道客观上是真实的客观情况。推定知道,是指行为人没有像一般人那样去调查,法律要求证明行为人有理由相信特定周围情况的存在,是过失责任的一种。恶意的视而不见,是知道的一种证明方式,行为人怀疑某种事实,但是不想证明这种怀疑,而是有意地不去了解,对显而易见的事情闭上了眼睛。

2. 故意

行为人对(ⅰ)某一情状要素具有"故意",当行为人希望或明知该要素存在或将存在时;(ⅱ)对结果具有知道,当他为引起其他结果,其他结果的发生在事件发生的通常过程中会正常地出现该结果,而实施行为时。

英国刑法学界对故意通行的概念是"故意概念的基础含义是行为人意图实现他所想要的结果或者需求该结果发生,实施行为是被告人的目的。无论'故意'可能具有什么其他的含义,如果一个人的行为目的、目标是杀死他人,该人的行为毫无疑问是故意的。"①但是英国的法院系统认为没有必要给故意下一个明确的定义,实践中需要依靠能基本代表民众的陪审团之通常理解来处理是否属于故意。

3. 轻率

行为人对(ⅰ)某一情状要素具有"轻率",当他意识到该要素存在或将存在的风险时;(ⅱ)对结果具有"轻率",当他意识到该结果将会出现的风险,并且从为其所知的情状来考虑冒此风险是不合理的时候。

在此意义上,英国刑法采取的是主观轻率标准,即行为人必须意识到危险,并且行为人对危险的态度在所不问。依据此法案中的法条,构成轻率,必须满足两个条件:首先,行为人是否已经预见到结果发生的风险。这是对行为人内心活动的考察。其次,冒此种风险是否是不合理的。这种考察需要借助社会一般观念的价值评判。因此,我们可以看出,在英国主观轻率中包含有一定客观因素。

在英国,判断轻率的标准还有一种是客观标准。客观标准指的是,行为人即使没有意识到自己的行为会有导致危险结果发生的可能,但社会普通民众认为这种认识是应该具备的,因为危险是十分明显的和严重的,那么行为人也成立轻率。客观轻率标准范围远远大于主观轻率标准,由于其存在潜在的多数人的暴政之危险,它仅在损害财产罪中出现,并且适用得越来越少。

---

① Andrew Ashworth, *Principles of Criminal Law* (Second Edition), Clarendon Press, 1995, p.5.

二、美国刑法中的犯罪心态

（一）犯罪心态的演变

犯罪心态是美国刑法当中一个非常重要的概念，犯罪心态是认定犯罪、承担刑事责任、确定刑罚的重要标准。美国刑法中犯罪心态的理论与实践源自英国法，并且以英国的判例法作为基石。"一般认为，美国刑法犯意在这个时间段历经了如下的流变过程：（1）13 世纪以来早期法当中犯罪所需要的主观心态；（2）犯意作为独立概念的出现；（3）犯罪所需总体犯意的发展；（4）针对后来出现的不同类型严重犯罪而出现的总体犯意的特定化；（5）日益增加的针对特定的抗辩，如精神耗弱、未成年、事实错误等情况的总体犯意的特定化等。"[①]这段时期，表述犯罪心态的术语数量惊人，包括出现在法律书籍当中的故意地（intentionally）、意图地（purposely）、预谋地（designedly）、意欲地（willfully）、欺诈地（fraudulently）、明知地（knowingly）、非法地（unlawfully）、轻率地（recklessly）、任意地（wantonly）、恶毒地（feloniously）、堕落地（corruptly）等。面对犯罪心态数目巨大、给实践造成认定困难的现实，由法官、律师、教授组成的美国法学会于 1962 年制作《美国模范刑法典》首次将犯罪心态纳入刑法典，用四种心态替代了繁多的其他心态，并以其科学性和实践操作性为各州刑法典所广泛采用。"《美国模范刑法典》中此四种犯罪心态的规定有可能是法典对美国刑法改革最重要的贡献。"[②]

（二）《美国模范刑法典》中的规定

《美国模范刑法典》2.02 条中规定的犯罪心态有四种[③]：

[①] Francis Bowes Sayer, "Mens Rea", *Harvard Law Review*, Vol. 45, No. 6(1932), p.994. 转引自李立丰：《美国刑法犯意研究》，吉林大学博士论文，第 15 页。

[②]《美国模范刑法典及其评注》，刘仁文、王祎等译，法律出版社 2005 年版，第 17 页。

[③] 同上。另请参照劳东燕：《故意犯罪的要素分析模式》，载《比较法研究》2009 年第 1 期，第 62 页。第一，蓄意。在下列情况下，行为人对犯罪的某一实体要素具有蓄意：（1）若该要素涉及其行为或由此导致的结果的性质，实施具有该种性质的行为或引起该结果是行为人有意识的目标；（2）若该要素涉及附随情状（attendant circumstance），他认识到这样的情况存在或他相信或希望其存在。

第二，明知。在下列情况下，行为人对犯罪的某一实体要素具有明知：（1）若该要素涉及其行为或附随情状的性质，他认识到其行为是具有该种性质的行为或认识到这些附随情状存在；（2）若该要素涉及行为的结果，他认识到其行为引起这样的结果具有实际的确定性。

第三，轻率。行为人对犯罪的某一实体要素具有轻率，当他有意地无视该实体要素存在的实质的不正当的风险或者有意地无视将由其行为导致的实质的、不正当的风险。该风险必须具有这样的性质与程度，即从行为人的行为性质、目的与为其所明知的情状考虑，这种对风险的无视大大偏离了守法公民处于行为人的位置将会遵守的行为标准。

第四，疏忽过失。行为人对犯罪的某一实体要素具有疏忽过失，当他应该意识到该实体要素存在的实质的、不正当的风险或者由其行为导致的实质的、不正当的风险。该风险必须具有这样的性质与程度，即从行为人的行为性质、目的与为其所明知的情状考虑，行为人对该风险缺乏认知，大大偏离了理性人处于行为人的位置将会遵守的注意标准。

1. 蓄意

存在下列情形时,行为人对犯罪本体要件①实施的行为具有蓄意:

(1) 犯罪本体要件中包括特定行为或者其结果,行为人以有意识的目的(conscious object)实行该行为或者引起该结果;以及

(2) 犯罪本体要件中包括附随情状,行为人认识到该情状存在,或者,相信或者希望该情状存在。

2. 明知

存在下列情形时,行为人对犯罪本体要件实施的行为具有明知:

(1) 犯罪本体要件中包括特定行为或者附随情状,行为人知道该行为的性质或者该情状存在时;以及

(2) 犯罪本体要件中包括行为的结果,行为人知道行为引起该结果具有现实的确定性(practically certain)。

3. 轻率

对于犯罪本体要件存在或者其将由行为人的行为引起,有不合理的实质危险时,行为人有意识地无视该危险,对于犯罪本体要件实施的行为具有轻率。危险的性质和程度必须达到,从行为人的行为性质、目的和行为人知道的情况予以考虑,其无视行为严重背离(gross deviation)在行为人的处境下守法的人所应遵守的行为标准。

4. 疏忽

对于犯罪本体要件存在或者其将由行为人的行为引起,有不合理的实质危险时,行为人应当认识危险但没有认识,对于犯罪本体要件实施的行为具有疏忽。危险的性质和程度必须达到,从行为人的行为性质、目的和行为人知道的情况予以考虑,其未能认识该危险严重背离在行为人的处境下正常人(reasonable person)所应遵守的注意标准。

根据《美国模范刑法典》第 1.13 条规定:"蓄意地"还指"有意地"或者"有此意图","有此目的"、"已计划"、"有此计划"等相近术语与"蓄意地"含义相同;"明知地"与"知悉"、"有此认识"等相近术语含义相同;"轻率地"与"轻率"、"由轻率"等相近术语含义相同;"疏忽地"与"疏忽"、"因不注意"等相近术语含义相同。"合理相信"或者"合理确信",指行为人非因轻率或者疏忽而获得确信。

---

① 《美国模范刑法典》第 1.13 条第 10 款中对犯罪本体要件进行了解释,即规定犯罪的法律所禁止的行为,以及与之相连的危害,或者该行为的正当事由或者免责事由,与追诉时效、管辖权、审判地等类似事项无关的要件。

三、严格责任

(一) 严格责任的概念与历史

在英美法系,严格责任是指行为人实施行为时对某些犯罪必要条件没有犯罪心态,但依然要依照法律追究行为人刑事责任。有鉴于此,严格责任也被称为无罪过责任,绝对责任。但是,严格责任绝不是绝对的客观归责,完全不考虑主观因素。在英国,对犯罪行为的其他情况或者后果来说,犯罪意图仍然是必须的,仅依据行为就能给被告定罪的情况是极其少见的,通常是对某一行为的单独的重要的要素不要求犯意,那么罪行就被视为严格责任犯罪。①

拉丁法谚中有云:"actus non facit reum nisi mens sit rea",意思是除非内心是有罪的,否则行为人的行为不能单独使其成立犯罪。② 严格责任是对这句法谚的背反,是现代社会的发展带来的必然产物。严格责任的产生理由主要有两个:第一,随着社会发展的加快,对某些特别的利益,法律给予极其严格的保护。如向未成年人出售酒精饮料会对未成年人的身心健康造成损害,所以向未成年人售酒的行为不要求行为人有对未成年人年龄的犯罪心态。又如出售不适于人类食用的肉,不论销售者是否对此有认知,行为都构成犯罪。另外,对于通货膨胀、毒品、交通事故和污染这类具有极大风险的案件,法官通常以严格责任来保护社会不受犯罪损害。第二,某些严重危害公共利益的犯罪在取证中非常困难,如果遵循严格的诉讼程序,则证明行为人的犯罪心态几乎不可能。若把故意、过失之类的犯罪心态作为成立犯罪的条件,则往往会使被告逃脱惩罚,使公众利益处于风险中。考虑到严格责任的严厉性,对规定严格责任的犯罪通常处罚较轻。

(二) 英国刑法中的严格责任

英国刑法中的严格责任犯罪几乎全部集中在制定法中,制定法规定的严格责任犯罪主要集中在管理性法规中,如道路交通管理、财政金融规制、食品销售、房屋登记等。

一般认为,在英国普通法中,要求严格责任的犯罪只有两种,即公共危害类罪和刑事诽谤类罪。公共危害类罪,指的是违背法律或不履行法律规定义务,因而给公民行使基本权利带来阻碍、妨害的行为。这种罪主要包括环境型犯罪,如工厂的噪声、废水或者废气的排放给周边民众带来的侵扰等。在这种犯罪中,工厂中的负责人即使不知道员工的行为也可能对发生的危害结果负刑事责任。刑

---

① 参见〔英〕J. C. 史密斯、B. 霍根:《英国刑法》,李贵方等译;法律出版社 2000 年版,第 114 页。〔英〕鲁伯特・克罗斯、菲利普・A. 琼斯・理查德・卡德:《英国刑法导论》,赵秉志等译,中国人民大学出版社 1991 年版,第 67 页。

② 王雨田:《英国刑法犯意研究——比较法视野下的分析与思考》,中国人民公安大学出版社 2006 年版,第 26 页。

事诽谤类罪主要包括中伤性诽谤、亵渎性诽谤和诽谤法庭。这类罪是为了维护社会公德,如果一个人没有辩护理由,长期地攻击某人或者某一类人、基督教义、圣经、上帝或者其他神圣,或者在影响社会舆论的情况下攻击法庭,蔑视法庭权威,则会给社会良善的风气带来恶劣影响,从而侵犯公众利益。这是公众及统治者都不能允许的。

(三) 美国刑法中的严格责任

美国刑法中严格责任的规定主要体现在《美国模范刑法典》第2.05条中。虽然美国社会中对严格责任的批评声浪高涨,但在法典中没有彻底取消这种惩罚犯罪的有效方式,而是以一种妥协的方式将它保留下来。

《美国模范刑法典》中的严格责任没有划定具体罪名,而是指出除犯罪规定中有特别的要求,或者法庭认为适用可责性要求与有效执行规定犯罪的法律相符合外,对违警罪的犯罪可以适用严格责任。对《美国模范刑法典》以外的制定法规定的犯罪,只有立法明确规定对该犯罪或者该犯罪的任一本体要件施加严格责任时才可以适用。但是该罪被作为严格责任适用时,其自动降低为违警罪,与犯罪本身对应的刑罚不再考虑,只能适用违警罪的刑罚,即可以宣告低于500美元的罚金、罚金和没收或者其他民事制裁。当疏忽可以构成可责性时,即使对《美国模范刑法典》以外的制定法规定的犯罪中的一个或者多个本体要件施加了严格责任,也可以追究该罪的疏忽责任。

第二十一章 抗辩事由

第一节 抗辩事由概论

一、抗辩事由概述

在拉菲看来,刑法为具体犯罪定义以及相关适用原则等内容的结合,这些原则包括抗辩事由。① 所谓抗辩事由(defense),系指被告人主张检察官案件诉讼要求无效之理由陈述。被告人可以援用这些事由来避免有罪判决。

二、抗辩事由分类

(一)"正当事由"抗辩与"可得宽恕"抗辩

英美刑法将合法抗辩事由主要分为"正当事由"(justification)与"可得宽恕"(excuse)等两类抗辩事由。其中,所谓正当事由,通常系指行为人主张其犯罪行为在特定情境下实为社会所能接受而不应承担刑事责任之抗辩事由,涵盖"防卫自我"(self-defense)、"防卫他人"(defense of others)、"防卫财产及住所"(defense of property and habitation)、"紧急避险"(necessity)及"合法使用暴力"(use of lawful force)等。正当事由抗辩表明社会认可被告人特定行为之"道德上善"(morally good)、合乎社会需求(socially desirable)或至少没有错误。② 故而,以防卫自我而杀害他人在特定情形可认定为无罪。一般而言,有效的正当事由抗辩应符合必然性(necessity)、比例性(proportionality)及理性信念(reasonable belief)等特征。③

所谓"可得宽恕"抗辩,则是指行为人主张虽从事导致危害结果发生的不法行为,但道德上不应承担责任之抗辩事由,包括胁迫(duress)、精神病(insanity)或无意识(automatism)、醉态(intoxication)、事实错误(mistake of fact)、法律错误(mistake of law)及未成年(infancy)等。"正当事由"抗辩相当于大陆法系刑法之违法阻却,"可得宽恕"抗辩相当于大陆法系刑法之责任阻却。④

从法理学上分析,"正当事由"与"可得宽恕"涵义并不完全一样。具体而

---

① Wayne R. Lafave, *Principles of Criminal Law*, West Group, 2003, p.331.
② Joshua Dressler, *Criminal Law*, Thomson/West, 2004, p.189.
③ Ibid.
④ 储槐植:《美国刑法》(第三版),北京大学出版社2005年版,第65页。

言,前者阐明了对特定罪行禁止例外之抗辩事由,例如通常情形下意图实施凶杀可构成谋杀罪,但若行为人为正当防卫而为之则不构成犯罪。相比之下,可得宽恕系指虽认可罪行已然发生且为社会所不齿、但因行为人个人之机能不全(如精神缺陷、年龄过幼、无法控制自身行为等)对其无法定罪及施加刑罚之抗辩事由。换言之,前者侧重于"一定情景下行为之本质"(nature of the conduct under the circumstances),而后者则侧重于行为人之"道德责任"(moral culpability)。[1]

(二) 其他抗辩分类

"正当事由"抗辩与"可得宽恕"抗辩均属积极抗辩。积极抗辩(affirmative defense)又译为"积极答辩"、"肯定性抗辩"或"肯定性答辩",与消极抗辩(negative defense)相对应,系指被告人承认所控之罪符合该罪之实体要件(material elements),不过主张事出有因而无需承担刑事责任之抗辩事由。换言之,被告人并不否认所指控事实的真实性,但提出不应承担责任之理由。[2] 主张积极抗辩时,被告人须承担举证及说服责任(burden of production and persuasion)。

根据不同抗辩的功能及原理,抗辩又可分为不可验证之抗辩(failure of proof defenses)、罪行修正之抗辩(offense modification defenses)、正当事由、可得宽恕及无可辩解之抗辩(non-exculpatory defenses)等五类。其中,"不可验证之抗辩"系指被告人在庭审之中以证据表明所控罪名某些核心构成要件并不能达到排除合理怀疑证明程度之抗辩事由。[3]

第二节 年幼抗辩

一、年幼抗辩概述

(一) "未成年人"界定

在英文中,"adolescent"、"baby"、"child"、"infant"、"juvenile"、"minor"、"young person"及"youth"等都可表征未成年人,尽管具体词义在不同语境下各不相同。其中"infant"、"minor"、"young person"与"youth"可能最容易让我们中文读者感到困惑不解。以"infant"为例,据《布莱克法律词典》有两种解释:新生儿及未成年人。[4] 据《美国传统字典》(American Heritage(r) Dictionary)有两种解释:一是指儿童(child),特别是蹒跚学步之前的儿童;二是从法律意义上说

---

[1] Bonnie M. Richard, Anne M. Coughlin, John C. Jefferies, Jr. & Peter W. Low, *Criminal Law*, The Foundation Press, 1997, p.324.
[2] 薛波主编:《元照英美法辞典》,法律出版社2003年版,第48页。
[3] 转引自 Wayne R. Lafave, *Principles of Criminal Law*, West Group, 2003, pp.331—335.
[4] Garner A. Bryan, *Black's Law Dictionary* (8th edition), West Publishing Company, 2004, p.793.

"未满法定成年年龄"(under the legal age of majority)的未成年人。① 从后者的意义而言,许多英美学者主张"infant"与"juvenile"语义相同。不过,英国《家庭法改革法》(Family Law Reform Act of 1969)规定任何未达到 18 岁这一新法定成年年龄之人均称为"minor"以替代"infant"。《元照英美法辞典》主张,"在指未成年人时,用'minor'更为准确,不易产生混淆"。②

(二) 刑事责任与年幼抗辩

对未成年人而言,即便具有完全行为能力,但法律规定其承担法律责任的范围与程度都相对于成年人较小,或者某些情形下会免除其法律责任。在这一问题上,普通法系常以"无刑事能力"(doli incapax)表明未成年人刑事责任的有无(incapacity to do wrong),即"无责任不得处以刑罚"。

在普通法发展早期,年幼并非免除法律责任的抗辩事由,尽管年轻的被告人通常都会被宽恕(pardon)。10 世纪,15 岁以下未成年人不得被判处死刑。但一直到 14 世纪初叶,才确立 7 岁以下无需承担刑事责任。③ 根据普通法,7 岁以下的婴幼儿被推定不具有犯罪意图而无需承担任何刑事责任;而 14 岁以上的未成年人被视已较成熟、需就其犯罪行为承担刑事责任。但是对于 7 至 14 岁这一年龄段则被视为承担刑事责任的灰色地带,处于这一年龄段的未成年人原则上会被推定为不具有犯罪能力。不过如果有证据显示该少年对其不法行为的对错、善恶能够领会并加以区分,则可判断少年有罪而应承担由此所带来的不利后果。④

对问题少年刑事责任年龄的界定直接反映了对少年犯罪与偏差的宽容程度。《美国模范刑法典》第 4.10 条对刑事责任年龄做了如下规定,即不满 16 岁的人不能受到刑事审判和判决;行为人犯罪时达到 16 岁或 17 岁时可由少年法院审理;若少年法院放弃案件的管辖权或经少年法院同意,可将案件移送刑事法院审理。⑤ 不过这一规定尚为法理建议,各州在具体援用时意见不一。

"年幼抗辩"(infancy defense),系指基于被告人身处年幼这一客观事实而应免除刑事责任的抗辩事由。通常认为,未成年人因年幼不应该像成年人一样承担刑事责任。年幼年龄界定一般均由指定法或判例法予以明示,在此年龄之下,未成年人身心两方面均未臻成熟,是非辨别能力仍存欠缺,因而无须承担刑事责任;但倘若年龄一旦达到此界线,即可能因其所犯罪行为承担相应刑事责任。未

---

① Houghton Mifflin Company, *American Heritage(r) Dictionary of the English Language* (4th edition), Retrieved January 6, 2007, from http://www.bartleby.com/61/50/I0125000.html.
② 薛波主编:《元照英美法辞典》,法律出版社 2003 年版,第 691 页。
③ Wayne R. Lafave, *Principles of Criminal Law*, West Group, 2003, p.367.
④ William Blackstone, *Commentaries on the Laws of England: A Facsimile of the First Edition of 1765—1769*, 1979, University Of Chicago Press.
⑤ Model Penal Code, §4.10.

成年人生理特征均影响其是否承担刑事责任以及责任的大小,但这并非唯一要件要素。普通法及制定法都确定以未成年人犯罪时年龄而非审判时年龄作为评判其是否可主张"年幼抗辩"之年龄依据。同样,这一年龄亦取决于生理年龄(chronological age),而非心理年龄(mental age)。

随着时间推移,英美法系国家及地区在未成年人刑事责任年龄确定上有所变化。如《澳大利亚刑事法典》第7.1条规定,不满10岁之未成年人不承担刑事责任。① 第7.2条继而又规定,10至14岁间的未成年人仅可在能辨认其行为对错时承担刑事责任,由检方承担相应举证责任。②

二、少年法院之管辖

大多数英美法域以立法来确定不同年龄区间的未成年人触法时少年法院的管辖权。如《美国模范刑法典》第4.10条规定,16岁以下未成年人应由少年法院管辖;除非少年法院弃权,否则介于16或17岁之未成年人亦应受少年法院管辖。③

依少年法院诉讼规则,触法少年并非"被审判有罪"(convicted),而是"被裁判偏差"(adjudicated delinquent)。有些法域还允许少年法院放弃对某些未成年犯管辖,而由刑事(成人)法院将其视同成年被告人审理。

第三节 精神病抗辩

一、精神病抗辩概述

(一) 刑法意义之精神病

英文"精神病"(insanity)又称"法律精神病"(legal insanity),系社会学及法学专门术语而非医学术语,系指"因精神疾病或精神缺陷,行为人缺乏像正常人那样对事物性质的辨认能力或对自己行为的控制能力,此时他实施社会危害行为,不负法律责任"。④ 根据《布莱克法律词典》解释:精神病系指已严重到能使人缺乏法律能力(legal capacity)而使其得以免受刑事或民事责任追究之任一精神错乱。《布莱克法律词典》随之特别强调,"精神病为法律标准,而非医学标准"。⑤ 被告人是否可因精神病获罪并不单单依赖于其精神损伤的程度或其他

---

① Australian Criminal Code Act of 1995, §7.1.
② Australian Criminal Code Act of 1995, §7.2.
③ Model Penal Code, §4.10.
④ 薛波主编:《元照英美法辞典》,法律出版社2003年版,第703页。
⑤ Bryan A. Garner, *Black's Law Dictionary* (8th edition), West Publishing Company, 2004, p.810

医学结论,而在于这种损伤结果是否已然达到"可接受之法律标准"(met the applicable legal standard)。① 即便是法律意义上的"精神病"概念,其具体涵义也随不同法域法律而有些差异。

刑法意义上"精神病"具体涵义随着不同环境而有所差异。在拉菲看来,从刑事诉讼法角度来讲,对"精神病"概念的理解应至少考虑到这样四个方面:确定犯罪嫌疑人或被告人是否适合接受审判、确定犯罪嫌疑人或被告人是否适合提交执行(submit to execution)、确定犯罪嫌疑人或被告人是否可主张精神病抗辩、确定犯罪嫌疑人或被告人是否不应当予以释放。②

(二) 精神病抗辩

精神病抗辩(insanity defense)又称"精神病答辩"(insanity plea),系指被告人主张犯罪乃因精神错乱(mental disorder)驱使而为的抗辩事由。被告人可主张精神疾病已妨碍其判断正误对错,或无法控制其行为,因而刑法之刑罚及威慑目的不能实现。与此同时,设立精神病抗辩之另一重要理由在于对被告人可实行监禁(incarceration)。依《美国法典》第18编第1章第17条规定,作为积极抗辩事由,精神病抗辩可针对检方之联邦犯罪指控而作出,意即在实施所控犯罪行为之时,被告人因受制于严重精神疾病或缺陷而无法理解其不当行为之本质(nature)及特征(quality)。该条又特别指出,仅有精神疾病或缺陷并不必然构成有效抗辩。③《得克萨斯州刑法典》第8.01条规定,精神病抗辩系指行为人针对检方之指控而主张因严重精神疾病或缺陷(mental disease or defect)无法辨认其行为之积极抗辩;术语"精神疾病或缺陷"并不涵盖累犯之异常及其反社会行为。④

作为抗辩事由之一,精神病抗辩在英美法系中已存续数百年之久。之所以建立精神病抗辩,目的通常在于将之与刑事司法体系相脱离,而将犯罪人进行医疗看护安置(medical-custodial disposition)。⑤ 就结果而言,精神病抗辩与其他抗辩大相径庭:即便法庭认可精神病抗辩,也不意味着犯罪人因判决无罪而被释放,取而代之的是犯罪人将获得一特殊形式的有罪判决或"发现"(founding)被告人因"精神病原因而无罪"(not guilty by reason of insanity,简称 NGRI),被告人将被送往精神病机构接受治疗。

(三) 精神病抗辩之分类

在美国刑法学家史蒂文·L.伊曼纽尔(Steven L. Emanuel)看来,围绕"缺乏

---

① George E. Dix, *Criminal Law* (5th Edition), Thomson/West, 2002, p.89.
② Wayne R. Lafave, *Principles of Criminal Law*, West Group, 2003, p.261.
③ 18 United States Code, § 17.
④ Texas Penal Code, § 8.01.
⑤ Wayne R. Lafave, *Principles of Criminal Law*, West Group, 2003, p.261.

意识责任"(lack of mental responsibility),被告人就所涉嫌罪名可提出五种抗辩,包括精神病抗辩(insanity defense)、减轻责任抗辩(defense of diminished responsibility)、无意识行为(automatism)、中毒抗辩(defense of intoxication)与年幼抗辩(infancy defense)。其中,精神病抗辩包括 XYY 染色体抗辩(XYY chromosome defense)。①

与生物社会学联系最为紧密的 XYY 性染色体(XYY syndrome)研究,为我们理解精神病抗辩提供了生物学上的独特视角。XYY 性染色体理论基本出发点在于染色体异常可导致暴力与犯罪。人体之中存续有 23 对染色体,包含 X 与 Y 两种基本性染色体,X 性染色体表征女性特征,比较被动性;而 Y 性染色体则表征男性特征,比较主动性。通常情况下,X 性染色体与 Y 性染色体结合为 XY,为男性;两个 X 性染色体结合成的 XX 染色体为女性。但有些男性可能会比正常的男性多出一个 Y 染色体,即性染色体为 XYY 而被称为"超级男性"(super-male)。因 Y 染色体的好斗与反社会性,此类男性远较正常男性暴力倾向明显,故而从事犯罪行为概率也会较高。XYY 染色体抗辩又被简称"XYY 抗辩"(XYY defense),系指男性被告人主张其犯罪行为系因额外 Y 染色体使其具有无法控制之攻击性冲动(aggressive impulse)而致,故而不应承担刑事责任之抗辩事由。②

英国研究人员曾对英格兰与苏格兰地区犯罪性精神病院进行普查,结果发现 XYY 性染色体异常的占 2%,而普通人群中这种发病率不过 0.11%,即前者是后者的 18 倍之多。③ 在此类研究推动下,许多英美遗传学家与犯罪学家因此主张行为人 XYY 性染色体异常会导致"智力低下"、"中枢性协调障碍"及"性情暴躁"等特征,这与犯罪性存在一定联系。不过,因缺乏坚实科学基础,大多数国家现已否弃 XYY 性染色体抗辩。④

二、精神抗辩之构成要件

(一) 精神病之认定

被告人声称其作奸犯科实出于精神病驱使的主张,并不能自动构成有效之精神病抗辩。所谓精神病创伤(impairment)之说,须满足一定条件,特别是在被告人实施犯罪行为时对其精神状态产生显著影响之后,亦不能单纯对于此类口供予以否定。"创伤"由"认知创伤"(cognitive impairment)及"意志创伤"(voli-

---

① Steven L. Emanuel, *Criminal Law*, Aspen Law & Business, 2000, p.67.
② Garner A. Bryan, *Black's Law Dictionary* (8th edition), West Publishing Company, 2004, p.1645.
③ 经承学、谢湘芝、苏瑞琼、李树全:《XYY 综合征与行为异常》,载《中国行为医学科学》1995 年第 2 期,第 89 页。
④ Garner A. Bryan, *Black's Law Dictionary* (8th edition), West Publishing Company, 2004, p.1645.

tional impairment)组成。其中,"认知创伤"关注行为人之"理智过程"(intellectual processes),涉及行为人之"现实感知"(perceive reality)能力及相关推理能力。与此相反,"意志创伤"则关注行为人控制其行为之能力,涉及行为人避免参与一理智之人可判定为不法行为—之受损能力。①

关于精神失常的认定,1843年"麦克纳腾案"②中,法官在向陪审团的指示中认为,"在该行为发生时,被告人有还是没有能力认识到他正在做一件错误的或邪恶的事。如果陪审员认为被告人在发生这一行为时不知道他正在违反上帝和人类的法律,那么他就应该得到有利于他的判决;但是反过来,如果他们认为在发生这一行为时他是处于一种健全的理智状态,那么,他们的裁决肯定是不利于他的"。③ 面对批评与质疑,法官随后的答复中称,"在所有的案件中都应该告诉陪审员,被告人都是可以被推定神智健全的,而且对于自己的犯罪行为都具有足够的推理能力。但相反的证据可以使他们确信情况不过如此;而且以精神失常为理由进行辩护,必须清楚地证明,在发生行为时,被告人由于大脑疾病而缺乏理智,以致不知道自己正在进行的行为的性质;或者如果他知道这一点,就必须证明他不知道他做的事情是错误的"。④

(二)精神病抗辩之司法认定

精神病抗辩成立必须要证明病理及法学两个要件。前一个要件表明行为之病理要件,即医学标准;而后一个要件则表明行为的缺乏认识能力,即法学标准。⑤ 英美刑法通常有四种对精神病抗辩的司法检验规则,即姆纳顿规则(M'Naghten rule)、不可抵制之冲动规则(irresistible impulse rule)、达拉谟规则(Durham rule)及实质能力规则(substantial capacity rule)。在美国大部分州,精神病抗辩往往还需要与"无证据显示与精神疾病或缺陷关联"规则结合使用。

1. 姆纳顿规则

姆纳顿规则源自对丹尼尔·姆纳顿规则的无罪判决。1843年,姆纳顿误认为时任英国首相正从事谋杀其的阴谋,故企图将后者暗杀。但却误击其秘书,后者5日后因伤势过重不治身亡。法院认为该人患有偏执妄想症(paranoid delusions)。判决书指出,"如果行为人在实施行为时,由于精神上的疾病导致缺乏理智而不能了解其行为的性质,或不知其行为是错误的,则不负刑事责任"。⑥

此案形成了对精神错乱者是否承担刑事责任之判断标准——姆纳顿规则,

---

① George E. Dix, *Criminal Law* (5th Edition), Thomson/West, 2002, p.92.
② 原引文如此,疑似"里贾纳诉麦克诺滕"案(Regina v. McNaughten, 10 C1 Fin 200 (1843))。
③ 转引自〔英〕丹宁勋爵:《法律的未来》,刘庸安、张文镇译,法律出版社1999年版,第58页。
④ 同上书,第58—59页。
⑤ 宣炳昭:《香港刑法导论》,陕西人民出版社2008年版,第91页。
⑥ 转引自薛波主编:《元照英美法辞典》,法律出版社2003年版,第922页。

或译为南顿规则、姆拉坦规则及麦诺顿规则等。因姆纳顿规则专注于测试被告人是否能够分辨对错，故而又被称为"对错规则"（right-wrong test）。据这一规则，被告人须以"可能性之权衡"（balance of probabilities）这一民事诉讼举证之"优势证据"（preponderance of evidence）责任，以证明在犯罪之时，被告人正煎熬于心理疾病之痛，而无法理解出其不法行为之本质与特征，或虽能理解但无法分辨对错与否。① 该规则用来测试被告人心智是否正常、是否可以分辨是非曲直。澳大利亚、新西兰、加拿大、英格兰和威尔士、爱尔兰及我国香港地区等国家与地区，及美国大多数州（蒙大拿州、爱达荷州和犹他州例外）大体上仍遵循此例，历经多次修正后沿用至今。

2. "不可抵制之冲动"规则

一些英美法域在姆纳顿规则基础上辅之以"不可抵制之冲动"测试。该规则又被称为"不可抵制之冲动补充下的是非判别测试"（right-wrong supplemented by irresistible impulse test），认可当被告人因精神病困扰而无法控制自身行为时可主张精神病抗辩。

依"不可抵制之冲动"规则，被告人无需证明犯罪时精神失常，仅证明初犯所指控罪行时受外力控制无法挣脱即可主张无罪抗辩。相比姆纳顿规则，"不可抵制之冲动"规则在承认失去能力为精神病而免责的同时，也补充了失去意志控制能力也可构成精神病免责理由，其就抗辩范围宽于前者。②

3. 达拉谟规则

达拉谟规则或译为德赫姆规则，又称"精神病结果测试"（"product" test of insanity），源自19世纪，但直到1954年达拉谟诉合众国案后才广为人知。依达拉谟规则，犯罪行为系被告人之心理疾病或缺陷使然，之所以无需承担刑事责任系因其人格有缺陷。③

然而，在1972年的合众国诉布劳诺案中，法院又推翻了上述判决。④ 目前，全美仅余一州使用这一规则。

4. 实质能力规则

实质能力规则又称真实能力规则，系姆纳顿规则与"不可抵制之冲动"规则等两种规则之结合产物。《美国模范刑法典》第4.01条规定，若行为人实施犯罪行为系因心理疾病或缺陷致使其缺乏实质辨认（appreciate）有罪性之能力或实质服从法律要求之能力，在此情景之下行为人无需为其犯罪行为承担刑事责

---

① Roger Geary, *Essential Criminal Law* (2nd edition), Cavendish Publishing, 1998（武汉大学出版社2004年影印版），p. 138。
② 张旭主编：《英美刑法论要》，清华大学出版社2006年版，第85—86页。
③ *Durham v. United States*, 214 F. 2d 862 (D. C. Cir. 1954).
④ *United Sates v. Brawner*, 471 F. 2d 969 (D. C. Cir. 1972).

任。这里"心理疾病或缺陷"并不涵盖惯犯(repeated criminal)之变态行为或反社会行为。① 因实质能力规则由《美国模范刑法典》提出,故而又被称为"模范刑法典规则"。

该规则主张,若行为人实施某行为时因缺乏评价该行为是否为犯罪或缺乏使其行为符合法律要求之实际能力时,其可不承担刑事责任。② 目前,全美有6个州的刑法典、全部联邦上诉法院及部分地方法院采用这一规则。③

三、精神病抗辩之必要限度

精神病抗辩最初仅限于认知缺陷的情形,对其适用的扩大性解释一直延续到20世纪70年代末,特别是在《美国模范刑法典》之推动下更是如此。不过,在约翰·辛克利(John Hinckley)1981年袭击时任总统罗纳德·里根(Ronald Reagan)却因精神病抗辩无罪释放后,诸多法域随即对精神病抗辩的适用持减少之谨慎标准。如达谟规则批评者认为,该规则过度依赖医学证据,使得陪审团鲜有作为。

四、特殊精神病抗辩

在一定条件下,被告人之精神病抗辩由于这样或那样的理由不能完全成立,但仍可主张刑事责任之减免。随着加利福尼亚州最高法院通过的相关判决,所谓"部分抗辩"(partial defense)在美国一些法院被认可作为精神病抗辩的特殊形式。因"减轻心智容量"(diminished mental capacity)概念下,身受某些精神疾病或缺陷而涉嫌谋杀罪时,被告人可主张部分抗辩以期刑事责任之减免,如从一级谋杀罪减为二级谋杀罪。④

除了降低指控程度外,部分抗辩亦允许降低指控罪名,从而达到刑事责任之减免的目的。如据《美国模范刑法典》第210.3(1)(b)条规定,若谋杀罪由合理理由或可得宽恕事由解释为被告人受制于极端之精神或情绪紊乱,谋杀罪可降低为凶杀罪、凶杀罪可降低为过失杀人罪。⑤

此外,"黑人愤怒精神病抗辩"(black-rage insanity defense)亦可视为特殊之精神病抗辩。该抗辩系指非洲裔美国人部分因族裔偏见而触发暴力之抗辩,最早出现于20世纪90年代中期。

---

① Model Penal Code, §4.01.
② 储槐植:《美国刑法》(第三版),北京大学出版社2005年版,第77—78页。
③ 张旭主编:《英美刑法论要》,清华大学出版社2006年版,第86页。
④ Joshua Dressler, *Criminal Law*, Thomson/West, 2005, p.235.
⑤ Model Penal Code, §210.3(1)(b).

第四节 错误抗辩

一、错误抗辩

(一) 错误抗辩概述

所谓错误(mistake 或 ignorance)又称误解或误会,"在法律上指对涉及法律后果的事物存在错误的认识、意见或行为,即认识因不知情、受惊、健忘、被强制或错误信念而与实际不符";对此,《元照英美法辞典》解释道,"人在错误认识情况下的作为或不作为是非故意的,不正确的,如果了解其真实情况,即不会如此去作为或不作为,所以称作错误或误解"。①

(二) 错误抗辩之分类

错误抗辩可分为事实错误抗辩(mistake of fact)及法律错误抗辩(mistake of law)。

1. 事实错误抗辩

所谓事实错误亦可称为"事实上的错误",包括"将实际不存在的事实误认为存在,或将重要事实因无意识、不知情、健忘等原因而误认为不存在"。② 事实错误,包括对象错误、方法错误、因果关系错误、错觉错误等具体类型。③

一般而言,事实错误抗辩倾向于使那些"表面上证据确凿的案件"(prima facie case)之构成要件无效。据《美国模范刑法典》第 2.04(1)(a)条规定,事实错误可否定犯罪实体要件(material element of the offense)成立所需之"有意"(purpose)、"明知"(knowledge)、"确信"(belief)与"粗心"(recklessness)等主观状态,被告人可主张开罪。④

1889 年,在英国"女王诉泰尔森"(Regina v. Tolson)案中,被告人因其丈夫查无音信 6 年后再婚而被指控重婚罪。她认为其夫早已葬身海底,而事实上后者将其抛弃而在其他地方逍遥。不料,被告人婚后不久其夫再次现身。法院判定因被告人"诚信善意且正当理由"(in good faith and on a reasonable grounds)确信其夫已然死亡,被告人重婚罪不成立。⑤ 在法院看来,基于事实之错误,被告人可主张该抗辩事由。

---

① 薛波主编:《元照英美法辞典》,法律出版社 2003 年版,第 921 页。
② 同上。
③ 张旭主编:《英美刑法论要》,清华大学出版社 2006 年版,第 91 页。
④ Model Penal Code, §2.04(a).
⑤ *Regina v. Tolson*, (1889) LR 23 QBD 168, CCR

2. 法律错误抗辩

所谓法律错误亦可称为"法律上的错误",系指"了解全部事实而就其法律后果得出错误的结论,即对事实的不全面或不正确判断而形成的错误意见或推断"。① 法律错误可能源于两类错误,即法律的无知和误解。这大体上包括刑法法规存在与否之错误、合法行为误认为犯罪行为之错误、犯罪行为误认为合法行为之错误及罪名与罪行轻重认识错误等四类表现形式。②

根据普通法,"对法律的茫然不知不得成为宽恕理由"(ignorantia juris non excusat)。《美国模范刑法典》第2.04(1)(b)条规定,若法律规定"基于法律之错误"而形成的心理状态(state of mind)可构成抗辩事由时,被告人可主张开罪。③

二、错误抗辩之构成要件

英美刑法主张,合法有效之错误抗辩须对"错误"进行测试,包括主观测试及客观测试。前者旨在确认被告人是否对所主张的抗辩事由诚实地相信,后者意图由常人(sober and reasonable person)确认所使用暴力之限度。

第五节 醉态抗辩

一、醉态抗辩概述

(一) 醉态概念

醉态,系指"因饮用酒精饮料或服用药物而使人在一定时间内减弱甚至丧失辨认或控制能力"。④ 据《美国模范刑法典》第2.08(5)(a)条规定,所谓"醉态"系指因摄入(具有麻醉性)物质而引发精神或身体机能处于紊乱状态。⑤ 又据《澳大利亚刑法典》第8.1条规定,醉态即自我醉态(self-induced intoxication),除非出自非自愿(involuntarily)或源于欺诈(fraud)、突发或非同寻常之紧急情况、意外(accident)、合理错误(reasonable mistake)、胁迫(duress)或外力(force)。⑥ 导致醉态的酒精饮料或药物很多,包括酒及毒品等。

(二) 醉态特征

醉态一般可分为自愿醉态(voluntary intoxication)与非自愿醉态(involuntary

---

① 薛波主编:《元照英美法辞典》,法律出版社2003年版,第921页。
② 张旭主编:《英美刑法要论》,清华大学出版社2006年版,第90页。
③ Model Penal Code, §2.04(1)(b).
④ 薛波主编:《元照英美法辞典》,法律出版社2003年版,第726页。
⑤ Model Penal Code, §2.08(5)(a).
⑥ Australian Criminal Code Act of 1995, §8.1.

intoxication)。其中,自愿醉态又可译为故意醉态,又被称为自我醉态。自愿醉态不能作为免责或减轻刑事责任的抗辩事由。

《美国模范刑法典》将醉态分为"自我诱发性醉态"(self-induced intoxication)与"病理性醉态"(pathological intoxication)两类。其中,"自我诱发性醉态"系指行为人明知摄入致醉且知道或应当知道这可引发醉态之状态,除非遵医嘱或对所指控犯罪可提出抗辩事由。滤及摄入量,"病理性醉态"则系指摄入严重过量致醉品而行为人并不知晓其易受影响之状态。[1]

二、醉态抗辩之构成要件

对于醉态抗辩,《元照英美法辞典》解释道,"被指控在醉态下犯罪者,若以醉态作为抗辩理由,则其醉态必须是非自愿造成的病导致其确实不能理解其行为的违法性,因而不能依据法律行事"。[2]《美国模范刑法典》第2.08条规定,除非与犯罪构成要件相左,否则行为人之醉态状态不得作为抗辩事由;另有约定的不在此限。此外,当"粗心"(recklessness)作为犯罪构成要件时,行为人因"自我诱发性醉态"而未意识到其在清醒状态下应能认识到之危险时,该"未意识"(对成立犯罪)无关紧要。[3] 换言之,醉态本身并不能成为刑事免责事由。

但若该醉态状态并非系由"自我诱发性醉态"与"病理性醉态"引发,且行为人行为时缺乏辨别行为犯罪性(criminality)或使之行为合乎法律规定的能力时,行为人可主张积极抗辩。[4]

三、醉态抗辩之必要限度

被告人醉态驾驶(driving while intoxicated)或在公共场所酗酒,很难主张醉态抗辩。一般情况下,醉态本身并不构成合法有效之精神病抗辩。如《美国模范刑法典》第2.08(3)规定,醉态本身并不构成精神病。[5] 但这并不意味着醉态绝对不能引发或附带精神病[6],醉态抗辩与精神病抗辩有时可以交叉。在"布鲁斯诉亚利桑那州"(Burrows v. State)案中,法院认定倘若被告人能证明其意识受损满足法定要件,则非自愿醉态可作为精神病抗辩事由成立。[7] 无独有偶,在"人民诉格里戈斯"(People v. Griggs)案中,法院认定重复使用麻醉品而导致体

---

[1] Model Penal Code, §2.08.
[2] 薛波主编:《元照英美法辞典》,法律出版社2003年版,第726页。
[3] Model Penal Code, §2.08(1).
[4] Model Penal Code, §2.08(4).
[5] Model Penal Code, §2.08(3).
[6] The American Law Institute 编,刘仁文、王祎等译:《美国模范刑法典及其评注》,法律出版社2005年版,第38页。
[7] *Burrows v. State*, 297 P. 1029 (Ariz. 1931).

能或精神紊乱亦可主张精神病抗辩。① 但是,上述精神病抗辩仍仅限于自愿醉态,非自愿醉态被排除在外。

四、特殊醉态抗辩

以上醉态抗辩属自愿醉态抗辩,若醉态系由胁迫、受骗、遵照医嘱、无辜的错误及病理性原因等非自愿情况引发的,被告人可主张合法抗辩。②

第六节 胁迫抗辩

一、胁迫抗辩概述

胁迫(duress 或 coercion),是指"某人用以迫使他人违背其自由意志从而为或不为的任何非法威胁或强制"。③ 任何人在受到暴力或以暴力相威胁时可主张胁迫抗辩。

在大陆刑法中,"紧急避险"之危险来源涵盖人的行为及自然力量。对此,英美刑法将前者称为胁迫,后者为紧急避险。④ 据《美国模范刑法典》第2.09(1)条规定,行为人因其自身或他人受非法暴力或以暴力相威胁之胁迫而实施所指控的犯罪行为,且意志力正常之人(person of reasonable firmness)在此情景下亦无可抗拒时,行为人可主张之积极抗辩。⑤

二、胁迫抗辩之构成要件

为了使得胁迫抗辩事由成立,一般须满足四个要件:(1)威胁(threat)必须是严重肢体伤害及死亡,(2)所受威胁之危害(harm)必须大于由犯罪所造成之危害,(3)威胁必须迫在眉睫且无法逃脱,(4)被告人必须因非自身过错卷入上述情境。⑥ 考察是否存在胁迫,须"按主观标准予以确定,即被胁迫者的自由意志是否已被遏抑,而不是凭一般具有通常的勇气和毅力的人的自由意志是否被遏抑来加以判断"。⑦

---

① *People v. Griggs*, 17 Cal. 2d 621 (1941).
② 储槐植:《美国刑法》(第三版),北京大学出版社 2005 年版,第 82 页。
③ 薛波主编:《元照英美法辞典》,法律出版社 2003 年版,第 451 页。
④ 储槐植:《美国刑法》(第三版),北京大学出版社 2005 年版,第 82 页。
⑤ Model Penal Code, §2.09(1).
⑥ Larry Gaines and Miller, LeRoy, *Criminal Justice In Action: The Core*, Thomson/Wadsworth, 2003, p. 123.
⑦ 薛波主编:《元照英美法辞典》,法律出版社 2003 年版,第 451 页。

三、胁迫抗辩之必要限度

胁迫必须在一定限度内方可成为合法抗辩事由。如《美国模范刑法典》第2.09(2)条规定,当行为人因粗心而使其置身于可能受到胁迫之情景时,其不得主张胁迫抗辩。同样的,当行为人因疏忽而使其置身于可能受到胁迫之情景时,无论该疏忽是否足以成立追诉犯罪可责性,其不得主张胁迫抗辩。① 对自愿将自身置于可能被他人胁迫犯罪境地的被告人来说,其不得主张胁迫抗辩。英美刑法认为,该类被告人应充分认识到其自愿置身于其中的风险,包括被胁迫的风险。②

依《美国模范刑法典》第2.09(3)条规定,除非胁迫构成抗辩,否则女性依其丈夫之命而实施之行为,其不得主张胁迫抗辩。③ 结合第2.09(4)条及3.02条相关规定,《美国模范刑法典》并不排斥行为人紧急避险时亦可主张胁迫抗辩。

四、特殊胁迫抗辩

依普通法,除叛国罪及谋杀罪外,已婚女子对在其丈夫要求下实施之犯罪行为无需承担刑事责任。不但如此,只要丈夫在场情况下实施之犯罪行为,也可推定其丈夫为胁迫者。目前,这一特殊胁迫在美国仅有个别州予以保留。④

第七节 正当防卫抗辩

一、正当防卫抗辩

(一) 正当防卫抗辩概述

一般来说,正当防卫可分为防卫自我(self-defense)、防卫他人(defense of others)、防卫财产及居所(defense of property and habitation)及防卫执法(defense of law enforcement)等四类,尤以前两者为主。防卫自我抗辩系指当被告人合理地相信自身正在遭遇来自他人迫在眉睫的不法侵害时,其有权对不法侵害人使用暴力(force)。本节以防卫自我为例介绍正当防卫之相关抗辩内容。

防卫他人又称防卫第三方(defense of third party),系指当被告人合理地相信他人(非本人)正在遭遇来自他人迫在眉睫的不法侵害时,其有权对不法侵害

---

① Model Penal Code, §2.09(2).
② 马闻:《美国刑事司法制度》,中国政法大学2004年版,第136页。
③ Model Penal Code, §2.09(3).
④ 储槐植:《美国刑法》(第三版),北京大学出版社2005年版,第84页。

人使用暴力之抗辩事由。根据早期普通法，行为人身处父母或配偶等特殊之保护者地位时，可对被保护者主张防卫他人权。大多数现代普通法已放弃这一规则，转而允许任何行为人均可在一定条件下主张防卫他人权。①

防卫财产及居所又可分为防卫财产（defense of property）及防卫居所（defense of habitation），其中防卫财产抗辩系指当被告人合理地相信其财产正在遭遇来自他人迫在眉睫的不法侵害时，其有权对不法侵害人使用非致命性暴力（non-deadly force）。防卫居所抗辩系指当被告人合理地相信其居所正在遭遇来自他人迫在眉睫的不法侵害时，其有权对不法侵害人人使用暴力。依普通法，被告人不得主张使用致命性暴力（deadly force）以防卫其不动产被强占，但有权使用致命性暴力以防卫其在居所内的个人隐私及安全。② 然而，《美国模范刑法典》并未将防卫财产及防卫居所加以区分，而是等量齐观。

防卫执法抗辩系指法律允许警方或协助警方之他人、为实施合法逮捕或制止已被逮捕之嫌疑人逃脱可运用适度暴力的抗辩事由。③

二、防卫自我抗辩之构成要件

伊曼纽尔主张有效之防卫自我应符合下述五个要件，即抵抗不法侵害（resist unlawful force）、抵抗力不得超出必须范围（force must not be excessive）、致命性暴力、有现实之侵害者（aggressor）及退避（retreat）。④

三、正当防卫抗辩之必要限度

（一）必要限度及致命性暴力

在1965年"新泽西州诉菲艾"（State v. Fair）案中，法院指出，"作为一项基本原则，任一人可使用看起来之合理限度暴力，以阻止迫在眉睫的、针对其之不法侵害"。⑤ 这里所谓"看起来之合理限度"（reasonably appears to be necessary）系"确实有必要"（actually is necessary）与"诚实地看起来有必要"（honestly appears to be necessary）之妥协产物。在1973年"合众国诉彼得森"（United States v. Peterson）案中，法院认为，"作为免罪法则，防卫自我可合法剥夺他人生命，时至今日这与布雷克司顿时代并无两端"；法院继而以"但书"指出，"但是，防卫自我之权仅始于必要之初、终于必要之末，不得超出必要范围"。⑥

---

① Arnold H. Loewy, *Criminal Law* (4th edition), Thomson-West, 2003, p.81.
② Joshua Dressler, *Criminal Law*, Thomson/West, 2005, pp.199—201.
③ 储槐植：《美国刑法》（第三版），北京大学出版社2005年版，第91页。
④ Steven L. Emanuel, *Criminal Law*, Aspen Law & Business, 2000, pp.107—111.
⑤ *State v. Fair*, 211 A. 2d 359 (N.J. 1965).
⑥ *United State v. Peterson*, 483 F.2d 1222 (1973).

对此,美国刑法学家阿诺德·H. 路威(Arnold H. Loewy)举例说明:当某甲威胁且看起来很像殴打某乙时,某乙还以拳头猛击某甲,某乙无须承担责任,即便某甲实际上只不过是只纸老虎,仅仅声色俱厉恐吓某乙而已。显然,若依"确实有必要"标准,某乙不得主张防卫自我之抗辩。另外,若甲之威胁实际上并非严重,某乙据此"诚实地"但并非"合理地"认为其正遭遇来自某甲之威胁而出手伤及某甲,某乙可能将为此承担侵犯罪及殴打罪之刑事责任。①

这种合理限度暴力不能无限达纲上限,即便行为人合理确信其正在遭遇不法侵害,也不得触及致命性暴力。例如,某甲为避免某乙轻微伤害行为而枪击后者,已明显超出必要范围。对致命性暴力之使用,制定法及判例法均有严格限定,仅可适用于"看起来有必要合理"的回击以避免迫在眉睫之死亡、重伤、避免严重重罪之实施或逮捕重罪犯罪人。② 任何人均不得使用致命性暴力行为来应对非致命性暴力行为。

考虑到实施防卫的双方实力,一些判例对此作出了变通处理。在"华盛顿州诉万柔"(State v. Wanrow)案中,法院认定当身体较弱者"合理"感受到来自身体强壮者之死亡或重伤威胁时,前者可使用致命性暴力。③《美国模范刑法典》第3.04(1)条规定,当行为人此时面对来自他人之不法暴力侵害,且确信使用暴力回应确有即时之必要时,其防卫自我具有正当性。④

对于防卫自我的限度,《美国模范刑法典》第3.04(2)(a)(i)条作了限制性规定,在明知警方实施逮捕,即便系无相当理由(probable cause)之非法逮捕,行为人亦不得以暴力抗拒逮捕。⑤ 但是,这项原则并不禁止被逮捕者在确信警方试图以过度暴力完成逮捕时可使用之暴力回应。

当行为人仅可在面对来自他人之致命性暴力侵害,且确信使用致命性暴力回应确有即时之必要避免迫在眉睫时,其防卫自我具有正当性。但若非致命性回应足以成效,则致命性暴力不得被用以对抗迫在眉睫之侵犯。为进一步确定何种情境下可使用"致命性暴力",《美国模范刑法典》第3.04(2)(b)规定,当行为人确信使用致命性暴力可即时且必要保护其人身免受死亡、严重肢体伤害、强奸及绑架时,行为人可主张防卫自我抗辩。⑥

---

① Arnold H. Loewy, *Criminal Law* (4th edition), Thomson-West, 2003, pp. 73—74.
② Ibid., p. 74.
③ *State v. Wanrow*, 559 P.2d 548 (Wash. 1977).
④ Model Penal Code, § 3.04(1).
⑤ Model Penal Code, § 3.04(2)(a)(i).
⑥ Model Penal Code, § 3.04(2)(b).

（二）"退避规则"

1."退避规则"之基本原则

依普通法，若行为人能全身而退，却以毫无必要之致命性暴力击杀挑衅者时，各法域则做法不一。美国多数法域允许行为人使用暴力击退任何不法致命性侵犯，即便已知可以安全退避。但仍有为数不少的法域主张被以致命性暴力相威胁之行为人，在意识到其退避可毫发无损时，必须退避而不能使用致命性暴力。

许多英美法域及《美国模范刑法典》均明文规定了"退避规则"（retreat rule），用以规范防卫自我抗辩之适用。所谓退避规则，系指要求被告人在实施致命性暴力前，若有可能安全退避则应退避之规则。①

2."退避规则"之例外情形

当行为人身处私宅或附属庭院时，行为人不必依常规退避，即使这样可保证毫发无损。此外，一般情况下，行为人在工作场所时也可不遵循退避规则。但无论是从私宅还是办公场所退避，仍需满足一定条件。对此，《美国模范刑法典》第3.04(2)(b)规定两个原则性条件：行为人为最初侵害人且期许重新获得防卫自我权；即便其并非侵害人，若其遭遇同事之侵犯。② 不过，《美国模范刑法典》对遭遇同居者之侵犯时行为人是否应退避只字未提。

四、特殊防卫自我抗辩

近年来，英美诸法域与被殴配偶综合症（battered-spouse syndrome）有关的案例层出不穷。据美国司法部统计，每年近百万女性惨遭其配偶或其他家庭伴侣（domestic partner）殴打；与此同时，14.8万名男性亦为家庭暴力被害人。③ 这涉及特殊形式之防卫自我，通常为配偶或恋人（多数为女性）惨遭另一方殴打后愤而将其杀害，即所谓的"被殴配偶综合症抗辩"（"battered woman syndrome" defense）。有关被殴配偶综合症抗辩的案例大体上包括"对抗"凶杀案（"confrontational" homicide case）、"非对抗性"凶杀案（"non-confrontational" homicide case）及第三方雇用杀手之凶杀案（third-party hired-killer case）等三类。

当被打配偶遭遇严重伤害甚至会有死亡之虞时，其理所当然可以享有防卫自我权。但这并不意味着无限度的行使防卫权。陆威认为，在某些案例中，即刻杀害被害人并非必要。例如，被害人对配偶之殴打行为已实施完毕后，在睡梦中被后者报复杀害，在这种情形下，一些采用严格客观理性标准的法域对此不适用

---

① Arnold H. Loewy, *Criminal Law* (4th edition), Thomson-West, 2003, p.76.
② Model Penal Code, §3.04(2)(b).
③ Sanford H. Kadish and Stephen J. Schuhofer, *Criminal Law and Its Process: Case and Materials* (7th edition), Aspen Publishers, 2001, p.768.（中信出版社2003年影印版）

被殴配偶综合症进行评价;而在采用主观理性标准的法域,则适用被殴配偶综合症评价之。①

第八节 紧急避险抗辩

一、紧急避险抗辩概述

西方法谚中就紧急避险主张"紧急时无法律"。普通法意义上的紧急避险,缺乏放之四海而皆准的统一概念。在美国,紧急避险是指行为人在非自身行为引起的紧急情况下,为避免更大损害,在别无选择下所实施的侵害行为;而在英国,有关紧急避险是否构成刑事抗辩事由这一点并不明确。② 一般来说,紧急避险(necessity)抗辩系指被告人之所以实行表面上符合刑法规定的犯罪行为是为了避免造成更大伤害,实属不得已而为之。

英国刑法学家罗杰·吉里(Roger Geary)认为,之所以确认紧急避险是出于下述缘由:首先,惩罚被告人将有失公允,因为任何理性之人在相同情况下均会不约而同采取同一举动;其次,法律应鼓励被告人选择危害性较轻的举动,以避免对公共政策造成更大破坏。③ 因其特殊性,紧急避险抗辩当且仅当传统抗辩缺位时方可主张之,故而又被称为"剩余正当事由"(residual justification)。④

二、紧急避险抗辩之构成要件

美国半数左右的州通过立法,确认紧急避险作为"可得宽恕"抗辩事由。一般来说,行为人须满足下述六个条件才可主张紧急避险抗辩:行为人必须面对明晰且迫在眉睫之危险(clear and imminent danger)、在行为与危害结果之间的直接因果关系(direct causal relationship)应予规避、缺乏有效之合法途径规避危害结果、被告人因违法导致之危害结果必须小于其避免之危害结果、尚无惩罚特定情境下该行为之立法意图及行为人不得错误地置自身于被迫犯罪之境地。⑤

《美国模范刑法典》以"恶魔之选"(choice of evils)表征行为人选择之两难境地。该法典第3.02(1)条规定,正当事由系指行为人确信所采取之行为有必要避免针对自身或他人之"损害"(harm)或"不幸"(evil)所主张的抗辩事由。

---

① Arnold H. Loewy, *Criminal Law* (4th edition), Thomson-West, 2003, p.75.
② 薛波主编:《元照英美法辞典》,法律出版社2003年版,第953页。
③ Roger Geary, *Essential Criminal Law* (2nd edition), Cavendish Publishing, 1998, p.147.(武汉大学出版社2004年影印版)。
④ Joshua Dressler, *Criminal Law*, Thomson/West, 2005, p.207.
⑤ LexisNexis., LexisNexis Capsule Summary-Criminal Law, Retrieved June 1, 2010, from http://www.lexisnexis.com/lawschool/study/outlines/word/crim.doc, p.33.

具体来说,行为人须证明:行为意图避免之损害或不幸较规定被追诉犯罪之法所欲防治之损害或不幸为重、该法典及其他规定犯罪之法并未就特殊情形规定例外情形或抗辩事由、立法目的并未明确排斥正当事由。①

三、紧急避险抗辩之必要限度

一般来说,紧急避险受到下述制约和限制:急迫事件系由自然力量(natural forces)造成;限于非凶杀案件;仅限于对人身及财产之保护,不涉及对荣誉及经济利益之保护。②

《美国模范刑法典》第3.02(2)条规定,当行为人因粗心或疏忽而造成自身陷于损失选择或就此评估行为之两难境地而紧急避险时,本节所规定之正当事由并不构成因粗心或疏忽所造成之可责性犯罪追诉。③

其他一些英美法系国家地区主张,被告人对谋杀罪不得主张紧急避险抗辩。1884年,在英国"女王诉达德利与史蒂芬斯"(*Regina v. Dudley and Stephens*)案中,法院确认谋杀罪不得主张紧急避险抗辩。④ 因每个人生命具有同等价值,法律并不允许牺牲他人生命来避免自身可能遭遇的生命危险。⑤

---

① Model Penal Code, §3.02(1).
② LexisNexis, LexisNexis Capsule Summary-Criminal Law, Retrieved June 1, 2010, from http://www.lexisnexis.com/lawschool/study/outlines/word/crim.doc, p.33.
③ Model Penal Code, §3.02(2).
④ *Regina v. Dudley and Stephens*, 14 Q. B. D. 273 (1884).
⑤ 马阅:《美国刑事司法制度》,中国政法大学2004年版,第137页。

第二十二章 未完成罪

第一节 未完成罪概述

所谓的未完成罪(inchoate crime),也被称为不完整罪,是指以完成实质犯罪为标准而对与其相关联的行为进行犯罪界定而确定的犯罪形态。一般来说,英美刑法中的未完成罪的整体内容包括犯罪教唆(solicitation/incitement)、犯罪共谋(conspiracy)与犯罪未遂(attempt)三个部分。也有学者并未将犯罪教唆列入其中,认为未完成罪仅仅包括犯罪共谋与犯罪未遂两种情形。

从行为角度来说,未完成形态所规制的行为可能比较宽泛,有时甚至针对从客观来讲是完全无害的行为,例如共谋之中的协议行为,或者仅仅是教唆中的言语。但是,无论从政策角度还是从原理方面来分析,处罚该类行为仍然具有充分与合理的根据,核心观点是行为人已经将实施实质犯罪的意图经由自己的行为加以表现。

鉴于英美刑法对未完成行为以犯罪论处导致其处罚范围过于宽泛,因此需要从严格限定犯罪意图的角度使得处罚具有合理性。但是,即便如此,也不能就此得出结论认为刑法惩罚的对象为"思想"。对于成立未完成罪之行为要求仍然存在,只不过此时所规制的行为仅仅是用以征表行为人主观的言语和行为而已。[1]

而未完成罪总是与实质的侵害或者行为相连,但各个未完成罪的表现各不相同。犯罪未遂的成立需要具备实质的侵害行为,因此,本质上并不存在独立未遂罪,而只有各种具体犯罪的未遂,如盗窃的未遂、谋杀的未遂等。而教唆与共谋的成立虽然并不以具体的实质侵害为条件,但仍然间接上与实质侵害行为具有某种观念上的联结。需要说明的是,未完成罪的责任是相对独立,而非从属的,这一点与共同犯罪具有显著的差别。对于共同犯罪来说,共同犯罪中次要参加人的刑事责任源于主犯的犯罪行为。而在未完成罪中,由于行为停止后就具有独立性,因而责任是独立的,所以可以在犯罪完全实现之前就被起诉。这一根本区别,导致了二者在诸多方面上的差异。举例来说,共犯中的次要参加者在主犯全面实现犯罪行为之前的积极退出,能够成为刑法中的辩护理由;而未完成犯罪已经在实施特定行为之后被认为具有独立性,所以只能成为量刑时予从宽处

---

[1] John & Smith, *Criminal Law*, Oxford University Press, 2004, p.349.

罚的理由。

虽然存在争议,但是一般意义上均认为未完成罪的形态符合平等标签原则(fair labelling),因为被告的未完成犯罪形态准确地反映了其个人行为的性质;而从犯的行为则可能因为其衍生于其他人行为而受到错误评价。

从发展的趋势来看,越来越多的证据表明未完成罪的重要性在将来的一段时间内会得到提升,尤其对于某些犯罪来讲,如针对毒品犯罪的供应与进口行为。①

但同样的,另外一些因素则限制未完成罪的普遍适用,其中一个特殊的内容就是国家公权力运行方式的转变。在新的权力运行模式之下,司法机构可以运用高科技手段去获得证据并在实际犯罪行为发生之前进行干预。与司法领域之中的发展状况相同,在理论研究领域之中也将出现繁荣的景象。因为国会在立法方面更倾向于采取将某种未完成罪确定为犯罪的做法,因而对此问题的研究也开始变得越来越重要。英国最近的立法例表现出诸多新趋势,不仅将引诱未成年人会面(grooming)与引诱他人参与性活动规定为犯罪,在2002年犯罪收益法公布之后将相关犯罪成立范围予以扩大,并且扩展了恐怖活动犯罪的范围等。②

从宏观来看,未完成犯罪的成立条件各不相同。以教唆行为的性质判断为例,如果被教唆者所实施的行为确实导致了某种特定的结果发生,则教唆行为就相应地构成相应犯罪的共同犯罪;如果该行为并没有符合法定的既遂标准的话,则二人均成立该犯罪的未遂形态;假设两个以上的主体形成了实施该特定行为的协议,但是其中一个并没有进一步实施的话,则他们之间构成共谋;而如果一方拒绝了另外一方的教唆行为的,则教唆者成立教唆。③

下面就对具体的未完成形态进行进一步的说明。

第二节 犯罪教唆

一、教唆的历史发展与概念

(一)教唆的历史发展

教唆最早出现在普通法之中。据目前所知,19世纪之前并没有该罪。教唆罪的案例最早于1801年发生在英国,该案例中希金斯(Higgins)被指控教唆一

---

① John & Smith, *Criminal Law*, Oxford University Press, 2004, p.350.
② Ibid.
③ Mattehem Lippman, *Contemporary Criminal Law*, Sage Publilcations, 2007, p.217.

个仆人盗窃其主人的财物,但该仆人并没有接受教唆。① 而之前的案例中,教唆仆人从主人处逃离的行为并没有被认为构成犯罪。② 最初的判例表明,受到处罚的教唆行为仅仅被限定在两种特殊类型的犯罪中,一个是涉及伪造文件之伪证教唆行为,另一个则是向公务员提供贿赂的情形。③

目前为止,美国许多州并没有以成文法的方式对教唆加以规定,而仍然沿用普通法之方式进行处理。对于教唆的处罚范围,也有不同的处理方式。《美国模范刑法典》和一些州针对所有犯罪的教唆均进行处罚;另外的州仅仅限定在针对重罪的教唆、某些特定犯罪的教唆以及一定级别犯罪的教唆。而且,教唆的处罚往往较被教唆之罪的刑罚相对较轻。

(二) 教唆的概念界定

英美刑法中,教唆犯是指影响或企图影响他人犯罪意图之人。由于同我国刑法中教唆的概念仍然存在差别,因而也有学者将其翻译成"煽动"。④ 经考察与辨别,英美刑法中的 solicitation 和 incitement⑤ 基本上可以与我国刑法中的教唆未遂具有相同的含义。

美国刑法中的教唆,是指以他人实施特定犯罪为意图,通过书面或者口头的方式,建议、要求、命令、雇佣、鼓励或者引诱另外一人去实施特定犯罪的行为。⑥

在英格兰与威尔士的法律中,引诱他人去实施不法行为构成普通法之中的轻罪。在英国,刑法草案以及最近被地区法院和上诉法院所承认的教唆概念基本上相同。⑦

但是,对于教唆概念的争议仍然很大;而且因为考虑到并不需要对该种犯罪进行详细界定,所以导致了迄今为止美国的一些州仍然没有以成文法的方式对教唆行为进行规定。有观点认为,如果教唆并没有演化为进一步的实施计划时,则该行为对社会并没有任何威胁。在这一点上,共谋因为协议的存在而受到惩罚。而教唆行为仅仅是一个单方面的引诱行为而无法证明其具有对社会的危害与危险。在这种情形下,个别人可能仅仅因为发表言论而导致受到错误的指控;而且,处罚教唆的行为往往会干涉言论自由。根据 19 世纪法院的表述,如果将任何个体在人行道上对已婚人士进行点头或者眨眼都认为是引诱通奸的行为,则是极为困难与危险的。⑧

---

① Mattehem Lippman, *Contemporary Criminal Law*, Sage Publilcations, 2007, p.217.
② *Regina v. Daniel*, 87 Eng. Rep. 856(1704).
③ Warne R. Lafave, *Substantive Criminal Law*(Volume 2), Thomson West Group, 2003, pp.189—190.
④ 〔英〕史密斯、霍根:《英国刑法》,李贵方等译,法律出版社 2000 年版,第 304 页。
⑤ 英国刑法中一般使用 incitement,而美国刑法中则往往使用 solicitation。
⑥ Mattehem Lippman, *Contemporary Criminal Law*, Sage Publilcations, 2007, p.217.
⑦ John & Smith, *Criminal Law*, Oxford University Press, 2004, p.350.
⑧ Mattehem Lippman, *Contemporary Criminal Law*, Sage Publilcations, 2007, p.217.

但是对于教唆处罚的根据与理由也仍然是存在的。其主要根据包括如下的几个主要部分与方面：

（1）犯罪人之间的合作关系。犯罪个体之间进行相互的鼓励与支持，因而形成了使犯罪易于实施的状态。

（2）社会危险理论。个体邀集具有犯罪技能之人去实施犯罪造成对社会的持续危险。

（3）干涉理论。教唆之处罚允许警察机构在犯罪完成之前进行提前预防。警察在特定犯罪没有发生之前，就应该采取逮捕等行为，而不应该等到犯罪发生之后才进行补救。[1]

二、教唆的成立条件

从总体上来说，成立教唆罪仅仅需要行为人具备使其他人实施特定犯罪的目的，并进而实施特定的诱发行为即可，而被诱发去实施的犯罪并不需要在事实上得以实施。[2] 虽然犯罪行为的成立条件的界定非常简单，但是在具体内容方面，均应当以意图实施某个特定犯罪为指向。

（一）客观行为

成立教唆，必须具有"教唆"之行为。从形式上来说，其表现方式可谓多种，具体方式为引诱、命令、唆使、建议等。但同时也得承认，教唆可以通过语言、表情、身体动作等完成，也可以经由其他方式进行。但总而言之，对于教唆的行为，需要具备使他人实施犯罪的努力存在。具体表现犯罪人之努力行为的，为命令、鼓励、或者要求等。只有在以特定目的去实施上述行为的情况下，才能认定教唆行为的成立；而且也只有在被教唆者明确拒绝去实施特定行为的，才能认定成立犯罪教唆。

对于教唆来说，成立教唆需要注意如下的问题：

第一，犯罪完成于要求其他人去实施特定犯罪行为结束之时。第二，仅希望邻居汽车遭受损害的声明与意思表达并不足以认定行为成立犯罪，仍需要引诱者具有具体之努力行为。第三，《美国模范刑法典》所提供的标准认为即使一个行为由于受到司法机构的干涉而没有到达被教唆人，该行为人仍然成立教唆罪。[3]

但是在实践之中，到底那些行为可以成立教唆，理论上仍然存在着较大的争议。从教唆行为所指向的被教唆者来说，既可以是某个特定的主体，也可以不特

---

[1] Mattehem Lippman, *Contemporary Criminal Law*, Sage Publilcations, 2007, p.217.
[2] Warne R. Lafave, *Substantive Criminal Law*(Volume 2), Thomson West Group, 2003, p.189.
[3] Mattehem Lippman, *Contemporary Criminal Law*, Sage Publilcations, 2007, p.218.

定的多数人。教唆的内容是否一定是犯罪行为,也存在着非常明显的争议。

(二) 主观罪过

至于教唆成立的主观条件,不仅在通常意义的普通法中没有进行详细的界定,成文法之中也没有给予相应地表述。但是,基于对行为的要求,伴随行为的主观方面自然也成为成立犯罪的必需。美国最近的立法例之中,基本以特殊例举的方式对教唆的主观方面进行界定。有些州要求教唆必须以特定犯罪行为实施为其目的指向;有些州则要求以方便实施之目的为必要;而有些州则要求以被教唆者实施特定行为之意图已足。

成立教唆,在主观方面来说应该具有特定的意图与目的。所以,仅幽默地建议朋友将总是停在门前的邻居汽车炸掉并不会构成犯罪。当然,如果该行为者一直怀有对邻居的仇恨,因而真正地意图说服朋友去破坏邻居的汽车时,则属于另外的问题范畴。

三、教唆的其他问题

如前所述,教唆罪的成立并不要求具备特定的协议或者被教唆者的实质犯罪行为。只要教唆者具有教唆的故意与意图,并实施了特定的命令与要求行为就可以认定成立。

对于教唆的争议一直没有停止,一种观点认为教唆行为本身并没有对社会产生如何的危险,或者说,仅仅因为行为人发表了某种见解,而该言论并没有导致进一步的危险发生就需要进行处罚,是没有合理根据的。而另一种观点则认为教唆比未遂更为危险,因为他在犯罪人之间形成了合作关系,具有特殊的危险性;而且,教唆者经由其他人去实施犯罪行为,因而表现出了更高的隐蔽性与更强的控制性,因而需要保留教唆罪对犯罪人进行惩罚。[1]

对此,美国有学者认为应该摒弃教唆与未遂孰重的讨论,而从刑法的目的出发,将教唆罪纳入到实体刑法之中。对教唆罪进行处罚,为防止侵害提供了有力措施,同时也为保护公共利益提供了有效手段。[2]

当下的一种发展趋势是将教唆纳入未遂之中进行讨论与分析。该种观点在19世纪末20世纪初就已经存在。虽然最近该种观点并没有引发更大的争议,但是仍然具有重要的价值。尤其在美国的某些州,由于没有教唆罪的规定,或者教唆罪的处罚范围被限定在某些特定犯罪的时候,以未遂罪对某些行为进行处罚仍然是必要的。[3]

---

[1] Warne R. Lafave, *Substantive Criminal Law* (Volume 2), Thomson West Group, 2003, p.192.
[2] Ibid., pp.192—193.
[3] Ibid., pp.203—204.

第三节 犯罪共谋

一、共谋的历史发展与概念

（一）共谋的历史发展

在普通法的发展历史中，共谋与教唆和未遂一样也属于未完成罪①，而且一般说来，共谋在普通法中属于轻罪。②

但是，对于共谋的概念并没有形成非常一致的共识。而且，如果过分强调对共谋罪进行定义的话，则反而可能会导致曲解其本意。要了解共谋的含义，最好就是在普通法的发展历史中探寻其发展的轨迹，并进行描述性的界定。

共谋虽然是普通法中比较古老的犯罪，但仍然是在普通法的历史发展中所逐步形成的犯罪，早期普通法中并没有相关的规定。共谋最初见于14世纪初的判例中，主要是叛逆罪。到了17世纪，扩大了犯罪共谋的范围，除叛逆罪外，还有一些其他的重罪。③ 据目前的可靠证据显示，英国刑法中的共谋最早见于爱德华一世（Edward I）时期通过的一些律令（ordinances）与实证法之中。因此一些司法实务界人士完全相信共谋罪就是当时所确立的。④ 当时的立法所确定的主要目的是为了弥补古代刑事司法程序的不足，所以对共谋之界定非常严格。⑤

在英国，自1611年被星室法院确定其含义以来，共谋罪一直被作为普通法上的一种轻罪。而且，现在对该罪的处罚比以前普通法上的处罚更加严厉。⑥

（二）共谋的概念界定

在共谋的历史发展中，1832年一位英国领主对共谋的定义则具有重要意义，他认为对共谋的起诉中应当包括实施违法行为或者以违法手段实施合法行为这一必备条件。⑦ 其后，这一概念基本上被沿用。尽管不合法的行为可以被理解为犯罪，但是英国与美国的法院对此的解释则相对宽泛，将堕落、不诚实、欺骗、不道德等均包括于其中。到后来，虽然适用成文法的国家越来越多，但这一普通法概念也仍然被保留。而且，共谋的概念发生了一定的扩展，被广义地界定为参加非法活动或者以非法方式参加合法行为的协议。⑧ 尤其在英国法意义

---

① John & Smith, *Criminal Law*, Oxford University Press, 2004, p.349.
② Ibid., p.359.
③ 储槐植：《美国刑法》，北京大学出版社1996年版，第148页。
④ James Wallace Bryan, *The Development of the English Law of Conspiracy*, The John Hopkins Press, 1909, p.9.
⑤ Warne R. Lafave, *Substantive Criminal Law*(Volume 2), Thomson West Group, 2003, p.254.
⑥ Joshua Dressler, *Understanding Criminal Law*, Mathew Bender & Co, 1994, p.373.
⑦ Rex v. Jones, 110 Eng. Rep. 485(1832).
⑧ 也有将其界定为一种组合与结盟关系；具体表述为 combination or confederation。

上,协议所包括的范围不仅指所有的可诉犯罪,同时也包括了其他的违法的行为,这些违法行为至少应该包括:(1) 欺骗;(2) 侵害公共道德;(3) 妨害公共尊严;(4) 某些侵权行为。从这方面来说,共谋比教唆和未遂所处罚的范围更广。一般来说,处罚教唆与未遂要求所教唆与着手实施的犯罪应当是实际的犯罪行为。一直以来,共谋的范围被认为过于宽泛,只要协议内容被认为能够对公共利益造成损害,均可认定成立共谋。然而 1974 年的一个案例中(*DPP v. Withers*),上议院(House of Lords)坚持认为如果该协议本身并没有涉及上述诸种违法行为的,则该共谋不能被认定为是对公共的损害,从而不具有可诉性。①

英国法律委员会(Law Commission)的最终目的在于将共谋的范围完全限定于协议实施犯罪之上。虽然该目标得到广泛的认同,但是若要具体实现仍须时日,马上废除共谋的做法被认为是不妥当的,如果废除实施欺骗的共谋犯罪会导致法律上非常明显的漏洞。因此,现在的合理建议是进行渐进式的改革。

纽约州的刑法典对此问题的规定颇具现代意义。该州刑法典将共谋行为分成六个级别,针对每一级别的共谋罪均规定了其所涉及的主体犯罪或者重罪。其中对一级共谋的规定为:已满 18 周岁之人,同意与一个或者多个不满 16 周岁之人实施 A 级重罪的,为一级共谋。而一级共谋系 A-1 性质的重罪。②

作出如此规定的目的在于通过加重刑罚的方式杜绝行为人利用未成年人去实施犯罪。当然,在美国也并非所有的州均将共谋进行分级,但大多数州均将共谋认定为属于严重犯罪(serious crime)。

二、处罚共谋的本质与基底

将未完成形态的侵害行为予以犯罪化提升了证明的难度,因为行为人意图实施的犯罪行为类型常常不属于实体刑法中的可控诉犯罪。与其他两种未完成罪不同之处在于共谋不仅惩罚行为人自己的行为,同时也因其他人的行为而受到起诉。③ 从本质上来说,共谋既是未完成的犯罪,同时也是一种共犯的表现形式。

共谋与未遂的另一个区别也十分显著,未遂犯是某个犯罪的重要组成部分,因而犯罪人不能因为抢劫未遂与抢劫同一人既遂而受到两次起诉;但是在美国多数州中,共谋与行为人的目标犯罪可以被同时起诉。

共谋与未遂的另一个显著区别就是未遂需要具备实质意义上的侵害与危险行为,而共谋的成立条件则仅仅需要具备彼此之间的协议即可成立。因此,共谋

---

① John & Smith, *Criminal Law*, Oxford University Press, 2004, p. 359.
② 参见纽约州刑法典,New York Penal Code, Section 105.17(1999)。
③ Sue Titus Reid, *Criminal Law*, McGraw-Hill Press, 2001, p. 71.

在某种程度上被认为是未遂的补充方式,即如果不能认定成立未遂,也有可能成立共谋。

因此,共谋的规定就成为预防性的法律措施。为警察和司法机构对犯罪人进行逮捕提供了充分的理由与根据。因而与其他的未完成犯罪相比,共谋的法律规定允许司法机构在更早的阶段介入并进行干预。

而且,由于刑法对诸多犯罪的过分严格界定,导致认定犯罪未遂的条件在某些时候变得非常困难。而共谋则由于其概念界定的比较宽泛而且涵盖性较高,对检察官的起诉十分有利,因而成为很多检察官最为喜欢的规定。共谋在1925年就被界定为"检察官的最爱"。[1]

共谋之所以受到惩罚,不仅在于能够弥补未遂的不足,其更主要的原因则源于多数人的共同犯罪。因为共同犯罪对于单独犯罪来说,对社会具有更高的危险性,所以需要对共谋行为进行处罚。首先,从犯罪的意图来说,多数人共同实施犯罪使得犯罪行为的意图得以强化,共谋中某一主体放弃犯罪并不必然导致其他人也会放弃犯罪行为的实施;其次,多数人共同参与会导致犯罪的目的更为容易实现,而且也可以认定共谋者在实施具体犯罪行为之时也具有相互鼓励的隐形关系存在。

三、共谋的成立条件

(一)犯罪行为

成立共谋的第一个条件就是需要具备客观上的行为。共谋的本质要求具备二人以上的合意,所以构成共谋的条件也可以是简单的同意。二人的合意并不必然要求以书面的形式表现,而且事实上的合意往往都不是以书面的方式出现的。这些内容可以通过对行为实施与现实情况的分析得出,但是对于所谓的协议进行分析时,下列内容需要进行细致的分析:(1)是否有多数主体参与其中;(2)必需的犯罪意图是否现实存在;(3)是否具有一个或者多个预谋。

基于不同规定的差别,共谋的内容要求也并不完全相同,有时仅仅要求共谋的内容为违法行为即可认定成立共谋之罪。尽管某些刑法条文对共谋罪的表述过于含糊,但是仍然有很多法院对此予以确认与维护。对共谋的宽泛界定留给检察官比较大的自由活动空间,因此美国的联邦最高法院也判定某些立法对此规定过于模糊,只有经过各州法律加以限定后才可以适用。

协议的证明是非常困难的。认定的标准之一就是从客观方面进行界定,基于一个理性人的判断能否毫无怀疑地相信该事实确定存在,就可以认定协议的客观存在。

---

[1] *Harrison v. United States*, 7F. 2d 259(2d Cir. 1925).

另外一个关键问题是对存在协议的单复判断。当然,其意义主要体现在诉讼法方面。协议之所以重要,是因为如果行为人因一个协议被起诉,且事实上被证实存在多个;或者因多个协议被起诉,而事实上被证实仅有一个,被告人均可能被宣告无罪。此外,协议的个数对于刑罚的确定也会发生影响。而确定共谋的个数并不简单,举例来说,在一个复杂的交易活动中,共谋的个数问题是其中的难点问题。美国历史上的一个案例不仅将通过中间人进行买卖的毒品零售商与走私犯认定为共谋,而且还将不同区域之间的零售商也认定为具有共谋。

共谋成立的另一个条件为协议之外的额外行为。在某些州之中仅要求协议就足以成立共谋,但是也有一些州要求成立条件中必须同时具备公开行为(overt act)。即便如此,对公开行为的要求也并不像未遂那样严格。设立条件的目的在于允许参与共谋的行为人之中有机会放弃对犯罪的参与。举例来说,如果行为人去购买邮票,就可以认为行为人具有实施投毒谋杀的行为。而一些州,如亚利桑那州明确要求在协议形成之外还需要具备特定的额外行为才可以成立共谋。

即便要求具备公开行为的情形,也并不需要所有的共谋者均参与公开行为之中。仅仅部分人参与其中就可以认定共谋协议的成立。

(二) 主观罪过

共谋成立的第二个条件则是犯罪的意图。普通法上的共谋是一种特殊故意的犯罪,即只有两个或者更多的参与者同意或者意图实施某个特定协议时,共谋才可以成立。

如果共谋者仅仅表示同意并不够,还必须要证明共谋者意图实施一个非法乃至犯罪的目的,即共谋的指向。一般意义来说,共谋的目的要素必须实现。

假设 A 与 B 二人意图通过爆炸的方式对建筑物进行损坏。当然,该行为本身对其中的自然人可能导致死伤,但是二者并没有对自然人进行杀伤的故意,此时,二者仍然符合杀人罪的条件。假如二人将建筑物炸毁,同时导致多人死亡,美国的许多州都会认定二人成立谋杀罪,但也同时限定:除非二人具有谋杀的意图外,他们不会被以共谋杀害进行起诉。

另外一个问题是被告人如果仅仅提供了物品或者服务上的协助,而其他人基于此得以实施其他行为或者违法行为的,应该如何处理的问题。共谋要求意图,而不是明知,因而可以确定该种情形不属于共谋。

而美国联邦最高法院的判例并不完全一致。1940 年的判例中认定,虽然明知行为人将糖与酵母出售给意图酿造烈性酒之人,但仍然不构成共谋;但是在 1944 年的另一个判例中,药品生产厂家与批发商由于在一段时间之内为医生提供数量巨大的吗啡,而被认定为成立共谋,理由是他们应该认识到医生合理需求不应该如此之大。

其后的判例对此问题的解释也并不相同,但基本上都是要求认定成立共谋还需要强调直接交易(Direct Sales)性,如以高价进行出售,对管制物品的销售记录不全,以及出售物品中非法行为所占的比例等。

最后,共谋的罪过意图中还需要具备不道德的动机。但是,如果共谋的一方没有认识到他们在违反法律的规定,自然也不成立共谋。因而可以认定,协议之目的应该具有邪恶的性质、或者出于实施禁止行为的目的或者出于对禁止的无知。

并非所有的法院认为不知法律者应该免责,通常认为只有实施法定犯之时,才需要对他的动机与恶性之认识加以要求。该结论建立在行为人对自己的行为性质应该清楚的论断之上。

四、共谋的例外条件与辩护理由

(一)共谋的例外条件

对于共谋来说,一般认为应该存在四个方面的例外限制条件。

第一个限制为沃顿原则(Wharton Rule)。此原则要求如果行为人所实施之行为系必要共犯的情形,则他们的谋议行为不成立共谋;只有其他第三人也参与其中的,才可以认定成立共谋。该原则适用于通奸、重婚与乱伦。但是,迄今为止,沃顿原则也受到质疑而开始被限制采用。

第二个限制为夫妻规则。在普通法之中,夫妻被认为系"一人",而共谋的成立条件则要求具备"相对多数的主体"要求方可成立,所以夫妻之间无法成立共谋。这在美国早期被普遍接受,因为当时妻子被认为是丈夫的财产,理应受到丈夫的控制。而随着其他法律的变更,夫妻之间的关系也开始发生深刻的变化,时至今日,妻子已经可以独立地进行活动,所以他们之间可以成立共谋。

第三个限制为多数人原则。该原则要求成立刑法中的共谋,必须要求两个乃至更多的人参与其中。尽管共谋的定义之中已经排除了一人进行自我共谋的可能;但法院对此采取了不同的立场,如共谋者之中有某个人是无罪的,是否成立共谋的判断上仍然存在争议。如果参与共谋的两个人之中,仅有一人成立犯罪,则该行为人就应该免除处罚。对此问题,有些法院如此进行处理,但处理另外一些犯罪行为的认定则考察其他人参与的原因。举例来说,如果其中的一个人由于对其他的共谋者作证而被免予处罚的,则另外一个人应该被认定为有罪,而不是被免除处罚。但这种做法的公平性深受质疑。新近的案例则针对此种情况作出了非常不同的处理方法,如行为人与并不具有实施共谋意图的其他人(例如一个警官)形成共谋的,也并不能够将其免除责任。

对于共谋的第四个限制则是针对共谋的共犯结构的,称之为"代理原则"。对于多数人原则的具体要求,如果一个单位与其他单位或者自然人形成共谋,则根据单位犯罪处罚规则的要求,可能出现两个单位以及单位的负责人均受到惩罚的情形。单位与单位的内部人员是否可以形成共谋,以及为两个不同单位承担共同代理的自然人是否可以形成共谋的问题,则有否定结论。由于仅仅有一个自然人涉入其中,所以不能认定具有协议的形成,因而不能认定共谋的成立。

多数人原则针对一个单位中多数不同代理人之间关系判定上仍然出现了问题,而法院在适用上述原则上也采用了非常不同的方法。

(二) 共谋的辩护理由

在被认为已经成立共谋,但是由于具有某种辩护理由,该行为仍然不具有可罚性。

1. 不能犯

多数法院并没有将不能犯作为认定共谋的辩护理由。而一些法院则比照未遂进行类推,认为法律上的不能犯与事实上的不能犯应当进行区分,其中前者可以作为辩护理由。

2. 放弃犯罪

尽管放弃很难被证明,但是仍然被认为可以成为共谋的辩护理由。

而且从原理上来说,共谋在达成协议之时或者具有外部行为之时就宣告完成。所以,普通法并没有将放弃犯罪作为共谋的辩护根据,即使被告人有正当理由改变了主意,在认定共谋时也不应该将放弃犯罪作为辩护理由。

而且,一旦共谋已经开始实施,或者犯罪已经达到完成的程度,则共谋的当事人放弃犯罪就不能成为共谋的辩护理由。其根据非常之简单,犯罪行为已经完成,自然也不能通过任何行为去消灭已经完成的犯罪状态了。所以,即使在承认放弃能够作为共谋辩护理由的法律中,也仍然要求教唆者将放弃犯罪的意思传达给被教唆者,而且还要求保证被教唆者没有实施进一步的具体犯罪行为。

而美国的制定法以及模范刑法典则规定了放弃犯罪可以成为共谋的辩护理由。但是同时要求必须具备两个条件,即被告人必须保证被教唆者不实施犯罪和放弃犯罪的原因是出于自愿。

第四节 犯罪未遂

一、未遂的历史发展与概念

(一) 未遂的历史发展

未遂犯就是指刑法领域中的犯罪失败。也是普通法发展中出现的一种犯罪。究其出现的原因,并非为了防止犯罪的全部实施,而是基于矫正某些行为已经表现出来的行为人的人身危险性目的。

虽然在早期的英国法中并无未遂的规定,但是14世纪的法院也偶尔对意图实施重罪但是并没有成功的行为人以该罪进行起诉。其所依据的原理为"意图就是行为"(volutas reputabitur pro facto)。然而,就当时来说,仅仅具有意图并不能够认定已经成立特定犯罪。科克(Coke)指出,行为人通过公开实施的行为去表现自己的意图时才具有可罚性,假设某人意图谋杀,并且将该意思通过言语和书信的方式进行了表述,但是由于缺乏对该意图进行实现的行为而不具有可罚性。但是如果行为人意图实施谋杀或者抢劫,并将该行为付诸实施,虽然没有将被害人杀害或者没有获取任何物品,但由于其具有外部行为,所以行为仍然成立重罪。对行为的该种要求自中世纪以来就一以贯之。

直到16世纪,英国刑法中才出现与今天比较类似的未遂概念。当下法律针对未遂的处罚原则源于英国早期的星室法庭,星室法庭是为了弥补普通法院诸多不足而加以设立。该法庭处理了诸多在今天看来属于未遂的案件,对未遂的偶尔使用表现出随意性色彩。虽然确定了决斗未遂行为本身是一个独立的犯罪,但是星室法庭并没有由此形成完整意义的未遂概念。① 虽然星室法庭在1640年被废除了,但其对后来普通法发展的影响仍然存在争议。共谋罪的概念形成于星室法庭被废除多年之后,这一点并不存在争议。在当时来说,犯罪未遂在理论与实践上一直没有发展起来是因另有他法可以替代,并不需要未遂也可以进行处罚。

现代意义上的未遂理论与规则可以追溯到1784年的一个案例。② 被告人以放火的意图将一支点燃的蜡烛和易燃物放到自己租住的房间中,但是并没有将该房间烧毁。对此,被告辩护说意图实施轻罪就不应该被作为轻罪来处理了。而法院对此反驳:意图决定了行为构成犯罪与否;但是犯罪行为的完成与否并不会对行为的犯罪性质发生颠覆性的改变。这一原则在1801年的另一个案件中得到明确地承认。

(二)未遂的概念界定

如前所述,英美刑法中的犯罪未遂的简单表述就是指犯罪的失败。至于其成立的范围、成立的条件以及具体的内容方面在不同的时代、不同的地区仍然有不同的表述。

行为人实施故意犯罪由六个步骤构成:第一,行为人制定犯罪计划;第二,行为人为了决定他是否应该实施犯罪而再一次估量他的犯罪计划;第三,形成完整的犯罪意图;第四,准备实施犯罪;第五,开始实施犯罪;第六,完成犯罪行为以达到犯罪目的。当然,在不同的案件中,这几个步骤可能仅仅需要几秒钟就能完

---

① Warne R. Lafave, *Substantive Criminal Law*(Volume 2), Thomson West Group, 2003, p.205.
② *Rex v. Roderick*, 7 C. & P. 796 (1837).

成,也可能需要几天、几周甚至几年的时间。①

犯罪未遂一般分成两种,即所谓的终了未遂与行为未完成。其中终了未遂是指行为人完成了所有的犯罪行为,但是最终没有达到犯罪目的之情形;未完成的未遂则是指行为人实施了为达到犯罪目的必要的部分犯罪行为而中止或受到阻碍,如在犯罪行为实施完成以前警察到达了犯罪现场,并且对其采取有效措施制止犯罪行为继续的停止形态。②

二、未遂的成立条件

对于未遂意图所指向的犯罪来说,美国大多数州以成文法的方式确定了对未遂的原则性处罚规定,仅仅有少数州确定了对任何重罪与轻罪的未遂也全部需要进行处罚。此外,还有一些州通过成文法的方式确定了意图实施某些特定犯罪才构成未遂。而对过失犯罪来说,只有废除了普通法并且以成文法的方式进行规定的,才可以对其免责且不认为是犯罪。

除去那些采用更为现代技术方法制定的法律,一般的成文法对未遂的概念并没有进行详细描述,所以法院必须遵循普通法中有关未遂责任的诸多原则进行解释与适用。

(一)犯罪行为

刑法的诸多基本假设与前提之中,最为重要的就是"刑法仅处罚行为而不处罚思想"。对于未遂来说,该原则同样适用。如果仅仅具有实施某罪的意图,并不能够认定该行为构成犯罪;但也并不是说任何的行为都可以将其认定为未遂的条件。

从法院的判决与立法的表述来看,到底什么是未遂所需要的行为并不具有非常清楚的特征。虽然个别法院在某些特定时候也将预备认定为成立未遂所必须具备的行为,但一般来说,超过预备之行为才符合未遂也是基本的观念。

而且对此问题,传统的制定法所采用的表述也各不相同。有将其界定为以特定的犯罪为指向的行为,也有将其表述为对行为实施发生影响力的行为,还有将其认定为必须以实行行为作为构成条件的情形……不一而足。③

确定行为是未遂与否的一个办法,就是以行为人所实施的行为与所意图的犯罪之间是否具有接近性为判断标准。该方法还可以分成所谓的最严格的标准与一般标准。最严格标准要求行为人所实施的行为是完成犯罪的最后步骤时,才可以认定成立未遂。对于这一标准,由于其认定的过于严格,所以受到颇多指

---

① [美]约书亚·德雷斯勒:《美国刑法精解》(第四版),王秀梅等译,北京大学出版社2009年版,第344页。
② 同上书,第344—345页。
③ Warne R. Lafave, *Substantive Criminal Law* (Volume 2), Thomson West Group, 2003, p.219.

责。一些法院开始转而采取另一标准,将犯罪计划认定为具有独立性并且行为人实施独立行为要素的时候才能认定成立犯罪的未遂。此外的另一标准则从物理的角度去界定是否对最后的完成具有接近的性质。已经实施的行为与还没有实施的行为对于犯罪形态的界定并没有关键的影响,而是转而判断在具体情形下的行为对犯罪既遂的发生是否具有重要作用。[1]

同时,有些法院从行为发生的逻辑观念进行分析,认为只要按照正常发展会最终发生某些危害结果的才可以认定成立未遂。按照该种理论,将事实上的不能犯彻底从未遂之中加以排除。关键点又集中到如何判定行为人是否会放弃自己已经实施的犯罪行为之上。而对于是否会放弃犯罪的判断又往往会归结到对行为人危险性的认定上,因此,由于缺乏对此进行判断的经验基础,该判断标准与接近性标准并没有本质的区别。

另一个判断的标准是确定理论,所谓确定理论就是指不需要证据的进一步证明就能够确定具体犯罪之情形(res ipsa loquitur)。从证据法的角度来说,未遂通过自己已经实施的行为就能够证明行为人意图实施犯罪意图的犯罪形态;而且对于具体行为人的行为来说,通过其所实施的具体行为就足以排他性地确定其实施具体犯罪的明确意图。与接近性判断方法不同,确定性标准是以意图实施的目的犯罪为核心。从这一点来说,该理论所具有的优势就是能够将行为人实施的一系列行为作为一个整体来看待。

而《美国模范刑法典》的表述不仅认为故意行为存在未遂,过失也被纳入其中。而且,对于成立未遂的行为要件来说,也要求对犯罪行为的实施具有实质意义才能予以认定。

(二) 主观罪过

未遂需要包括两个方面的内容:其一是行为人意图去实施某个行为或者意图制造某种足以构成犯罪的结果;其二就是该意图的进一步外化。

根据各种案例所确定的判例原则,未遂的主观方面通常需要具备实施具体犯罪的意图。尽管现代意义上的成文法通常将主观心态列为未遂的构成要素,但是一些成文法对未遂的主观心态并没有进行具体规定。根据威斯康星州的刑法规定,成立未遂所需要具备的主观心理内容是指意图实施某种被禁止行为或者导致某特定危害结果的发生。在这一点上与一般意义的犯罪意图具有显著的区别。因此,如果行为人基于对法律的认识错误而认为自己的行为已经是犯罪的,在这种意图之上无法构成未遂。

未遂与教唆、共谋不同,它并不是抽象意义上的独立犯罪。成立未遂,总是需要与一定的具体犯罪相连。所以成立未遂所需要的主观心态一定与特定犯罪

---

[1] Warne R. Lafave, *Substantive Criminal Law*(Volume 2), Thomson West Group, 2003, pp.220—221.

的主观方面紧密相连。因此,仅仅简单、笼统地证明行为人具有实施某种犯罪行为的意图并不能被认定为成立未遂。

另外一个需要讨论的问题是,如果行为人出于轻率(Recklessness)或者疏忽(Negligence),是否可以构成未遂。从理论上来分析,如果行为人基于故意实施了某个行为,而且该行为最后会导致危害结果发生,但是从整体来说仅仅能够认定符合轻率或者疏忽之要求的,将其认定为未遂也仍然是可能的。①

但是经过进一步分析,如果行为人对所造成之结果的罪过被认定为轻率或者疏忽,则上述的分析不能适用。因为行为人之疏忽与轻率所致之结果,并非行为人积极自愿去实施的行为指向,而是一种归责的根据与理由,因而只能认定其成立与否,也不会存在所谓的未遂形态。

还有一个需要进一步讨论的问题,就是所谓的无过错责任。尽管这一问题很少被提及,但是仍然可以从原理上推出否定的结论。成立未遂的基本前提就是行为人具有特定的意图,因而完全无过错的责任形式就不能被认定可以成立未遂形态。换句话讲,即使既遂犯罪的罪过可以为故意、明知、轻率或者疏忽,但对于未遂来说则并非如此。因此严格责任犯罪的未遂形态只可能存在于犯罪人具有意图且已经导致某种危害结果的情形。

三、未遂的辩护理由

对未遂进行处罚需要同时满足客观上的行为条件与主观上的罪过条件。与处罚未遂相对,也同样存在着未遂的辩护理由。目前来说,未遂的辩护理由一般包括了不能犯与放弃犯罪。基于传统观念的理解,不能犯又包括不同的种类,而不同类型的不能犯对未遂成立的影响也迥然不同。对于不能犯是否能够成为未遂的辩护理由,存在着基本上的共识,现在存在争议的部分集中在放弃犯罪是否可以成为辩护理由。下面对具体的问题进行介绍与说明。

(一)不能犯

基于一直以来的传统观念,法律不能犯能够成为辩护的理由而事实不能犯则无法成为辩护理由。所谓的法律不能犯就是指行为人即使做了任何意图的事情均无法实现既遂的情形;而事实不能犯则是指基于行为人意志外的原因所导致的犯罪无法达到既遂之情形。

在美国刑法中,对于不能犯是否可以成为未遂的辩护理由,一直存在着争议。这并不奇怪,基于特定目的对某个人施以刑罚,但是该目的在特定对象之上并不能够实现时,我们就应当对处罚的根据进行充分的反思。这涉及刑法中的诸多基本理念与基本问题。不能犯是同犯罪未遂紧密相关的一种情况,有些国

---

① Warne R. Lafave, *Substantive Criminal Law*(Volume 2), Thomson West Group, 2003, p.214.

家的刑法理论称之为"不能未遂"。而一般意义上的普通未遂,则是指由于客观方面的原因而没有达到犯罪之目的,行为人在主观上没有发生错误。而犯罪不能是由于行为人主观认识错误而没有达到犯罪目的。① 根据美国刑法中的一般性规定,不能犯分成法律意义上的不能犯与事实上的不能犯两种类型。而英国法将其分成法定的不能、绝对的客观不可能与相对的客观不能三种类型。② 我们需要说明的是美国刑法中也存在着所谓的绝对不能犯(inherent impossibility),绝对不能犯是指行为从根本上无法实现其犯罪意图的情形。如对巫术木偶施以针刺的行为,无论如何不应该被认定构成谋杀未遂。③

就美国法律中的不能犯来说,事实不能并不认为可以成为辩护理由,其基本根据与理由是:如果行为人怀有犯罪的意图并且实施了具体的行为,则无法免除责任。在一些州的法律中,事实不能的含义是指由于外部因素,也就是独立于行为人控制之外的影响因素而导致的犯罪无法既遂。相比而言,法律不能则可以成为辩护理由。根据罪刑法定原则的要求,一个人如果出于自己的幻想而去实施犯罪行为,则该行为因为事实上并不违法从而不具有可罚性。

（二）放弃犯罪

美国刑法以及英国刑法中并没有犯罪中止的术语,但是从放弃犯罪(Abandonment)的具体含义分析其立法的义旨就可以知道应该同我国刑法中犯罪中止具有相同的含义。因而从成立条件来说,放弃犯罪,也应该满足自愿性与彻底性的要求。

如果行为人基于外部因素的干涉而放弃犯罪的,仍然具有可罚性。《美国模范刑法典》明确承认了自愿放弃犯罪的可以成为辩护理由,但同时也在成立条件中限定需要具备完全自愿放弃为标准。④ 对于不具有自愿性的放弃(renunciation),则不能认定成立辩护理由,如为了避免逮捕、意识到犯罪完成过于困难、推迟犯罪计划或者转而对其他被害人进行侵害的,都不是我们所探讨的放弃犯罪。

所以,简而言之,如果行为人出于自愿地转变了犯罪的心理并且放弃了犯罪行为时,就可以认定成为未遂的辩护理由。

当然,到目前为止,也有一些观点认为只要行为已经开始实施并且构成了未遂,则犯罪人应当受到刑事惩罚。但是,绝大多数判例中仍然承认放弃犯罪应该成为辩护理由;即使该行为已经几乎要实现最后的犯罪目的时,也仍然可以将放弃犯罪作为辩护理由。

---

① 储槐植:《美国刑法》(第三版),北京大学出版社 2005 年版,第 109 页。
② 张旭主编:《英美刑法论要》,清华大学出版社 2006 年版,第 113 页。
③ Matthehem Lippman, *Comtemporary Criminal Law*, Sage Publication, 2007, p.200.
④ Ibid., p.204.

第二十三章 刑罚及替代刑措施

第一节 刑 罚 种 类

一、刑罚导论

（一）刑罚与犯罪矫正

路威指出,在系统学习刑法之前,有必要了解刑法与民法之单一区别。在他看来,两者之明显区别在于刑法之刑罚性(punishment)。① 作为社会控制手段之一种,刑罚是国家公权力对抗严重违法犯罪行为最严厉的手段,作为社会防卫的最后一道门槛。在美国犯罪经济学家埃里克·A.波斯纳(Eric A. Posner)看来,刑罚之所以能预防犯罪是因其减少效用,比如罚金可减少财富,而自由刑则会减少赚取财富并将其用来消费嗜好的机会。②

（二）刑罚之目的

刑罚具有较强功利性(utilitarianism)特征,为实现功利主义之犯罪预防目标,刑罚强度应与犯罪危害程度大体相当,不能超出必要限度。在功利主义者看来,刑罚之所以具有正当性应主要取决于其对犯罪减少之效应。其目的通常包括威吓(deterrence)、报应(retribution)、隔离(isolation)、谴责(denunciation)、监禁(incapacitation 或 incarceration)、更生重建(rehabilitation)、重新融入社会(re-integration)及补偿(restitution)③,这些目的相互交织,互为补充。

二、刑罚之种类

一般而言,英美刑法之刑罚有死刑、终身监禁、监禁、没收财产、罚金及剥夺资格或公权等传统形式。历史上,各种酷刑也曾在英美刑罚史上抹上了阴暗的一笔。如一项颁布于 1530 年的英国法律,认可将投毒者活活煮沸。④ 随着法治文明程度的不断提升,绝大多数酷刑已不复存在。鞭刑、笞刑等特殊刑罚方式在

---

① Arnold H. Loewy, *Criminal Law* (4th edition), Thomson-West, 2003, p.1.
② 埃里克·A.波斯纳:《法律与社会规范》,沈明译,中国政法大学出版社 2004 年版,第 133 页。
③ G. Larry Mays and L. Thomas Winfree, Jr, *Contemporary Corrections* (2nd edition), Wadsworth Group, 2002, pp.2—8.
④ See Leonard Orland, "Prisons as Punishment: An Historical Overview", in Kenneth C. Hass and Geoffrey eds., *The Dilemmas of Corrections: Contemporary Readings* (4th edition), Waveland Press, 1996, pp.6—7.

一些英美法系国家及地区仍存续至今,如新加坡至今适用广受批评的鞭刑。

英美不同法域之所以采用这样或那样的刑罚方式并不是任意而为之。以美国为例,《联邦宪法》第八修正案规定,"不得施加残酷和非常的惩罚"。据此,1910 年联邦最高法院在"威姆斯诉合众国"(Weems v. United States)案中认为,刑罚不应与罪行"非常不成比例"(grossly disproportional)。①

近年来,强制感化、强制戒毒、社区服务令及中间惩处措施等非刑罚执行方式不断强化,有日愈侵蚀传统刑罚方式之势。

（一）死刑或极刑

《圣经·利未记》说:"灭人性命者必被处死。"②长久以来,是否废除死刑困扰着英美法系诸国及地区。1972 年,美国联邦最高法院在"弗曼诉佐治亚州"(Furman v. Georgia)案中,以 5-4 的微弱多数认为死刑为联邦宪法第八修正案所"不得施加残酷及异常之刑罚"(cruel and unusual punishment)。③ 4 年后,在审理"格雷格诉佐治亚州"(Gregg v. Georgia)时,最高法院却作出截然相反的判决,以 7-2 悬殊裁决重新认定死刑合宪。同时,最高法院认为对强奸成人妇女之犯罪人适用死刑不符合"不得施加残酷和非常的惩罚"之宪法性条款。④ 至今,美国仍有联邦及 38 个州保留死刑。自东向西,全美就死刑大体形成三个不同区域:从缅因州到阿拉斯加州的北部地区,死刑要么已废除,要么影响些微;从宾夕法尼亚州到加利福尼亚州的中部地区,死刑案件明显增多,反对声亦不断增强,死刑实际执行较少且缓慢;从弗吉尼亚州到得克萨斯州及亚利桑那州的南部地区,这是主张保留并实际执行死刑势力较浓厚的区域。⑤

是否将死刑适用于未成年人仍是目前美国社会最激烈的争论之一。恢复适用死刑以来,全美计有 228 名未成年人被判处死刑,其中 22 名已被执行,占同期死刑执行总数的 2.3%;目前仍有 74 名犯人在为他们未满 18 周岁时所犯的罪行等待被执行死刑。⑥ 但实际上,对问题少年执行死刑仍不多见。时至 2005 年,仍有 23 个州明示可处决未满 18 周岁的问题少年。有的州甚至有判决将 17 周岁、16 周岁的问题少年处以死刑。⑦ 1988 年,联邦最高法院通过"汤普森诉俄

---

① Weems v. United States, 217 U.S. 349, 367 (1910).
② 《圣经·利未记》。
③ Furman v. Georgia, 408 U.S. 238 (1972).
④ Gregg v. Georgia, 428 U.S. 153 (1976).
⑤ See Hugo A. Bedau, "Background and Development", in Hugo A. Bedau eds., *The Death Penalty in America*: *Current Controversies*, Oxford University Press, 1997, p.21.
⑥ Victor Streib, *The Juvenile Death Penalty Today*: *Death Sentences and Executions for Juvenile Crimes*, Ohio Northern University Claude W. Pettit. College of Law, 2005, p.3.
⑦ Lynn Cothern, *Juveniles and the Death Penalty*. Coordinating Council on Juvenile Justice and Delinquency Prevention. Office of Juvenile Justice and Delinquency Prevention, U.S. Department of Justice, 2000, p.1.

克拉何马州"(Thompson v. Oklahoma)案,判决联邦宪法禁止对犯罪时仅 15 岁的人处以死刑。① 而一年后又通过"斯坦福诉肯塔基州"(Stanford v. Kentucky)判决对 16 岁及以上未成年人处以死刑合宪。② 2005 年,联邦最高法院在"洛普尔诉西蒙斯"(Roper v. Simmons)案中,以 5∶4 微弱多数判定对 18 岁以下未成年人适用死刑违宪。最高法院进一步指出,因问题少年罪行滔天,国家仍可剥夺其某些最基本的自由权利,所犯过错仅是由于对人性的不成熟理解,国家应允许他在余生通过教育改造得以改正,而不是贸然地去毁灭一个生命的存在。③

目前英美法系国家中,尚保留死刑主要是美国和新加坡。根据《新加坡刑法典》(Penal Law of Singapore)及其他法律,可判处死刑的犯罪行为包括从事、企图从事或教唆从事反政府的战争,对总统人身的犯罪,国家法律规定的海盗罪,煽动叛乱既遂,提供或制造伪证意图使某项可判处死刑的犯罪成立,谋杀罪,教唆儿童或者精神病者自杀,企图谋杀,为了谋杀而进行绑架或劫持,结伙抢劫杀人,贩运毒品或毒品等行为。④

(二)终身监禁

英美刑法中,终身监禁(life imprisonment)系指将犯罪人长期予以拘禁、剥夺其人身自由之刑罚方式,但并不一定会强制犯罪人参加劳动并接受教育和改造。

终身监禁是仅次于死刑的最严厉的刑罚方式;在大多数已废止死刑的英美国家及地区,终身监禁是目前最为严厉的刑罚方式。尽管名为"终身",终身监禁并不必然让犯罪人终身坐牢。在美国,按照是否适用假释,可将终身监禁划分为无假释之终身监禁(life imprisonment without parole,简称 LWOP)与有假释之终身监禁(life imprisonment with parole,简称 LWP)。对于后者,服刑人在服刑若干年后可得假释。《新加坡刑法典》第 57 条规定,在计算服刑期期限时,终身监禁应相当于 20 年之监禁。⑤ 又如香港地区在回归之前,被判处终身监禁之犯罪人在刑罚执行 5 年后,可由"长期囚禁复核委员会"讨论,港督在考虑主审法官报告后可下令提前对案件进行讨论。⑥ 这实际上是为终身监禁执行时间的缩短提供了可能。

美国联邦最高法院在非死刑案件中如何贯彻联邦宪法第八修正案意见的看

---

① Thompson v. Oklahoma, 487 U.S. 815 (1988).
② Stanford v. Kentucky, 492 U.S. 361 (1989).
③ Roper v. Simmons, 543 U.S. 551 (2005).
④ 参阅刘涛:《新加坡刑法的历史、渊源及特色》,载《新加坡刑法》,刘涛、柯良栋译,北京大学出版社 2006 年版,第 6 页。
⑤ Penal Law of Singapore, §57.
⑥ 宣炳昭:《香港刑法导论》,陕西人民出版社 2008 年版,第 103 页。

法不一。在"拉梅尔诉埃斯特尔"(Rummel v. Estelle)①及"索勒曼诉何勒曼"(Solem v. Helm)②等两个案件中,最高法院确立在法律明文规定假释条款时,可对触犯轻微犯罪(petty crime)之被告人判处"不成比例之量刑"(disproportionate sentence)。在"哈美林诉密歇根州"(Harmelin v. Michigan)案中,联邦最高法院判定,即便法律未明文规定假释,仍可对触犯严重犯罪(serious offense)之犯罪人处以"不成比例之量刑",显然终身监禁为其中选择项之一。③

因死刑之不可逆转性及终身监禁性之严酷性,终身监禁刑之存在为全部或部分取消死刑提供了可能性及契机。在美国一些州,无假释之终身监禁被越来越被适用于原先可被判处死刑的罪犯身上。以马里兰州为例,该州于1987年将无假释之终身监禁列入陪审团对死刑案件的选择项。自此5年内,马里兰州仅有8名罪犯被判处死刑。④

(三) 监禁

监禁(imprisonment),系指对犯罪人予以关押、在一定期限内剥夺其人身自由之刑罚方式。不同于终身监禁仅适用于特定严重犯罪,监禁可适用于各种犯罪。英国早期认为监禁刑一无是处,犯罪人通常被杀戮或出售为奴。一直到1597年,英国国会方建立起矫正所(house of correction)。⑤ 随着"日不落帝国"疆域的不断扩张,监禁刑亦在各英国殖民地落地生根。

监禁刑在英美国家适用率较高。截至1995年,每10万美国人口中便有600人被监禁;截至1997年,近60万犯罪人在郡市级监所(jail)服刑,120多万犯罪人在联邦及各州监狱(prison)服刑。⑥

20世纪初,随着犯罪实证主义的滥觞及受"更生重建"理念的影响,刑罚个别化及行刑社会化日盛,不定期刑(indeterminate sentence)始在英美大行其道。不定期刑赋予了法官相当大的量刑裁量权,矫正部门也由此获得对犯罪人刑期届满之前予以提前释放的裁量权。如《纽约州刑法典》第70.00条规定,除个别情形外,纽约州对所有重罪均采用不定期刑。法条明确规定,该不定期刑最高刑期应不少于3年,其上限应分门别类:对于一等重罪,该刑期上限可至终身监禁;

---

① *Rummel v. Estelle*, 445 U.S. 263 (1980).
② *Solem v. Helm*, 463 U.S. 277 (1983).
③ *Harmelin v. Michigan*, 463 U.S. 277 (1983).
④ See Richard C. Dieter, "Sentencing for Life: Americans Embraces Alternatives to the Death Penalty", in Hugo A. Bedau eds., *The Death Penalty in America: Current Controversies*, Oxford University Press, 1997, p. 122.
⑤ See Leonard Orland, "Prisons as Punishment: An Historical Overview", in Kenneth C. Hass and Geoffrey eds., *The Dilemmas of Corrections: Contemporary Readings* (4th edition), Waveland Press, 1996, p. 7.
⑥ See Kenneth C. Hass and Geoffrey, "Why Goes to Prison?", in Kenneth C. Hass and Geoffrey eds., *The Dilemmas of Corrections: Contemporary Readings* (4th edition), Waveland Press, 1996, p. 1.

对于二等重罪,刑期上限应由法庭确定之,但不得超过25年;对于三等重罪,刑期上限应由法庭确定之,但不得超过15年;对于四等重罪,刑期上限应由法庭确定之,但不得超过7年;对于五等重罪,刑期上限应由法庭确定之,但不得超过4年。法条同时规定,不定期刑最低刑期应不少于1年,下限亦随不同犯罪分类而有所差异:对于一等重罪,最低刑期应由法庭确定并详尽于量刑之中,其中一等甲级重罪之最低刑期应由法庭确定之,原则上不少于25年;对于一等乙级重罪,最低刑期应介于3年至8年又4月之间。①

目前,我国香港地区亦在仿效英美,惩教署在决定犯罪人实际刑期时根据其在狱中表现决定刑期长短,甚至可超出原判刑期幅度而无需经过法院。②

(四) 罚金

罚金(fine),系指由法院判定由犯罪人以现金支付之处罚方式。罚金可单独适用,也可与死刑、终身监禁刑及监禁刑并科适用。一般来说,罚金被用来支付法庭开支、毒品或酒精测试以及被害人补偿等。

罚金具体标准、数额及比例,各法域依重罪与轻罪差异以及重罪之间、轻罪之间的差异而有所不同。以《纽约州刑法典》为例,该法典第80.00条、220条及221条规定,对依法应判处罚金之重罪,罚金具体数额应由法庭确定之,但不得超过下述上限:5,000美元;或两倍于被告人犯罪所得;对于触犯违禁物品罪(controlled substance offenses)及携带或销售大麻罪等罪,一级甲等重罪可罚10万美元、一级乙等重罪可罚5万美元、二级重罪可罚3万美元及三级重罪可罚1.5万美元。③

对于轻罪,《纽约州刑法典》第80.05条及215.80条规定,对依法应判处罚金之一级轻罪,罚金具体数额应由法庭确定之,但不得超过1,000美元;不过对于触犯非法处置没收财产(unlawful disposition of assets subject to forfeiture)之罪行不在此限,可处以相当两倍于被告人犯罪所得之罚金。对于二级轻罪,罚金具体数额应由法庭确定之,但不得超过500美元。对于未分类轻罪,罚金具体数额应由法庭确定之,但应与规定此类罪行之法律或条例有关条款相符合。对于违警罪,罚金具体数额应由法庭确定之,但不得超过100美元。④

---

① New York State Penal Law, §70.00.
② 宣炳昭:《香港刑法导论》,陕西人民出版社2008年版,第103页。
③ New York State Penal Law, §80.00, §220 and §221.
④ New York State Penal Law, §80.05, §215.80.

第二节 刑罚制度与执行

一、机构矫正

（一）机构处分概念与特征

机构处分有广义与狭义之分。从狭义上来说,仅指法院依法判决需羁押者收监关押的处分措施,既包括带有刑事惩罚意义的机构处分,也包括非刑事处罚的机构处分。而从广义上而言,机构处分还包括对审前羁押和预防性拘留。以美国为例,1880年全美共有1万余名未成年人被羁押于各类监所,平均年龄为13岁;而到了1997年,这一数字飙升至10.7万人,其中尚有1.5万人被羁押于成人监所之中。[①] 为避免术语混杂,笔者主张以"机构矫正"一词专指狭义上的机构处分。

（二）宾夕法尼亚制与奥本制

宾夕法尼亚制与奥本制对于英美犯罪矫正现代化起了不可替代的重要作用,目前所适用之机构化矫正或多或少烙上了这两种制度的痕迹。

宾夕法尼亚制(Pennsylvania System),系指通过单独监禁以鼓励罪犯忏悔、促成其悔改的刑罚方法。其所依据的原则是单独监禁(solitary confinement)、促进忏悔(fosters penitence)及鼓励改造(encourages reformation)。这一构想最初由"费城减轻公立监狱惨境协会"(Philadelphia Society for Alleviating the Miseries of the Public Prisons)提出。1826及1829年,美国宾夕法尼亚州的西部州立监狱、及东部州立监狱先后将其运用到监狱管理之中。[②] 在宾夕法尼亚制下,每位罪犯都有一间牢房,既可以做劳动场所,也可做锻炼之所。之所以这样做,在于使得罪犯寸步难离,从而达到矫正目的。东部州立监狱在硬件上使用了当时最先进的科技成果,如集中供热、抽水马桶以及淋浴等。这种模式因24小时将罪犯彼此隔离而又被称为"隔离制"(separate system)。[③]

奥本制(Auburn System)又称"纽约制"(New York System),系指规定犯人白天劳动,晚上单独监禁的一种处刑方法。与宾夕法尼亚制相比,奥本制也为罪犯提供单独监禁的牢房,但仅作为晚上休息之用,而不是像前者那样24小时监禁罪犯。这一制度演变于1820年代美国纽约长岛的奥本监狱,是对宾夕法尼亚制

[①] Robert Regoli and John Hewitt, *Delinquency in Society* (5th edition), McGraw-Hill Higher Education, 2003, p.405.

[②] G. Larry Mays and L. Thomas Winfree, Jr, *Contemporary Corrections* (2nd edition), Wadsworth Group, 2002, p.38.

[③] Wikipedia, Pennsylvania System, Retrieved July 15, 2010, from http://en.wikipedia.org/wiki/Auburn_system.

单独监禁的改进和替代。奥本制明显的外在特征表现为条形狱服(striped uniforms)、亦步亦趋(lockstep)与绝对安静(complete silence)。其中,条形狱服由灰黑材料与横向的条纹组成,意在羞辱身着囚服的罪犯。亦步亦趋则要求罪犯行动中步调一致,肩膀相扣,且只能向一个方向看齐,不能正视警卫或其他罪犯。奥本制尤其强调纪律处分,要求服刑人务必绝对安静,因而被认为是剥夺了后者的"自我意识"(sense of self)。当自我意识消亡时,罪犯会服从舍监的指挥。因强迫犯人自始至终保持安静、禁止出声,该模式又被称为"沉默制"(silent system)。[①] 这一通过教化罪犯促其改过自新的模式,逐步在美国犯罪改造中取得优势地位。随着人权运动高涨,奥本制中条形狱服、亦步亦趋与绝对安静等特征被认为多系羞辱刑而与现代刑罚理念格格不入,奥本制也渐渐遭到摒弃。

二、监狱化处分

(一)设防机构矫正与非设防机构矫正

狭义上的机构矫正又称拘禁化安置(custodial disposition),可分为设防机构矫正(secure custody)与非设防机构矫正(non-secure custody)。此外,监禁还包括"劳动改造/监狱作业"(prison industry 或 labor system)这种形式。

现代意义上的监狱,其功能包括惩罚与教育两个主要方面。英国犯罪学家安东尼·波特姆斯(Anthony Bottoms)主张监狱具有六种特征,即监狱乃综合性机构、监狱乃惩罚性机构、监狱系内部组织、监狱根据其性质组织日常活动、监狱中有复杂的工作人员—犯人关系问题,以及监狱有明确地理限制。[②]

(二)民营化监狱

限于经费、人员及服刑人数量,一些英美法域还以民营化机构来羁押犯罪人。近年来,民营化机构占据了处分机构的较大份额,属于持续增长的新兴产业。

民营化机构有"矫正产业模式"(correctional industries model)、"雇主模式"(employer model)、"客户模式"(customer model)与"灵活模式"(flexible model)运作模式。其中,所谓"矫正产业模式"即民营公司在监狱内建立生产车间,政府按照向其提供犯罪人的数量、劳动强度等收取费用的民营化模式。"雇主模式"则是公立监狱提供场所,但私营公司对相关所属产业拥有产权和经营权的民营化模式。"客户模式"是指民营公司与公立监狱达成价格协议,向后者提供成品服务的民营化模式。而"灵活模式"系指诸如"美国矫正公司"(Corrections Corporation of America,简称CCA)等民营公司提供新兵训练营(boot camps)等非

[①] Wikipedia, Auburn System, Retrieved Jule 15, 2010, from http://en.wikipedia.org/wiki/Auburn_system.

[②] 转引自吴宗宪:《当代西方监狱学》,法律出版社2005年版,第29—31页。

监禁成品化服务。1999年10月的一项调查发现，多达31,599名美国少年被关押在民营化拘留所。①

这些民营化机构形式多样，从较大拘留所到集体之家，甚至还包括了新兵训练营。许多民营化机构最早由教会创设，但逐渐演变成营利性机构，每年各州政府须为每位犯罪人的入住支付数千美元费用。② 在这方面的各界争议也从来没有止息过。赞同观点认为，民营化可有效减少国家监狱运转的经常性花费；反对者则认为民营化由于具有商业性质并不能很好的到达解决少年矫正的目的。

第三节 社区矫正制度

一、社区矫正概述

（一）社区矫正概念

社区矫正由来已久，主要受19世纪末兴起的犯罪实证学派所倡导的医疗与矫正模式影响，犯罪矫正实务界逐渐主张对不同犯罪人实行个别处分，以不定期刑和假释来敦促其改过自新、弃恶从善。20世纪初，美国犯罪学家克利福德·肖(Clifford Shaw,1896—1957)和亨利·麦凯(Henry McKay,1899—1990)在其芝加哥同心圆研究以及后来"芝加哥区域计划"(Chicago Area Project,简称CAP)中提出社区对于未成年人犯罪有不可忽视的作用，因而通过社区干预可以有效减少犯罪与偏差行为发生。这些社区计划包括减贫、家庭重组、戒毒等项目。

现代社区矫正观念源于第二次世界大战之后，而若干新的运作模式，如新兵训练营等的出现则是近几十年的事情。1967年，在美国"总统执法与司法管理委员会"(President's Commission on Law Enforcement and Administration of Justice)提交的最终报告中，极力主张矫正模式向社区矫正转换，并向缓刑、假释、中途之家(halfway house)、监外作业(work release)及其他非监禁替代措施提供资金；同时，委员会认为监狱仅可作为最后之处分地。六年后，美国"国家刑事司法标准与目标顾问委员会"(National Advisory Commission on Criminal Justice Standards and Goals)针对当时层出不穷的监禁丑闻，更是尖锐指出"除非犯罪人过于危险而不适宜放诸自由社会之中，否则监狱毫无用处可言"。③

美国有学者认为，实施社区处分有四大理由：(1) 部分受刑人的人品背景或

---

① John Whitehead, Joycelyn Pollock and Michael Brawell, *Corrections: Exploring Corrections in America*, Anderson Publishing, 2003, p.358.

② Ibid.

③ See Kenneth C. Hass and Geoffrey, "Corrections in the Community", in Kenneth C. Hass and Geoffrey eds., *The Dilemmas of Corrections: Contemporary Readings* (4th edition), Waveland Press, 1996, p.438.

犯罪行为,可依罪刑均衡原则,并不至非监禁不可地步;(2)委由社区实施监管之经费,远较监禁便宜;(3)若单就再犯率来衡量犯罪人更生重建效果,监禁并未优于社区矫正监管措施;(4)监禁对犯罪人与社会双方较具破坏性。① 在澳大利亚学者看来,实施社区矫正的益处在于:将犯罪人与社会的隔离降到最低限度、最大限度发挥社区对犯罪人的积极影响、最大限度减少对犯罪人家庭和亲友的消极影响、使犯罪人继续从事自己的职业、利用社区资源、节省费用以及减少重新犯罪率。② 与恢复性司法(restorative justice)对接,近年来英美各国无不创新其各自社区矫正,力图加强社区在犯罪人更生重建及被害人补偿救济等方面有所突破。

(二) 社区矫正类型

按社区处分措施直接矫正力度大小,可将社区处分划分为微观社区处分与宏观社区处分。前者则包括电子监控(electronic supervision)、每日罚款、中途之家、监外作业、返家探视(prison furlough)、宵禁(curfew)、调解与修复式司法等传统意义上的社区矫正,后者包括减贫与邻里守望相助(neighborhood watch)等举措。针对犯罪人所实施的社区处分各主要类型中,是否提供住宿可分为非居住式(nonresidential)及居住式(residential)两类。

依对犯罪人控制严松程度,社区矫正可分为由传统缓刑部门职掌的监督方案(supervision program)、替代监禁并具有处分取向的居留方案(residential program)与传统矫正部门所督导指挥的协助犯罪人早日重返社会的释放方案(release program)。③ 其中,监督方案主要包括社区服务、罚金与震撼缓刑(shock probation),而释放方案则包括监外就业、返家探视、中途之家以及与眷同住等。

二、缓刑概述

(一) 缓刑概念

"Probation"一词来自拉丁语"probatio",本意是指有待证明、测试,后引申为考验期。最初系指罗马天主教用来对请求入教信徒所设立的考验期,也被基督徒用作对候任神职人员的考验期。④ 它来源于对英文"probation"的翻译,又被译为感化,原意系指划定一定时间,使有关人等有机会证明其可改邪归正,以观后效。现在仍被用来表示新录用人员的试用期之意。

---

① 转引自徐锦锋:《社区犯罪矫正处遇之发展与未来趋势》,载杨士隆、林健阳主编:《犯罪矫正问题与对策》(增订四版),台湾五南图书出版公司2005年版,第336页。
② 转引自访澳考察团:《澳大利亚社区矫正制度介绍》,载《法律适用》2005年第10期,第14页。
③ 林茂荣、杨士隆:《监狱学——犯罪矫正原理与实务》(第二版),台湾五南图书出版公司1999年版,第225页。
④ 徐锦锋:《少年观护制度的现状检讨及其展望》,载杨士隆、林健阳:《犯罪矫正:问题与对策》(第二版),台湾五南图书出版公司1999年版,第355页。

一般来说,所谓缓刑系指根据犯罪情节与犯罪人悔改表现,规定考验期,附条件释放犯罪人,且在其社会生活中予以监督,暂缓刑罚执行,以期改过自新的刑罚制度。若考验期内犯罪人严守附带条件,判决的刑罚便不再执行。若犯罪人违反附带条件,则撤销缓刑处分,将其置于监狱继续执行剩余刑期。简而言之,缓刑系从消极的监督到积极的辅导,以达到防卫社会的目的。就缓刑性质而言,美国联邦最高法院在"盖加侬诉史加彼利"(Gagnon v. Scarpelli)案中指出,缓刑是特权(privilege)而非权利(right),一旦缓刑人获得缓刑处分,即可予以执行。[1]

美国犯罪矫正协会(American Correctional Association,简称ACA)认为,"缓刑是一种判决,是一种组织,也是一种过程。如视为一种判决,即代表一种司法审理,使犯罪者在预定的期间内以保持善为前提,允许其继续生活在原来社区,但需缓刑官监督而达到再教育、再社会化之目的。如视为一种组织,即指负责缓刑之机构,用来协助法院及执行刑事司法有关特殊服务;如视为一种过程,则系指法院进行审理前之调查及审理后之社区生活辅导"。[2] 这个定义将缓刑视为判决、组织或过程。缓刑通常被认为是处分与刑罚的集合体:说其是处分在于被判处缓刑的犯罪人被安置于社区之中,接受社区监督;而说其是刑罚则在于缓刑犯身受多重约束。[3]

(二) 缓刑类型

按照缓刑对象不同,缓刑可简单区分为成人缓刑及未成人缓刑。成人缓刑源自刑事法院对成年犯罪人之判决。截至1999年底,美国成人缓刑犯人数超过377万。[4]

未成人缓刑来源不外乎以下两类:一是经少年法院审结并判处的;另一类则出自未成年人的自愿。通常情况下,未成年人自愿接受缓刑安置,一旦缓刑完成,原先针对他的少年法院程序随即终结。以美国2002年为例,在385,400起被判处缓刑的少年案件中,其中65%为少年法院安置结果,其余为自愿缓刑或非正式缓刑;而考察1985年至2002年间这两类缓刑的此消彼长后,研究人员发现法院安置的少年缓刑增长了103%,而自愿缓刑不过3%而已。[5] 这反映出少

---

[1] Gagnon v. Scarpelli, 411 U.S. 778 (1973).
[2] 转引自徐锦锋:《观护制度之现状检讨与展望》,载杨士隆、林健阳主编:《犯罪矫正问题与对策》(增订四版),台湾五南图书出版公司2005版,第388—389页。
[3] Leonard Territo, James Halsted, and Max Bromley, *Crime and Justice in America: A Human Perspective*, Prentice Hall, 2003, p.518.
[4] G. Larry Mays and L. Thomas Winfree, Jr, *Contemporary Corrections* (2nd edition), Wadsworth Group, 2002, p.1.
[5] Sarah Livsey, *Juvenile Delinquency Probation Caseload, 1985—2002*, U.S. Dept. of Justice, Office of Justice Programs, Office of Juvenile Justice and Delinquency Prevention, 2006, p.1.

年案件愈发呈现正式程序态势,也折射出美国刑事司法与少年司法领域的保守主义趋势。

除安置缓刑与自愿缓刑外,在所有可供法官备选的未成年人安置选择中,标准缓刑是较为常见的安置方式。标准缓刑(standard probation),包括附条件缓刑与无条件缓刑两种形式。此外少年缓刑营、祈祷判断与震撼缓刑也是近些年常见的缓刑类型。

按照缓刑适用是否附加一定条件,缓刑可分为附条件缓刑与无条件缓刑。其中,附条件缓刑(conditional probation)是指附加条件的缓刑,为缓刑的主要表现形式。之所以设定这样或那样的缓刑适用条件,目的在于实现对犯罪人的控制与更生重建。缓刑条件通常可分为标准条件(standard condition)与特殊条件(special condition)以及主动条件(active condition)与被动条件(passive condition)等。所谓标准条件,系指毋需考虑案情而适用于所有案件的缓刑条件,这些条件或由法律加以明示,或由缓刑官罗列。一般认为,缓刑标准条件包括:不得犯新罪、提交毒品测试、定期向缓刑官报到以接受指导、不经缓刑官许可不得擅离所在司法辖区、同意缓刑官得在任何时间访问缓刑人、不得与有案底的人接触。① 此外,问题少年尚须遵守其他条件,如保持善良品行,不得与素行不良者交往,亦不可出入夜总会、酒吧、迪厅及网吧等不正当场所。

香港刑法将缓刑分为暂缓监禁及缓刑监督两类,其中暂缓监禁又称暂缓执行监督,系指"对判处一定期限监禁刑罚的罪犯,同时宣告暂缓执行,给予一定考验期的刑罚制度";缓刑监督则是指"对认定有罪的人并不判处监禁,而是直接只判处一个监督考验期的刑罚制度"。②

(三) 缓刑适用

1. 适用对象

一般说来,缓刑对象基本上都是情节显著轻微且主观恶性较小、社会危害性不大的初犯。对少年缓刑处分除了与涉案少年个人背景、具体案情息息相关外,往往还与其性别有一定联系。以1993年为例,美国少年法院判决缓刑的占所有需安置女性的六成(60%),而男性这一比例为五成五(55%)。③

2. 缓刑之适用条件与依据

缓刑可通过下述三类途径实现:其一,有关法律可允许初审法官暂缓刑罚执行,并以附条件的缓刑取而代之;其二,法律亦可要求施以刑罚,但也可施以缓

---

① Rolando del Carmen and Chad Trulson, *Juvenile Justice: The System*, Process and Law, Thomson Wadsworth, 2006, p.308.

② 宣炳昭:《香港刑法导论》,陕西人民出版社2008年版,第110页。

③ Eileen Poe-Yamagata and Jeffrey Butts, *Female Offenders in the Juvenile Justice System*, Office of Juvenile Justice and Delinquency Prevention, U.S. Department of Justice. 1996, p.12.

刑;其三,法官得有自由裁量权裁定施加缓刑与否。① 从某种意义上说,缓刑与不定期刑有异曲同工之妙,即两者对矫正期限均上不封顶,刑期之结束取决于矫治效果。

3. 缓刑之违反与撤销

缓刑违反(probation revocation)有两种形式:第一种是触犯新的罪行,为区别于初始犯罪(original offense),常被称为即刻犯罪(instant offense)。第二种是技术性违反(technical revocation),包括轻微违反的罪犯监督,本身并不构成犯罪,因而一般不会拘捕。如漏报预定访问、宵禁违反、偶尔怠于就业或就学、使用药物或酒精检测阳性或与被害人或共同被告人串供等等。但严重的技术性违反,如逃跑、暴力倾向可导致缓刑撤销和入狱服刑。而更多的缓刑违反则介于二者之间,责罚方式包括口头训诫、责令悔过、修改或增加缓刑条件。

美国联邦最高法院在"盖加侬诉史加彼利"案中指出,除非通过正当程序发现以下情形,否则缓刑不得撤销或终止:一是缓刑人必须被书面告知任何不利于对其的指控;二是书面通知必须在缓刑违反听证(revocation hearing)之前送达到缓刑人;三是缓刑人有权出席听证会,提交有利于自身的证据;四是缓刑人有权质疑不利于其的证言;五是缓刑人有权质询与交叉盘问证人;六是若指控异常复杂或案情严重以至于常人无法理解相关法律议题时,缓刑人有权获得律师帮助。②

缓刑听证可能会出现这样一些结果:一是监督级别可能有所降低;二是在给予缓刑人以警告或告诫之后,重新对其实施缓刑监督;三是法院可增添更多监督要求;四是法院可考虑缓刑人是否具有法律能力(legal competence),继而要求进行精神健康检查,其结果可能导致缓刑人接受有关医疗;五是若缓刑人未能如约出庭,法官可当场颁发通缉令(Bench Warrant)。③ 以纽约为例,缓刑人须每月向缓刑官呈交一份报告,内容包括:姓名、住址、座机与手机号码;工作地点、雇主姓名、工作小时数;汽车牌照号、驾照号;工资收入、额外收入、月总收入;银行存款、支票账户;吸毒与否、犯罪与否、是否与有犯罪前科者交往以及是否未得到许可便擅自离开指定区域。④

---

① Leonard Territo, James Halsted, and Max Bromley, *Crime and Justice in America: A Human Perspective*, Prentice Hall, 2003, p.519.

② *Gagnon v. Scarpelli*, 411 U.S. 778 (1973).

③ Harry Allen and Clifford Simonsen, *Corrections in America: An Introduction* (9th edition), Prentice Hall, 2001, p.203.

④ 参阅〔美〕毕汝谐:《美国联邦监狱探秘》,中国检察出版社2004年版,第150页。

三、假释概述

(一) 假释及善后辅导概念

视地域与司法结构不同,假释定义有所差异。假释(parole)一词源于法文"parole d' honneur",意为"以名誉担保",现在该词多指附加条件对犯罪人提前释放的刑罚执行方式。

未成年人之善后辅导(aftercare)又称释放安置、后社区处分、续顾服务及保护观察,原指病后护理,相当于刑事(成人)司法中的假释,系指透过与社区合作和安排,帮助释放回家的未成年人重返社区的再融合措施。但对刑满释放的未成年人所进行的辅导,不是从其释放回家那一刻才开始的,而始自量刑并贯穿于监禁与释放等不同阶段。善后辅导需要构建一系列无缝跨越正式与非正式社会控制的网络,此外连续而不间断的旨在避免未成年人反社会倾向的社区监督机制不可或缺。[①] 本书对这一术语的引介意在说明未成年人假释与成人假释在法律文字与概念上都有所差异。

(二) 假释之条件

像缓刑一样,假释亦是有条件的,如行为良好、参加社区矫正方案及重返社会训练所居住等。美国犯罪学家约尔·萨马哈(Joel Samaha)认为,假释包括附条件释放(conditional release)、监督(supervision)与违反(revocation)三个组成部分。其中"附条件释放"系指在刑期届满之前将犯罪人在附加条件下予以释放,"监督"是指国家机关对获释的犯罪人所进行的持续到刑期届满的监督与管理,而"违反"则是指对有条件释放的附加条件的违反。[②] 一旦犯罪人违反假释条件,无论是违反访客规定、宵禁、未经批准擅自离开常住地等技术性规范,还是触犯新罪,结果都可能导致假释违反,而被判重新入监,甚至经历新一轮的刑事诉讼。

在香港地区,假释被称为受监管下释放。据《囚犯(受监管下释放)条例》第7条,正在服3年或多于3年监禁刑期(终身监禁除外)及至少已服满该刑期的一半或20个月(两期间以较长者为准)的囚犯获释出狱;或正在服2年或多于2年监禁刑期(终身监禁除外);及计算根据《监狱规则》可获的减刑后,监禁刑期在6个月内届满的囚犯获释出狱。[③]

[①] Steve Gies, Aftercare Services, *Office of Juvenile Justice and Delinquency Prevention*, U.S. Department of Justice, 2003, p.1.
[②] Joel Samaha, *Criminal Justice* (5th edition), Wadsworth/Thomson Learning, 1999, p.466.
[③] 香港地区《囚犯(受监管下释放)条例》,第7条。

第四节 中间惩处措施

一、中间惩处措施概述

(一)中间惩处措施概念

以社区为主要依托的中间惩处措施(intermediate sanctions/treatment),又称创造性量刑(creative sentencing)或中庸制裁措施,是指介于传统机构矫正与社区矫正之间的折中处分措施。

中间惩处措施可视为监禁替代措施的具体表现形式,兼具机构矫正与社区矫正的优点,且在一定程度上避免了两者缺陷。与机构矫正相比,中间惩处措施花费较少且多一些自主权;相比于社区矫正,因控制力度大而降低了累犯率。

(二)中间惩处措施渊源与发展

20世纪50、60年代盛行一时,以矫正为目的的传统社区处分模式虽有一定效果,但在解决累犯率等问题上仍不乏弊端。1976年,美国"总统法律执行与司法行政委员会"一针见血地指出,"受刑人愈浸淫于犯罪矫正过程,其愈受矫正机构惩处气氛之钳制,而复归社会将更加困难,矫正过程应致力于清除受刑人回归社会之障碍"。[1] 传统监禁刑要求大量资金与人员运作,其结果是人满为患,不能容纳日益增多的犯罪人。有鉴于此,各州都积极探寻所谓的"替代监禁"(alternatives to imprisonment)措施来弥补机构矫正与社区处分的诟病。这样,"中间惩处/处分措施"便呼之即出,且迅速得到发展。

二、中间惩处措施类型

中间惩处措施形式多样,包括新兵训练营、自家监禁(home confinement)、电子监控、中途之家、监外作业、当天汇报中心(day-reporting centers)与每日罚款(day fines)等。

(一)新兵训练营

新兵训练营被认为是对未成年或初犯替代监禁或缓刑的有效措施。所谓新兵训练营,又称工作训练营(work camps)、挑战营(challenge camps)、震撼监禁(shock incarceration)与动机营(motivational camps),系指借用军队模式下严格纪律的环境,限制犯罪人的活动自由,让其参与工作与社会服务,并提供适当教育及辅导的短期刑罚方式。新兵训练营根源于震撼监禁,已成为英美矫正与刑罚

---

[1] 转引自邓煌发:《社区处分之探讨》。http://www.tosun.org.tw/Database/Data/%E7%A4%BE%E5%8D%80%E8%99%95%E9%81%87%E4%B9%8B%E6%8E%A2%E8%A8%8E.htm,2007年3月11日。

系统中的重要组成部分。

20世纪80年代,新兵训练营最早在佐治亚州和俄克拉何马州开营,在80年代末与90年代初得到迅猛发展。最初是为了减少监所开支、减少在押犯人数以及降低累犯率,增强刑罚威吓效力而设立。截至1995年,全美共有120余所新兵训练营,其中75所州成人训练营,30所少年训练营,另有18所郡级训练营。①

新兵训练营的直接目的在于减少累犯率,特别是尽量减少未成年初犯再犯率,但实际效果不尽如人意。根据2003年美国国家司法研究院(National Institute of Justice)一项对10年期新兵训练营研究汇总发现,虽然对矫正未成年人心态与行为方式有一定效果,但除极个别例外,尚未发现新兵训练营能够有效减少未成年人的累犯率。②

(二) 自家监禁

自家监禁(home confinement),又称家庭逮捕(home arrest)、居家拘留(home detention)、软禁或家居隔离,是指将原本应当收容于监所的犯罪人,强制拘禁于自家宅中,并限制其深夜游荡及周末进出自由的处分措施。自家监禁本身并不是刑罚,而是缓刑、假释、监督释放(supervised release)和预审释放(pretrial release)的附带条件。

自家监禁与刑罚的历史一样久远,据圣经记载圣保罗被判在罗马自家监禁达两年之久。在美国,自家监禁史上曾被用来实施政治控制与法西斯压制。③ 1984年,佛罗里达州首次将自家监禁正式引入刑事司法系统。2002年,仅经联邦缓刑与预审局(U.S. Probation & Pretrial Service)监管的自家监禁犯罪人数便高达1.8万人。④

自家监禁通常包括宵禁、家居拘留以及家居监禁三种形式。宵禁要求参与者必须每天特定时间在家;居家拘留要求除预先核准的活动如务工、礼拜、看病、出庭外,参与者应随时在家;家居监禁最为严厉,要求被隔离人除非看病、出庭或者其他法院核准的事项外,24小时不得外出。

与传统监所监禁相比,对低危险犯实施自家监禁可以省去政府大量花销,相

---

① Dale Parent, *Correctional Boot Camps: Lessons From a Decade of Research*, U.S. Department of Justice, Office of Justice Programs, 2003, p.2.
② Ibid., p.II.
③ Harry Allen and Clifford Simonsen, *Corrections in America: An Introduction* (9th edition), Prentice Hall, 2001, p.221.
④ Office of Probation and Pretrial Services Administrative Office of the U.S. Courts, Home Confinement, U.S. Probation & Pretrial Service, 2003, p.1.

当于拘留的四分之一。① 然而自家监禁也招致不少批评,因为政府之手已触及"家"这个社会基本细胞,尤其是在西方信奉"个人家即为个人城堡"以及"风能进,雨能进,国王军队不能进"法谚的状况下更是如此。

（三）电子监控

电子监控又称"标注"（tagging）,是指采用远距离监控仪器与技术,以确定犯罪人是否在预先核准的时间、地点出现的中间处分措施。电子监控可适用于未成年初犯、轻罪犯罪人、瘾君子、保外就医以及性犯罪人等。

电子监控最早由美国心理学家罗伯特·斯科维兹格贝尔（Robert Schweitzgebel）于20世纪60年代提出,当时称为"电子假释"（electronic parole）。他设计出的便携式无线电遥测器,将信号传送至类似导弹追踪仪的装置用以确定携带者具体行踪。1984年,电子监控开始被援用至犯罪矫正中,现已在美国、英国、澳大利亚、新西兰、新加坡、加拿大等英美法系国家和地区广泛使用。90年代初全美共有1.2万名犯罪人被责令使用电子监控器,而事隔近十年后的1998年,这一数字已飙升至9.5万名。②

电子监控常采用连续信号器（continuously signaling device）或程控联络器（programmed contact device）等两种基本仪器,前者持续性地监管服刑人是否居于特定场所,而后者则定期联系服刑人以确认其是否仍处于监管之中。以连续信号器为例,有三个组成部分：发射器、接收/拨号器以及中央计算机。发射器可套在犯罪人的手腕或脚踝处,并通过电话线持续传播编码信号。安装于犯罪人居所的接收/拨号器,如传呼机或手机,将从发射器收集得到的信号向中央电脑报告。对于程控联络器而言,计算机可在特定时间或任意时间拨打犯罪人电话,然后报告通话结果。③ 目前使用的大多数监控器尚不足以对犯罪人实施实时监控,但全球定位系统（Global Positioning System,简称GPS）技术可每周7日、每天24小时不间断追踪犯罪人一举一动。此外,全球定位系统还可以帮助督导人员实施对监控者的拘留、限制以及监视。

与传统监禁相比,电子监控费用低廉,且犯罪人也会感觉到与家人保持密切联系,并仍可上班交税并可按要求支付监管费,从而大大降低了运作成本。虽然初次安装成本相当高,但运作成本颇低。据全美执法矫正技术中心估计,电子监

---

① Office of Probation and Pretrial Services Administrative Office of the U.S. Courts, Home Confinement, U.S. Probation & Pretrial Service, 2003, p.1.
② National Law Enforcement Corrections Technology, Keeping Track of Electronic Monitoring; National Law Enforcement Corrections Technology Bulletin, National Institute of Justice, 1999, p.1.
③ See Annesley K. Schmidt, "Electronic Monitors: Realistically, What Can Be Expected", in Kenneth C. Hass and Geoffrey eds., *The Dilemmas of Corrections: Contemporary Readings* (4th edition), Waveland Press, 1996, pp.506—507.

控每日花费不过 5 至 25 美元,而监所关押犯罪人费用则高达 50 美元甚至更高。①

(四) 中途之家

中途之家(halfway house)又称集体之家(group home),英国称为"保释招待所"(bail hostel),系指设置于社区,向生活困顿的犯罪人提供临时住所和基本生活需要,如食品、住房的非监禁居住措施。其特点在于以社区为基础,筹措多方社会资源以帮助犯罪人与所居住的社区重建联系,促其逐渐适应新生活。被收容至中途之家的多为无家可归者或出狱后无处可去的犯罪人,主要包括性犯罪人与吸毒者。

中途之家可分为"中途淘汰"(halfway-out)与"中途加入"(halfway-in),而前者远较后者常见。支持中途之家的运作体现了双赢(win-win),即犯罪人无需入监,而公众亦可从前者工作与社会技能提升中获益,这样可以减少处分成本,还可能会降低累犯率。②

一般说来,中途之家为规模较大的非监禁性居留中心,可安置 12 至 20 人入住,入住者的年龄介于 14 至 18 岁之间。③ 以纽约市布鲁克林区"中途之家"为例,其设施条件、外表与汽车旅馆并无多大差异,内部空间有限,每 3 人共处一室,单人床、橱柜、公用浴厕一应俱全。④ 大多数州已逐步缩小中途之家的规模。

(五) 监外作业

监外作业又称单日通行(day pass)、单日假释(day parole)、暂时释放(temporary release)、工作或教育休假(work or education furlough),系指犯罪人在其关押期间得以维系目前就业与就学现状的中间制裁措施。夫妻探视也属监外作业之一种,最早在密西西比州试行,并在 20 世纪七八十年代一度达到顶峰。

以华盛顿州斯挪合米许郡监外作业为例,法院确定监外作业的具体条件后,该郡矫正局负责监督执行。这些条件包括:法院允许犯罪人工作;根据犯罪人支付能力,犯罪人尚需支付两倍于其计时工资的费用;犯罪人需首付相当于 10 日的项目费用;犯罪人须保持其当前就业或就学身份;建档之日,犯罪人须向矫正官员提供其尿液与酒精测试样本;项目进展中,犯罪人需随时应要求提供其尿液与酒精测试样本;该项目持续时间至少为 10 日;法院与辅导员设定的其他遵守

---

① National Law Enforcement Corrections Technology, Keeping Track of Electronic Monitoring; National Law Enforcement Corrections Technology Bulletin, National Institute of Justice, 1999, p.1.
② Larry Mays and Thomas Windree Jr., *Contemporary Corrections*, Wadsworth/Thomson Learning, 2002, p.255.
③ Joel Samaha, *Criminal Justice* (5th edition), Wadsworth/Thomson Learning, 1999, p.503.
④ 〔美〕毕汝谐:《美国联邦监狱探秘》,中国检察出版社 2004 年版,第 144 页。

条件。①

监外就业既可在监内也可在监外进行,但中途之家则以其宽松环境成为监外作业的不二之选。犯罪人通常可在白天外出工作,晚上返回中途之家接受处分或职业培训,或者只是简单地食宿。除了从中途之家获取各种帮助与支持外,重要的是犯罪人仍可感受到自由。② 大部分中途之家还要求犯罪人就其工作所得支付一部分费用。

(六) 当天汇报中心

当天汇报中心(day reporting center),又称"社区居留中心"(community residential center)或"社区矫正中心"(community correctional center),在澳大利亚又被称为"出席中心"(attendance center),是指犯罪人白天需要定期向居留中心汇报当日行程的中间制裁措施。

除了核实犯罪人的陈述外,中心亦提供诸如就业辅导、社区服务以及犯罪人与被害人和解等服务。作为中间制裁(处罚)措施之一种,"当天汇报中心"通常与缓刑结合适用,但还可接纳假释人、假释违反人、返家探视人以及审前释放与监所提前释放者。③

---

① Snohomish County Online Government Information & Services, Snohomish County Community Corrections Work/Education Release, Retrieved September 15, 2007, from http://www1.co.snohomish.wa.us/Departments/Corrections/Services/CommunityCorrections/WorkRelease.htm.

② Larry Mays and Thomas Windree Jr., *Contemporary Corrections*, Wadsworth/Thomson Learning, 2002, p.255.

③ Harry Allen and Clifford Simonsen, *Corrections in America: An Introduction* (9th edition), Prentice Hall, p.224.

后　记

教育部普通高等教育"十一五"国家级规划教材《外国刑法学概论》由李春雷、张鸿巍共同主编，聂立泽、房绪兴任副主编。全书经由李春雷、张鸿巍审查、修改定稿。各章撰稿人依次为（按撰写章节先后为序）：

张　璇（中国政法大学法学博士研究生）：第一章

房绪兴（浙江工业大学副教授，法学博士）：第二章

聂立泽（中山大学副教授，法学博士）：第三章、第六章

苑立志（襄樊学院讲师，法学硕士）：第四章、第十三章

许志强（北京市公安局助理研究员；中国政法大学法学博士研究生）：第五章

胡　隽（中国人民公安大学讲师，法学博士）、张忠国（中南民族大学讲师，法学博士）：第七章

陈　琴（中国人民公安大学讲师，法学博士）、翁凯一（中国人民大学法学博士研究生）：第八章

安　军（山东政法学院讲师；中国人民大学法学博士研究生）：第九章

马红平（甘肃政法学院副教授）：第十章

张　淼（南京大学副教授，法学博士）：第十一章、第二十二章

王雪莲（中国人民公安大学副教授）：第十二章

赵　亮（中央司法警官学院讲师，西南政法大学法学博士研究生）：第十四章、第十五章、第二十章

王昭振（大连海事大学副教授，法学博士）：第十六章

刘春花（中国人民大学法学博士研究生）、叶希善（中国人民公安大学副教授，法学博士）：第十七章

李春雷（中国人民公安大学副教授，法学博士）：第十八章

张鸿巍（广西大学教授，美国山姆休斯敦州立大学刑事司法学博士）：第十九章、第二十一章、第二十三章

本书撰写过程中，北京大学出版社法律事业部的编辑给予了极大支持和耐心关切；中国人民公安大学犯罪学系靳高风副教授在书稿的组织过程中给予了极大帮助；在书稿后期审校工作中，广西大学刑法学硕士研究生马岩、邹瑛同学，

中国人民公安大学刑法学硕士研究生李健、姚巍、张晓松等同学协助进行了细致的文字校对工作,在此一并表示感谢。书中不妥之处,亦请各位专家和读者不吝指正。

编者
2011 年 4 月

21 世纪法学系列教材书目

"21 世纪法学系列教材"是北京大学出版社继"面向 21 世纪课程教材"(即"大红皮"系列)之后,出版的又一精品法学系列教科书。本系列丛书以白色为封面底色,并冠以"未名·法律"的图标,因此也被称为"大白皮"系列教材。"大白皮"系列是法学全系列教材,目前有 15 个子系列。本系列教材延续"大红皮"图书的精良品质,皆由国内各大法学院优秀学者撰写,既有理论深度又贴合教学实践,是国内法学专业开展全系列课程教学的最佳选择。

- **法学基础理论系列**

法律方法阶梯	郑永流
英美法概论:法律文化与法律传统	彭 勃

- **法律史系列**

中国法制史	赵昆坡
中国法制史	朱苏人
中国法律思想史(第二版)	李贵连 李启成
外国法制史(第三版)	由 嵘
西方法律思想史(第二版)	徐爱国 李桂林

- **民商法系列**

民法总论(第三版)	刘凯湘
债法总论(待出)	刘凯湘
物权法论	郑云瑞
英美侵权行为法学	徐爱国
商法学——原理·图解·实例(第三版)	朱羿锟
商法学	郭 瑜
保险法(第三版)	陈 欣
海商法	郭 瑜
票据法教程(第二版)	王小能
票据法学	吕来明
房地产法(第四版)	房绍坤

破产法(待出)　　　　　　　　　　　　　　　　许德风

- **知识产权法系列**

　　知识产权法(第五版)(待出)　　　　　　　　　吴汉东
　　商标法　　　　　　　　　　　　　　　　　　杜　颖
　　著作权法(待出)　　　　　　　　　　　　　　刘春田
　　专利法(待出)　　　　　　　　　　　　　　　郭　禾
　　电子商务法　　　　　　　　　　　　李双元　王海浪

- **宪法行政法系列**

　　宪法学概论(第三版)　　　　　　　　　　　　肖蔚云
　　宪法学(第三版)　　　　　　甘超英　傅思明　魏定仁
　　行政法学(第二版)　　　　　　　　　罗豪才　湛中乐
　　外国宪法(待出)　　　　　　　　　　　　　　甘超英
　　国家赔偿法学(第二版)　　　　　　　房绍坤　毕可志

- **刑事法系列**

　　中国刑法论(第五版)(待出)　杨春洗　杨敦先　郭自力
　　外国刑法学概论　　　　　　　　　　李春雷　张鸿巍
　　犯罪学(第二版)　　　　　　　　　　康树华　张小虎
　　犯罪预防理论与实务　　　　　　　　李春雷　靳高风
　　监狱法学(第二版)　　　　　　　　　　　　　杨殿升
　　刑法学各论(第二版)　　　　　　　　　　　　刘艳红
　　刑法学总论(第二版)　　　　　　　　　　　　刘艳红
　　刑事侦查学(第二版)　　　　　　　　　　　　杨殿升
　　刑事政策学　　　　　　　　　　　　　　　　李卫红
　　国际刑事实体法原论　　　　　　　　　　　　王　新

- **经济法系列**

　　经济法学(第五版)　　　　　　　　　　杨紫烜　徐　杰
　　经济法学(2011年版)(待出)　　　　　　　　　张守文
　　经济法原理(第三版)　　　　　　　　　　　　刘瑞复
　　企业法学通论　　　　　　　　　　　　　　　刘瑞复
　　企业与公司法学(第五版)　　　　　　　　　　甘培忠
　　商事组织法　　　　　　　　　　　　　　　　董学立

金融法概论(第五版)		吴志攀
银行金融法学(第六版)		刘隆亨
证券法学(第三版)(待出)		朱锦清
金融监管学原理	丁邦开	周仲飞
会计法(第二版)		刘　燕
税法原理(第五版)		张守文
劳动法学	贾俊玲	周长征
社会保障法(待出)		林　嘉
房地产法(第二版)	程信和	刘国臻
环境法学(第二版)		金瑞林
反垄断法(待出)		孟雁北

- **财税法系列**

财政法学	刘剑文
税法学(第四版)	刘剑文
国际税法学(第二版)	刘剑文
财税法专题研究(待出)	刘剑文

- **国际法系列**

国际法(第二版)	白桂梅
国际经济法学(第五版)	陈　安
国际私法学(第二版)	李双元
国际贸易法	冯大同
国际贸易法	王贵国
国际贸易法	郭　瑜
国际贸易法原理	王　慧
国际投资法	王贵国
国际货币金融法(第二版)	王贵国
国际经济组织法教程(第二版)	饶戈平

- **诉讼法系列**

民事诉讼法学教程(第三版)	刘家兴	潘剑锋
民事诉讼法		汤维建
刑事诉讼法学(第三版)		王国枢

外国刑事诉讼法教程(新编本)	王以真 宋英辉
外国刑事诉讼法(待出)	宋英辉
民事执行法学(第二版)	谭秋桂
仲裁法学(第二版)(待出)	蔡 虹

● 特色课系列

世界遗产法	刘红婴
法律语言学(第二版)	刘红婴
模拟审判:原理、剧本与技巧	廖永安 唐东楚 陈文曲

● 双语系列

普通法系合同法与侵权法导论	张新娟
Learning Anglo-American Law: A Thematic Introduction(英美法导论)(第二版)	李国利

● 专业通选课系列

法律英语	郭义贵
法律文书学	卓朝君 邓晓静
法律文献检索	于丽英
英美法入门——法学资料与研究方法	杨 帧

● 通选课系列

法学概论(第三版)	张云秀
法律基础教程(第三版)(待出)	夏利民
经济法理论与实务(第三版)	於向平 邱 艳 赵敏燕
人权法学(待出)	白桂梅

● 原理与案例系列

国家赔偿法:原理与案例	沈 岿
专利法:案例、学说和原理(待出)	崔国斌

2011 年 6 月更新

教师反馈及教材、课件申请表

尊敬的老师：

您好！感谢您一直以来对北大出版社图书的关爱。北京大学出版社以"教材优先、学术为本"为宗旨，主要为广大高等院校师生服务。为了更有针对性地为广大教师服务，满足教师的教学需要、提升教学质量，在您确认将本书作为教学用书后，请您填好以下表格并经系主任签字盖章后寄回，我们将免费向您提供相关的教材、思考练习题答案及教学课件。在您教学过程中，若有任何建议也都可以和我们联系。

书号/书名	
所需要的教材及教学课件	
您的姓名	
系	
院校	
您所主授课程的名称	
每学期学生人数	学时
您目前采用的教材	书名_____ 作者_____ 出版社_____
您的联系地址	
联系电话	
E-mail	
您对北大出版社及本书的建议：	系主任签字 盖章

我们的联系方式：

北京大学出版社法律事业部

地　　址：北京市海淀区成府路205号　　联系人：李铎
电　　话：010-62752027　　　　　　　传　真：010-62556201
电子邮件：bjdxcbs1979@163.com
网　　址：http://www.pup.cn
北大出版社市场营销中心网站：www.pupbook.com